CONSIDÉRATIONS

SUR LA

RÉVOLUTION FRANÇAISE

OEUVRES COMPLÈTES DE KANT

Traduites en français

Par JULES BARNI

AVEC DES INTRODUCTIONS ANALYTIQUES ET CRITIQUES.

Ouvrages qui ont déjà paru.

CRITIQUE DU JUGEMENT, suivie des Observations sur les sentiments du beau et du sublime. — 1846, 2 vol. in-8°.

EXAMEN DE LA CRITIQUE DU JUGEMENT. — 1850, 1 vol.

CRITIQUE DE LA RAISON PRATIQUE, précédée des Fondements de la métaphysique des mœurs. — 1848, 1 vol.

EXAMEN DES FONDEMENTS DE LA MÉTAPHYSIQUE DES MŒURS ET DE LA CRITIQUE DE LA RAISON PRATIQUE. — 1851, 1 vol.

ÉLÉMENTS MÉTAPHYSIQUES DE LA DOCTRINE DU DROIT (première partie de la Métaphysique des mœurs), suivis d'un Essai philosophique sur la paix perpétuelle et d'autres petits écrits relatifs au droit naturel, avec une Introduction analytique et critique. — 1853, 1 vol.

ÉLÉMENTS MÉTAPHYSIQUES DE LA DOCTRINE DE LA VERTU (seconde partie de la Métaphysique des mœurs), suivis d'un Traité de pédagogie et de divers opuscules relatifs à la morale, avec une Introduction analytique et critique. — 1855, 1 vol.

Pour paraître prochainement.

CRITIQUE DE LA RAISON PURE, avec une Introduction analytique et critique, 2 vol.

ANTHROPOLOGIE, suivie de petits écrits relatifs au même sujet, avec une Introduction. 1 vol.

Paraîtront ensuite successivement.

PETITS ÉCRITS relatifs à la Critique de la raison pure, avec une Introduction. 1 vol.

CRITIQUE DE LA RELIGION considérée au point de vue de la raison, avec une Introduction. 1 vol.

ÉLÉMENTS MÉTAPHYSIQUES DE LA PHYSIQUE, suivis de divers petits écrits, avec une Introduction. 1 vol.

KANT, SA VIE ET SA DOCTRINE, 1 vol.

Ce dernier volume servira de résumé et de conclusion à tous les travaux précédents.

Paris. — Imprimerie de L. MARTINET, rue Mignon, 2.

CONSIDÉRATIONS

DESTINÉES

A RECTIFIER LES JUGEMENTS DU PUBLIC

SUR LA

RÉVOLUTION

FRANÇAISE

PRÉCÉDÉES

DE LA REVENDICATION DE LA LIBERTÉ DE PENSER

AUPRÈS DES PRINCES DE L'EUROPE QUI L'ONT OPPRIMÉE JUSQU'ICI (1793)

PAR J. H. FICHTE

Traduit de l'Allemand

Par Jules BARNI

AVEC UNE INTRODUCTION DU TRADUCTEUR

PARIS

F. CHAMEROT, LIBRAIRE-ÉDITEUR

RUE DU JARDINET, 13

1859

INTRODUCTION DU TRADUCTEUR.

FICHTE ET LA RÉVOLUTION FRANÇAISE.

On sait avec quel enthousiasme la Révolution française fut accueillie en Allemagne, surtout parmi les penseurs. Ils y voyaient le signal d'une nouvelle Réforme, qui, effaçant dans la société tous les vestiges de la barbarie, allait renouveler les institutions civiles et politiques sur le modèle des idées de la raison. J'ai montré ailleurs (1) comment Kant en salua l'aurore ; quelle harmonie existait en effet entre les principes de sa philosophie et ceux que proclama notre révolution, et comment celle-ci à son tour ne fut pas sans influence sur le développement des idées politiques du philosophe allemand, soit qu'elle les confirmât par l'autorité de ses sanctions, soit qu'elle les modifiât par le spectacle des excès où elle s'emporta plus tard. Il m'avait paru curieux de placer le père de la philosophie critique en présence de la Révolution française, et de l'étudier sous cet aspect. Il ne le sera pas moins, ce me semble, d'envisager sous le même aspect le philosophe Fichte, ce disciple si original de Kant, ce noble esprit, ce grand cœur. Cette nouvelle étude a même un intérêt de plus : nous avons affaire ici à un penseur, qui, tout jeune encore au moment où éclate la Révolution française, comme son vieux maître Kant, la salue avec enthousiasme (2); mais, ne se laissant pas si vite effrayer et décourager, ne craint pas d'en faire l'apologie dans le temps même où ses déchirements et ses violences la compromettent le plus aux yeux du monde, et qui plus tard, quand l'esprit de la Révolution, confisqué par la force militaire, a fait place au pouvoir d'un conquérant, prend une part active au soulèvement de l'Allema-

(1) *Revue de Paris*, 15 mars 1856.
(2) Aux noms de Kant et de Fichte, il faut ajouter ceux de Schelling et de Hegel. A l'époque où éclata la Révolution française, ces deux derniers étudiaient à l'université de Tubingue, et, d'après le témoignage de leurs condisciples, ils se signalèrent parmi les hérauts les plus zélés de la liberté et de l'égalité. Il paraît même qu'un dimanche matin ils allèrent, en compagnie de Schiller, planter un arbre de la liberté dans une prairie voisine de la ville. Ainsi la Révolution française a eu, au moins à ses débuts, le privilège d'exciter à la fois l'enthousiasme des quatre génies qui forment le cycle glorieux de la philosophie allemande.

gne contre Napoléon, et se montre un des plus ardents champions de la cause nationale. Fichte, en effet, n'était pas seulement un rare esprit, mais une volonté énergique. Il ne séparait pas la pensée de l'action, et il a su lui-même agir héroïquement, quand les circonstances l'ont appelé à descendre dans l'arène. Nous n'aurons donc pas seulement à nous occuper de ses pensées, nous le verrons aussi à l'œuvre.

I.

Avant d'exposer les jugements que Fichte porta d'abord sur la Révolution française, et les principes qu'elle lui suggéra, parlons à notre aise de son origine, de son éducation, de son caractère et des circonstances où il se trouvait au moment où il prit la plume pour la défendre (1). Il est bon de connaître l'homme, pour mieux comprendre le livre.

Né le 19 mai 1762, à Rammenau, village de la haute Lusace, situé entre Bischoffswerda et Pulsnitz, Johann Gottlieb Fichte reçut de ses parents ces traditions d'honnêteté et de vertu qui distinguaient beaucoup de familles de cette riche et belle contrée. Son père, Christian Fichte, qui descendait d'un sergent suédois venu dans le pays avec l'armée de Gustave-Adolphe, et qui faisait un petit commerce de rubans de laine, était un homme d'une probité sévère, d'une volonté ferme, d'une parole à toute épreuve. Sa mère, fille d'un commerçant de Pulsnitz, patron du jeune Christian, avait dû lutter longtemps contre l'orgueil de ce bourgeois de petite ville pour épouser celui qu'elle aimait ; et cet orgueil, ne se laissant fléchir qu'à moitié, ne lui avait pas permis de rester à la ville avec son mari : il fallut que celui-ci l'emmenât au village paternel. C'était une femme d'un esprit vif et d'un caractère indépendant. Jamais personne ne ressembla plus à sa mère par l'esprit, le caractère et les traits du visage que notre philosophe à la sienne. — On raconte que, quand il fut venu au monde, un grand-oncle maternel, renommé pour sa piété et sa sagesse en quelque sorte prophétique, voulut, malgré son extrême vieillesse, assister au baptême : s'étant agenouillé au pied du berceau,

(1) Pour cette partie de mon travail, comme pour tout ce que j'ai dit plus bas des dernières années de Fichte, je n'ai eu qu'à suivre et à résumer l'ouvrage que son fils a consacré à sa mémoire : *Johann Gottlieb Fichte's Leben und litterarischer Briefwechsel*, 2 vol. Sulzbach, 1830 et 1831. Cette biographie, écrite avec autant de talent que de piété filiale, mériterait bien d'être traduite en français : il y a peu de livres aussi intéressants.

il bénit le nouveau-né et prédit qu'il ferait un jour l'orgueil et la joie de ses parents. Cette prédiction, que suivit de près la mort du vieillard, parut comme la dernière lueur d'un esprit prêt à quitter la terre ; aussi exerça-t-elle une grande influence sur la conduite des parents à l'égard de leur enfant, et par suite sur son avenir. Son père résolut de laisser ses inclinations et ses goûts se manifester en toute liberté ; il reconnut bientôt combien cet enfant-là ressemblait peu à ceux qui lui étaient venus ensuite et en général à tous les autres. Fuyant le jeu, cherchant la solitude, le futur philosophe aimait à se plonger dans de profondes rêveries. Il passait souvent des heures entières, sur la colline, à regarder dans le lointain et à méditer ; et, plus d'une fois, après le coucher du soleil, le berger du village dut l'arracher à ses solitaires contemplations pour le ramener à la maison paternelle. Ces heures de son enfance lui laissèrent un souvenir qu'il se plaisait plus tard à évoquer, tant il y avait trouvé de charme et sans doute de profit ! Son père et le pasteur du village furent ses premiers précepteurs. Il les étonnait par la précocité de son esprit. C'est par là qu'à l'âge de huit à neuf ans, il attira un jour l'attention d'un seigneur du voisinage, du baron de Miltitz, qui voulut bien se charger de son éducation. Grâce à la générosité de ce seigneur, l'enfant put suivre la route où l'appelait son génie.

Le baron, dont le château était situé près de Meiszen, confia d'abord le jeune Fichte au pasteur de Niederau, village voisin de cette ville. Ce pasteur et sa femme, qui étaient eux-mêmes sans famille, mais qui avaient un grand amour pour les enfants, entourèrent des plus tendres soins leur petit pensionnaire. Fichte passa chez eux les plus belles années de sa jeunesse, et c'était encore là un des souvenirs qui charmaient le plus son âge mûr. Malheureusement l'excellent pasteur ne pouvait conduire son élève au delà de certains éléments ; aussi, à peine celui-ci eut-il accompli sa douzième année, qu'il engagea le baron de Miltitz à le placer dans quelque maison d'instruction où l'enfant pût suivre les études pour lesquelles il se montrait si heureusement doué. Son bienfaiteur le fit donc entrer à l'école municipale de Meiszen, et, bientôt après, à celle de Pforta, près de Naumbourg.

Pour un enfant qui avait jusque-là vécu à la campagne, courant librement à travers les montagnes et les bois et trouvant toujours à la maison des visages souriants et l'affection la plus tendre, c'était une rude épreuve que cette réclusion dans les sombres murs d'un collège, ou, pour mieux dire, d'un couvent. Le jeune Fichte pleura amèrement tout ce qu'il avait perdu. L'élève plus âgé qui lui fut donné pour compagnon de cellule et pour mentor (suivant l'absurde règlement alors en usage dans cette maison), ne fit qu'accroître son chagrin et son désespoir, en l'accablant de mauvais traitements. Le pauvre enfant résolut de fuir. N'osant retourner chez son protecteur ou chez le pasteur de Niderau, de peur d'être ramené à Pforta, il forma le projet de chercher quelque île déserte où il pût vivre à la manière de Robinson. Il profita donc d'un jour de promenade pour s'évader, et gagna la route de Naumbourg. Mais, s'étant arrêté sur le sommet d'une riante colline pour y adresser sa prière à Dieu avant de poursuivre son chemin, l'image de ses parents, le souvenir de leur tendresse pour lui, l'idée du chagrin qui les accablerait, qui les tuerait peut-être, quand ils apprendraient sa disparition, la crainte de ne les revoir jamais, toutes ces pensées s'emparèrent tout à coup de son esprit et firent tomber sa résolution. Il rentra au collège. Là, conduit devant le recteur, il lui parla avec tant de franchise et de candeur que celui-ci, profondément touché, loin de le punir, lui promit sa protection et lui donna un meilleur camarade. A partir de ce moment, le jeune Fichte se livra à l'étude avec ardeur et y fit de rapides progrès. Le travail occupait, alimentait, développait son esprit ; il ramena bientôt le contentement dans son âme.

C'était l'époque où un esprit nouveau commençait à se répandre en Allemagne, attaquant partout l'aveugle respect de l'autorité, l'amour de la routine, la manie de l'imitation, et retrempant la littérature et la philosophie aux sources d'une pensée vraiment libre et originale. Mais plus cet esprit soufflait avec force, plus les adeptes du passé cherchaient à y soustraire les jeunes générations. Wieland, Lessing, Gœthe, presque tous les écrivains de la nouvelle Allemagne étaient sévèrement interdits à Pforta. Mais contre un esprit de ce genre les murs mêmes d'un collège sont d'impuissantes barrières ; et, en pareil cas, les plus sévères interdictions ne servent qu'à exciter davantage la curiosité des jeunes gens. Fichte eut même ici pour complice un de ses jeunes maîtres : grâce à sa complaisance, il put lire certaines feuilles polémiques où Lessing poursuivait l'intolérance et le dogmatisme pédantesque dans la personne du pasteur Gœze ; ce fut pour lui le commencement d'une nouvelle vie intellectuelle. Cette lecture, en effet, éveilla dans son esprit, avec le sentiment de l'indépendance absolue de la pensée, le besoin d'une liberté illimitée d'examen et de recherche. C'est sans doute aussi à l'impression que ces feuilles de Lessing produisirent sur cette jeune âme qu'il faut attribuer, au moins en partie, ces traits de ressemblance que l'on a remarqués entre sa manière d'écrire, surtout dans la polémique, et celle de cet auteur. Telle fut l'admiration qu'il ressentait pour lui, qu'il se promit de se mettre en route, dès qu'il pourrait voyager, afin de l'aller trouver et de jouir de l'entretien d'un si grand homme. Malheureusement il ne lui fut pas donné d'exécuter ce projet : d'abord l'argent lui manqua, et bientôt une mort prématurée vint enlever Lessing à l'Allemagne.

Quand cet écrivain mourut, Fichte était, depuis un an, à l'Université d'Iéna, où il étudiait la théologie. En choisissant cette faculté, il avait moins écouté son goût personnel que le vœu de ses parents et de son père adoptif. Une telle étude ne pouvait satisfaire longtemps une intelligence aussi philosophique ; mais les doutes mêmes qu'elle suscita dans son esprit révélèrent en lui et stimulèrent le philosophe. Le problème qui paraît avoir surtout attiré son attention, à cette époque où la réflexion le détachait de la théologie pour le tourner vers la philosophie, c'est celui de la liberté de la volonté, et particulièrement la difficulté de concilier cette liberté avec la nécessité de l'ordre universel. Ainsi, dès son début, Fichte se sent attiré vers cette grande idée de la liberté, dont il fera plus tard, à la suite de Kant, la clef de voûte de toute sa philosophie. Mais, à ce premier moment, il résolut le problème dans le sens de la philosophie de Spinosa, bien qu'il ne connût pas alors Spinosa plus que Kant. Un prédicateur, versé dans la philosophie, auquel il communiqua un jour ses idées, lui apprit qu'elles n'étaient autres que celles du célèbre philosophe hollandais. C'est ainsi que son attention fut attirée sur ce penseur, dont le nom ne lui était connu que comme celui du plus abstrus des athées. Il se mit alors à étudier l'*Éthique*, qui fit sur lui une profonde impression et le confirma dans ses premières idées. Pourtant il y avait en lui quelque chose qui protestait contre cette doctrine : c'était le sentiment énergique et indestructible de son indépendance et de sa liberté ; ce sentiment, le spinosisme ne pouvait pas plus l'expliquer que l'abolir. C'est par là que Fichte reconnut le vice du système de Spinosa, et qu'en se rapprochant de Kant, il trouva le fondement de sa propre doctrine. Comment un homme doué d'une telle énergie de caractère aurait-il pu rester spinosiste : il sentait trop bien en lui-même cet *empire* que niait Spinosa pour le rejeter à son tour comme une vaine illusion. Il ne dira donc pas que la liberté n'est rien, mais plutôt qu'elle est tout.

Pendant que Fichte étudiait et méditait ainsi à Iéna, un grand malheur le vint frapper: il perdit son bienfaiteur, et se vit abandonné à lui-même. Mais les difficultés contre lesquelles il eut à lutter à partir de ce moment et qui le poursuivirent pendant plusieurs années, ne purent ébranler son courage : elles ne servirent qu'à exercer et à développer la puissance de sa volonté. Ce fut pour lui une rude école, mais salutaire, et tout à fait en harmonie avec le rôle qui l'attendait. Eût-il montré plus tard autant d'indépendance dans la pensée et d'énergie dans la conduite, si les épreuves qu'il traversa dans sa jeunesse n'eussent aussi fortement trempé son caractère? Après avoir achevé ses études universitaires, Fichte remplit, pendant plusieurs années, les pénibles fonctions de précepteur dans diverses maisons de la Saxe ; puis, souhaitant une position qui lui laissât plus de loisir et de liberté, il songea à l'état de pasteur, et écrivit au président du consistoire de Saxe pour le prier de lui faciliter les moyens d'y parvenir. Mais sa demande ne fut pas accueillie: on avait, à ce qu'il paraît, quelques doutes sur son orthodoxie théologique. Rebuté de ce côté, Fichte, à bout de ressources, se voyait dans la situation la plus critique ; mais sa fierté naturelle, d'autant plus ombrageuse qu'il était plus malheureux, l'empêchait de s'ouvrir aux autres et de leur révéler son dénûment. Le jour anniversaire de sa naissance, de l'année 1788, le trouva dans cette affreuse situation ; mais ce même jour lui apporta une planche de salut : on lui offrit une place de précepteur à Zurich, chez le propriétaire de l'hôtel de l'Épée. Bien qu'il se fût promis de ne jamais quitter sa patrie, il accepta avec reconnaissance un exil qui le sauvait de la misère et du désespoir. Il ne savait pas encore que son séjour à Zurich allait décider du bonheur de toute sa vie, en lui donnant l'occasion de connaître la noble femme qui devait un jour, après de nouvelles et rudes épreuves, charmer son existence et lui assurer ce qu'il avait si longtemps rêvé : une position indépendante.

Il y avait à Zurich un beau-frère de Klopstock, dont la maison était le centre d'une société d'élite. Fichte était naturellement appelé à faire partie de cette société ; il y fut introduit par Lavater. Lui-même, admirateur passionné du chantre de la Messiade, de ce patriotique et pieux écrivain qui avait ouvert une nouvelle carrière à la poésie germanique (1), il devait se sentir singulièrement attiré vers la maison

(1) On sait que Klopstock fut aussi l'un des admirateurs, et l'on pourrait dire l'un des chantres de la Révolution française. En 1786, l'illustre poëte, alors âgé de plus de soixante ans, composa une *Ode aux États géné-*

d'un homme que son admiration pour ce grand poëte avait conduit à épouser sa sœur Johanna. Celle-ci n'était plus quand Fichte arriva à Zurich ; mais elle avait laissé une fille, héritière des nobles sentiments de sa mère, la consolation et l'orgueil de son père, M. Rahn. Si ce dernier avait pu s'enthousiasmer pour une sœur de Klopstock qu'il ne connaissait pas, mais dont le poëte lui vantait les vertus et le mérite, quelle impression ne durent pas faire sur le cœur de notre jeune Allemand la vue et la conversation de cette digne nièce du grand homme ! Il ne tarda pas à l'aimer, et il n'eut pas de peine à s'en faire aimer. Il avait rencontré la femme qui lui convenait : éprouvée elle-même, dans son enfance, par le malheur, animée des sentiments religieux les plus élevés, aimante et dévouée jusqu'à l'abnégation, telle était celle qui devait devenir la compagne de sa vie. Il n'est pas sans intérêt de remarquer que l'amour de Fichte pour la nièce de Klopstock est contemporain des sentiments de sympathie et d'enthousiasme qu'excita en lui la Révolution française. Ces deux rayons échauffèrent en même temps sa jeune âme : à l'espoir du bonheur domestique que lui promettait l'union de deux cœurs si bien faits l'un pour l'autre, se joignait en lui celui de la régénération publique dont la Révolution française semblait donner le signal, et cette double perspective l'animait d'une double ardeur. Chez lui l'amour n'étouffait pas, mais semblait plutôt fomenter la passion du bien public. Ce fut l'année même de son mariage qu'il publia ses *Considérations sur la Révolution française*, et son *Discours sur la liberté de penser ;* mais nous ne sommes pas encore arrivés à cette heureuse époque de sa

raux, remplie du plus noble enthousiasme ; et en 1790, il dédia à La Rochefoucauld une admirable pièce de vers où il reproche à sa patrie de s'être laissée devancer par la France dans la carrière de la liberté. Le 26 août 1792, un décret de l'assemblée législative l'éleva, avec plusieurs autres hommes célèbres, au rang de citoyen français. Klopstock adressa, le 19 novembre suivant, à Roland, ministre de la République, une lettre où il exprimait sa reconnaissance pour cette *glorieuse promotion*, et rappelait qu'il avait été un des premiers à célébrer l'aurore de la liberté française. Il est juste d'ajouter que les excès de la Révolution modifièrent plus tard ses sentiments, et changèrent en larmes de douleur les larmes de joie que l'avénement de la liberté lui avait fait répandre. Voyez sur ce point un très intéressant article publié par M. Carnot, en 1843, dans la *Revue indépendante* (t. VI, p. 377), sous ce titre : *Les échos de la Révolution française en Allemagne*. Cet article devait servir d'introduction à un ouvrage que M. Carnot se proposait alors de publier sur *l'Allemagne pendant la guerre de la délivrance*, mais que depuis il a malheureusement laissé dormir dans ses cartons, sauf un nouveau fragment publié, en 1850, dans la *Liberté de penser* (t. VI, p. 281), sous ce titre : *l'Allemagne avant l'invasion française.*

vie. Avant d'y parvenir, il avait encore de bien rudes épreuves à traverser.

Après deux ans de séjour à Zurich, plus que jamais fatigué du métier de précepteur domestique, et impatient d'ailleurs de se faire une position et un nom qui lui permissent d'épouser celle qu'il aimait, Fichte quitta la Suisse pour retourner en Allemagne. Après s'être arrêté à Stuttgart, où il avait à s'occuper d'une bonne œuvre, et à Weimar où il espérait voir Gœthe et Herder, il se rendit à Leipsick, où il croyait trouver plus facilement les ressources qu'il cherchait. Bien qu'il eût emporté plusieurs lettres de Lavater pour divers personnages, soit fierté, soit discrétion, soit l'un et l'autre ensemble, Fichte, avant de partir, n'avait pas osé faire appel pour lui-même au crédit dont jouissait l'illustre pasteur de Zurich auprès des grands de l'Allemagne. Il le fait, pour la première fois, dans une lettre datée de Leipsick : il prie Lavater de vouloir bien songer à lui, s'il entend parler d'une éducation à faire dans quelque grande maison, ou de quelque jeune prince à accompagner soit à l'université, soit en voyage. En même temps il médite plusieurs projets qu'il communique à sa fiancée, celui, entre autres, de fonder un journal destiné à préserver le public, et particulièrement les femmes, du danger de certains livres, en leur offrant des lectures plus saines et plus utiles. Mais il fallait pour cela trouver un éditeur. En attendant, il compose des nouvelles, et même une tragédie, bien qu'il ne se sente guère né pour ce genre de littérature : on lui dit que cela conviendrait beaucoup mieux aux libraires. Mais, quelques difficultés qu'il trouve à se créer des ressources et une position, il s'effraye à l'idée de retourner dans son pays pour y poursuivre la carrière ecclésiastique: il veut avant tout conserver l'indépendance de sa pensée. « Sans doute, écrit-il, nos jeunes ecclésiastiques d'aujourd'hui, dont l'esprit est cultivé par l'études des hautes sciences, ont des lumières et une connaissance rationnelle de la religion qu'on ne trouverait, au même degré, dans aucun autre pays de l'Europe. Mais ils sont opprimés par une inquisition pire que celle d'Espagne ; et, soit que la force leur manque tout à fait, soit qu'ils ne puissent se passer de leur place, tandis qu'on peut très bien se passer d'eux à cause du grand nombre d'ecclésiastiques, ils plient sous le joug et font les hypocrites. — Dans une pareille situation, une révolution est sans doute imminente ; mais quand ? et comment ? Bref, je ne veux pas être ecclésiastique en Saxe. » Deux mois plus tard, sa résolution est un peu ébranlée : il accepterait une position ecclésiastique dans son pays, s'il pouvait l'obtenir. Il en voit bien encore les difficultés, mais il espère les vaincre. « La lumière, s'écrie-t-il, lutte maintenant avec force contre les ténèbres, et j'aperçois l'aube de meilleurs jours. » Du reste sa situation est telle qu'il irait même en Russie ou en Espagne, s'il y trouvait une place. Il faut voir, dans ses lettres à sa fiancée, avec quel courage il supporte le présent, quelle confiance il montre en l'avenir, et quelle tendresse de cœur se joint en lui à l'énergie du caractère.

Ce fut au milieu des difficultés et des incertitudes de ce séjour à Leipsick que Fichte commença à étudier la philosophie de Kant. Nulle doctrine ne convenait mieux à son caractère et à sa situation présente : il y retrouvait l'image précise et lumineuse de cet empire de la volonté et de cette dignité morale dont il avait déjà un si vif sentiment, et il y puisait la force nécessaire pour supporter avec sérénité les difficultés et les déceptions qui le poursuivaient. Aussi bénit-il le hasard, ou plutôt la Providence qui lui a fait connaître la philosophie kantienne, dans le temps même où il avait besoin d'être soutenu par quelque chose de fort. « Cette philosophie, écrit-il, à sa fiancée dans son enthousiasme, cette philosophie dompte l'imagination, qui chez moi a toujours été très puissante; elle assure la prépondérance de l'entendement, et elle élève l'esprit à une hauteur extraordinaire au-dessus de toutes les choses terrestres. J'y ai puisé une morale plus noble; et, grâce à elle, au lieu de m'occuper des choses extérieures, je m'occupe davantage de moi-même. Cette étude m'a donné une tranquillité que je n'avais pas encore sentie; je lui dois d'avoir vécu les plus heureux jours dans la situation extérieure la plus incertaine (1). » Il se promet de lui consacrer au moins plusieurs années de sa vie, et de n'écrire de longtemps sur aucun autre objet. « Elle est difficile au delà de toute expression, et elle a bien besoin d'être rendue plus claire. » Fichte ne se préoccupe d'ailleurs ici que du côté pratique de cette philosophie : « les principes en sont sans doute des spéculations fatigantes pour l'esprit et sans influence directe sur la vie humaine; mais les conséquences en sont extrêmement importantes

(1) « Je vis dans un nouveau monde, écrit-il encore, depuis que j'ai lu la *Critique de la raison pratique*. Des propositions que je tenais pour inébranlables sont ébranlées pour moi ; des choses dont je croyais qu'elles ne pourraient jamais m'être démontrées, comme, par exemple, l'idée d'une liberté absolue, du devoir, etc., me sont maintenant démontrées, et je m'en sens plus heureux. On ne saurait concevoir quel respect pour l'humanité, quelle force nous donne ce système. Quelle bénédiction pour un siècle où la morale a été renversée de ses fondements, et où le mot de devoir a été effacé de tous les dictionnaires ! »

dans un siècle où les sources de la morale sont corrompues, et ce serait, je crois, rendre au monde un grand service que d'exposer ces conséquences avec une extrême clarté. « C'est maintenant qu'il comprend combien il errait, lorsqu'à la suite de Spinosa, il se prononçait pour le système de la nécessité. « Je suis maintenant tout à fait convaincu, s'écrie-t-il, que la volonté humaine est libre, et que la fin de notre existence n'est pas le bonheur, mais ce qui nous en rend dignes. » Une nouvelle lumière s'est faite dans son esprit : revenu de son erreur, il regrette d'avoir cherché à la faire partager aux autres, et il voudrait maintenant les en retirer. « Dis, écrit-il à mademoiselle Rahn, dis à ton cher père, que j'aime comme le mien, que, dans nos recherches sur la nécessité de toutes les actions humaines, quelque rigoureux que fussent nos raisonnements, nous nous trompions, parce que nous partions d'un faux principe. » Il demande même pardon à sa fiancée de l'avoir entraînée hors du vrai par ses assertions sur la liberté. Il montre ici toute la candeur de son âme, et l'on voit en même temps combien était sérieuse et digne de lui la jeune fille avec laquelle il avait pu avoir de tels entretiens et à qui il adressait un pareil langage. « Ne crois désormais que ton sentiment, quand même tu ne pourrais pas réfuter les sophismes qu'on y oppose ; ils doivent d'ailleurs être réfutés, et ils le sont déjà. Il est vrai qu'on n'en comprend pas encore la réfutation. » Mais il a un regret plus amer encore, parce que les conséquences ont été plus graves et qu'il ne peut y remédier autant qu'il le voudrait. « Je vois combien sont tristes les principes que j'avais auparavant par l'exemple d'un ami très cher qui les a reçus de moi il y a longtemps, sans être en état de les bien saisir, et que ces principes ont conduit à d'autres, qui n'étaient plus les miens et qui d'ailleurs n'en dérivent pas nécessairement. Il n'est pas heureux maintenant, et il ne trouve pas en lui de consolation, parce qu'il est incrédule. Il voudrait de meilleurs principes, et il ne peut les comprendre. Ce qui m'afflige, c'est de ne pouvoir lui prêter le secours qu'il attend de moi à cet égard, parce qu'il est à Dresde et moi à Leipsick. » Voilà donc Fichte devenu l'adepte de la philosophie de Kant ; il en veut être aussi l'apôtre. Il n'a plus d'autre but que de travailler à en populariser les principes et à lui donner, au moyen de l'éloquence, une influence active sur le cœur humain. Ainsi l'étude de la philosophie kantienne ne l'empêchera pas de cultiver les heureuses dispositions qu'il se sent pour l'éloquence ; mais la première en fournissant à la seconde la matière la plus sublime, fortifiera et ennoblira sa parole, et celle-ci à son tour lui servira à propager l'autre. Quelle admirable préparation pour un prédicateur ! car il n'a pas encore renoncé à la prédication. « Que si, dit-il, je ne suis pas destiné à cet office, j'aurai du moins la consolation d'avoir fait tout ce qui dépendait de moi, — pour m'en rendre capable. Le reste n'est pas mon affaire. » Fichte resta ainsi plongé dans l'étude de la philosophie kantienne pendant tout le temps qu'il passa à Leipsick : il y consacrait les loisirs que lui laissaient les leçons qu'il donnait pour vivre. Il composa même un essai sur la *Critique du jugement*. Il avait pris cet ouvrage pour texte de ses premiers commentaires, à cause des vues systématiques qu'il contient sur l'ensemble de la philosophie, telle que Kant la conçoit (1). Il songeait à livrer ce travail à l'impression, quand une nouvelle épreuve le força de renoncer à ce projet et d'ajourner encore le bonheur auquel il croyait toucher.

L'étude de la philosophie de Kant n'avait fait qu'exalter son amour pour sa digne fiancée. Jamais il ne s'est senti autant de courage, jamais il n'a eu autant de confiance en l'avenir. Bien donc qu'il ne soit guère plus avancé dans ses affaires matérielles qu'à son départ de Zurich, il ne veut plus tarder davantage à épouser celle qu'il s'est choisie pour compagne et qui a été la première à le rappeler. Le 1ᵉʳ mars 1791, il lui écrit qu'il sera libre à la fin du mois et qu'il est décidé à retourner auprès d'elle. Il va enfin goûter le bonheur domestique que lui réserve un mariage si bien assorti, et, dans cette union même, trouver l'indépendance et le repos nécessaires aux travaux qu'il médite ; mais voilà qu'au moment même où il salue le port, un coup de vent l'en repousse. A peine a-t-il annoncé son retour à sa fiancée, qu'une fatale nouvelle vient tout d'un coup renverser ou ajourner ses desseins : il apprend que son futur beau-père a perdu sa fortune par suite de la banqueroute d'une maison à laquelle il avait confié son avoir, et qu'il se voit menacé de finir ses jours dans le besoin. Cet événement condamnait Fichte à différer son mariage avec mademoiselle Rahn, et à recommencer cette vie de labeur, de privations et d'angoisses qu'il ne connaissait que trop. Il avait assez de courage pour supporter son propre malheur ; mais ce qui l'affligeait le plus, c'était de ne pouvoir venir en aide à des personnes si chères, ou au moins de ne pouvoir vivre auprès d'elles pour partager leur sort. Loin de là, il lui fallut s'éloigner encore davantage, et aller jusqu'en Pologne pour trouver les moyens d'existence

---

(1) Voyez mon *Examen de la Critique du jugement*, Conclusion, p. 307.

qui lui étaient redevenus nécessaires : la nécessité lui fit accepter une place de précepteur dans une famille noble de ce pays. Mais de nouvelles déceptions l'attendaient à Varsovie. Son air sérieux et grave, le défaut de souplesse et de flexibilité inhérent à son caractère, enfin sa mauvaise prononciation française, tout cela, dès la première entrevue, déplut à la comtesse polonaise qui devait lui confier l'éducation de son fils. Elle laissa voir à Fichte son désappointement, sans toutefois lui déclarer qu'elle refusait de le recevoir ; mais notre philosophe n'était pas homme à accepter une situation humiliante, quelque pauvre qu'il fût. Il écrivit à la comtesse une lettre très fière, afin de réclamer les égards qui lui étaient dus, si l'on consentait à l'employer, ou, dans le cas contraire, une indemnité. Pour toute réponse, la comtesse lui fit promettre sa protection auprès d'autres maisons de Varsovie. Fichte déclara bien haut qu'il ne voulait pas être traité comme une étoffe passée de mode que l'on cède à ceux à qui elle peut encore convenir, et il fit sonner aux oreilles de la comtesse un mot auquel elle n'était sans doute pas accoutumée : il parla de son droit. Comme elle n'entendait pas ce langage, il la menaça des tribunaux et la força ainsi à s'exécuter. L'indemnité qu'il en reçut pouvait le conduire une couple de mois. Il prit le parti de retourner dans son pays, et de s'arrêter, en passant, à Kœnigsberg, afin d'y voir le grand philosophe dont il était l'admirateur et le disciple.

La première visite qu'il fit à l'illustre vieillard ne répondit pas à son attente. Kant, qui ne savait pas encore à quel homme il avait affaire, le reçut froidement. Mécontent de cette première entrevue, mais espérant obtenir un meilleur accueil en se faisant mieux connaître, Fichte écrivit, en quelques jours, d'après les idées de Kant, une *Critique de toutes les révélations*, et la lui envoya en guise de lettre de recommandation. Ce moyen réussit. Charmé de ce travail où il retrouvait l'écho de sa pensée et voyait poindre un nouveau talent philosophique, Kant reçut Fichte avec beaucoup de bonté, quand celui-ci lui vint faire une nouvelle visite. Invité à dîner chez lui, Fichte oublia bien vite son premier désappointement : « J'ai trouvé, écrit-il dans le journal où il consignait alors ses observations et ses impressions de chaque jour, j'ai trouvé en Kant un homme très agréable et très spirituel ; j'ai reconnu en lui des traits dignes du grand esprit qu'il a montré dans ses ouvrages. »

Malheureusement les soucis les plus poignants se mêlaient au plaisir qu'il trouvait dans la société de Kant et des amis de ce philosophe. Avec quelle pénible émotion ne lit-on pas les lignes suivantes, écrites dans son journal à la date du 28 août 1791 : « J'ai commencé hier à revoir ma *Critique* ; de nouvelles pensées, vraiment bonnes et profondes, se sont présentées à moi, et m'ont malheureusement convaincu que mon travail était tout à fait superficiel. Je voulais aujourd'hui poursuivre mes nouvelles recherches ; mais je m'en suis senti tellement détourné par mon imagination que je n'ai rien pu faire de toute la journée. J'ai calculé qu'il ne me reste plus de moyens de subsistance que pour quatorze jours. — Je me suis déjà trouvé, il est vrai, dans des embarras de ce genre ; mais c'était dans ma patrie ; et puis, à mesure qu'on avance en âge et qu'on se fait de l'honneur un sentiment plus délicat, cela devient de plus en plus dur. — Je n'ai point pris de résolution, et je n'en puis prendre. — Je ne m'ouvrirai pas au pasteur Borowski, à qui Kant m'a renvoyé ; si je m'ouvre à quelqu'un, ce ne sera qu'à Kant lui-même. »

Rassuré cependant par les manières franches et loyales de l'excellent pasteur, Fichte se décide à lui faire l'aveu de sa situation, et il tente quelques autres démarches. Mais rien ne se présente, pas même une place de précepteur. Incapable de travailler au milieu de cette affreuse incertitude, hors d'état même de jouir de la société des nouveaux amis qu'il s'est faits à Kœnigsberg, il songe à regagner son pays ; mais il lui faut pour cela quelque argent. A qui s'adresser, sinon à Kant ? Il se dirige vers sa maison, dans l'intention de s'ouvrir à lui ; mais, chemin faisant, le cœur lui manque, et il prend le parti d'écrire ce qu'il n'ose dire de vive voix. La lettre qu'il écrivit en cette circonstance a été insérée tout au long dans sa biographie (1) : elle montre clairement combien il lui en coûtait d'adresser à Kant une demande de ce genre, et elle témoigne la plus exquise délicatesse jointe à la plus noble fierté. Dès le lendemain, Fichte est invité chez Kant. Celui-ci le reçoit avec sa cordialité ordinaire, mais lui déclare qu'il n'a pas encore pu prendre de résolution au sujet de sa demande, et qu'il ne sera pas en mesure d'y satisfaire avant une quinzaine de jours. Quelques jours après, il l'invite de nouveau, et cette fois lui déclare qu'il ne peut l'obliger de sa bourse, mais en même temps il lui indique un moyen qui pourrait le tirer d'embarras : ce serait de vendre au libraire Hartung, par l'intermédiaire du pasteur Borowski, le manuscrit de sa *Critique de toutes les révélations*. Fichte parle de le retoucher : « Il est bien écrit, » lui répond Kant. « Est-ce vrai ? » écrit Fichte dans son journal ; « c'est

(1) Pages 177-181.

pourtant Kant qui le dit, » et ce jugement du grand philosophe le console du refus qu'il vient d'en essuyer. Pour comble de malheur, le libraire Hartung, que Kant lui avait désigné, était alors absent de Kœnigsberg. Cependant ses ressources diminuaient d'une manière effrayante. « Aujourd'hui, écrit-il dans son journal, à la date du 13 septembre, je voulais travailler, et je ne fais rien. Le découragement s'est emparé de moi. Comment cela finira-t-il ? Que deviendrai-je dans huit jours ? Tout mon argent sera alors épuisé. »

Heureusement, ici comme à Leipsick, au moment même où sa situation paraissait le plus désespérée, une nouvelle planche de salut s'offrait à lui : une place de précepteur chez le comte de Krokow, dans le voisinage de Dantzick, lui fut proposée par le prédicateur Schulz ; grâce à la recommandation de Kant, les conditions les plus honorables lui étaient offertes. Quelle que fût sa répugnance pour ce genre de fonctions, cette place le tirait d'un terrible embarras ; et, cette fois d'ailleurs, il n'eut qu'à se féliciter : il trouva dans la maison du comte et de la comtesse Krokow le plus aimable accueil et les relations les plus agréables.

Tandis qu'il jouissait de ce bonheur inespéré, sa *Critique de toutes révélations*, imprimée à Halle, obtenait un succès qui dépassait toutes ses espérances. Ici encore Fichte avait eu d'abord à lutter contre de graves difficultés. Le livre, avant d'être imprimé, avait dû être soumis à la censure, et le doyen de la faculté de théologie, chargé de l'examiner, avait refusé l'*imprimatur* à cause d'une assertion qui le scandalisait. Quelle était donc cette dangereuse assertion ? C'était cette idée, empruntée à Kant, qu'une religion qui se donne pour révélée ne doit pas se prouver par les miracles allégués en sa faveur, mais uniquement par son contenu, c'est-à-dire par les idées qu'elle enseigne. On demanda à Fichte des changements et des suppressions. Il déclara qu'il aimait mieux renoncer à publier son travail que d'altérer l'expression de sa pensée. La nomination d'un nouveau doyen, moins timoré, mit fin à toutes ces difficultés, où Schulz et Kant lui-même étaient intervenus, et l'ouvrage put enfin paraître. Le hasard fit qu'il parut d'abord sans nom d'auteur, et cette circonstance, indépendante de la volonté de Fichte, assura le succès de son livre : on l'attribua à Kant, dont il rappelait en effet les idées et le langage, et on ne lui épargna pas les éloges. Kant se fit un devoir d'en renvoyer l'honneur à Fichte, et de désigner publiquement son jeune ami comme l'auteur du livre. Mais ce livre avait fait son chemin, et ceux même qui, le croyant de Kant, l'avaient le plus vanté, étaient intéressés à le soutenir pour justifier leur méprise et sauver leur sagacité.

Il ne manquait plus à Fichte qu'un bonheur, et celui-là allait suivre les autres. Par ses soins et son économie, mademoiselle Rahn était parvenue à sauver une partie de la fortune de son père, et elle avait encore augmenté ce qu'elle en avait conservé. Elle pouvait de nouveau offrir à Fichte un sort indépendant auprès d'elle; nul obstacle ne s'opposait plus à leur union. Fichte retourna donc enfin à Zurich pour y consommer ce mariage tant désiré et tant ajourné. Il fut célébré au mois d'octobre de l'année 1793.

Affranchi enfin des soucis de la vie matérielle, mais jeune encore (il avait alors trente et un ans), Fichte peut désormais suivre librement sa vocation. Sa première occupation est d'écrire en faveur de la liberté et du droit. Ses *Considérations sur la Révolution française*, ainsi que sa *Revendication de la liberté de penser*, qui en est en quelque sorte le prélude, parurent, je l'ai déjà dit, l'année même de son mariage. C'est ainsi que, loin de s'endormir au sein du bonheur, il consacrait les premiers loisirs que lui créait sa nouvelle situation à la cause dont il avait fait le but de sa vie, à la défense de la vérité et de la justice. Voilà l'homme; passons à l'œuvre.

II.

Il est bien évident que celui dont nous avons raconté la jeunesse et retracé le caractère devait ressentir la plus vive sympathie pour la Révolution française. Qu'on se représente Fichte, d'après tout ce que nous en avons dit: doué du plus beau génie et du cœur le plus fier et le plus noble, tourné, par suite, vers les choses morales plus encore que vers la pure spéculation, éprouvé et pour ainsi dire trempé par le malheur qui a poursuivi sa jeunesse, l'indépendance personnelle, la dignité morale, l'amour de la liberté et de la justice sont chez lui de véritables passions, que l'étude de la philosophie de Kant vient bientôt exalter jusqu'à l'enthousiasme. Qu'on mette maintenant cet homme, ainsi né et ainsi formé, en présence d'une Révolution qui ne s'annonce pas seulement comme un changement à opérer dans la constitution particulière d'un peuple, mais comme une reconstruction de la société tout entière sur les bases du droit naturel et de la justice absolue, comme un affranchissement général, comme une palingénésie de l'humanité, et qui, pour marquer d'abord le but de sa mission, commence par une déclaration des *Droits de l'homme et du citoyen*, qu'elle emprunte à la philosophie; et qu'on se demande quelle impression doit produire un tel événement sur l'âme du jeune philosophe! Si la Révolution française a pu émouvoir à ce point des vieillards tels que Kant et Klopstock, de quel enthousiasme ne remplira-t-elle pas le cœur d'un jeune homme tel que Fichte? Et si les premiers ne songent point à se prémunir contre l'illusion de si belles promesses, comment le dernier tiendrait-il compte des difficultés que la réalité oppose à l'idéal? Il n'est pas moins séduit qu'eux par les débuts de la Révolution, ni moins confiant dans l'avenir qu'elle promet aux peuples. Il la juge comme eux : elle lui semble « un riche tableau sur ce grand texte : les droits de l'homme et la dignité de l'homme ; » et comme eux, il y voit le prélude d'une transformation générale : « Les choses ne sauraient demeurer comme elles sont actuellement ; j'en ai pour garant cette étincelle divine qui brille en notre cœur. » Mais, tandis que, découragés par les violences qui souillèrent la cause de la Révolution, le vieux poëte et le vieux philosophe ne tinrent pas longtemps contre la brutalité des faits, le neveu de Klopstock et le disciple de Kant, bouillant encore de toute l'ardeur de la jeunesse et muni d'ailleurs d'une singulière énergie de caractère, conserve ses sympathies à la Révolution et prend la plume pour en défendre les principes, sinon les actes, devant l'Europe effrayée. Il est mémorable que son ouvrage sur la Révolution française est précisément de 1793 (1). L'heure de la déception viendra aussi pour lui, et quand arrivera cette déception, hélas! trop bien justifiée, il ne déploiera pas moins d'énergie contre l'autocratie napoléonienne qu'il en montre maintenant en faveur de la Révolution française ; mais tant que celle-ci n'est pas devenue la proie d'un despote conquérant, elle ne cesse de lui inspirer un zèle ardent et les plus nobles espérances.

Fichte ne ferme point les yeux sur les violences et les crimes qui, dans le temps même où il écrit, se commettent en France au nom de la liberté ; mais il en fait remonter la responsabilité à ceux qui ont prétendu arrêter le progrès de l'esprit humain, et qui ont systémati-

(1) M. Quinet a comparé quelque part (*Allemagne et Italie*, Œuvres complètes, t. VI, p. 175) Kant à la Constituante, et Fichte à la Convention. Il y a bien là, en effet, quelque analogie ; et, au point de vue politique, malgré de notables divergences, les affinités sont manifestes. — Mais que dire du parallèle où Henri Heine compare l'œuvre de Kant à celle de la Convention, et Fichte à Napoléon? Il est vrai que le spirituel critique a pris soin lui-même de nous avertir (*l'Allemagne*, p. 139) qu'il a fait cette comparaison plus par plaisanterie que sérieusement.

quement retenu le peuple dans l'ignorance, et il en tire une grande
leçon : c'est que, si l'on veut prévenir les révolutions violentes, il
faut ouvrir les digues que l'on ne cesse d'opposer à la marche de
l'esprit humain, et instruire solidement le peuple de ses droits et de
ses devoirs. De cette manière, quand il en viendra à modifier sa
constitution, il n'embrassera pas la licence au lieu de la liberté, et par
suite ne sera pas exposé à rétrograder. Éclairer le peuple et travailler
au progrès par la propagation des lumières, tel est donc, selon Fichte,
l'unique moyen d'éviter à l'avenir les désordres que l'on reproche à
la Révolution française. Autrement il arrivera partout ce qui se produit en France : le cours de la nature, violemment comprimé, brisera
tous les obstacles, et l'humanité tirera de ses oppresseurs la plus
terrible vengeance. Mais pour travailler ainsi au progrès et éclairer
le peuple, une chose est indispensable, une chose sans laquelle nul
progrès régulier n'est possible et qui est comme le principe de tout
le reste, je veux dire la liberté de penser, ce céleste Palladium de
l'humanité, comme l'appelle Fichte après Kant (1). Le premier soin
de notre philosophe est donc de la revendiquer auprès des princes
de l'Europe qui l'ont opprimée jusqu'ici.

Fichte part de ce principe que la liberté de penser est un droit
inaliénable, et il en conclut que nul prince n'a le droit de la supprimer ou de la restreindre.

Qu'est-ce en effet que la liberté de penser ? C'est un des caractères
qui distinguent l'homme de l'animal ; c'est un élément essentiel de
sa personnalité ; c'est la condition de son indépendance et de sa dignité. Il ne saurait donc renoncer à cette faculté sans abdiquer son
titre d'homme, son rang de personne, sa qualité d'être moral. La
liberté de penser n'est donc pas seulement pour chacun de nous un
droit incontestable, mais c'est un droit qu'il ne nous est pas permis
d'aliéner.

Lorsque Fichte revendique la liberté de penser comme un droit
inaliénable, ce n'est pas seulement la faculté de penser librement pour
soi-même qu'il réclame, mais celle de communiquer aux autres notre
libre pensée. La première n'est rien sans la seconde, et celle-ci
n'est pas un droit moins évident et moins inaliénable que celle-là.

On conteste ce point, en se fondant sur ce que le droit de communiquer aux autres nos pensées suppose le consentement des autres à

---

(1) Voyez l'opuscule de Kant, intitulé : *De ce proverbe : Cela peut être
bon en théorie, mais ne vaut rien en pratique*, que j'ai traduit à la suite de
la *Doctrine du droit*, p. 370.

recevoir nos dons. Cela étant, dit-on, la société ne peut-elle supprimer une fois pour toutes ce consentement, et exiger de chacun de ses membres la promesse de ne communiquer absolument à personne ses convictions ? En raisonnant ainsi, on oublie qu'il est de notre destination d'user librement de tout ce qui peut servir à notre culture intellectuelle et morale, que, par conséquent, il ne nous est pas permis de renoncer au droit de recevoir des autres les lumières qui nous sont nécessaires, et que si notre droit de recevoir est inaliénable, leur droit de donner ne l'est pas moins.

Mais, dit-on, nul n'a le droit de distribuer du poison. Le poison ! voilà le grand mot des ennemis de la libre pensée ; et ce mot, si vieux qu'il soit, n'est point encore usé pour eux, nous en savons quelque chose. Reste à savoir seulement comment ils s'y prendront pour prouver que ce qui est pour les uns une nourriture excellente est un poison pour les autres, et que les philosophes sont, d'intention comme de fait, de véritables empoisonneurs. Pour parler sans métaphore, le poison, c'est l'erreur, et l'erreur, c'est le contraire de la vérité. Or, disent-ils, si vous avez le droit de répandre la vérité, vous n'avez pas celui de propager l'erreur.

Fort bien, mais faut-il que nous tenions pour vérité tout ce qu'il leur plaît d'appeler vérité, et que nous rejetions comme faux ce qu'ils nous donnent comme une erreur ? Quel critérium nous offrent-ils pour distinguer sûrement l'erreur de la vérité ? Il y a, disent-ils, des erreurs anciennes et depuis longtemps réfutées. Mais réfutées pour qui ? Pour eux sans doute ; s'ensuit-il qu'elles le soient aussi pour nous ?

Que parle-t-on d'ailleurs d'erreur ou de vérité ! Il s'agit bien de cela pour les princes. Toute la question pour eux est d'assurer leur domination, et pour cela il ne leur suffit pas d'opprimer les corps s'ils n'asservissent aussi les esprits. En paralysant dans leurs sujets le premier principe de l'activité spontanée, la pensée ; en ne leur permettant pas de se hasarder à penser autrement qu'ils ne l'ordonnent, ils en font précisément les machines qu'ils veulent avoir, et ils peuvent s'en servir à leur gré.

Il est fâcheux seulement que le droit ne soit pas ici d'accord avec leurs prétentions. Pour qu'ils eussent le droit de déterminer ce que nous devrions admettre comme vrai, il faudrait qu'ils tinssent ce droit de la société et que celle-ci l'eût acquis par un contrat. Or Fichte n'a pas de peine à prouver qu'un pareil contrat est moralement impossible, c'est-à-dire illégitime et non avenu. Il lui suffit pour cela de rappeler que la faculté de penser librement et de communiquer librement sa pensée est un droit inaliénable de l'homme.

Les princes auxquels on tient ce langage ont une réponse toute prête : c'est pour le bien de leurs sujets qu'ils leur ôtent la liberté de penser, comme on enlève à des enfants un jouet dangereux ; et, à l'appui de cette assertion, ils étalent complaisamment tous les maux qu'enfante cette liberté. La Révolution française leur fournissait alors un argument qu'ils ne pouvaient manquer d'invoquer : « Vous ordonnez, leur dit Fichte, vous ordonnez à vos gazetiers de nous peindre, sous des couleurs de feu, les désordres où se jettent des esprits partagés et échauffés par les opinions. Vous nous montrez un peuple doux, tombé dans une rage de cannibales, altéré de sang, insensible aux larmes, courant avec ardeur à des exécutions comme à des spectacles, promenant en triomphe, avec des chants de fête, les membres déchirés et encore fumants de ses concitoyens, ses enfants enfin jouant avec des têtes sanglantes comme avec des toupies. » Que répliquer à un pareil argument ? On pourrait rappeler d'abord les fêtes plus sanglantes encore que le despotisme et le fanatisme réunis ont données à ce même peuple, et montrer que ces désordres ne sont pas les fruits de la liberté de penser, mais les conséquences du long esclavage qui avait si longtemps pesé sur les esprits. On pourrait prouver ensuite qu'en dépit de cet exemple, la liberté de penser, la liberté de penser sans limites, sans obstacles, peut seule fonder et assurer le bien des États, et confirmer cette vérité par l'histoire. « Je pourrais, ajoute Fichte, vous désigner de grands et de petits pays qui continuent de fleurir grâce à elle, ou qui, grâce à elle, sont devenus florissants sous vos yeux. » Mais, en vrai disciple de Kant, il se préoccupe moins du bien-être des hommes que de leur droit et de leur dignité. C'est au nom de cette dignité et de ce droit qu'il revendique ici la liberté de penser.

A ce sujet, il rappelle aux princes qu'ils ne sont pas chargés de veiller au bonheur de l'humanité, mais seulement de défendre ses droits, et que, par conséquent, leur premier devoir est de les respecter eux-mêmes. Il ne s'agit pas pour eux d'être bons, mais d'être justes. Qu'ils laissent à Dieu sa tâche et qu'ils se contentent du rôle qui leur est dévolu : il est assez sublime. Fichte s'élève éloquemment contre cette basse théorie qui fait du prince une seconde Providence. Il la renvoie aux courtisans qui s'avilissent et sèment la corruption pour se pousser aux honneurs et aux richesses, et il parle ici aux princes et aux peuples l'austère langage d'un homme libre, d'un véritable démocrate.

Je n'ai voulu, dans les lignes qui précèdent, qu'indiquer les principes sur lesquels Fichte s'appuie dans son *Discours sur la liberté de penser* ; je n'ai cherché à en reproduire ni l'argumentation, si serrée et si vive, ni l'ironie mordante, ni la mâle éloquence. De telles choses ne s'analysent pas. Chacun peut lire ce discours, sinon dans le texte, du moins dans ma traduction ; et chacun, je l'espère, en y reconnaissant les qualités que j'y signale, rendra hommage au sentiment qui a inspiré l'auteur : un profond amour de la liberté de l'homme et de sa dignité.

La *Revendication de la liberté de penser* n'est qu'un discours ; les *Considérations destinées à rectifier les jugements du public sur la Révolution française* sont un véritable ouvrage. Malheureusement cet ouvrage est resté inachevé : Fichte s'est borné à établir les principes qui, selon lui, devaient servir à apprécier la légitimité de la Révolution française ; il a négligé d'appliquer lui-même ces principes à l'examen de cette révolution et de ses actes. Mais, si son ouvrage ainsi restreint n'a pas pour nous tout l'intérêt historique qu'il devrait avoir ; tel qu'il est, il forme un des plus curieux monuments de cette philosophie politique qui a produit la Révolution française ou que celle-ci a suscitée à son tour. Fichte en effet y discute, avec beaucoup d'élévation et de force, les plus graves questions qui occupassent alors les esprits, comme celles du principe de la souveraineté, du but de l'État, de l'organisation de la société, des rapports de l'État et de l'Église; et ces questions, que notre révolution a pour ainsi dire jetées dans le monde, sont encore pour la plupart à l'ordre du jour. On peut contester quelques-unes de ses solutions ; on ne peut nier que, indépendamment de l'amour de la liberté, de l'égalité, de l'humanité qui y respire, elles ne soient déduites avec une grande vigueur d'argumentation, et que l'étude n'en soit très profitable à tous ceux qui s'intéressent à ces problèmes. Il n'est pas seulement curieux de voir un penseur tel que Fichte traiter de si importantes questions, au moment même où la Révolution française les tranchait d'une façon si éclatante; mais je ne connais pas de texte plus propre à susciter la réflexion, à tourner l'esprit du côté des principes, à éclairer les avenues de la politique.

La première question que pose Fichte, est celle de savoir d'après quels principes en général il faut juger les révolutions. C'est, selon lui, faute de s'entendre sur ce premier point qu'on a débité tant de sophismes sur la Révolution française : « Telle est, dit-il, la source la plus féconde de tous ces sophismes insipides où s'égarent à chaque instant non-seulement nos beaux messieurs et nos belles dames, mais encore nos écrivains les plus vantés, quand ils jugent ce grand drame que la France nous a donné de nos jours. » Fichte veut donc que l'on commence par rechercher d'après quelle espèce de règles il faut juger une révolution, ou, en d'autres termes, à quel point de vue on doit se placer pour l'apprécier convenablement. Cette recherche forme l'introduction de son travail.

Mais d'abord de quoi parle-t-on au juste, quand on entreprend de juger une révolution ? S'agit-il de la *légitimité* de cette révolution, ou s'agit-il de sa *sagesse*? Ce sont là deux questions fort distinctes, et qu'il faut bien se garder de confondre. La première est une question de droit : il s'agit de savoir si en général un peuple a le droit de changer sa constitution, ou si en particulier il a le droit de le faire d'une certaine façon ; la seconde est une question d'habileté : a-t-il choisi les meilleurs moyens dans les circonstances données ? Ces deux questions bien distinguées, il faut voir d'après quels principes on devra les décider.

Il y a des gens qui n'admettent pas de lois éternelles du droit, et qui font du succès la pierre de touche de la justice. Ces gens-là, comme dit Fichte, attendent l'événement pour donner à un bandit le titre de héros ou celui de meurtrier (1). Il est un grand homme, un sauveur, un Dieu, s'il réussit; il eût été un brigand, un malfaiteur, un scélérat, s'il eût échoué. Fichte ne veut pas discuter avec ces gens-là ; mais il en est d'autres qui, tout en reconnaissant au moins tacitement des lois primitives et éternelles, croient devoir demander à l'expérience la solution de la double question dont il s'agit ici. Ce sont ces derniers que Fichte voudrait convaincre.

C'est donc à l'expérience qu'il appartient, suivant eux, de répondre à cette question : Un peuple a-t-il le droit de changer sa constitution, et, en particulier, de la changer d'une certaine façon ? Mais qu'est-ce que cette expérience qu'ils invoquent? S'agit-il de ces prétendus principes que nous recevons d'abord de nos pères ou de nos maîtres, que nous retrouvons ensuite chez tous ceux au milieu desquels nous vivons, et qui, s'incorporant de plus en plus à notre être,

(1) Page 59.

exercent sur nos jugements une influence dont nous ne nous rendons pas compte? C'est ainsi, par exemple, que beaucoup de gens en sont arrivés à croire de très bonne foi qu'un homme peut être le maître d'un autre homme ; qu'un citoyen a droit, par le seul fait de sa naissance, à certains priviléges que n'ont pas ses concitoyens ; qu'un prince est destiné à faire le bonheur de ses sujets ; ils ne songent guère à remonter aux causes qui égarent leur jugement. Ce ne sont sans doute pas ces préjugés que l'on invoque sous le nom d'expérience? Seraient-ce par hasard ces illusions que produit en nous le sentiment obscur de notre intérêt, et dont il nous est si difficile de nous préserver, même avec l'esprit le plus lucide et la meilleure volonté ? A force de nous présenter à nous-mêmes et de présenter aux autres sous un masque honorable les prétentions de notre égoïsme, nous en faisons des prétentions légitimes, et nous crions à l'injustice, quand on ne fait souvent que nous empêcher d'être injustes. — Ce n'est donc pas là non plus ce que nous consulterons, quand il s'agit de droit : nous ne repousserons pas moins l'influence de l'intérêt que celle des préjugés. Que signifie donc cette expérience que l'on invoque ? C'est le témoignage de l'*histoire*.

Mais, si c'est sur l'histoire que nous devons nous régler, quand il s'agit de décider une question de droit, il y aura donc autant de règles qu'il y a de siècles ; car l'expérience dont l'histoire est le dépôt s'accroît avec chaque siècle. A ce compte nos droits et nos devoirs ne sont plus aujourd'hui ce qu'ils étaient il y a cent ans, et ils ne seront plus dans cent ans ce qu'ils sont aujourd'hui. Et non-seulement il y aurait autant de règles que de siècles, mais il y en aurait autant que d'individus ; car on ne saurait exiger que tout le monde connaisse toute l'histoire du passé, et la somme de nos connaissances historiques diffère nécessairement en chacun de nous. En outre, les hommes n'ont pas toujours eu pour se guider le flambeau de l'histoire, car l'histoire elle-même a eu son commencement. Avant cette époque, il n'y avait donc pas de règles pour eux, et nous n'en avons pas non plus pour apprécier la légitimité de leurs actes.

Après avoir ainsi réfuté le système de ceux qui veulent qu'on prenne l'histoire pour juge dans la question de droit, Fichte remonte lui-même aux principes auxquels nous devons ramener toutes nos recherches sur la légitimité ou l'illégitimité d'un acte libre, et il en trouve la source dans la forme originaire et immuable du moi humain. Il déduit de cette forme l'idée du devoir et celle du droit. Dans cette déduction, que je me borne à indiquer, on reconnaît la morale de Kant et jusqu'à son langage (1).

Fichte veut donc que, pour apprécier la légitimité d'une révolution, ou pour résoudre la question de droit qu'elle soulève, on exclue absolument l'expérience et l'histoire, et qu'on s'appuie uniquement sur ces principes que la raison révèle *a priori* et qui constituent ce qu'il appelle la forme originaire de notre esprit. Mais sur le second point, c'est-à-dire sur la manière d'apprécier la sagesse ou l'habileté d'une révolution, il se montre moins dédaigneux de l'expérience et de l'histoire, sans toutefois leur faire une bien large part. Il reconnaît que, quand il s'agit de juger, non pas la bonté du *but* que poursuit une société en changeant sa constitution, — c'est encore là une question purement morale, — mais celle des *moyens* les plus propres à atteindre ce but, une certaine *connaissance expérimentale de l'âme humaine* est nécessaire. Par là Fichte n'entend pas celle qui résulte de l'étude des différences que le siècle, le climat, les occupations introduisent entre les hommes. Selon lui, ces différences, peu considérables en comparaison de la somme des qualités communes, doivent s'effacer de plus en plus avec les progrès de la civilisation ; en tous cas, il est aisé d'apprendre à les connaître et à en tirer parti : les moyens de s'en servir, dit-il, sont des expédients mesquins et insignifiants. La connaissance qu'il recommande, c'est celle que chacun peut puiser en soi-même, en étudiant son propre cœur. « Observe-toi toi-même, » telle sera donc ici la maxime du politique. Cette connaissance n'a rien à démêler avec l'histoire vulgaire : elle est l'œuvre du penseur qui s'observe lui-même ; mais Fichte ajoute que l'histoire, bien traitée, peut servir à l'enrichir et à la confirmer. Celle-ci en effet nous montre quelque chose que l'expérience quotidienne ne nous apprend pas : elle nous fait voir ce que peuvent les âmes privilégiées dans des circonstances extraordinaires ; elle nous peint l'humanité dans son habit de fête. Voilà l'enseignement qu'il lui faut demander ; Fichte ne lui reconnaît guère d'autre utilité.

Arrêtons-nous un instant pour juger à notre tour les idées que nous venons d'exposer. Fichte a raison de vouloir que l'on distingue soigneusement ces deux choses : la légitimité d'une révolution et la sagesse, c'est-à-dire l'opportunité et l'habileté de cette révolution. La première est une question de droit, et il suffit pour la résoudre d'en appeler au tribunal de la raison ; la seconde est une question de

(1) Voyez pages 71-75.

prudence, et l'on ne saurait y répondre sans recourir à l'expérience. Après avoir établi cette lumineuse distinction, Fichte avait beau jeu pour faire à l'expérience et à l'histoire la part qui leur convient ; au lieu de cela, il en restreint singulièrement le rôle. Sans doute il y a telle sorte d'expérience et d'histoire qui est ici absolument stérile ; je conviens volontiers qu'il n'importe guère de savoir combien il y a eu de grandes monarchies ou quel jour a eu lieu la bataille de Philippes. J'ajouterai même que ce qui a réussi aux uns pouvant ne pas réussir aux autres, il est parfois dangereux de suivre de trop près les leçons de l'histoire, bien qu'on ne puisse raisonnablement nier qu'il n'y ait en général beaucoup à tirer de l'expérience d'autrui. Mais que demande-t-on, quand on renvoie à l'expérience et à l'histoire ceux qui veulent entreprendre ou juger une révolution ? On leur demande de bien savoir à quel peuple ils ont affaire, c'est-à-dire de bien connaître son caractère, ses qualités et ses défauts, son passé, ses traditions et ses habitudes, le degré de civilisation où il est parvenu, etc. Il est trop évident que, si l'on ne tient compte de ces éléments, on n'aboutira à aucun résultat solide. Voilà en quel sens le problème posé par Fichte devient un problème historique. Or c'est ici que sa théorie me paraît surtout en défaut. Il fait beaucoup trop bon marché de la connaissance expérimentale, je ne dis pas de l'homme, mais *des* hommes. Il n'est pas vrai que les différences qui existent entre eux soient si insignifiantes, et qu'il soit si facile d'apprendre à les connaître et à en faire usage. Fichte ne parle que de celles que le siècle, le climat, les occupations introduisent entre eux ; il oublie celles que la nature a établies elle-même entre les divers peuples et qui constituent le génie particulier de chacun d'eux. Tandis que les premières sont superficielles et passagères, les secondes sont profondes et indestructibles : il n'y a que la fusion des races qui les puisse effacer. Toute révolution, toute constitution nouvelle qui, quelque conforme qu'elle soit au droit absolu, n'est pas en harmonie avec le génie propre et le degré de civilisation du peuple où elle se produit, ne porte que des fruits avortés.

Je sais quels prétextes l'esprit de routine et d'égoïste conservation puise dans ce qu'on nomme l'expérience. Cela est ainsi depuis des siècles ; donc cela doit être ainsi et ne saurait être autrement. Malheur au téméraire qui ne respecte pas ce que le temps a consacré ! Et voilà comment se perpétuent les abus les plus odieux et les iniquités les plus révoltantes. Contre ces prétendus sages qui repoussent, au nom du passé, toute idée de réforme, déclarent impraticables tous les projets qu'on leur propose et ne trouvent *faisable* que *ce qui se fait*, Fichte a mille fois raison. Il faut leur rappeler bien haut, puisqu'ils l'oublient, qu'il y a un droit absolu, que ce droit est imprescriptible, et qu'il n'y a pas de fait qui puisse prévaloir contre lui. Sur ce point, Fichte est admirable; c'est vraiment le philosophe du droit. Mais, ce point accordé, il n'en reste pas moins que, quand il s'agit de changer la constitution d'un certain peuple ou de juger sa révolution, il faut, tout en prenant pour modèle l'idéal du droit, avoir égard au caractère et à l'état de ce peuple, et en ce sens faire appel à l'histoire. C'est qu'il ne s'agit plus ici seulement du droit pur, mais du droit appliqué, et que, pour appliquer le droit, c'est-à-dire pour le faire passer de la théorie dans la pratique, il faut bien tenir compte de la matière à laquelle on l'applique. Voilà ce que, dans son enthousiasme philosophique pour le droit absolu et dans sa haine pour l'adoration aveugle ou intéressée du fait, Fichte a beaucoup trop négligé.

Il se rattache donc exclusivement à ce qu'on a nommé plus tard l'*École philosophique* par opposition à l'*École historique*. Mais il ne pouvait alors diriger ses armes contre la doctrine que l'on a depuis particulièrement désignée sous ce dernier titre, puisqu'elle ne s'était pas encore produite. Chose curieuse, ce fut précisément sous l'influence de la réaction que le despotisme impérial excita en Allemagne contre les idées françaises, que naquit cette nouvelle école historique, beaucoup plus savante et beaucoup plus redoutable que celle que Fichte attaque ici. D'après cette école, le droit rationnel, tel que l'ont conçu la philosophie du xviii° siècle et la Révolution française, est une lettre morte; il n'y a de réel et de vivant que le droit qui sort de la coutume et de son développement naturel. Toute législation qui n'en dérive pas est artificielle et stérile. Dans ce système, il est ridicule de parler de l'influence de la philosophie sur les institutions; le progrès du droit n'est possible que par une sorte de végétation naturelle, semblable à celle de la plante. A cette école, qui supprime la règle du droit au profit du fait brutal, et enlève à la libre initiative des hommes consultant la raison toute action réelle dans le progrès de leurs lois écrites, il faut opposer les principes si éloquemment défendus ici par Fichte : la grandeur de l'idée du droit et la puissance de la liberté humaine. Le reproche d'inconséquence adressé par Fichte aux empiriques, partisans du hasard et ennemis de la philosophie, peut aussi s'appliquer à ces sectateurs de la fatalité, qui déclarent la philosophie, c'est-à-dire la libre culture de la raison, impuissante à faire le bien, tandis que d'un autre côté ils la dénoncent comme un fléau pour les sociétés. « Que signifient, peut-on leur dire en tournant contre eux les paroles de Fichte, légèrement modifiées, que signifient ces avertissements que vous prodiguez aux peuples pour les mettre en garde contre les fallacieuses promesses des philosophes ? Tenez-vous donc tranquilles, et laissez faire votre... végétation. Si les philosophes réussissent, ils auront eu raison ; s'ils ne réussissent pas, c'est qu'ils auront eu tort. Il ne vous appartient pas de les repousser ; ils seront bien jugés par le fait. » Tout cela est vrai; mais, pour être juste, il faut ajouter que, si l'école historique est absurde et inconséquente dans son principe, ce principe n'est lui-même que l'exagération d'un élément dont Fichte et l'école philosophique n'ont pas tenu assez de compte.

Sauf cette réserve, je m'associe pleinement aux principes et aux vœux exprimés ici par Fichte. Comme lui, je repousse cette ligne de démarcation que l'on voudrait établir, dans les recherches politiques, comme dans les recherches religieuses, entre les vérités exotériques et les vérités ésotériques : c'est surtout en politique qu'il importe de rappeler que la vérité n'est pas le patrimoine exclusif de l'école, mais le bien commun de l'humanité. Comme lui, j'appelle de tous mes vœux la diffusion générale des lumières, qui, en éclairant de plus en plus les hommes sur leurs devoirs et leurs droits, les rendra toujours plus capables de travailler à la réforme de leurs institutions. Comme lui enfin, j'invoque ardemment le règne du droit, et je m'écrierais avec lui: « O droit sacré ! quand donc te reconnaîtra-t-on pour ce que tu es, pour le sceau de la divinité empreint sur notre front ? Quand s'inclinera-t-on devant toi pour t'adorer ? Quand nous couvriras-tu comme d'une céleste égide, dans ce combat de tous les intérêts de la sensibilité conjurés contre nous, et quand nos adversaires seront-ils pétrifiés par ton seul aspect ? Quand les cœurs battront-ils à ton nom, et quand les armes tomberont-elles des mains du fort devant les rayons de ta majesté (1)? » Cette invocation est-elle moins opportune aujourd'hui que dans les jours de tourmente où Fichte l'écrivit ?

(1) Cette apostrophe de Fichte au droit rappelle celle de Kant au devoir, dans la *Critique de la raison pratique* (p. 269 de ma traduction), et celle-ci a été évidemment inspirée par celle de Jean-Jacques Rousseau à la conscience, dans la Profession de foi du vicaire savoyard. On peut dire en un sens que Fichte est le philosophe du droit comme Kant est celui du devoir; mais il ne faudrait pas pousser trop loin cette opposition, car le premier ne sépare pas plus le droit du devoir que le second ne sépare le devoir du droit.

Mais ce ne sont encore là que des prolégomènes. Fichte a montré d'après quels principes on doit, selon lui, juger les révolutions; il faut maintenant poursuivre ces principes dans leur application, de telle sorte qu'une révolution étant donnée, on soit en état d'en bien apprécier la légitimité. Mais d'abord un peuple a-t-il en général le droit de changer sa constitution politique? Telle est la première question qui se présente.

Ce point nous paraît aujourd'hui si éclatant et si incontestable; il est, chez nous, tellement entré dans l'opinion publique, tellement passé à l'état d'axiome, qu'il ne nous semble même pas faire l'objet d'une question. Mais que l'on se reporte à l'époque où Fichte écrivait son ouvrage: le droit qu'a tout peuple de changer sa constitution politique était alors audacieusement nié au profit du droit divin des rois, et ceux qui voulaient l'exercer avaient à le défendre non-seulement par la plume, mais par les armes. Qu'on se rappelle le manifeste du duc de Brunswick, cet insolent défi des rois à l'indépendance des peuples, et la guerre faite à la France au nom des droits des souverains! Est-il besoin d'ailleurs de remonter jusque-là? Aujourd'hui même, en plein xix° siècle, ce droit qui nous paraît si évident est-il reconnu partout comme il l'est chez nous? Allez demander à la cour de Rome si le peuple romain a le droit de se donner un autre gouvernement que celui du saint-père. Laissons de côté le pape: n'y a-t-il plus de souverains qui invoquent leur droit divin? Ce n'est donc pas, même de nos jours, une question tout à fait oiseuse que celle à laquelle Fichte a consacré son premier chapitre. Telle est la force des préjugés et des intérêts qu'il n'y a point de droit, si lumineux qu'il soit et si solidement assis qu'il paraisse, qui n'ait toujours besoin d'être défendu. En tous cas, c'est l'œuvre de la philosophie de rechercher les principes de tous nos droits, et de les établir ainsi eux-mêmes aussi exactement et aussi clairement que possible. Voyons donc quels sont les principes sur lesquels Fichte fonde le droit dont il s'agit ici. Ce droit est incontestable, mais les principes d'où il le déduit sont sujets à discussion.

Il rappelle d'abord ce principe, enseigné par Rousseau, que la société civile et politique se fonde sur un contrat. On a, il est vrai, attaqué cette proposition, en l'interprétant comme si elle exprimait l'origine réelle des sociétés politiques. « Il est trop évident, dit fort bien Fichte, pour quiconque examine nos constitutions politiques et toutes celles dont l'histoire a fait mention jusqu'ici, qu'elles ne furent pas l'œuvre d'une délibération réfléchie, mais un jeu du hasard ou l'effet d'une violente oppression. Elles se fondent toutes sur le droit du plus fort. » Mais là n'est pas la question : il ne s'agit pas ici de ce qui est ou a été, mais de ce qui doit être ; il ne s'agit pas du fait, mais du droit. Or, en droit, il est incontestable qu'une société civile ne peut se fonder que sur un contrat entre ses membres, et qu'un État agit d'une manière injuste, quand il impose à ses citoyens des lois auxquelles ils n'ont pas consenti, au moins ultérieurement.

Mais d'où Fichte déduit-il ce principe, et comment l'entend-il ? C'est ici qu'est la difficulté. L'homme, en sa qualité d'être raisonnable, est exclusivement soumis à la loi morale : nul n'a le droit de lui en imposer une autre. Mais, comme cette loi le laisse, en beaucoup de cas, libre d'agir comme il lui plaît, il peut bien alors conclure tels contrats qui lui conviennent sur les choses qui restent à sa disposition. Seulement il ne faut pas oublier que, s'il contracte ainsi quelque nouvelle obligation, c'est qu'il l'a bien voulu, puisqu'en dehors de la loi morale, il n'y a de loi pour lui que celle qu'il s'impose à lui-même : nul homme ne peut recevoir de loi que de lui-même ; et, quand il s'en laisse imposer une par une volonté étrangère, il abdique sa qualité d'homme et se ravale au rang de la brute. Or, selon Fichte, la législation civile ou politique a uniquement pour domaine les choses que la loi morale abandonne à notre liberté, ou, comme il dit, les droits *aliénables* de l'homme. Tout le reste appartient à une autre législation, à la législation morale, qui n'a rien de commun avec la première et qui ne la regarde en rien. Les lois positives, ne faisant que régler l'exercice de ces droits aliénables, ne sont donc obligatoires pour nous que parce que nous nous les imposons à nous-mêmes, et, par conséquent, une constitution civile n'est légitime qu'autant qu'elle est volontairement acceptée par tous ceux dont elle doit régler les rapports, c'est-à-dire qu'autant qu'elle se fonde sur un contrat.

De là aussi dérive, selon notre philosophe, le droit qu'a tout peuple de changer sa constitution comme il l'entend. Puisqu'elle résulte elle-même d'un libre contrat, il dépend toujours de la volonté des contractants de la modifier comme il leur plaît. Il n'y a même pas lieu raisonnablement de poser la question.

Ainsi, dans la théorie de Fichte, la société civile est, en droit, une association toute volontaire, et ce qu'on nomme constitution politique n'est que le contrat librement conclu entre les membres de cette association pour en régler les conditions, d'où il suit qu'elle peut toujours être modifiée.

Quiconque ne se laisse point aveugler par les préjugés accordera à Fichte qu'une constitution politique, pour être vraiment légitime, exige en effet la libre adhésion de ceux qu'elle est appelée à régir, et qu'en ce sens elle se fonde sur un contrat ; et de ce principe, qui se déduit lui-même de la liberté et de la dignité inhérentes à la personne humaine, il conclura qu'une constitution peut toujours être modifiée par le libre consentement de ceux qui la reconnaissent pour loi. Jusque-là nous sommes d'accord avec Fichte ; mais il est un point que nous ne saurions lui accorder, et qui à son tour entraîne certaines conséquences fort graves que nous aurons à relever plus tard. La constitution politique n'a pas seulement pour but, comme l'affirme Fichte, de régler des choses que la raison abandonne à notre liberté ; mais sa principale fin est de protéger les droits de chacun contre la fraude ou la violence des autres, et de faire partout respecter la justice. Or, comme le maintien de ces droits ou de la justice n'est possible que dans la société civile, l'état de nature étant nécessairement un état de guerre et d'iniquité, il suit que c'est pour les sociétés humaines et pour tous ceux qui en font partie un devoir commandé par la justice même, ou, comme dit Kant, un *devoir de droit*, de se constituer en sociétés civiles ou politiques, et que ce devoir, comme tous les devoirs de droit, nous peut être légitimement imposé par une contrainte extérieure. Sans doute chacun est libre de quitter la société qui ne lui convient pas et d'en chercher une autre qui lui convienne mieux ; mais, à moins de vivre tout seul dans une île déserte, nul ne peut se soustraire à l'obligation de reconnaître des lois publiques. C'est là ce que Kant a parfaitement compris (1), et l'on peut ici corriger le disciple par le maître. Il n'est donc pas exact d'assimiler la société politique à toute autre association, et le pacte civil à tout autre contrat. Cette association est exigée elle-même par la justice ou par le droit ; et, s'il dépend de ses membres de la constituer de telle ou telle façon, il ne dépend pas d'eux de n'en constituer aucune : ils manqueraient ainsi au plus impérieux des devoirs. J'accorde que la société civile se fonde sur un contrat, mais à condition qu'on m'accordera que l'institution de ce contrat est obligatoire. Il est bien vrai que toutes les lois positives, même celles qui règlent les applications de la justice et sont destinées à la garantir, supposent l'adhésion des citoyens qui doivent vivre sous ces lois, puisque autre-

(1) Voyez la *Doctrine du droit*, p. 257 à 268 de ma traduction, et mon *Analyse critique* de cet ouvrage, p. LXXI et suivantes.

ment, sous prétexte de les protéger dans l'exercice de leurs droits, on pourrait bien les opprimer en leur imposant des lois arbitraires et injustes, et le fait n'est pas inouï ; mais ce n'est pas seulement parce que nous nous les imposons à nous-mêmes que les lois positives sont obligatoires pour nous, c'est aussi parce qu'elles sont l'expression et la garantie nécessaire de la justice et du droit. La théorie exposée ici par Fichte est insoutenable, et lui-même, comme on le verra plus loin, n'a point tardé à l'abandonner, mais malheureusement pour se jeter dans une autre extrémité.

Qu'on ne l'oublie pas d'ailleurs : si Fichte ne reconnaît dans la société civile d'autre principe d'obligation que la libre volonté des citoyens, c'est qu'il borne la législation civile aux choses qui ne relèvent en effet que de notre volonté, et qu'il met à part les droits inaliénables ou imprescriptibles de l'homme, lesquels n'ont besoin, selon lui, d'aucune sanction publique. Sa théorie n'a donc rien de commun avec celle de ces politiques qui confondent en nous l'homme et le citoyen et soumettent notre personne tout entière aux décisions d'une volonté arbitraire, qu'ils décorent du titre de volonté générale. Fichte n'admet pas plus la tyrannie de la volonté générale que celle d'aucune volonté particulière, puisqu'il place au-dessus de toutes les lois positives les droits imprescriptibles de l'homme, et puisque, dans la sphère où il réduit la législation civile, la volonté générale ne devient une loi pour chacun de nous qu'autant qu'elle exprime sa propre volonté. Dans ce système, une majorité, quelque imposante qu'elle soit, ne saurait m'obliger, si je n'y ajoute ma propre voix. La théorie de Fichte est donc fondée sur un principe absolument contraire à toute espèce de despotisme ; mais elle oublie que la justice, dans ses applications sociales, a besoin d'être représentée et garantie par des lois positives, sans quoi l'arbitraire et la violence régneront bientôt parmi les hommes ; et, pour soustraire la société à la tyrannie des lois et des pouvoirs publics, elle la ramène à l'état de nature ou la réduit en poussière.

Certes, Fichte a beau jeu contre la plupart des gouvernements qui ont existé jusqu'ici parmi les hommes. Il a raison de leur demander où sont leurs titres à notre reconnaissance, et de leur reprocher amèrement leurs vues égoïstes, leur esprit de conquête joint à leur esprit de domination, leurs attentats contre la liberté de la pensée, ce principe vital de toutes les autres libertés, leur corruption morale, etc. Ce ne sont pas là de vaines déclamations : ces accusations, inspirées à Fichte par le plus pur sentiment moral, ne sont pas seulement fort éloquentes sous sa plume ; elles ne sont, hélas ! que trop justes. Il n'est que trop vrai que ces gouvernements ont en général étrangement abusé de leur pouvoir, qu'ils l'ont presque toujours mis au service de leurs passions ou de leurs intérêts privés, et qu'ils se sont faits les tyrans de ceux dont ils étaient chargés de défendre la liberté et les droits. Quand on parcourt l'histoire, et que, ce terrible témoignage à la main, on remonte le long Golgotha de l'humanité, on comprend la réaction qui se fit au xviiie siècle, dans l'esprit de certains penseurs, contre la société civile, et qui les rejeta vers l'état de nature. Et pourtant, il faut bien le reconnaître, si arbitraires et si violents qu'ils fussent, ces gouvernements valaient encore mieux qu'un état de nature où il n'eût existé d'autre loi que la force.

Fichte soutient ensuite que le but dernier de toute constitution politique doit être la culture de notre liberté, et finalement cette liberté même, c'est-à-dire l'indépendance absolue de notre moi à l'égard de tout ce qui n'est pas la loi de la raison. Admettons que tel doive être en effet le but final de toute constitution politique : si la société civile est un moyen indispensable relativement à cette fin, c'est donc un devoir pour nous d'organiser la société civile, au moins à titre de moyen. Que devient alors cette assertion, que la législation morale ne regarde en rien la législation civile, puisque celle-ci n'est que l'exécution d'un ordre prescrit par la première ? Mais, après avoir trop séparé la législation civile de la législation morale, Fichte n'assigne-t-il pas ici à la constitution politique un but placé en dehors de son champ ? La société civile a essentiellement pour fin de garantir les droits de chacun, et par conséquent de faire que chacun puisse suivre librement sa destination. Mais cela fait, elle n'a point à s'occuper de la façon dont il nous conviendra d'user de notre liberté : cela ne la regarde plus. — « Si ce but final, ajoute Fichte, pouvait jamais être atteint, il n'y aurait plus besoin de constitution politique ; la machine s'arrêterait, puisqu'aucune pression n'agirait plus sur elle. La loi universelle de la raison réunirait tous les hommes dans une profonde harmonie de sentiment, et nulle autre loi n'aurait plus à veiller sur leurs actes. Il n'y aurait plus lieu d'établir aucune règle pour déterminer ce que chaque membre de la société devrait sacrifier de son droit, puisque personne n'exigerait plus qu'il ne serait nécessaire, et que personne ne donnerait moins. Comme tous seraient toujours d'accord, il n'y aurait plus besoin de juges pour terminer leurs différends. » Cette idée remplit Fichte d'enthousiasme, et, tout en reconnaissant qu'elle ne se réalisera jamais complètement, il croit que l'humanité s'en rapprochera toujours davantage. Il a exprimé ailleurs la même pensée, en disant que « le but de tout gouvernement est de rendre le gouvernement superflu (1). » J'admets ce principe en un sens : le progrès des constitutions politiques consiste certainement à affranchir de plus en plus l'individu, et à lui laisser de plus en plus le libre gouvernement de lui-même, de telle sorte que l'État, qui à l'origine s'est emparé de l'homme tout entier, doit finir par lui restituer toute son autonomie. Mais cela veut-il dire que l'État soit une forme accidentelle et transitoire de la société ? Oui, si par État on entend cette sorte de gouvernement qui a la prétention de diriger l'homme comme un enfant. Non, si l'on veut désigner par là l'ensemble des lois et des pouvoirs publics qui ont pour but d'assurer le respect des droits de chacun. Le premier doit s'effacer de plus en plus avec le progrès des sociétés ; le second est une condition nécessaire de la vie sociale : fondée sur la nature humaine, il ne disparaîtra qu'avec elle. Celui-là peut convenir aux sociétés mineures : il doit s'évanouir au moment où elles atteignent leur majorité. Mais, majeures ou mineures, la société humaine ne saurait vivre en dehors du dernier. Il est beau de poursuivre un idéal ; encore faut-il qu'il soit, je ne dis pas parfaitement réalisable (il est de la nature même de l'idéal de ne l'être pas), mais du moins conforme à la nature de l'être auquel il doit servir de type. Or, l'humanité étant donnée, je conçois bien un État idéal ; mais je ne conçois pas comme l'idéal d'une société humaine l'absence de tout État. Fichte oublie donc ici les conditions de l'humanité ; et, quoi qu'il en dise, son idéal n'est qu'un beau rêve.

Les dissentiments que je viens de marquer ont des conséquences qui se retrouveront dans toute la suite de cette étude ; mais ils ne font rien à la question dont il s'agissait dans ce premier chapitre. Il n'en reste pas moins que nulle constitution politique n'est immuable, qu'il est dans leur nature à toutes de se modifier, et qu'une clause qui déclarerait immuable une certaine constitution serait en contradiction flagrante avec l'esprit même de l'humanité. Tout en faisant mes réserves sur certains principes de la théorie de Fichte, je ne puis qu'applaudir à ces conclusions.

Il semble que la question posée par lui soit maintenant épuisée,

---

(1) Voyez les *Leçons sur la destination du savant et de l'homme de lettres*, prononcées à Iéna en 1794, p. 32 de la traduction de M. Nicolas.

et qu'il ne reste plus rien à y ajouter. Mais, comme on soutient que le droit qu'a un peuple de changer sa constitution peut être aliéné, notre philosophe entreprend de réfuter cette opinion, en examinant successivement toutes les manières dont il pourrait l'être, et en montrant que, dans chacun de ces cas, il demeure inaliénable, en dépit de toutes les conventions contraires. C'est ainsi qu'il a été conduit à tracer ici le plan qu'il se proposait de suivre dans le reste de son ouvrage (1), et qu'il n'a exécuté qu'en partie. Pour nous, nous pourrions nous en tenir là, s'il ne s'agissait que de défendre un droit incontestable à nos yeux contre des objections condamnées d'avance ; mais les questions subsidiaires que Fichte se trouve ainsi amené à traiter sont si intéressantes et si graves, et il les traite lui-même d'une façon si curieuse, que nous ne saurions nous dispenser de le suivre jusqu'au bout.

Le but du troisième chapitre est de prouver que le droit de changer la constitution politique ne peut être aliéné par un contrat de tous avec tous. Je ne conteste pas cette proposition, mais seulement la théorie sur laquelle Fichte l'appuie, qu'il expose ici avec une précision nouvelle et dont il déduit hardiment les conséquences, qui, selon moi, la condamnent.

Fichte se plaint de la confusion d'idées qui naît du sens équivoque du mot société. Il a raison : il importe de bien distinguer la société civile de toute autre espèce de société ; malheureusement la distinction qu'il propose, loin de résoudre la question, ne fait que l'embrouiller davantage. Il signale l'écueil ; mais, pour l'éviter, il se jette dans un autre. C'est qu'il se fait une fausse idée de la société civile ou de l'État. Selon lui, la société civile n'est qu'une espèce particulière de société fondée sur un contrat spécial et rentrant ainsi dans cette sorte d'association qui en général se fonde sur un contrat. De ces deux espèces de sociétés, celle qui se fonde sur un contrat en général et celle qui en particulier se fonde sur le contrat civil, il distingue une autre espèce de société qui est indépendante de tout contrat, et ne reconnaît d'autres lois que celles du droit naturel. C'est ici, selon lui, le domaine du droit naturel ; les deux autres espèces de sociétés, tout en restant soumises à ses lois, appartiennent à des domaines qui ont leurs objets propres, celui des contrats en général, et celui du contrat civil en particulier. Ainsi la matière du contrat civil est, selon Fichte, absolument distincte de celle du droit

---

(1) Voyez le chapitre III : *Plan de tout le reste de cette recherche*, p. 130.

naturel, et la société civile n'est qu'une espèce particulière d'association, arbitraire et conventionnelle, comme toute autre, comme une société commerciale par exemple. Voilà bien l'erreur que nous avons déjà relevée. L'institution de l'État n'est nullement arbitraire, mais nécessaire : c'est le droit lui-même qui l'exige, et sa première fin est d'en assurer le respect. Le champ de la société civile est donc précisément celui du droit naturel ; celui que Fichte lui assigne n'est que l'accessoire, non le principal. Que cette société, une fois constituée, prenne les mesures qui lui conviennent relativement à tel ou tel objet, à l'industrie, par exemple, ou à l'agriculture, ou à l'éducation, ou à l'embellissement des villes, elle est sans doute parfaitement libre à cet égard, pourvu qu'elle ne viole en cela aucun principe du droit naturel ; mais ce n'est pas là le but principal de son institution. On pourrait dire que le but de l'État est d'abord la garantie de tous les droits, et accessoirement la prospérité de la société. D'après cette définition, l'État n'est plus, comme dans la théorie de Fichte, quelque chose de purement arbitraire : il est *de droit*. Sans doute le droit naturel est au-dessus de l'État, puisqu'il doit lui servir de principe et de règle ; mais que serait une société où il ne trouverait point sa garantie dans une loi positive et dans une puissance publique ? Fichte a beau dire : sans exagérer la méchanceté originelle de l'homme, on peut affirmer que cet état de nature serait nécessairement un état de guerre, et que la force brutale en serait la seule loi. Qu'en dehors de la société civile, comme au sein de cette société, les hommes ne laissent pas d'être soumis aux lois du droit naturel, cela est trop évident; mais à quoi servent ces lois, et que deviennent nos droits réciproques, s'ils sont toujours à la merci du caprice et de la violence de chacun ? Ne dites donc pas que l'État transgresse ses limites, quand il s'empare du domaine du droit naturel : il est là au contraire sur son véritable terrain. Je reconnais avec vous qu'il est de sa nature envahisseur, et que, si on le laisse faire, il empiétera bientôt jusque sur le domaine de la conscience ; renfermons-le donc, autant que possible, dans ses limites ; mais ses limites, ce sont précisément celles du droit naturel. Tout le reste lui doit demeurer étranger, ou du moins n'être pour lui qu'un accessoire et un moyen, qu'il abandonnera de plus en plus à la liberté individuelle. En ce sens, il est juste de distinguer deux espèces de sociétés : la société civile, qui a pour fin la garantie des droits de l'homme, et hors de laquelle on peut dire qu'il n'y a pas de salut pour le droit, et, sous la surveillance et la protection des lois et de la puissance publiques qui constituent cette société, cette autre société où les hommes n'ont plus d'autres relations que celles qu'il leur plaît de former entre eux, suivant leur conscience ou leurs goûts, ou leurs intérêts, et qui se subdivise d'après ces diverses relations. Telles sont les sociétés religieuses, littéraires, industrielles, etc. Voilà l'espèce de société qui a pour champ le domaine des contrats, c'est-à-dire celui de la liberté individuelle; le domaine du droit naturel est le champ de l'autre, celle-ci n'est donc plus arbitraire et purement conventionnelle. Sans elle toute autre société serait impossible : il n'y a pas de contrat sérieux entre les individus sans une puissance publique qui garantisse le respect des droits de chacun ; mais tel est aussi le rôle auquel il convient que l'État se réduise de plus en plus. *Illa se jactet in aula.*

Fichte a bien raison de revendiquer les droits primitifs de l'homme contre les prétentions exorbitantes de l'État, en montrant que ces droits sont antérieurs et supérieurs à toute constitution civile. Il détermine supérieurement l'origine du droit de propriété, en lui donnant pour principe la libre activité de l'homme appliquant ses forces à la matière brute et lui communiquant sa *forme*, c'est-à-dire en un mot le travail, et sur ce point sa théorie corrige ou complète heureusement celle de Kant. Il relève justement la contradiction, renouvelée de nos jours, où tombent, sans s'en apercevoir, ceux qui dénient à l'individu le droit de propriété, qu'ils accordent à l'État. Il ne réfute pas avec moins de raison le sophisme de ces écrivains français qui soutiennent que tous les hommes ont droit à une égale portion de terre, et que tout le sol de la terre doit être partagé entre eux par portions égales. Tout cela est excellent. Non, ce n'est pas l'État qui est la source du droit de propriété, pas plus qu'il n'est la source de tous nos droits primitifs. Mais, tout en admettant cette vérité, n'est-il pas juste de reconnaître que, si le droit de propriété ne dérive pas de l'État, il ne saurait trouver de garantie et de sécurité que dans l'État, et que dès-lors il n'en est pas aussi absolument indépendant que Fichte le soutient ici? Il est impossible d'admettre que chacun puisse, quand bon lui semble, affranchir sa propriété, avec sa personne, de toute loi civile, et qu'il lui suffise de déclarer qu'il cesse de faire partie de l'État auquel il a appartenu jusqu'alors, pour n'avoir plus désormais rien à démêler avec lui au sujet de la propriété qu'il possède sur le sol même occupé par cet État. Telle est pourtant la conséquence à laquelle conduit la théorie de Fichte sur la nature de l'État. Dans cette théorie, que nous avons vue reparaître de notre temps, l'État n'est plus qu'une sorte d'assurance mutuelle entièrement libre et toujours révocable à volonté, comme telle ou telle société que nous voyons fonctionner sous nos yeux. Il n'y a qu'une petite difficulté : c'est que, sans un pouvoir public chargé de faire respecter tous les droits et exécuter tous les contrats, tous les droits et tous les contrats sont illusoires (1). Je conçois bien une société d'assurance dans un État régulièrement organisé ; mais ôtez l'État, comment cette société serait-elle possible ?

Nous venons de toucher une des conséquences de la théorie de Fichte. S'il a bien vu l'origine du droit de propriété, il n'a pas su reconnaître les rapports nécessaires de la propriété individuelle avec la société civile, faute de s'être fait une idée juste de la nature de l'État : il l'affranchit de toute obligation, ne reconnaissant d'autre loi que la volonté du propriétaire. Il est curieux de le voir exalter à ce point les droits de la propriété individuelle dans le temps même où les représentants de la Révolution française confisquaient les biens des émigrés. Il est fâcheux seulement qu'il n'ait pas jugé à propos de s'expliquer sur cet acte, si contraire à ses principes.

Si Fichte exagère les droits de la propriété individuelle en face des justes exigences de la société civile, en revanche il en restreint l'étendue outre mesure, en retranchant l'hérédité du nombre des droits naturels, pour en faire un droit purement civil. Selon lui, dans l'ordre naturel, chacun est le légitime héritier de chaque mort ; car, dès que quelqu'un sort de ce monde, il y perd tous ses droits, et sa propriété, devenue vacante, passe à celui qui se l'approprie le premier. Le droit d'hérédité est une institution de l'ordre civil destinée à remédier aux désordres qui pourraient résulter de l'exercice de ce droit qu'a chacun d'hériter de tout mort : devenus citoyens, les hommes échangent ce dernier contre le premier. Il y aurait beaucoup à dire sur ce point. Il faudrait au moins distinguer entre le droit d'héritage et celui de transmission héréditaire. Si, dans l'ordre naturel, on peut me contester le droit d'hériter des biens de mon père, comment contester à mon père le droit de m'instituer son héritier ? Ce droit n'est-il pas la conséquence naturelle du droit de propriété, et n'est-ce pas porter atteinte à celui-ci que de repousser celui-là ? Sans doute ce droit ne saurait s'exercer régulièrement que dans l'État civil ; mais on en peut dire autant du droit de propriété lui-même : en est-il moins un droit naturel ? Tout cela serait fort intéressant à discuter, mais tout cela m'entraînerait beaucoup trop loin, et il faut

(1) « L'ordre social, dit fort bien Rousseau dans le *Contrat social* (chap. 1), est un droit sacré qui sert de base à tous les autres. »

que je me hâte. — Relevons aussi, en passant, une singulière idée de notre philosophe : à l'entendre, les parents n'ont pas, selon le droit naturel, un droit exclusif sur leurs enfants, *à titre de parents*; ils ne se les approprient qu'en exerçant les premiers sur eux un droit qui appartient à tout le monde. On ne conçoit guère comment une idée aussi bizarre a pu naître dans un esprit aussi élevé et aussi sain ? *Quandoque bonus dormitat Homerus*.

La conclusion à laquelle Fichte aboutit, soit qu'il considère la propriété, soit qu'il regarde la culture acquise par l'individu dans la société, c'est que chacun a le droit de sortir de l'État, quand bon lui semble, sans être tenu à aucune obligation envers lui. Fichte est plus près de la vérité dans ce qu'il dit de la culture que dans ce qu'il dit de la propriété; mais là même sa pensée n'est pas exempte d'exagération. S'il est vrai que la culture doive émaner plutôt de l'individu que de l'État, n'est-il pas vrai aussi que, dans certains cas, comme quand il s'agit de civiliser un peuple encore barbare, l'État peut rendre de grands services par son initiative et sa puissance directe, et que, dans tous les cas, il est la condition nécessaire, je ne dis pas le principe moteur, de tout progrès parmi les hommes ? J'avoue que je ne vois pas trop quelle action l'État pourrait nous intenter au sujet de la culture que nous avons acquise sous sa protection ou même par ses soins, mais est-ce qu'en réalité nous ne lui devons rien ? Il est bon de vouloir affranchir l'individu de toute injuste oppression de l'État, mais ne nous rendons pas à notre tour coupables d'injustice ou d'ingratitude envers lui. Il serait curieux de rapprocher de ces pages véhémentes où Fichte dénie à l'État toute espèce de droit sur l'individu le langage que, dans le Criton de Platon, les Lois tiennent à Socrate pour le dissuader de se soustraire par la fuite à l'arrêt qui le frappe. Ici l'État est tout; chez Fichte, il n'est plus rien. Ce sont deux mondes opposés. Je dirais que la théorie de Fichte représente le progrès et les tendances du monde moderne, comme celle de Socrate représentait les besoins du monde ancien, si notre philosophe ne se laissait emporter aux dernières limites de l'*individualisme*. Mais il exagère à ce point son principe qu'il le fausse et le rend insoutenable.

Voyez en effet à quelle conséquence il arrive ; il suffit de l'énoncer, pour condamner la doctrine qui la contient. Si la société civile est une association entièrement arbitraire, et si l'individu ne doit absolument à l'État que ce qu'il veut bien lui donner, chacun peut, à chaque instant, non-seulement se retirer de l'association, et, sans quitter le sol, vivre indépendant de l'État, mais, avec le concours d'autres citoyens, en former un autre dans le même lieu, de telle sorte qu'il y aura deux États l'un à côté de l'autre, ou plutôt l'un dans l'autre. Quand je dis deux avec Fichte, je pourrais tout aussi bien dire mille, et il ne me contredirait pas ; car le droit est le même pour tous, et, en vertu de ce droit, l'État pourra se décomposer en autant d'États indépendants qu'il y aura de volontés divergentes. Mais, sans pousser si loin la conséquence, bornons-nous aux deux États que suppose notre philosophe. L'idée d'un État dans l'État est-elle admissible ? Fichte ne dissimule pas l'objection, mais il ne s'en effraye pas. D'abord, selon lui, il y a là un droit inviolable. Ensuite le danger n'est pas si grand qu'on se l'imagine. D'ailleurs le fait d'un État dans l'État n'est pas une chose aussi inconnue dans nos sociétés ; pourquoi invoque-t-on ici le principe qu'on sait bien oublier en d'autres cas ? Fichte cite à ce propos un certain nombre d'exemples : l'armée, la noblesse, le clergé, les corporations (1). Mais ces exemples mêmes tournent contre lui : ils témoignent précisément en faveur de ce principe qu'il ne doit point y avoir d'État dans l'État.

Je reviendrai, avec Fichte lui-même, sur la noblesse et le clergé, auxquels il a consacré deux chapitres spéciaux ; mais je ne puis passer outre sans rappeler ce qu'il dit ici de la profession militaire, telle qu'elle est organisée dans la plupart des États modernes. « Quand une profession échappe au tribunal commun et relève d'un tribunal particulier ; quand les lois de ce tribunal sont très différentes des lois universelles de toute moralité, qu'elles punissent avec une extrême dureté ce qui serait à peine une faute aux yeux des dernières, tandis qu'elles ferment les yeux sur des attentats que les

(1) A ces exemples, Fichte joint celui des juifs. Je ne comprends pas trop, je l'avoue, comment les juifs peuvent former un État dans l'État, si on ne leur refuse pas les droits civils et politiques dont jouissent les autres citoyens. Voulez-vous qu'ils ne fassent point un État dans l'État, donnez-leur ces droits et rangez-les sous la loi commune, comme l'exige la justice. Mais c'est précisément à quoi Fichte ne consent pas. On est étonné de voir un esprit aussi dégagé de tout préjugé résister à une idée aussi juste et aussi simple. On ne se l'expliquerait pas, si l'on ne savait jusqu'à quel point les juifs étaient alors détestés en Allemagne. J'admets que cette haine ne fût pas tout à fait sans raison ; mais comment Fichte ne songe-t-il pas que les défauts qu'on impute aux juifs viennent précisément de l'oppression que leur a fait subir l'intolérance chrétienne, et que l'on n'a pas le droit de reprocher à des hommes les vices qu'ils ont pu contracter dans la servitude ou dans l'abaissement où on les a retenus.

autres puniraient sévèrement, cette profession entretient un intérêt particulier et une morale particulière, et elle est un dangereux État dans l'État. » Voilà des paroles qui mériteraient d'être gravées en lettres d'or à la porte de toutes les casernes.

Selon Fichte, un État n'est point dangereux par cela seul qu'il est, sous le rapport de l'espace, dans un autre État, mais parce qu'il a un intérêt opposé à l'autre. Mais comment ne voit-il pas que deux États ne peuvent exister l'un dans l'autre sans avoir des intérêts opposés et sans devenir hostiles l'un à l'autre. Si cela arrive, dira-t-il, c'est qu'ils ne se conforment pas à la loi du droit naturel, qu'il dépend d'eux de suivre ; que chacun soit juste, et tout ira bien. Sans doute, mais comme vous ne sauriez raisonnablement espérer que, dans un pareil état de choses, chacun sera juste; comme vous ne pouvez au contraire en attendre que le désordre et la guerre, il faut bien convenir qu'il est contraire au droit. Ce que Fichte nous présente ici comme un état juridique, c'est quelque chose de pire encore que l'état de nature, c'est l'anarchie organisée, et l'on sait trop où conduit l'anarchie.

Le plan que Fichte s'est tracé (1) l'amène à mettre en présence du droit de révolution les priviléges que s'attribuent certaines classes de la société, particulièrement la noblesse. Tel est l'objet de deux chapitres distincts qui, avec un dernier chapitre consacré à l'Église, formèrent un second volume, publié ultérieurement (2).

L'inégalité qui résulte, non des différences que la nature, la conduite ou les accidents de la vie établissent entre les hommes, mais des priviléges que s'attribuent certains individus ou certaines classes de la société, est une iniquité qui ne peut manquer de soulever les protestations des libres penseurs. Ceux du xviiie siècle avaient un sentiment trop profond du droit et de l'égalité des hommes devant le droit, ils avaient aussi un trop ardent amour de l'humanité pour ne pas s'attaquer à un tel vice de la constitution des peuples, de quelque autorité que le couvrît l'antiquité de la loi et de l'usage. Ce vice d'ailleurs était devenu tellement révoltant, surtout en France, qu'il ne pouvait plus être longtemps souffert. L'indignation du peuple appuyait ici les réclamations des philosophes. Ce fut là, comme chacun sait, l'une des principales causes de la Révolution française (3).

(1) Voyez page 133.
(2) Voyez le paragraphe qui termine le troisième chapitre, page 189.
(3) Voyez sur ce point l'ouvrage si neuf et si intéressant de M. de Tocqueville : *l'Ancien Régime et la Révolution*.

Dans le temps même où, en dépit de toutes les résistances, cette grande révolution rétablissait dans notre constitution civile la loi de l'égalité, si longtemps et si audacieusement violée, l'iniquité qu'elle effaçait en France continuait de subsister en Allemagne, où la hardiesse de l'action est bien loin de répondre à celle de la pensée. En s'élevant à son tour contre cette injuste constitution de la société, Fichte combattait un régime encore debout dans une grande partie de l'Europe, défendu avec acharnement par toutes les personnes intéressées à le maintenir, et qui aujourd'hui même n'a pas entièrement disparu.

A ceux qui contestent la légitimité de leurs priviléges, les privilégiés objectent le contrat qui lie envers eux les autres citoyens. Cette objection n'arrête point Fichte, qui pose en principe que tout contrat peut toujours être résilié, et qui voit là un droit inaliénable de l'homme. Que l'on accorde ou non ce principe général, il est un point qu'on ne saurait contester, c'est qu'il n'y a point de contrat qui puisse consacrer d'injustes priviléges et que tout contrat de ce genre est nul et non avenu.

Les privilégiés se rejettent sur leur droit personnel : eux seuls, à les entendre, ont la mission de remplir dans l'État les fonctions dont ils sont investis. Mais Fichte prend la liberté de leur demander d'où leur vient ce droit qu'ils s'arrogent sur leurs concitoyens. Ils l'ont, disent-ils, reçu en héritage. Mais comment un droit sur des personnes peut-il se transmettre de père en fils ? Pour que ce droit subsiste, ne faut-il pas que les personnes qu'il continue de lier consentent à sa transmission ? On répondra que cela n'importe pas, dès que, de part et d'autre, les conditions restent les mêmes. Cette réponse pourrait être admise, si la personne à laquelle s'applique le droit transmis restait toujours la même ; mais la personne change. Or nul n'a le droit de léguer des charges à un autre, si celui-ci ne consent à les accepter. « Comment admettre, dit fort bien Fichte, qu'on puisse prendre le premier venu et lui dire : J'avais des droits sur quelqu'un ; il s'y est soustrait par sa mort ; il faut que satisfaction me soit donnée. Viens, tu me tiendras lieu de lui, toi! — Mais, me dis-tu, il m'a renvoyé à toi. — Je suis fâché alors que tu te sois laissé tromper, car il n'avait pas le droit de disposer de moi ; personne n'a ce droit que moi-même. — Mais tu es son fils. — Oui, mais non pas sa propriété. — En sa qualité d'administrateur de tes droits, il t'a compris avec lui dans le contrat, pendant ta minorité. — Il a bien pu le faire pour tout le temps que je resterais mineur, mais non pas au delà. A présent, me voilà majeur et administrateur de mes droits, et je ne t'en donne aucun sur moi. »

Les sophistes de l'ancien régime font ici une étrange confusion : ils assimilent les personnes aux choses. Comme les choses ne s'appartiennent pas à elles-mêmes, elles peuvent sans doute se transmettre par voie d'héritage ; mais les personnes qui s'appartiennent ne sont point une propriété qu'on puisse échanger, vendre, donner, léguer. On conçoit bien le droit d'hériter des premières, mais non celui d'hériter des secondes et des obligations que d'autres leur ont imposées ou qu'il leur a plu de contracter. Pour admettre un pareil droit, il faut supprimer toute égalité entre les hommes, ou, ce qui revient au même, n'admettre entre eux d'autre égalité que celle que leur reconnaît l'Église : l'égalité devant Dieu. On sait trop où a conduit ce système : il n'y a pas d'iniquité sociale qu'il n'ait sanctifiée.

Fichte passe ensuite en revue les droits dont certaines classes ou certains individus privilégiés se prétendent exclusivement investis, et que nous avons pu en effet leur céder, mais que nous pouvons aussi leur retirer, le jour où cela nous convient ; son but est de rechercher quel dédommagement leur serait dû en pareil cas.

S'il est un droit incontestable, c'est celui de repousser par la force les injustes attaques dirigées contre notre personne, notre propriété, notre vie. *Nemini noceas*, dit la Justice (1), mais elle ajoute cette restriction : *Nisi lacessitus injuria*, c'est-à-dire à moins que tu ne sois injustement attaqué, ou, en d'autres termes, dans le cas de légitime défense. Or ce droit naturel de se défendre soi-même par la force, ce droit qui est en quelque sorte le droit du droit et qu'on ne saurait refuser à l'homme sans désarmer le droit lui-même, Fichte reconnaît que nous pouvons, et j'ajoute pour ma part que nous devons le déléguer à d'autres, je veux dire à une puissance publique, mais sous deux réserves : la première pour le cas d'urgence, la seconde pour celui où le Pouvoir chargé du soin de nous défendre tournerait contre nous la force dont nous l'avons investi à cet effet. Il est bien évident que, dans l'un et l'autre cas, nous rentrons nécessairement en possession de notre droit. On n'a guère élevé de doute au sujet du premier cas, mais il n'en est pas de même du second. Quelque éclatant que soit ici le droit, on l'a nié formellement, et, dans la plupart des États, il a fait place au principe de l'inviolabilité des souverains. Le recours à la force contre les abus de la force n'en est pas moins un droit

---

(1) Cicéron, *De officiis*, livre I, chap. VII.

naturel qu'aucune constitution ne saurait abolir; cela est plus clair que le jour. Que l'on cherche les moyens de se défendre, sans désordre et sans bouleversement, contre les attentats du Pouvoir suprême, rien de mieux, et c'est une question qu'ont sagement résolue certaines constitutions républicaines; mais, si ce droit peut être réglé, il ne peut être supprimé. Ici Fichte est entièrement dans le vrai, et l'on pourrait à son tour l'opposer à Kant. Dans son amour de l'ordre légal, qu'il voudrait préserver de tout retour vers l'état de nature, ce philosophe nie le droit si explicitement réclamé par Fichte; il invoque cet argument, que, dans l'exercice d'un pareil droit, le peuple serait tout à la fois juge et partie (1). Mais il ne s'aperçoit pas que ce qu'il dit du peuple, on peut tout aussi bien l'appliquer au souverain, et lui rétorquer ainsi son argument. Il est curieux de noter que c'est précisément sur cet argument ainsi retourné que Fichte s'appuie pour soutenir le droit qu'il revendique. — Mais, ne l'oublions pas, il ne parle ici de ce droit, qu'il regarde comme évident et inattaquable, que pour arriver à cette autre question : en dépossédant le souverain du droit que nous lui avons concédé jusqu'ici, quelle compensation lui devons nous ? Sur ce point, comme sur la question de savoir si les anciens privilégiés ont droit à quelque dédommagement et à quel dédommagement, son langage, il faut bien le dire, a toute l'âpreté de l'époque révolutionnaire au milieu de laquelle il écrivait, et qui ne laissait guère de place à la pitié. Ici et là, il se retranche dans le droit strict, c'est-à-dire dans le seul droit que comprennent les époques de ce genre. La douceur, les tempéraments, les transactions peuvent convenir à une sage et prudente réforme; les révolutions ne connaissent plus ces ménagements. Tant pis pour ceux qui, en résistant aux réformes, provoquent les révolutions.

Fichte a bien raison de s'élever contre ce régime de tyrannie et de privilèges chez les uns, de servitude et d'entraves chez les autres, qui a si longtemps pesé sur les sociétés humaines, et de lui opposer le principe vivifiant de la liberté : « Rendez libre, s'écrie-t-il, l'échange de nos facultés, cet héritage naturel de l'homme. » C'est là en effet qu'est la justice, et c'est là qu'est le salut. Mais, à côté de ce principe si simple et si fécond, on voit poindre ici les idées qui, en se développant dans son esprit, le pousseront plus tard de l'individualisme le plus outré au plus outré socialisme. Il est bien évident

---

(1) Voyez sur ce point mon *Analyse critique de la Doctrine du droit*, p. C, CXXXI et CLXXX, et le travail que j'ai publié dans la *Revue de Paris* sur *Kant et la Révolution française*, p. 498 et suiv.

que tout homme a le droit de vivre, et par conséquent de ne pas être privé par ses semblables des choses nécessaires à sa vie. Il suit de là qu'une constitution sociale qui enlève aux uns ce qui leur est nécessaire, ou, ce qui revient au même, les moyens de l'acquérir, pour donner aux autres le superflu, ou qu'une société organisée de telle sorte que certains privilégiés s'engraissent au détriment de leurs concitoyens, est une société mal faite et qui doit être réformée. En face d'une société de ce genre, Fichte a donc raison de revendiquer les droits du travail. Cela n'est que juste, mais il ne le serait pas de demander compte à l'*État* d'un mal dont il ne serait pas l'auteur, et de lui imposer la charge de pourvoir aux besoins de chacun. J'ajoute que ce serait là un sûr moyen d'étouffer dans les individus toute activité et toute prévoyance, et par suite de pousser la société tout entière à sa ruine. Il est bon que chacun n'ait à compter que sur soi-même. J'ajoute enfin que le despotisme le plus absolu serait la conséquence nécessaire d'un pareil état de choses. Voilà de simples réflexions qui n'auraient point dû échapper à un esprit aussi pénétrant que Fichte, surtout à un homme qui connaissait si bien, par sa propre expérience, la puissance d'une volonté énergique, et qui, dans cet ouvrage même, préconise si haut le principe de la liberté individuelle. Pourquoi ne l'ont-elles pas arrêté sur la pente glissante où il se place dans cet ouvrage, et où il se laissera glisser un jour jusqu'à cette monstrueuse organisation sociale qu'il a appelé lui-même l'*État fermé*. En faisant ces réserves sur certaines idées dont je trouve ici le germe et dont on verra plus loin les conséquences, je ne prétends pas, pour ma part, opposer une fin de non-recevoir au problème de la misère. Je crois au contraire qu'il n'y en a pas de plus grave et de plus pressant, mais je repousse d'avance toute doctrine qui, pour le résoudre, tend à étouffer dans l'homme le principe même de l'activité, sacrifie le premier de tous les biens, la liberté, et conduit droit au despotisme.

Jusqu'ici Fichte n'a encore parlé que des classes privilégiées en général; il arrive maintenant à la noblesse, dont il recherche l'origine et discute les prétentions en un chapitre spécial. La partie historique de ce chapitre paraît aujourd'hui superficielle et paradoxale ; mais, si l'on se reporte à l'époque où elle a été écrite, à cette époque si peu favorable aux calmes et impartiales investigations de l'histoire, et si l'on songe en outre que, de nos jours même, après toutes ces profondes études auxquelles ont été soumis l'origine et le développement des peuples et de leurs institutions, plusieurs des points discutés par

Fichte ne sont pas encore parfaitement éclaircis, on jugera son travail avec plus de faveur que de sévérité. La thèse qu'il soutient ici, c'est que les peuples anciens et les nations barbares d'où sont sortis les peuples modernes, n'ont connu d'autre noblesse que celle qui réside dans l'illustration personnelle ou transmise, ou, comme il dit, *la noblesse d'opinion*, et que la noblesse héréditaire *de droit* est une invention du moyen âge. Or, sans parler de la Grèce, où il y eut certainement à l'origine des familles royales, on ne peut nier qu'à Rome, du moins sous les rois et dans les premiers temps de la République, il n'ait existé une véritable aristocratie héréditaire, et que cette aristocratie, quoi qu'en dise Fichte (1), n'ait été d'abord un des éléments de la constitution de l'État. Quant aux Germains, la question semble d'abord plus délicate. Tout le monde connaît cette phrase de Tacite : *Reges ex nobilitate, duces ex virtute sumunt* (2). Mais que signifie au juste ici cette expression : *nobilitas ?* Désigne-t-elle, comme le prétend Fichte, l'illustration personnelle qu'un chef s'était acquise en conduisant heureusement plusieurs expéditions ? Cette interprétation est tout à fait conjecturale, et elle n'est guère vraisemblable. Mais ne pourrait-elle du moins désigner cette espèce d'illustration que certains individus tiraient de leurs aïeux ou peut-être simplement de leur père, et qui les désignait particulièrement au choix de leurs compagnons, sans être devenue pour cela un droit héréditaire dans leur famille ? Il n'y a rien dans la phrase de Tacite d'où l'on puisse justement inférer l'existence d'une noblesse héréditaire. Mais si l'on ne peut rien conclure de cette phrase, il n'en est pas moins établi qu'il a existé, chez les premiers Germains, une vraie noblesse de droit, soit dans certaines familles royales (3), soit dans d'autres maisons privilégiées (4), soit même dans certaines classes fermées au reste de la nation (5). Qu'importe maintenant que

---

(1) Page 237.
(2) *De moribus Germanorum*, cap. 7.
(3) On retrouve des familles de ce genre chez presque tous les peuples germains, les Lombards, les Goths, les Ostrogoths, les Bavarois, les Saxons, les Anglo-Saxons, les Francs, etc.
(4) Par exemple, les cinq maisons privilégiées dont il est question dans la loi des Bavarois : *Isti sunt quasi primi post Agilolfingos, qui sunt de genere ducali. Illis enim duplum honorem concedimus, et sic duplam compositionem accipiant.* L. Bajuw., xx. J'emprunte cette citation à l'*Histoire des institutions carlovingiennes*, par Lehuërou, p. 444.
(5) Voyez le mémoire de M. Mignet sur l'introduction de l'ancienne Germanie dans la société civilisée (*Mémoires historiques*, collection Charpentier). A l'appui de ses assertions sur la constitution politique des Saxons,

Montesquieu ait bien ou mal interprété cette phrase de l'historien Tégan reprochant à l'archevêque Hébon son ingratitude à l'égard de Louis le Débonnaire : *Fecit te liberum, non nobilem, quod impossibile est post libertatem* (1)? Qu'importe que la preuve qu'il tire de l'acte de partage de Charlemagne, rapproché du traité d'Andely, soit ou non concluante (2)? Les faits sont là, et devant ces faits la thèse si absolue de Fichte ne peut plus se soutenir. Que chez les Francs, même après la conquête de la Gaule, il n'y eût point, en dehors des familles royales, une noblesse héréditaire de droit, et que cette noblesse ne soit devenue une institution civile que beaucoup plus tard, cela paraît vraisemblable ; mais là même il faut faire une exception pour la royauté, et cette exception suffirait pour renverser la théorie de Fichte. D'ailleurs, comme nous venons de le rappeler, telle n'était pas la constitution de tous les peuples germaniques. — Il est singulier qu'après s'être retranché, comme il l'a fait d'abord, sur le terrain des principes et du droit absolu, Fichte ait cru devoir s'engager dans cette obscure question de l'histoire de la noblesse. Il veut enlever leur argument à ces politiques qui, se fondant sur ce qu'elle a existé chez tous les peuples, en concluent qu'elle doit nécessairement faire partie de tout État. Mais que ne laisse-t-il la question de fait pour attaquer la conséquence? Restant sur son propre terrain, il serait beaucoup plus fort. Il ne tarde pas, du reste, à y rentrer afin d'examiner l'une après l'autre, au point de vue du droit, toutes les prétentions et toutes les prérogatives de la noblesse. Ici nous ne pouvons plus qu'applaudir à sa critique et à ses conclusions. Poursuivant des prétentions ridicules ou des iniquités révoltantes, il a pour lui le bon sens et la justice, et il en soutient la cause avec une remarquable éloquence. Toute cette partie de son chapitre sur la

---

l'illustre historien cite (p. 108) le passage suivant d'Adam de Brême (*Hist. eccl.*, l.b. 1) : « ... *legibus firmatur ut nulla pars in copulandis conjugiis propriæ sortis terminos transferat, sed nobilis nobilem ducat uxorem, et liber liberam, libertus conjungatur libertæ et servus ancillæ.* »

(1) En tous cas, l'interprétation que Fichte en donne à son tour (p. 245) est tout à fait forcée. Il n'y a que deux explications possibles : celle de Montesquieu, pour qui ce discours prouve formellement deux ordres de citoyens chez les Francs (voyez *Esprit des Lois*, liv. XXX, ch. xxv), et celle de l'abbé Dubos, rapportée et combattue à tort ou à raison par Montesquieu (*Ibid.*) : « Ce passage, selon l'abbé Dubos, prouve seulement que les citoyens nés libres étaient qualifiés de nobles hommes ; dans l'usage du monde, noble-homme et homme né libre ont signifié longtemps la même chose. »

(2) Voyez l'*Esprit des Lois*, liv. XXXI, chap. XXIV, et Fichte, p. 247-281.

noblesse est certainement une des censures les plus vigoureuses que le sentiment de la justice ait inspirées contre cette institution. Je voudrais pouvoir ajouter qu'elle n'a plus aujourd'hui qu'un intérêt historique.

Fichte se demande quels sont, à l'égard de la noblesse, les droits d'un peuple qui veut réformer sa constitution. Il y a deux choses à distinguer ici : les titres dont se décorent ceux qui se disent nobles, et les prérogatives ou les priviléges qu'ils s'arrogent. Quant aux titres nobiliaires qui ne sont que de vains noms, il n'approuve pas qu'on les supprime par voie de décret : « Des décrets de ce genre, dit-il avec raison, agissent très efficacement, quand ils ne sont pas nécessaires, et fort peu quand ils le sont beaucoup. » D'ailleurs cela ne lui semble pas conforme au principe de la liberté naturelle : « Je ne comprends pas, dit-il, comment l'État peut défendre à un concitoyen de porter à l'avenir un certain nom, ou comment il peut défendre à ses concitoyens de l'appeler désormais de ce nom, quand ils sont accoutumés à le nommer ainsi et qu'ils le font de leur plein gré. » — « Mais, ajoute-t-il, je vois bien comment il peut ou bien permettre aux classes jusque-là inférieures de ne plus se servir de certaines désignations à l'égard des classes jusque-là supérieures, ou bien même permettre à tous ceux à qui cela fait plaisir de prendre désormais les mêmes désignations. Que le seigneur de X*** ou le chevalier, ou le baron, ou le comte de Y*** continue d'écrire son nom comme il l'a fait jusque-là, ou même qu'il y ajoute encore une foule d'autres noms, cela me paraît fort peu important ; mais qui pourra faire un reproche à l'État de permettre et de recommander à tous les citoyens de nommer le seigneur de X***, ou le comte de Y*** tout simplement, M. X*** ou M. Y***, ou de leur promettre son appui contre le soi-disant gentilhomme, lorsqu'ils useront de la permission ? Ou même qui pourrait lui défendre d'élever au rang de nobles tous les citoyens, depuis le plus élevé jusqu'au plus bas, et par exemple de permettre à un pauvre pâtre de se nommer baron ou comte, d'autant de baronies ou de comtés qu'il voudra ? La distinction disparaîtra d'elle-même, quand elle ne sera plus une distinction, et chacun se nommera d'un nom aussi court qu'il pourra, quand la longueur de son titre ne lui servira plus de rien. » Fichte pose ici la règle que doit suivre en cette matière tout État démocratique et libre. Il n'y a pas besoin de décret qui interdise aux citoyens d'accoler certains titres à leur nom : il suffit que personne ne soit forcé de les attribuer à ceux qui s'en veulent parer, et qu'il soit permis à chacun d'en prendre de semblables si bon lui semble ; en un mot, il suffit de leur retirer l'appui de la loi : ils tomberont d'eux-mêmes. A plus forte raison, Fichte ne saurait-il admettre que dans un état démocratique, le gouvernement se réserve le droit de sanctionner ou d'interdire les titres de noblesse après une enquête préalable, et d'en créer au besoin de nouveaux.

Les titres de noblesse, n'ayant qu'une valeur d'opinion, doivent être abandonnés à l'opinion : c'est à elle de les conserver ou de les abolir ; mais il n'en est pas de même des prérogatives réelles ou des priviléges qui ont pu y être attachés : ici l'État a parfaitement le droit d'intervenir pour rétablir l'égalité et satisfaire la justice. Les priviléges contre lesquels Fichte s'élève avec autant de raison que de force, ou d'autres non moins odieux, ont disparu de notre sol, grâce à la Révolution française ; et, quoi qu'aient pu faire ou que puissent tenter encore les partisans ou les successeurs de l'ancien régime, ils n'y refleuriront plus. L'égalité civile est, on peut le dire, une conquête assurée en France ; — que n'en pouvons-nous dire autant de la liberté ! — Mais ces priviléges, notre philosophe les voyait survivre, autour de lui, à la révolution qui les avait exterminés chez nous, et il fallait qu'ils fussent bien vivaces, puisque, à l'heure qu'il est, ils subsistent encore dans une partie de l'Europe. Les pages de Fichte qui nous occupent en ce moment n'étaient donc pas une vaine déclamation, et elles ont encore aujourd'hui leur à-propos. En tous cas, en nous remettant sous les yeux toutes les prétentions du régime contre lequel elles sont dirigées, elles nous font mieux comprendre la sympathie ou la haine que la Révolution française excita en Allemagne dans les diverses classes de la société. Combien en effet ne devait pas être odieux un privilége tel que celui que Fichte met au premier rang des prétentions de la noblesse, le privilége des biens nobles, c'est-à-dire le droit réservé aux seuls gentilshommes de posséder ou d'acquérir certains biens. Il n'a pas de peine à montrer l'injustice d'un pareil privilége. Il n'a pas moins beau jeu contre le système des corvées et le prétendu droit des *souches de fer* (1), et il pose ici quelques principes aussi simples que justes pour mettre fin à cet état de choses sans porter atteinte au droit de propriété. Dira-t-on, avec le droit traditionnel, que le cultivateur, qui n'a pas la propriété du sol, appartient lui-même au sol, et qu'il est ainsi une propriété du seigneur ? Fichte répond avec toute la philosophie du xviii° siècle, que

(1) Voyez la note de la page 279.

tout homme a la propriété individuelle de sa propre personne, et
que nul ne peut avoir de droit irrévocable sur la personne d'autrui.
« Ce seigneur ne pourrait pas dire : J'ai payé, en achetant le bien,
un droit de propriété sur la personne de mes serfs. Nul n'a pu lui
vendre un pareil droit, car nul ne l'avait. S'il a payé quelque chose
pour cela, il a été trompé, et c'est à l'acheteur qu'il doit s'en prendre.
Qu'aucun État ne vienne donc se vanter de sa civilisation, tant qu'il
laisse subsister un droit aussi indigne de l'homme, et que quelqu'un
conserve le droit de dire à un autre : *Tu m'appartiens.* » Une autre
prétention de la noblesse est d'occuper exclusivement toutes les
hautes positions dans le gouvernement et dans l'armée. Fichte relève
supérieurement tout ce qu'il y a d'injuste et de préjudiciable à l'État
dans une telle prérogative. S'il faut se garder de lui attribuer la
possession exclusive des fonctions qui exigent des talents supérieurs,
lui laissera-t-on du moins ces canonicats et ces prébendes qu'il lui a
convenu de se réserver? Sans entrer encore dans la question des
rapports de l'Église et de l'État, qui viendra tout à l'heure, Fichte
n'hésite pas à répondre que ce sont là des biens dont la société a le
droit de disposer, et qu'elle a un meilleur usage à en faire : « D'abord
le payement convenable des instituteurs du peuple; puis, s'il reste
quelque chose, les récompenses accordées aux savants et les secours
donnés aux sciences. » Enfin la prétention de la noblesse à l'endroit
des charges de cour lui suggère les plus judicieuses réflexions (1).
Mais je ne puis m'arrêter sur tous ces points, et je me hâte d'arriver
au dernier chapitre où Fichte traite avec une singulière originalité et
une extrême hardiesse la question de l'Église considérée au point de
vue du droit de révolution, ou en général la question des rapports de
l'Église et de l'État, c'est-à-dire un problème politique qui est encore
à l'ordre du jour en Europe, et qui en France même n'est pas encore
définitivement résolu.

Avant de chercher quels sont les rapports de l'Église et de l'État,
Fichte se demande ce que c'est que l'Église, à quelle idée elle répond
et quel système dérive de cette idée. La réponse qu'il fait à cette
question n'est certainement pas aussi profonde qu'ingénieuse, mais elle
est inattaquable en ce sens qu'elle maintient à l'Église son véritable
caractère : celui d'une puissance purement spirituelle. Selon Fichte,
le principe de l'Église n'est autre chose que le besoin qu'éprouvent
tous les hommes de s'accorder entre eux sur certaines idées (celles

(1) Page 292.

de Dieu et de la vie future) dont ils ne peuvent se passer, mais dont
ils ne sauraient prouver la valeur objective ni par l'expérience, ni
par le raisonnement. Croyant à la vérité de ces idées, ils croient en
même temps qu'il doit y avoir harmonie à leur égard entre tous les
esprits : de là l'idée d'une *Église invisible*, qui unit tous les êtres
raisonnables au sein d'une même croyance ; mais, ne pouvant démontrer cette vérité d'une manière parfaitement certaine, cette impuissance même les pousse à chercher dans le consentement les uns
des autres une preuve extérieure qui leur tienne lieu de toute autre,
et par suite à créer eux-mêmes ce qu'ils cherchent : de là l'institution
de l'*Église visible*, c'est-à-dire d'une société où tous s'accordent dans
la même *profession de foi* et qui *réalise* ainsi cette Église invisible
dont ils avaient l'idée, mais qui n'était elle-même qu'un objet de
croyance. L'Église visible se propose donc pour but l'accord, et, ce
qui est la conséquence de cet accord, la confirmation de la croyance.
Elle suppose, par conséquent, une profession de foi qui soit *la même*
pour tous, et qui en même temps soit parfaitement *sincère* de la part
de chacun ; sans cette unanimité et sans cette sincérité, l'Église
manquerait son but. Mais comment s'assurera-t-elle de la sincérité
de tous ses membres à l'endroit d'une profession de foi qui, pour être
unanime, doit être déterminée et prescrite. C'est ici qu'est la difficulté. Pour la résoudre, il faut d'abord qu'elle s'attribue à elle-même
cette magistrature morale que tous les hommes attribuent à Dieu,
comme au rémunérateur et au vengeur suprême, et qu'elle s'arroge
le droit de condamner ou d'absoudre en son nom. C'est là la loi fondamentale de toute Église vraiment conséquente ; elle ne peut se maintenir qu'à cette condition. Mais toute difficulté n'est pas encore levée
par là, car l'Église ne saurait pénétrer dans l'intérieur des âmes. Par
quel moyen parviendra-t-elle donc à juger sûrement de la pureté de
la foi, de manière à pouvoir exercer ce droit de condamner ou d'absoudre dont elle se prétend investie. Ce moyen, elle le trouvera précisément dans une profession de foi disposée de telle sorte qu'il n'y
ait pas lieu de révoquer en doute l'obéissance de ceux qui s'y soumettront. Ainsi l'étrangeté même des dogmes qu'elle imposera aux
intelligences et la sévérité des pratiques auxquelles elle assujettira les
volontés lui seront de sûrs garants de leur soumission. Ce moyen de
s'assurer de la fidélité de ses membres est en même temps pour elle
un moyen de les attirer et de les fortifier dans leur foi ; car c'est un
fait incontestable, bien qu'il paraisse contradictoire, que plus sont
incroyables les choses dont on fait des articles de foi, plus on obtient

d

aisément créance. Ceux-là sont donc mal avisés qui veulent faire à l'incrédulité sa part, dans l'espoir de sauver le reste ; ils ne voient pas qu'ils perdent tout. Tout ou rien, telle doit être la maxime d'une véritable Église. De même, c'est une inconséquence et une abdication que de renoncer, comme font les Églises protestantes, au droit de condamner ou d'absoudre au nom de Dieu. Une Église n'est donc conséquente que si elle enseigne que hors de son sein il n'y a point de salut, et que si elle juge ici-bas à la place de Dieu. A cet égard, l'Église catholique est, selon Fichte, la seule Église conséquente. Mais ce modèle de conséquence s'est montré lui-même fort inconséquent en un point : en voulant donner à ses condamnations d'autres effets temporels que ceux auxquels ses membres consentent à se soumettre, non-seulement l'Église catholique s'est rendue coupable d'injustice, et a excité contre elle la haine et l'horreur, mais elle a agi contrairement au but même de son institution : elle a produit tout justement ce qu'elle devait empêcher, l'hypocrisie.

L'espace me manque pour examiner ici le parallèle établi par Fichte entre le Catholicisme et le Protestantisme ; je me contenterai de faire remarquer que la logique n'est pas toujours le meilleur guide pour bien juger des choses de ce monde. Je n'examinerai pas non plus l'idée que se fait notre philosophe de l'Église en général : on peut reprocher aux principes sur lesquels il s'appuie et d'où il déduit tout son système de manquer de largeur ; mais, quoi qu'on pense de ces principes et de ce système, Fichte n'en est pas moins dans le vrai en établissant que l'Église est un pouvoir purement spirituel, et qu'elle n'a aucune autorité temporelle. Voilà du moins un point parfaitement acquis, et d'où il a parfaitement raison de partir pour traiter la question des rapports de l'Église et de l'État.

Les rapports de l'État avec l'Église doivent se régler sur ceux des individus avec elle. C'est donc au droit naturel qu'il faut recourir ici, puisqu'il est la loi fondamentale à laquelle sont soumis tous les hommes dans leurs rapports réciproques. Telle est la règle que Fichte se trace, et qui est en effet la vraie règle à suivre en cette matière ; seulement, comme on le verra tout à l'heure, il la fausse parfois dans ses applications, faute de tenir compte de l'intervention nécessaire de l'État. Quoi qu'il en soit, il est d'abord évident que l'Église n'a pas le droit d'imposer sa foi à quelqu'un par la contrainte physique, ou de le soumettre à son joug par la force. Toutes les fois qu'elle agit ainsi, elle viole la liberté humaine, c'est-à-dire le droit naturel, et mérite d'être traitée en ennemie. Il suit du même principe que chacun a le droit de refuser obéissance à l'Église, dès qu'il le juge à propos, et que celle-ci n'a pas le droit de le contraindre par des moyens physiques à rester dans son sein. Qu'elle le maudisse, l'excommunie, le damne : tant qu'elle ne fait tomber sur lui que des foudres spirituelles, elle est parfaitement libre ; mais, si ses malédictions vont jusqu'à porter atteinte en sa personne à quelque droit de l'homme, elle commet une injustice ou un crime. « Tous les incrédules, dit fort bien Fichte, que la sainte Inquisition a condamnés pour leur incrédulité persévérante, ont été assassinés, et la sainte Église apostolique s'est baignée dans des torrents de sang humain injustement versés. Quiconque a été, pour son incrédulité, poursuivi, chassé, dépouillé de sa propriété et de ses droits civils par les communions protestantes, l'a été injustement. Les larmes des veuves et des orphelins, les soupirs de la vertu opprimée, les malédictions de l'humanité pèsent sur elles. » Il suit encore du même principe que les individus peuvent former autant d'Églises particulières qu'il leur convient, sans que celle dont ils se sont détachés ait le droit de les en empêcher par des moyens physiques.

Il est maintenant aisé de voir quels doivent être les rapports de l'Église et de l'État. L'État n'a point à intervenir dans le domaine de l'Église, tant que celle-ci ne sort pas du monde invisible, ou, comme nous disons, du spirituel : ce serait empiéter sur un domaine qui lui est absolument étranger, où il n'a rien à voir et qu'il ne doit même pas connaître ; mais, si l'Église porte atteinte à quelqu'un des droits de l'homme et du citoyen, c'est-à-dire si elle empiète elle-même sur le domaine de l'État, il a dès lors le droit et le devoir d'intervenir pour réprimer une telle usurpation. Ainsi, selon Fichte, qui prend ici une position inexpugnable, l'État et l'Église sont deux sociétés absolument distinctes l'une de l'autre, ayant chacune son domaine ; l'une dans le monde invisible, l'autre dans le monde visible, et n'en pouvant sortir sans manquer à leur mission et sans violer le droit. Au lieu de distinguer et de séparer ainsi l'Église et l'État, on a imaginé entre eux une certaine alliance en vertu de laquelle l'État prête amicalement à l'Église sa puissance temporelle, tandis que de son côté l'Église prête à l'État son autorité spirituelle, si bien que les devoirs de foi deviennent ainsi des devoirs civils, et les devoirs civils, des pratiques de foi. Fichte flétrit éloquemment cette singulière alliance, qu'on a vantée comme le prodige de la politique, mais où l'État et l'Église se dégradent et s'affaiblissent également. Je ne puis citer tout ce passage, mais j'en veux transcrire au moins ces quelques lignes : « Il convient sans doute à certains États de nous promettre une récompense dans l'autre vie, lorsqu'ils nous prennent tout dans celle-ci; ou de nous menacer de l'enfer, quand nous ne voulons pas nous soumettre à leurs injustices et à leurs violences. Que croient-ils donc eux-mêmes, eux qui se montrent si franchement et si librement injustes? Ou ils ne croient ni au ciel ni à l'enfer, ou ils espèrent s'arranger avec Dieu et tirer leur personne d'affaire. Mais si nous étions aussi habiles qu'eux ! » Un peu plus bas, Fichte se demande pourquoi ce sont ordinairement les Louis XIV et leurs pareils qui s'intéressent si vivement pour le salut des autres.

Jusque-là il est dans le vrai, mais n'en sort-il pas et ne se contredit-il pas lui-même, lorsqu'il admet que, quand l'État juge dangereuses certaines opinions, il peut refuser le titre de citoyens à tous ceux qui y sont notoirement attachés, et que par conséquent, en temps de révolution, il peut rayer certaines doctrines religieuses qui jusqu'alors n'avaient exclu personne des droits civils, mais qui lui paraissent maintenant contraires à ses nouveaux principes, et exiger de tous ceux qu'il admet dans son sein leur parole qu'ils ont renoncé à ces doctrines? Pour bien comprendre ici la pensée de Fichte et rester juste envers lui, il faut se rappeler que, dans sa théorie, l'État est une association purement volontaire et indépendante de toute condition de lieu, de telle sorte que chacun peut entrer dans l'État ou en sortir, comme bon lui semble; que l'État, de son côté, peut admettre ou rejeter qui il veut, et que, dans tous les cas, chacun a le droit de conserver, avec sa liberté naturelle, sa propriété sur le sol. Cette idée de l'État est sans doute chimérique; mais une fois supposée, elle explique et atténue l'erreur où Fichte tombe ici. Pour nous, nous dirons : Laissez chacun libre de croire ce qui lui convient, n'excluez qui que ce soit pour ses opinions, et n'exigez de personne aucun engagement à cet égard ; mais obligez tout le monde à respecter les droits de chacun. Je ne me dissimule pas les difficultés et les périls que peut susciter à l'État une Église qui se déclare l'ennemie de toute liberté et de tout progrès; mais, pour écarter ces difficultés et ces périls, il n'y a pas besoin de violenter les consciences, il suffit de faire appel aux principes du droit tout à l'heure invoqués par Fichte.

C'est encore à la lumière de ces principes qu'il faut résoudre une grave question qui se présente ici, et qui, après avoir été tranchée, dans le sens que chacun sait, par la Révolution française, agite aujourd'hui encore les esprits en plus d'un pays de l'Europe.

Si l'Église est une puissance purement spirituelle, si elle n'a de forces et de droits que dans le monde invisible, il s'ensuit qu'elle ne peut rien posséder dans le monde visible, à titre d'Église. Voilà ce que Fichte commence par établir, d'accord en ce point avec Kant (1) et les philosophes français. Il en tire cette conséquence que les contrats par lesquels certains biens terrestres ont été cédés à l'Église en échange des biens célestes qu'elle promet sont nuls et non avenus pour l'État, qui ne connaît pas l'Église, et qu'il est tenu de protéger dans la revendication de leurs biens tous ceux qui réclament son appui contre les prétentions de l'Église. Selon Fichte, tout contrat conclu avec l'Église, reposant uniquement sur une certaine foi, n'a de valeur que pour ceux qui ont cette foi; si celui qui l'a conclu cesse de croire, ou si son héritier n'a plus la même foi, il est dégagé de toute obligation, et l'État, pour qui l'Église et les prétentions de l'Église n'existent pas, doit l'aider dans le maintien de son droit.

Sauf la rédaction qui pourrait être modifiée, il me paraît impossible de ne pas accorder à Fichte les principes qu'il met ici en avant, et les conséquences qu'il en tire. Mais, lorsqu'il prétend que non-seulement le légitime héritier a le droit de reprendre à l'Église le bien dont elle est en possession, sauf à dédommager le tenancier, s'il a amélioré ce bien, mais que, quand il n'y a personne qui puisse prouver l'antériorité de ses droits, le tenancier de l'Église est, aux yeux du droit naturel, le vrai propriétaire, et que par conséquent il a le droit de s'approprier ce que l'Église lui a donné à ferme, Fichte va beaucoup trop loin, et cela parce qu'il considère le droit naturel d'une façon tout à fait abstraite, comme s'il n'appelait pas nécessairement l'intervention de l'État. Il est pourtant bien évident que, si l'on ne veut livrer la terre au pillage et semer la guerre civile dans la société, on ne peut attribuer aux particuliers le droit de s'approprier les biens de l'Église, et que ce droit ne peut appartenir qu'à l'État, c'est-à-dire à la société tout entière, qui disposera ensuite de ces biens comme elle l'entendra. Nous retrouvons ici la conséquence de ce défaut que nous avons plus d'une fois relevé dans la théorie de Fichte : l'État n'y est pas un élément nécessaire de la société; il n'en est qu'une forme arbitraire et conventionnelle. De là ces conclusions extrêmes, qui, si elles pouvaient se traduire en fait, tourneraient contre la justice dont Fichte défend les droits, et qui

(1) Voyez la *Doctrine du droit*, *Remarques explicatives*, p. 256-258 de ma traduction.

tout au moins manquent de valeur pratique. Ce défaut éclate plus manifestement encore dans les pages qui terminent le chapitre et l'ouvrage. L'État, tel que l'entend notre philosophe, suppose l'unanimité, et tous ceux qui cessent d'y adhérer ont le droit de reprendre leur propriété et par conséquent la part qu'ils ont fournie pour le bien commun. Si donc tous ne sont pas d'accord à l'endroit de l'Église, si les uns veulent y rester fidèles, tandis que les autres veulent s'en détacher, ceux qui l'abandonnent ont le droit de lui reprendre ce qui leur revient à chacun pour leur part de la fortune publique consacrée à l'Église, et de se coaliser pour faire valoir ce droit. Il se formera ainsi deux États qui se conduiront diversement à l'égard de l'Église. Mais cette hypothèse d'un État dans l'État est-elle admissible, et ce que Fichte prêche ici, sans s'en apercevoir, n'est-ce pas la guerre civile?

Ici s'arrête l'ouvrage qu'il avait entrepris sur la Révolution française. Il est fâcheux qu'il l'ait laissé interrompu, et qu'après avoir épuisé la question de droit en matière de révolution, qu'il n'a même pas traitée entièrement (1), il n'ait pas abordé la question de sagesse pratique, et n'ait pas examiné ensuite, à la lumière des principes juridiques et politiques précédemment établis, les lois et les actes de la Révolution française. Car tel est le plan qu'il avait conçu, et qu'il s'était d'abord proposé d'exécuter. Ce plan était grandiose, mais d'une exécution si difficile que l'on n'a pas de peine à comprendre que Fichte n'ait pas été jusqu'au bout. Peut-être d'ailleurs jugea-t-il qu'il n'avait pas encore, suivant les expressions dont il s'était naguère servi lui-même (2), toutes les données nécessaires pour juger impartialement notre révolution. Peut-être aussi ne tarda-t-il pas à s'apercevoir que les fondements de l'édifice qu'il voulait élever étaient trop étroits, et que, malgré toutes les excellentes choses qu'il avait pu dire en faveur du droit individuel, sa théorie de l'État était insoutenable. Il est certain que son ouvrage, à peine publié, ne le satisfaisait pas lui-même. Dès 1794, il le jugeait déjà avec une certaine sévérité, comme on peut le voir par une lettre à Reinhold, insérée par Fichte le fils dans la biographie de son père (3). Il avoue que, s'il avait à recommencer son travail, il rédigerait tout autrement son

---

(1) D'après le plan qu'il avait tracé lui-même dans le chapitre II de son ouvrage (p. 133), il lui restait à traiter la question des rapports du peuple avec le souverain, au point de vue du droit de révolution.
(2) Voyez la Préface de la *Revendication de la liberté de penser*, p. 4.
(3) Page 223.

chapitre sur la noblesse, mais il croit avoir dit sur l'Église plusieurs choses nouvelles. Plus tard, quand il eut à se défendre contre cette banale accusation d'athéisme que l'orthodoxie religieuse, trop souvent appuyée par le scepticisme satisfait, aime à lancer contre les philosophes, il crut devoir s'expliquer sur cet ouvrage qu'on lui jetait à la tête : il le présentait alors comme l'essai d'un jeune homme éloigné de sa patrie, ne dépendant d'aucun État, et qui, voulant repousser l'exagération des défenseurs du pouvoir absolu, s'était laissé entraîner lui-même à une certaine exagération, pour rétablir l'équilibre.

Cet ouvrage et son discours sur la liberté de penser lui valurent le renom de démocrate et de jacobin, titre équivoque, comme dit Fichte le fils, mais dangereux. Aussi attribua-t-il à cette cause l'accusation d'athéisme qui fut plus tard dirigée contre lui; et, dans sa défense, jugea-t-il aussi à propos de s'expliquer là-dessus (1). Mais à cette époque les idées de Fichte s'étaient déjà singulièrement modifiées, comme on va le voir tout à l'heure.

Malgré tout cela, quelque incomplet que soit l'ouvrage de Fichte, et quelques erreurs qu'on y puisse relever, il respire un sentiment si énergique de la liberté et des droits de l'homme, le souffle moral y est si puissant et l'éloquence en est si grande, qu'on le lit encore avec plaisir, avec entraînement, avec profit. Et puis c'est un si curieux monument que ce livre d'un jeune homme, qui sera bientôt un grand philosophe, écrivant à Dantzick et en Suisse sur notre révolution, que le public français me saura gré, je l'espère, de le lui avoir fait connaître.

III.

Il n'est pas de mon sujet de suivre Fichte dans les circonstances ultérieures de sa vie, si intéressantes qu'elles soient, et dans les ouvrages qu'il a consacrés depuis à la politique et au droit, jusqu'à l'époque où il prit part à la lutte de l'Allemagne contre la France impériale ; mais je ne puis me dispenser d'indiquer les modifications que, dans cet intervalle, l'expérience et de nouvelles réflexions avaient amenées dans sa pensée sur les questions vitales que nous l'avons vu traiter dans ses *Considérations sur la Révolution française.*

Deux ouvrages importants se rattachent à cette époque. Le premier, publié en 1796, est une théorie du droit naturel, conçue d'après les

(1) *Ibid.*, p. 225-229.

principes de la *doctrine de la science* (1), c'est-à-dire du nouveau système que Fichte avait fait paraître dans les deux années précédentes et où il prétendait reprendre et compléter la philosophie de Kant. Cette théorie du droit naturel n'est donc que de trois années postérieure aux *Considérations sur la Révolution française*; mais les idées de Fichte sur l'État et sur les rapports de l'État avec l'individu sont déjà entièrement transformées. C'est ici l'œuvre d'une pensée plus mûre, d'une réflexion plus profonde, d'une philosophie plus savante, sinon toujours plus pratique. Aussi, dans sa réponse à l'accusation d'athéisme, Fichte renvoie-t-il à cet ouvrage, comme à la dernière expresion de sa pensée, ceux qui lui objectent son livre sur la Révolution française.

Dans ce nouvel ouvrage, Fichte se rapproche des idées de Kant dont il s'était écarté dans le précédent, comme je l'ai indiqué plus haut. Il croit maintenant, avec l'auteur de l'*Essai sur la paix perpétuelle* (2), que l'état de nature est un état de guerre et d'iniquité, et que par conséquent les hommes ont le droit de se contraindre les uns les autres à sortir de cet état et à instituer entre eux l'ordre civil ; que l'union politique ne peut, à la vérité, se fonder que sur un contrat primitif, mais que ce contrat est une chose dont l'institution est absolument nécessaire ; enfin que le peuple ne peut pas exercer lui-même le pouvoir exécutif, mais qu'il le doit déléguer (3). Ainsi, tandis que, dans ses *Considérations sur la Révolution française*, Fichte faisait de l'État quelque chose de tout à fait arbitraire et conventionnel, il en reconnaît aujourd'hui l'absolue nécessité au point de vue du droit lui-même : il voit bien à présent que le droit ne saurait se maintenir entre les hommes en dehors de la société civile, c'est-à-dire sans lois positives et sans pouvoirs publics. En cela donc il retourne à la théorie de Kant ; mais, en même temps qu'il s'y rattache, il en signale l'insuffisance. Cette théorie démontre bien la nécessité de la société civile ou de l'État en général, mais elle n'ex-

(1) Il est intitulé : *Éléments du droit naturel d'après les principes de la Doctrine de la science.* Voy. *Œuvres complètes de Fichte*, t. III.

(2) C'est l'ouvrage cité par Fichte comme renfermant l'expression des idées de Kant sur le droit et la politique ; car, à l'époque où il composa son ouvrage sur le droit naturel, il ne pouvait connaître les *Éléments métaphysiques de la doctrine du droit*, qui parurent la même année que son propre livre. Voilà ce qu'il ne faut pas oublier pour apprécier ce livre à sa juste valeur.

(3) Voyez *Grundlage des Naturrechts*, Introduction, III : des Rapports de la présente théorie du droit avec celle de Kant, p. 14, de l'édition citée plus haut.

plique pas le rapport de l'individu avec un certain État en particulier. En outre, son principe fondamental de l'accord de la liberté de chacun avec celle de tous est purement formel, et ne détermine nullement les rapports qu'implique cette idée : un peuple, une nation. Il est certain que, si le principe de la théorie de Kant est inattaquable, elle a besoin elle-même d'être étendue et complétée (1).

Malheureusement Fichte n'a pas toujours raison dans la critique qu'il fait de cette théorie et dans les corrections qu'il y apporte. Est-ce un défaut, par exemple, ou n'est-ce pas plutôt un mérite que de poser en principe, comme le fait Kant (2) après Montesquieu, Rousseau et tant de publicistes, la séparation du pouvoir exécutif et du pouvoir législatif. Comment Fichte ne voit-il pas qu'attribuer le pouvoir législatif au chef du pouvoir exécutif, c'est constituer le despotisme? Je lui accorde que la séparation de ces deux pouvoirs ne serait pas à elle seule une garantie suffisante du droit ; mais le droit sera-t-il plus sûrement garanti, quand ils seront confondus dans les mêmes mains? Je sais bien que Fichte veut que la constitution à laquelle le peuple devra obéir soit soumise au suffrage du peuple ; mais cette condition du suffrage populaire est-elle elle-même une garantie suffisante, ou ne peut-elle devenir un redoutable instrument entre les mains de la tyrannie? Fichte ne semble point avoir prévu cette difficulté, qui nous saute aux yeux, à nous autres. Il cherche une autre garantie contre les abus du Pouvoir dans l'institution d'une magistrature suprême élue périodiquement par le peuple et chargée de surveiller le pouvoir exécutif, de le suspendre au besoin et de convoquer la nation. Cette magistrature, à laquelle il donne le nom d'éphorat, n'était pas sans analogie avec la *jurie constitutionnaire* du plan que Sieyès avait proposé à la Convention en 1795, c'est-à-dire un corps de représentants ayant la mission spéciale de juger et de prononcer sur les plaintes en violation de la constitution qui seraient portées contre les décrets de la législature (3). Mais l'éphorat de Fichte, comme la jurie constitutionnaire de Sieyès, succombe devant la très simple objection que Thibeaudau adressait à cette dernière, en disant à la Convention (4) : « On prétend que la jurie constitu-

(1) Voyez mon *Analyse critique de la Doctrine du droit*, p. CLXVII-CLXXI.
(2) *Doctrine du droit*, p. 172; — *Analyse critique*, p. LXXVII et p. CLXXVI.
(3) Voyez sur ce point la remarquable *Histoire du gouvernement parlementaire en France*, par M. Duvergier de Hauranne, t. I, p. 367.
(4) *Ibid.*, p. 372.

tionnaire retiendra les autres pouvoirs dans leurs limites. Soit ; mais, si la jurie sort des siennes, qui est-ce qui réprimera son usurpation ? On ne résout pas la difficulté, on la recule. C'est l'histoire du monde portée par un éléphant, lequel est porté par une tortue : et la tortue, sur quoi repose-t-elle ? » Il est juste d'ajouter que Fichte a traité lui-même son éphorat comme la Convention a traité la jurie constitutionnaire de Sieyès : il l'a retiré dans une seconde théorie du droit, dont nous dirons un mot plus tard.

Mais ce n'est là qu'un détail. Ce qu'il importe surtout de remarquer, c'est que Fichte, après avoir si complétement affranchi l'individu de l'État, l'y incorpore maintenant tout entier. Pour l'auteur des *Considérations sur la Révolution française*, l'État n'était qu'une association accidentelle, toujours révocable et toujours divisible ; pour l'auteur des *Éléments du droit naturel*, c'est un tout organique dont les individus sont les parties et où tous viennent se fondre en un même corps. En passant du premier de ces ouvrages au second, on quitte une théorie qui pousse l'individualisme à ses dernières limites pour entrer à pleines voiles dans la doctrine qu'on désigne aujourd'hui sous le nom de socialisme. Nous retrouvons ici la théorie du *Contrat social* ; même Fichte l'exagère à certains égards. Ainsi, lui qui exaltait si fort les droits de la propriété individuelle en face des prétentions de l'État, il reproche à Rousseau d'admettre un droit de propriété antérieur au contrat social. Dans sa nouvelle théorie, il ne peut y avoir de propriété avant ce contrat. En revanche, telle est la nature de ce contrat, qu'il doit fournir à chaque citoyen une propriété (1), et qu'il implique une assurance mutuelle contre la misère (2). Nous pourrions montrer, sans sortir de cet ouvrage, à quelles conséquences ce principe conduit notre philosophe, mais nous en trouvons un exemple plus éclatant encore dans le second ouvrage, dont il nous reste à parler.

Cet ouvrage, qui formait une sorte d'appendice à la théorie du droit et qui parut en 1800, est intitulé l'*État commercial fermé* (3). Fichte nous explique lui-même ce titre en quelques lignes qui l'accompagnent. Il entend par État commercial fermé un État dont les citoyens n'ont de rapports d'industrie et de commerce qu'entre eux, et par conséquent sont placés sous une loi de prohibition absolue, interdisant toute exportation aussi bien que toute importation. C'est, comme on le voit, tout juste le contre-pied du libre échange. Fichte

---

(1) Page 204. — (2) Page 195.
(3) *Œuvres complètes*, t. III, p. 387.

reconnaît bien qu'un État de ce genre n'est pas immédiatement et absolument réalisable ; mais il est, selon lui, l'idéal dont tous les gouvernements doivent travailler à se rapprocher de plus en plus. L'État, tel qu'il le conçoit et le décrit, est l'État rationnel.

La société se divise naturellement en plusieurs classes : 1° ceux qui produisent ; 2° ceux qui transforment les produits naturels, les artisans, les artistes, les industriels ; 3° ceux qui vendent ou échangent les produits naturels ou les productions de l'industrie, les commerçants. Quant aux fonctionnaires de toutes sortes, comme les magistrats, les instituteurs, les guerriers, ils ne sont que les serviteurs de la nation. Il s'agit d'établir un juste équilibre entre ces diverses classes, au moyen de l'équilibre de la production et de la consommation. Ce double équilibre est le problème fondamental de l'économie politique. Le résultat sera d'assurer à chacun, en retour de son travail, une part proportionnelle à tous les produits naturels et à toutes les productions de l'industrie. Mais ce résultat ne peut être atteint que si la valeur relative des choses est déterminée par l'État, et si tout commerce immédiat avec les étrangers est interdit aux individus. Que s'il est nécessaire de faire des échanges avec l'étranger, c'est au gouvernement de s'en charger, comme c'est à lui qu'il appartient de déclarer la guerre et de contracter des alliances.

Cette curieuse théorie dans les détails économiques de laquelle il m'est impossible d'entrer, mais où l'on retrouve toutes les idées du socialisme contemporain, repose sur deux principes fondamentaux. Le premier, c'est que la propriété ne consiste pas dans un droit exclusif sur les choses, mais dans le droit d'exercer librement son activité dans une sphère déterminée, ce qui suppose nécessairement l'intervention de l'État ; et le second, que l'État doit à chacun de ses membres une portion des richesses produites par la société tout entière. Ce dernier principe, qui lui-même est un corollaire du premier, est ce que l'on a désigné de nos jours sous le nom de droit au travail. Fichte a bien compris que le droit au travail implique l'organisation du travail, et que l'organisation du travail exclut le libre échange. Il a devancé, comme on le voit, certaines écoles socialistes de notre temps.

Il est facile de relever les erreurs et les dangers de cette théorie. Elle a été tout récemment encore l'objet d'une réfutation approfondie (1) ; mais, à l'époque même où elle parut, elle n'avait pu échapper

(1) Par le docteur Scheener, dans un mémoire publié par la *Société*

aux sévérités de la critique. Bien que Fichte regardât son *État commercial fermé* comme le meilleur de ses ouvrages (1), c'est celui de tous qui fut le moins bien accueilli de ses contemporains : il ne souleva point seulement des objections, mais une foule de railleries. Cela se conçoit aisément. Fichte, du reste, semblait en avoir pris d'avance son parti, en déclarant que son siècle n'avait pas la gravité nécessaire pour accueillir convenablement un projet qui, au lieu de tout livrer à la ruse et au hasard, soumettait l'activité humaine aux lois les plus sévères (2). On lui reprochait de proposer un plan irréalisable, et l'on a cru le justifier en répondant qu'il n'avait lui-même présenté ce plan que comme un idéal propre à servir de règle pour juger et corriger la société, mais qu'il serait toujours impossible de réaliser entièrement. Il faut bien s'entendre à ce sujet. Il est beau sans doute à un philosophe, j'ajoute même que c'est son devoir le plus élevé de chercher en tout l'idéal, et ce ne serait pas une objection sérieuse que celle qui reprocherait à une théorie de n'être pas entièrement réalisable, car il est de la nature même de l'idéal de ne pouvoir jamais être entièrement réalisé ; du moins faut-il que l'idéal proposé ne soit pas un faux idéal, c'est-à-dire une conception contraire aux lois et aux bornes éternelles de la nature humaine, ou une vaine fantaisie de l'esprit, en un mot une pure utopie, mais qu'il puisse être vraiment conçu comme un idéal pour l'humanité. Un idéal de l'État étant donné, la question n'est donc pas de savoir si cet idéal est ou non entièrement réalisable (je ne dis pas sans application possible), mais s'il est *vrai* ou *faux*. Or, la question étant ainsi posée à l'endroit de la théorie de Fichte, on ne saurait hésiter à la repousser, au moins dans ses moyens. L'idéal est certainement que, dans les sociétés humaines, chacun puisse arriver à vivre de son travail, mais non pas que chaque État se ferme à tous les autres, et que, dans chacun d'eux, tout soit fixé et réglé comme dans un couvent ou dans une caserne. C'est bien plutôt le contraire qui doit être le but de la politique.

On a signalé avec raison une certaine analogie entre les idées de l'*État commercial fermé* et le *système continental* inauguré dix ans après par le fameux décret de Berlin. Je ne crois pas, pour ma part, que la théorie du philosophe allemand ait pu avoir la moindre in-

---

silésienne de statistique et d'économie politique. — Voir, à ce sujet, dans le *Journal des économistes*, t. XXVI, p. 233, un article de M. Cherbulliez.

(1) Voyez la Préface de Fichte le fils, p. xxxviii.
(2) Chapitre viii, p. 510.

fluence sur l'établissement de ce système; mais on ne peut nier qu'il ne la réalisât, en partie, sur une plus vaste échelle, et l'on ne saurait prétendre que cette épreuve pratique lui ait été favorable. Tout le monde est d'accord aujourd'hui pour condamner le blocus continental comme une des mesures les plus fâcheuses du régime napoléonien.

Mais quelles que soient les erreurs de Fichte, erreurs qu'il est en vérité trop facile de relever, il faut lui savoir gré de son ardeur à soulever certaines questions qui préoccupent aujourd'hui à juste titre tous les amis de l'humanité. Il a pu se tromper sur la nature de quelques principes, et de ces principes, mal définis, tirer des conséquences inadmissibles; mais le sentiment de la dignité et des droits du travail, la sympathie pour les souffrances des classes inférieures, l'amour du progrès, tous ces sentiments, qui ne sont chez Fichte qu'autant de traductions du sentiment moral, sont en lui si profonds et si nobles, qu'ils font oublier bien des erreurs. Sans doute il a fait fausse route; mais il a remué, un des premiers, des problèmes d'où dépend l'avenir des sociétés humaines, et dont notre siècle semble particulièrement destiné à poursuivre la solution.

IV.

Transportons-nous maintenant dans l'année 1806, à la veille de la bataille d'Iéna. Quels étaient à cette époque les sentiments de Fichte à l'égard de la Révolution française, si l'on peut encore appeler de ce nom le régime qui la représentait alors. Nous sommes bien loin de ces jours où la France, à travers des discordes et des violences intérieures, travaillait à se constituer d'après les idées de liberté, d'égalité et de fraternité dont elle avait fait sa devise, et où, pure de tout esprit de conquête, elle ne faisait la guerre que pour défendre son indépendance contre les rois coalisés. La liberté, proclamée par la Révolution, a fait place à la servitude : tout se courbe et se tait sous le joug d'un chef militaire, devenu le maître absolu de la France. Où sont maintenant ces droits de l'homme et du citoyen pour lesquels le cœur de nos pères et celui de Fichte battaient naguère à l'unisson? Jamais la dignité humaine, jamais la vie publique ne fut étouffée sous un despotisme plus savamment organisé. L'égalité conquise est-elle du moins respectée? La Révolution avait détruit la noblesse de l'ancien régime; l'Empire en a créé une autre à son profit. Et ce despotisme ne pèse pas seulement sur la France, il envahit l'Europe et la façonne à son image : les peuples gémissent sous le régime militaire de l'empire français, où se voient menacés dans leur indépendance. L'affranchissement général, annoncé et commencé par la Révolution, s'est changé en une immense oppression. Faut-il s'étonner, après cela, si ceux mêmes qui ont le plus applaudi à notre Révolution sont maintenant nos plus ardents ennemis, je veux dire les ennemis de Napoléon et de ses soldats ! Autant, en 1790, Fichte a vu avec chagrin la Prusse tourner ses armes contre la Révolution française, autant, en 1806, il la félicite d'entrer dans la nouvelle coalition soulevée par l'empire. C'était alors la lutte de tous les rois contre un peuple émancipé ; c'est aujourd'hui celle de tous les peuples contre un despote conquérant. Pour Fichte, comme pour tout bon Allemand, la cause qui va se décider sur le champ de bataille n'est autre que celle de l'indépendance nationale, de la liberté germanique et par suite de la civilisation elle-même. Aussi notre philosophe partagea-t-il l'enthousiasme universel, lorsque le cabinet de Berlin, demeuré neutre depuis la paix de Bâle (juillet 1795), mais de plus en plus effrayé par l'accroissement indéfini de l'empire, se décida enfin, après bien des hésitations, à se liguer avec la Russie pour chasser les Français de l'Allemagne. Mais il n'était pas homme à se contenter de former des vœux stériles : il conçut le projet de s'associer à la lutte, autant qu'il était en lui, en entretenant le feu sacré dans les cœurs par des discours patriotiques ; il aurait même voulu accompagner l'armée, afin d'être mieux à portée d'agir par sa parole sur les défenseurs de sa patrie.

Les lignes suivantes, écrites à cette époque, montrent bien quelle était alors l'ardeur des sentiments de Fichte, et quel beau rôle rêvait ce philosophe, digne d'un autre âge :

« Si l'orateur est condamné à se contenter de parler, s'il ne peut combattre avec vous dans vos rangs, et témoigner de la vérité de ses principes en bravant les dangers et la mort, c'est uniquement la faute de son époque qui a séparé la destinée du savant de celle du guerrier. Mais il sent que, s'il avait appris à porter les armes, il ne le céderait en courage à personne. Aussi regrette-t-il que son siècle ne lui permette pas, comme au temps d'Eschyle ou de Cervantes, de confirmer sa parole par ses actes. Il voudrait pouvoir faire revivre ce temps ; et, dans les circonstances actuelles, qui imposent à sa vie une nouvelle tâche, il aimerait bien mieux agir que parler. Mais, puisqu'il lui faut aujourd'hui se contenter de parler, il voudrait au moins faire jaillir de sa parole les glaives et la foudre. Il souhaite aussi qu'il y ait pour lui quelque danger à le faire. Dans le courant de ces discours, il exprimera, sous son nom, avec toute la clarté et toute l'énergie dont il est capable, des vérités qui conviennent ici, mais qui devant le tribunal de l'ennemi méritent la mort. Mais ce ne sera pas pour lui une raison de se cacher lâchement ; il jure publiquement de vivre libre avec sa patrie ou de mourir avec elle. »

. . . .

. . Il faut le reconnaître, c'est par sa faute qu'à l'exception de quelques individus, la nation allemande s'est attiré le sort qui vous met aujourd'hui les armes à la main, et elle mérite, hélas ! le malheur que vos victoires, espérons-le, détourneront d'elle. Sacrifier à la mollesse, à la lâcheté, à l'incapacité ; oser préférer à l'*honneur* la fortune et la vie ; aimer mieux souffrir et tomber lentement dans un opprobre de plus en plus profond, que de prendre la résolution énergique de tout sacrifier à l'honneur, c'est là une bassesse qui tient pour exaltation et trouve même ridicule tout effort tenté pour sortir de cette honte.

» Quel doit être au contraire le caractère du guerrier ? Il faut qu'il soit capable de se sacrifier ; il est fait pour cela. Les nobles sentiments, le juste amour de l'honneur, la grandeur d'âme qui l'élève au-dessus de la vie et de ses jouissances ne l'abandonneront jamais. Une morale énervante et une misérable sophistique ne sauraient avoir d'accès auprès de vous ; leurs adeptes les plus considérables et les plus puissants devraient du moins chercher à les éloigner de vous.

» Vous avez aujourd'hui l'occasion, et vous ne la laisserez certainement pas perdre, de vous assurer que cette valeur est bien la vôtre. *Avant* le combat et en vue de la guerre : ne pas chanceler et ne vouloir que la guerre, mais en calculer fermement et avec réflexion toutes les conséquences. *Pendant* la guerre : conserver dans la mêlée tout son sang-froid, et jusque dans la mort, songer à la victoire, à la patrie, aux choses éternelles. Personne n'a une plus belle occasion que vous ; aussi êtes-vous dignes d'envie. Mais par cet exemple seul vous agirez aussi sur les autres ; vous donnerez du nerf et de la force au reste de la nation, qui est affaissé et comme mort. L'ami de l'humanité et des Allemands tourne vers vous ses regards avec confiance. Son espoir, naguère abattu, se reporte sur vous.

» Puissé-je vous parler de vive voix et m'inspirer de vos regards ! Que du moins l'amour qui nous est commun réveille la lettre morte, que nos sentiments communs me servent d'interprètes auprès de vous ! »

Le projet que Fichte avait conçu d'accompagner l'armée comme une sorte de Tyrtée philosophe était trop en dehors de nos plats usages modernes pour avoir quelque chance d'être adopté. On rendit hommage aux nobles intentions de Fichte, mais on repoussa sa proposition. L'ami qui lui transmit à ce sujet les remercîments du roi ne savait pas alors combien il avait raison d'ajouter : « Peut-être dans la suite aurons-nous besoin de votre éloquence. » On se croyait sûr du succès.

Le 17 octobre, Fichte passait la soirée avec les siens chez un ami : tous les cœurs étaient remplis d'espoir ; et l'on buvait au triomphe de l'armée, dont on attendait des nouvelles d'heure en heure. Celle d'une grande défaite tomba tout à coup, comme une bombe, au milieu de ce cercle joyeux, et les amis se dispersèrent pour courir aux informations. Les bruits étaient fort contradictoires : pendant que les uns parlaient d'une déroute, d'autres annonçaient une victoire. Les autorités de la ville faisaient courir ce dernier bruit afin de pouvoir se préparer plus facilement à la fuite. Ce ne fut que le lendemain matin que Fichte apprit toute la vérité par son ami Hufeland. Les espérances dont on s'était bercé étaient anéanties ; la sécurité avait fait place à la terreur. On savait qu'aucune armée ne couvrait la capitale, et l'on s'attendait à voir paraître au premier jour l'avant-garde de l'ennemi. Toutes les autorités, toutes les personnes de distinction se préparaient à fuir. Fichte, suivant la parole qu'il s'était donnée à lui-même, n'hésita pas un seul instant sur le parti qu'il avait à prendre : il résolut de partager le sort de l'État, qu'il regardait comme le rempart de la civilisation et de la liberté. Hufeland et lui convinrent, ce jour même, de se rendre ensemble sur les bords de l'Oder, afin d'y attendre les événements. Mais une pensée les tourmentait : que deviendrait leur famille au milieu d'une ville devenue la proie de l'ennemi ? La femme de Fichte prit alors la résolution de rester seule et de veiller à la fois sur les deux maisons, de telle sorte que la famille de Hufeland pût quitter Berlin. « Elle crut, dit son fils, devoir ce sacrifice à son mari, auquel elle conseillait elle-même la fuite, puisque la fuite n'était possible pour lui qu'à cette condition. »

Fichte s'arrêta d'abord à Stargard, en Poméranie : il espérait encore qu'une nouvelle bataille viendrait tout réparer ; mais bientôt, apprenant la capitulation du prince de Hohenlohe et celle même de Blücher, il gagna Kœnigsberg. La patrie de Kant lui offrit une chaire de philosophie.

Pendant son séjour dans cette ville, Fichte publia un curieux écrit sur Machiavel (1), qui était plutôt une œuvre politique qu'une étude historique. En le voyant faire l'apologie de cet écrivain, on éprouve d'abord un sentiment de surprise; mais on ne tarde pas à s'expliquer cette étrange sympathie. Dans l'auteur du *Prince*, Fichte voit un patriote qui veut avant tout l'indépendance de l'Italie, et dont tout le système politique s'explique par ce principe. On conçoit dès lors que, gémissant lui-même sous le joug de l'étranger, et souhaitant aussi par dessus tout l'affranchissement de son pays, il se sente attiré vers Machiavel. Il ne se trompe pas sans doute en lui attribuant un ardent patriotisme, mais est-il aussi bien dans le vrai, quand il cherche à expliquer par là toute la politique de son livre du *Prince* (2)? En tous cas, il semble oublier ici que la fin ne justifie pas les moyens. Mais tel est l'effet de l'oppression étrangère, qu'elle fait dévier les esprits les plus honnêtes. Exaspéré par ces saturnales de la force dont il voit le spectacle autour de lui et dont sa patrie est la première victime, Fichte lui-même en est venu à ne reconnaître plus, dans les relations des peuples entre eux, d'autre loi que le droit du plus fort, à affranchir le prince, dans ses rapports avec les autres États, de toutes les règles de la morale vulgaire, et à poser comme principe de toute politique extérieure cette maxime dangereuse : *Salus et decus populi suprema lex esto*. Il ne faudrait pas, à la vérité, prendre trop à la lettre ces sombres paroles que l'indignation et le désespoir arrachent à Fichte en ce moment, et la manière dont il applique à son temps la politique de Machiavel. Son machiavélisme n'est certainement pas aussi noir qu'il en a l'air : nous en verrons bientôt la preuve dans sa conduite même; ce qu'il veut au fond, c'est rappeler dans les âmes cette énergie indomptable que réclame la défense de la patrie, et qui est devenue si rare. Mais il s'égare en faisant appel à la politique du publiciste italien, plus propre certainement à démoraliser les âmes qu'à les régénérer, et il a le tort de s'approprier quelques-unes des maximes les plus périlleuses du livre du *Prince*. Fichte semble s'accuser lui-même en parlant de ceux qui autrefois, dans la chaleur de la lutte, ont exalté outre mesure les principes de la Révolution française sur les droits de l'homme, sur la liberté et l'égalité de tous, et leur ont attribué plus de portée qu'ils n'en ont réellement. Tout en reconnaissant que ces principes sont les éternelles et inébranlables bases de tout ordre

---

(1) *Œuvres complètes*, t. XI, p. 401.
(2) Fichte n'est pas le premier qui ait tenté cette explication. Voyez sur ce point l'excellent chapitre consacré à Machiavel par M. Janet, dans l'*Histoire de la philosophie morale et politique* qu'il vient de publier.

social et qu'aucun État n'a le droit de les violer, il leur reproche maintenant d'être impuissants à fonder et à diriger un État, et il pense que l'exagération qu'on en a faite a exercé une très fâcheuse influence. Mais, exagération pour exagération, mieux vaut mille fois celle-là que celle qui pousse au machiavélisme.

Fichte publia encore, pendant son séjour à Kœnigsberg, deux *Dialogues sur le patriotisme et son contraire* (1). Le premier de ces dialogues, qui avait été composé à Berlin pendant la paix, avait pour but de montrer en quoi consiste le véritable patriotisme, comment il est une détermination nécessaire du cosmopolisme, et quels devoirs il impose à tous les Allemands. L'auteur définit le patriote celui qui veut que le but de l'humanité soit d'abord atteint dans la nation dont il est membre; et comme, selon lui, c'est uniquement par la science que l'on peut désormais arriver à ce but, comme il lui semble en outre que l'Allemagne est la patrie même de la science, il en conclut que le développement et la propagation de la science est le premier devoir du patriote allemand. Le second dialogue, écrit à Kœnigsberg sous l'influence des évènements qui étaient venus depuis modifier si profondément la Prusse, est destiné à compléter les idées exprimées dans le premier, et à les approprier aux circonstances présentes. Fichte y traite des obligations particulières que les dangers de la patrie imposent aux patriotes; et tandis que, dans le précédent dialogue, il n'admettait que le patriotisme allemand en général, la nécessité le force maintenant à reconnaître un patriotisme prussien. Enfin il cherche le moyen de régénérer l'Allemagne, et ce moyen, il croit le trouver dans un système d'éducation qui, fondé sur les principes de Pestalozzi, formerait des générations entièrement nouvelles. Nous retrouverons bientôt dans les *Discours à la nation allemande* les idées que Fichte indique dans ces dialogues; il y mêle ici certaines réflexions sur sa propre philosophie, qui feraient sourire plus d'un lecteur français, mais qui montrent jusqu'à quel point il prenait son œuvre au sérieux, et combien le savant ou le philosophe se confondait en lui avec le patriote. Comme la plupart des Allemands, Fichte est tout d'une pièce : il n'y a en lui qu'un homme. Mais, il faut le reconnaître, cet homme est aujourd'hui bien différent de ce que nous l'avons vu dans ses *Considérations sur la Révolution française*. Dans cet ouvrage, il poussait l'individualisme jusqu'à ses dernières limites; une pareille doctrine étouffait nécessairement toute espèce de patriotisme. Ici, au contraire, nous avons affaire au pa-

(1) *Œuvres complètes*, t. XI, p. 221.

triote le plus décidé et le plus ardent, on pourrait presque dire le plus étroit, et telle est maintenant pour lui la nécessité du patriotisme, qu'il y ramène et y sacrifie tout (1).

Fichte ne jouit pas longtemps du repos que semblait lui promettre la ville éloignée où il s'était réfugié. Vainqueur des Russes à Eylau, Napoléon les poursuivit jusqu'à Kœnigsberg. Ils braquèrent, du haut des murs de cette ville, une nombreuse artillerie, et les habitants épouvantés se demandèrent s'ils n'allaient pas éprouver le sort de Lubeck (2). Heureusement Napoléon se contenta d'envoyer les cavaliers de Murat jusqu'aux portes de Kœnigsberg, et prit la résolution de se retirer vers ses cantonnements. Les habitants de la ville respirèrent, et bientôt tous les cœurs prussiens se reprirent à espérer. Mais la prise de Dantzick et la bataille de Friedland firent de nouveau tomber tout espoir, et le traité de Tilsitt, qui en fut la conséquence, réduisit la Prusse de moitié.

La veille même de la journée de Friedland, Fichte avait quitté Kœnigsberg pour Copenhague. Ce fut dans cette capitale qu'il attendit la conclusion de la paix, c'est-à-dire une solution qui, quelque amère qu'elle fût pour lui, devait cependant lui permettre de retourner à Berlin auprès de sa femme et de son enfant. Il les rejoignit enfin dans les derniers jours du mois d'août 1807.

Fichte retrouvait aussi à Berlin Jean de Müller, avec qui il était fort étroitement lié et sur le caractère duquel il semble s'être fait de singulières illusions. Au mois de juin précédent, ce savant avait prononcé, dans une séance publique de l'Académie de Berlin, un

(1) Enfin, pendant ce même hiver de 1806 à 1807 qu'il passa à Kœnigsberg, Fichte conçut et entreprit un ouvrage politique destiné à relever et à rallier les esprits en Allemagne, en leur montrant le but à poursuivre et les moyens de l'atteindre ; mais il n'en écrivit que quelques fragments, qui étaient restés inédits, et que son fils a publiés pour la première fois dans son excellente édition des *Œuvres complètes de Fichte* (t. VII, p. 517). Un de ces fragments est consacré à la religion qui convient à la république allemande. Fichte n'abandonne pas le principe de la liberté de conscience, qu'il a autrefois si énergiquement défendu et auquel il est resté fidèle toute sa vie ; mais il ne sépare plus l'Église et l'État, comme il le faisait dans ses *Considérations sur la Révolution française*. C'est que l'État, tel qu'il le conçoit aujourd'hui, implique la religion. Celle que devrait reconnaître, selon lui, la constitution de la république allemande, ce serait une sorte de christianisme universel qui s'élèverait au-dessus des trois grandes communions déjà existantes, mais sans les opprimer le moins du monde et en général sans violenter aucune conscience. Partant de cette idée, Fichte va jusqu'à régler tous les détails de ce nouveau culte, la forme des églises, les jours et l'ordre des cérémonies, etc. Nous voilà bien loin du dernier chapitre de son livre sur la Révolution française.

(2) Voyez Thiers, *Histoire du Consulat et de l'Empire*, t. VII, p. 337.

discours sur la gloire de Frédéric le Grand, dont quelques passages avaient scandalisé les patriotes allemands. Fichte avait lu ce discours à Copenhague ; mais, tout en regrettant ces passages, qu'il rejetait d'ailleurs sur le compte des circonstances, il en avait loué ce qu'il appelait la tendance : « La tendance de ce discours, écrivait-il à un homme d'État, est évidemment d'inspirer aux vainqueurs présents du respect pour les vaincus, de réveiller en ceux-ci le courage et la confiance en eux-mêmes et de les sauver du désespoir. » En même temps, apprenant de Jean de Müller lui-même qu'il songeait à quitter Berlin pour Tubingue, il avait fait tout ce qui avait dépendu de lui pour le conserver à la Prusse. Mais ses lettres arrivèrent trop tard, et, quand il rentra lui-même à Berlin, il n'était plus temps. Cependant les sentiments que lui témoigna Jean de Müller dans l'intimité où ils vécurent quelques mois encore avant de se quitter pour jamais, ne firent que le confirmer dans la bonne opinion qu'il en avait conçue. Mais Fichte n'était-il pas ici la dupe de son bon et grand cœur ? Il faut bien le dire : Jean de Müller était un homme d'une déplorable faiblesse. Quelle fut en effet la conduite de cet écrivain ? Après avoir montré, d'abord au service de l'Autriche, puis au service de la Prusse, la plus grande ardeur contre la domination française, il se laissa séduire par Napoléon, et passa au service du nouveau royaume de Westphalie. On dira qu'en se soumettant au vainqueur, il avait les meilleures intentions, qu'il espérait pouvoir ainsi se rendre utile à sa patrie, etc. Nous connaissons ces bonnes intentions-là ; elles n'ont que trop souvent servi de prétexte aux cœurs lâches ou aux ambitieux vulgaires. Qu'ils satisfassent leur vanité ou leur cupidité, soit ; mais qu'ils ne parlent pas de leur dévouement à la chose publique, quand ils ne font que sacrifier leur honneur à leur intérêt !

Déchue de sa puissance extérieure et de son importance politique, la Prusse prit alors une noble résolution, celle de se réformer et de se développer à l'intérieur par la culture intellectuelle, et de se mettre, de ce côté, à la tête de l'Allemagne. Pour atteindre ce but, on songea d'abord à établir à Berlin une université qui formât un corps animé d'un esprit tout nouveau, approprié à l'état présent et aux progrès de la science, capable non-seulement de donner aux étudiants les premières notions, mais d'offrir aux savants eux-mêmes les moyens de pousser toujours plus avant leurs connaissances, et qui fût à la fois un asile pour la libre recherche dans toutes les directions, et un rempart contre la barbarie militaire, alors déchaînée sur l'Europe. Fichte fut chargé de tracer un plan qui répondît à cette idée. Celui qu'il rédigea et qui fut publié plus tard (1) se faisait remarquer par cette élévation et cette originalité qui caractérisent toutes ses œuvres; mais il n'était pas suffisamment pratique, et il ne put être exécuté. Notre philosophe n'en eut pas moins une très grande et très salutaire influence sur les débuts de l'Université de Berlin non-seulement par l'enseignement qu'il y donna à titre de professeur de philosophie, mais encore par la manière dont il l'administra, pendant les deux premières années, en qualité de recteur. Il s'appliqua en effet à étouffer dans cette institution naissante les vices qui ont trop souvent déshonoré les universités allemandes : la discorde qu'engendrait parmi les étudiants l'esprit de corporation, et le duel, ce procédé barbare dont ils faisaient un si fréquent usage pour terminer leurs querelles; le recteur de la nouvelle université entreprit de substituer l'union à la division, au duel un *tribunal d'honneur*, en un mot, des mœurs dignes et humaines à de brutales et sauvages habitudes.

Mais avant d'être appelé par le choix de ses collègues aux fonctions de recteur, c'est-à-dire avant même que la nouvelle Université fut organisée, Fichte en avait déjà inauguré l'enseignement par les plus magnifiques et les plus patriotiques leçons. C'est à cette époque qu'appartiennent les *Discours à la nation allemande* (2), que les Allemands regardent encore, avec raison, comme un des chefs-d'œuvre de l'éloquence germanique (3). Ils furent prononcés dans l'hiver de 1807 à 1808, alors que les troupes françaises continuaient d'occuper la capitale de la Prusse ; plus d'une fois la parole ardente de l'orateur fut couverte par le bruit des tambours et des trompettes de nos régiments qui passaient dans les rues voisines du palais de l'Université. Étrange contraste que celui de cette musique brutale qui célébrait le triomphe de la force, et de cette noble éloquence qui protestait, au nom du droit national, contre les violences de l'esprit de conquête! Ou plutôt, singulier accord que celui de ces deux choses si disparates, dont l'une faisait si vivement sentir aux Prussiens leur abaissement, pendant que l'autre cherchait à raviver et à exalter en eux l'esprit public !

Raviver et exalter chez les Allemands l'esprit national, tel était en effet le but des discours que prononça notre philosophe, dès qu'il put reprendre la parole (4). Il fit de sa chaire de Berlin une tribune du

(1) A Stuttgard, chez Cotta, en 1817. — Voyez *Fichte's Leben*, p. 519.
(2) *Œuvres complètes*, t. VII, p. 257.
(3) Voyez l'*Histoire de la littérature allemande au dix-neuvième siècle*, par Julian Schmidt, 5ᵉ livraison. Leipsick, 1856.
(4) Les *Discours à la nation allemande* se relient, à certains égards, aux *Leçons* que Fichte avait faites à Berlin, en 1804, sous ce titre : *Traits*

haut de laquelle il s'adressa à toute l'Allemagne, qu'il aurait voulu relever et sauver. Il souffrait plus que personne de la dégradation de sa patrie, et il s'affligeait amèrement de voir s'écrouler avec la Prusse le dernier rempart de l'indépendance germanique ; mais, au lieu de s'abandonner au découragement et au désespoir, où tant d'autres succombaient, il puisait dans son chagrin de nouvelles forces, et se sentait animé d'un courage indomptable. Mais quel remède opposer à un si grand désastre ? Les moyens auxquels on avait eu recours jusque-là n'avaient servi qu'à aggraver le mal. La faute, selon Fichte, en était aux hommes, à leur corruption ou à leur mollesse. Il fallait donc commencer par régénérer le pays tout entier, si l'on voulait le tirer de l'abîme où il s'était laissé tomber. C'était là, dans la pensée du philosophe, le seul moyen de salut qui restât encore à l'Allemagne. Mais comment préparer cette rénovation absolue de l'esprit public, cette vie toute nouvelle qui rendrait à la nation allemande son indépendance et sa dignité ? Il n'y avait aussi pour cela qu'un seul moyen : c'était un système complet d'éducation publique qui rompît entièrement avec le passé et communiquât aux jeunes générations l'esprit qui avait manqué aux anciennes. Cette idée, que nous avons déjà signalée dans les *Dialogues* publiés par Fichte pendant son séjour à Kœnigsberg, forme le principal thème de ses *Discours à la nation allemande*. Malheureusement le système proposé par Fichte avait le défaut d'être impraticable. Regardant la génération présente comme absolument perdue, il voulait en former une toute nouvelle, et, pour y arriver, il proposait de séparer, suivant la méthode de Pestalozzi, les enfants de leurs parents ; mais, en admettant même comme juste

---

caractéristiques du temps présent (Œuvres complètes, t. VII) ; mais ils s'en écartent aussi d'une façon très remarquable, et montrent une fois de plus combien les idées de notre philosophe se modifiaient sous l'influence des événements contemporains. Dans les *Leçons* de 1807 comme dans celles de 1804, Fichte a en vue le développement de l'espèce humaine par la plus grande culture possible de nos facultés. Mais, dans les *Traits caractéristiques du temps présent*, l'État parfait qu'il donnait pour modèle à l'humanité, et qui lui paraissait devoir être le couronnement du christianisme sur la terre, excluait l'idée et l'amour de la patrie : quelle place pouvait-il rester, en effet, à cette étroite idée et à cet amour jaloux, au sein d'une communion politique et sociale comme celle qu'il rêvait alors ? Dans les *Discours à la nation allemande*, au contraire, il présente l'idée même de la patrie comme un des éléments essentiels et un des moyens les plus puissants du développement de l'espèce humaine, et le patriotisme le plus ardent est le sentiment qu'il voudrait, à cette heure, exciter dans les âmes, comme c'est celui qui inspire ses discours. Les *Leçons* de 1804 étaient, comme on dirait aujourd'hui, d'un *humanitaire* ; ses *Discours* de 1807 sont d'un *patriote*.

et comme possible ce procédé par trop spartiate, où pouvait-on prendre les maîtres chargés de former la jeunesse, sinon précisément dans cette génération qu'il accusait d'être irrémédiablement corrompue? Cette objection était sans réplique Il serait sans doute absurde de nier l'immense influence de l'éducation sur la jeunesse, et par suite sur l'avenir d'un peuple ; mais au moins faut-il que la société existante se fasse elle-même l'instrument de cette éducation : autrement celle-ci est impossible ou demeure stérile. C'est une erreur commune à beaucoup de réformateurs que de croire à la toute-puissance des combinaisons artificielles. Fichte est plus d'une fois tombé dans cette erreur, et nous en avons ici un nouvel exemple. Il faut avouer que le sens du concret, ou, en d'autres termes, le sens pratique lui manquait. Mais, si le système d'éducation nationale qu'il proposait comme l'unique moyen de régénérer et de sauver la nation allemande était tout à fait chimérique, l'élévation de ses idées, l'ardeur de son patriotisme, le sentiment de la servitude qui pesait sur son pays, la haine de la force brutale qui s'ébattait autour de lui, tout cela communiquait à ses discours une vie et une grandeur qui les ont rendus immortels. Je voudrais au moins en donner une idée par quelques extraits.

Le huitième discours est un des plus remarquables. Fichte s'y propose de montrer ce que c'est qu'un peuple, dans le grand sens de ce mot, et ce que c'est que l'amour de la patrie. Il élève l'idée exprimée par ce mot de peuple bien au-dessus de celle de l'État, tel qu'on l'entend ordinairement. Tandis que l'État ne vise qu'à un certain droit et n'a d'autre fin que la paix intérieure et le bien-être de chacun, un peuple représente l'Éternel et le Divin sur la terre ; c'est à ce foyer sacré que s'allume l'amour de la patrie. Notre philosophe invoque ici les plus éclatants exemples ; après avoir rappelé l'héroïsme de ces protestants qui versèrent leur sang pour une cause dont ils ne devaient par voir eux-mêmes le triomphe, il remet sous les yeux de la nation allemande celui de ses ancêtres, les anciens Germains. Ce passage mérite d'être littéralement traduit.

« C'est dans cette foi que nos ancêtres communs les plus anciens, ces Allemands que les Romains désignaient sous le nom de Germains, et qui ont servi de souche à la civilisation moderne, ont courageusement résisté aux conquérants du monde. N'avaient-ils donc pas devant les yeux le degré supérieur de prospérité où étaient arrivées, à côté d'eux, les provinces romaines, les plaisirs plus délicats dont on y jouissait, et, par-dessus le marché, des lois, des tribunaux, des faisceaux et des haches en abondance? Les Romains n'étaient-ils pas assez disposés à les admettre au partage de toutes ces faveurs ? La plupart de leurs propres princes, pour peu qu'ils se laissassent persuader que la guerre contre de tels bienfaiteurs de l'humanité était une rébellion, ne leur offraient-ils pas des preuves vivantes de cette clémence romaine qu'on leur vantait si fort ? Ceux qui se montraient favorables aux conquérants en recevaient des titres de roi, des commandements dans leurs armées, des bandeaux sacrés; et, s'ils venaient à être chassés de chez eux, ils trouvaient un refuge et des moyens d'existence dans les colonies romaines. Ces vieux Germains étaient-ils donc absolument insensibles aux avantages de la civilisation romaine, par exemple à la supériorité des armées romaines, où un Arminius même ne dédaignait pas d'apprendre le métier des armes. Gardons-nous de leur imputer aucune ignorance ou aucune négligence de ce genre. Leurs descendants, dès qu'ils l'ont pu faire sans dommage pour leur liberté, se sont approprié la civilisation romaine, dans la mesure où elle était compatible avec leurs qualités propres. Pourquoi donc ont-ils soutenu, durant plusieurs générations, une guerre sanglante qui se renouvelait toujours avec leurs forces ? Un écrivain romain met ces paroles dans la bouche de leurs chefs : « Que vous » reste-t-il, sinon de garder votre liberté ou de mourir avant d'être » esclaves (1) ? » La liberté pour eux consistait à rester Allemands, à continuer de régler leurs affaires par eux-mêmes, avec une entière indépendance et suivant leur propre esprit, à poursuivre leur progrès dans la civilisation conformément à cet esprit, et à transmettre leur indépendance à leur postérité. L'esclavage gisait à leurs yeux dans toutes ces faveurs que les Romains leur apportaient, et qui auraient fait d'eux autre chose que des Allemands, des demi-Romains. Ils supposaient assurément que chacun préférerait la mort à cette dégradation.... Ils ne sont pas tous morts, et ils n'ont pas connu l'esclavage, et ils ont légué la liberté à leurs enfants. C'est à leur résistance persévérante que le monde moderne doit d'être ce qu'il est. Si les Romains étaient venus à bout de les subjuguer aussi, et, suivant leur pratique ordinaire, de les détruire comme nation, tout le développement ultérieur de l'humanité aurait suivi une direction différente et qui certainement n'eût pas été meilleure. Nous leur devons, nous, les derniers héritiers de leur sol, de leur langue et de leurs sentiments, nous leur devons d'être encore des Allemands, toujours portés par le courant d'une vie originale et indépendante ; nous leur devons tout ce que nous avons été depuis comme nation ;

(1) *Aliud sibi reliquum, quam tenere libertatem, aut mori ante servitium?*
(Tacite, *Annales*, lib. II, chap. xv.)

et, si ce n'est pas fait de nous, si la dernière goutte du sang qu'ils nous ont transmis n'est point encore tarie, nous leur devrons tout ce que nous serons plus tard. »

Le treizième discours se perdit, on ne sait comment, entre les mains de la censure (1). Fichte, qui n'en avait point conservé les notes, dut, pour remplir la lacune, en faire un résumé d'après ses souvenirs. Que devait donc être le discours prononcé, quand le résumé est déjà si éloquent ? Notre philosophe attaque avec une grande vivacité ce rêve d'une monarchie universelle qui, dans la politique alors triomphante, tendait à se substituer au principe de l'équilibre et se jouait du respect des nationalités. Il proteste contre ce rêve au nom de l'ordre divin qui a établi une extrême diversité entre les peuples comme entre les individus, et qui veut que chacun puisse se développer suivant son propre caractère; au nom de l'état présent de la civilisation européenne, qui repousse la barbarie et la violence; au nom enfin de tous les sentiments d'humanité que la nature a gravés dans notre cœur, et qu'il faudrait commencer par y étouffer. Il montre ce que devraient être des hommes capables de servir d'instruments à un nouveau conquérant du monde, et comment les moyens iraient ici contre le but : « Avec de pareils hommes, s'écrie-t-il, on pourrait bien piller et dévaster la terre et la transformer en un affreux chaos, mais on n'en saurait faire une monarchie universelle. » J'aurais désiré pouvoir mettre tout ce passage sous les yeux du lecteur, mais il est trop long et l'espace me manque. Je veux au moins reproduire intégralement celui où Fichte flétrit les écrivains allemands qui ne rougissaient pas de célébrer le génie du conquérant français (2) :

« Ce qui nous rabaisse surtout aux yeux de l'étranger, c'est de descendre à le flatter. Certains d'entre nous s'étaient déjà rendus méprisables et ridicules, en s'avilissant jusqu'à offrir en toute occasion un grossier encens aux princes qui gouvernent le pays, et jusqu'à ne connaître plus ni raison, ni bienséance, ni décence, ni goût, quand ils croyaient pouvoir apporter à leurs pieds un discours flatteur. Cette coutume a disparu depuis quelque tems, et ces grands éloges se sont, pour la plupart, changés en invectives. Cependant, pour ne pas en perdre en quelque sorte l'habitude, nous avons donné à notre encens une autre direction ; nous l'avons envoyé du côté où souffle maintenant la puissance. Le premier défaut était déjà de nature à affliger tout Allemand sérieux, mais la chose restait entre nous.

(1) Voyez la note de la p. 480. — (2) Page 178.

Voulons-nous maintenant prendre l'étranger à témoin de cette basse manie qui nous pousse à flatter, en même temps que de notre extrême inhabileté en ce genre, et ajouter ainsi au spectacle d'un avilissement méprisable celui d'une ridicule gaucherie? Il nous manque en effet dans cet emploi la finesse que possède l'étranger ; et, pour parvenir à nous faire écouter, nous nous rendons lourds et emphatiques : nous débutons en déifiant notre héros ou en le plaçant au rang des astres. Ajoutez à cela que nos flatteries ont l'air de nous être arrachées par la frayeur. Or il n'y a rien de plus ridicule qu'un peureux qui vante la grâce et la beauté de celui qu'il tient en réalité pour un monstre, et qui, en le flattant, n'a d'autre but que de se sauver de ses griffes. »

Il faut citer encore, de ce discours, la péroraison qu'un récent historien de la littérature allemande (1) conseille à ses compatriotes d'inscrire sur des tables d'airain, et que nous ferions bien aussi de méditer. « Non, s'écrie Fichte en finissant, non, Allemands, hommes honnêtes, sérieux, sensés, ne souffrez pas qu'une telle déraison s'empare de votre esprit ni qu'une telle souillure flétrisse votre langue, si bien faite pour l'expression de la vérité. Laissons à l'étranger cette coutume de pousser des cris de joie à chaque nouvel événement, de se créer tous les dix ans une nouvelle mesure de la grandeur et de nouveaux dieux, et de décerner à des hommes des louanges qui sont autant de blasphèmes. Gardons notre vieille mesure de la grandeur : qu'il n'y ait de grand pour nous que ce qui porte en soi les idées capables de faire le salut des peuples, ou que les actes qu'elles inspirent ; et quant aux hommes vivants, laissons à la postérité le soin de les juger. »

Le quatorzième discours sert de conclusion à tous les autres. J'en extrais un passage (2) où Fichte flétrit éloquemment cette doctrine fataliste que tant de gens invoquent pour excuser leur inertie ou leur lâcheté, et où il s'applique à réveiller dans les âmes le sentiment de la puissance humaine. Ce sont encore là des paroles dont, à notre tour, nous pourrions bien faire notre profit :

« O je vous en conjure, ne vous laissez pas aller à la négligence, en abandonnant le soin de votre salut à d'autres personnes, ou à quelque chose qui ne réside pas en vous-mêmes, ou en vous en remettant à la sagesse aveugle du temps, comme si les générations se faisaient d'elles-mêmes, sans aucune participation des hommes, au moyen de je ne sais quelle force inconnue. Je ne me suis pas lassé,

(1) M. Schmidt, dans l'ouvrage cité plus haut.
(2) Page 487.

dans ces discours, de vous inculquer cette idée, que rien ne peut vous aider que vous-mêmes, et je crois nécessaire de vous le répéter jusqu'au dernier moment. La pluie et la rosée, la stérilité et l'abondance des années peuvent bien être produites par une force qui nous est inconnue et qui n'est pas en notre pouvoir ; mais la vie qui appartient en propre aux hommes, mais les rapports des hommes entre eux, ce sont les hommes qui se les font à eux-mêmes, et non pas une puissance placée en dehors d'eux. S'ils tombent sous le joug de cette puissance mystérieuse, c'est que tous ensemble ils sont aveugles et ignorants ; mais il dépend d'eux de n'être pas ignorants et aveugles. Le degré plus ou moins bas où nous tomberons peut sans doute dépendre en partie de cette puissance inconnue, et en partie surtout de l'intelligence et de la bonne volonté de ceux auxquels nous sommes soumis ; mais de nous relever, cela dépend de nous seuls ; et certainement, il ne nous arrivera plus rien de bon que si nous nous le procurons à nous-mêmes, et surtout si chacun parmi nous agit pour sa part comme s'il était seul, et comme si le salut des races futures reposait uniquement sur lui. Voilà ce que vous avez à faire ; voilà ce que ces discours vous conjurent de faire sans retard. Ils vous adjurent, vous, jeunes gens, etc. »

Et reproduisant toujours la même formule : Ces discours vous adjurent (*Diese Reden beschwören euch*), Fichte s'adresse ainsi successivement aux jeunes gens, aux vieillards, aux hommes d'affaires, aux savants et aux écrivains, encore dignes de ce nom, aux princes de l'Allemagne et à l'Allemagne entière, enfin, à la postérité elle-même et aux étrangers ; et dans chacun de ces groupes d'hommes il cherche à faire vibrer les plus hautes cordes de l'âme et du cœur.

Tels sont ces discours, que l'on pourrait appeler les philippiques de l'Allemagne. On s'étonne que Fichte ait pu les prononcer dans une ville occupée par les soldats de Napoléon. Est-ce que les espions français qui assistaient à ces leçons n'entendaient pas l'allemand ? ou bien la police impériale jugea-t-elle plus politique de faire la sourde oreille ? Fichte d'ailleurs était prêt à tout : il n'était pas homme à reculer devant l'idée d'un danger personnel, quand il s'agissait de faire le bien. Il écrivait, à cette occasion, ces belles paroles, qu'il s'adressait à lui-même (1) : « Voici quel doit être ton unique principe de détermination : Peux-tu espérer produire par ta conduite un bien plus grand que le péril auquel tu t'exposes. Le bien est enthousiasme, exaltation ; mon danger personnel ne doit pas être

---

(1) *Fichte's Leben*, p. 528.

mis en ligne de compte ; il pourrait avoir au contraire des effets fort avantageux. Quant à ma femme et à mon fils, l'assistance de la nation ne leur manquerait certainement pas, et le dernier aurait l'avantage d'avoir pour père un martyr. Ce serait là le meilleur sort. Je ne saurais mieux employer ma vie. » Mais il ne fut pas même inquiété. Chose plus curieuse encore, lorsque Davoust manda ensemble les écrivains les plus considérables de Berlin, Schmalz, Hanstein, Wolf, Schleiermacher, afin de les effrayer par ses menaces, il ne fut pas appelé avec les autres à comparaître devant le sabre du vainqueur ; et cependant il était le seul qui eût parlé publiquement contre la domination étrangère, et ses discours, imprimés aussitôt après avoir été prononcés, avaient en Allemagne un immense retentissement.

Ce retentissement ne fut pas perdu. Les *Discours à la nation allemande* contribuèrent certainement à entretenir dans les âmes le feu sacré qui devait bientôt rallumer l'incendie. Bien que Fichte, ne comptant plus alors sur le succès des armes, conseillât aux Allemands de renoncer à un moyen qui les avait si mal servis et de travailler avant tout à se régénérer eux-mêmes, il était trop évident que, si quelque occasion favorable se présentait, il serait le premier à encourager un nouveau soulèvement. En attendant, ses discours, lus et relus par toute l'Allemagne, mais surtout en Prusse, continuaient d'échauffer dans les cœurs le sentiment de l'indépendance nationale et la haine de la domination étrangère. Fichte ne cessa d'ailleurs de poursuivre par tous les moyens en son pouvoir le but qu'il s'était proposé ; il fut un des principaux instigateurs de cette opposition permanente dont la Prusse et sa capitale ne tardèrent pas à devenir le centre, au milieu de l'Allemagne abaissée ou conquise. Aussi finit-il par exciter les ombrages du gouvernement français, qui naguère avait fait mine de ne pas prendre garde à lui : son nom fut prononcé devant Napoléon comme celui d'un des plus redoutables adversaires de l'Empire. Un ami, M. de Villers (1), l'en informa, et lui donna le conseil de ne pas attendre l'approche des Français, mais de s'enfuir en Russie ; il lui représentait qu'avec la violence qui marquait les pas de Napoléon, un simple soupçon, surtout dans les circonstances présentes, pouvait suffire pour le perdre (2). Fichte répondit à M. de Villers qu'il lui était très

---

(1) M. de Villers, émigré français, réfugié en Allemagne et devenu professeur à Gœttingue, est le premier qui ait entrepris de faire connaître à la France la philosophie de Kant. Son travail, publié à Metz, remonte à l'année 1801.

(2) On sait, en effet, quels étaient les procédés de Napoléon (voir en particulier la Correspondance du roi Joseph). En voici un exemple entre

reconnaissant de l'avis, mais qu'il était fermement résolu à ne pas fuir : sa vie, disait-il, appartenait à la science et à sa patrie, et le moyen de leur être utile n'était pas de prendre la fuite, mais de rester à son poste et de poursuivre son enseignement, quoi qu'il en pût advenir. Le danger, d'ailleurs, fut bientôt écarté par les nouveaux rapports qui s'établirent entre la Prusse et la France, et quand les troupes françaises traversèrent Berlin pour se diriger vers la Russie, Fichte n'en avait plus rien à craindre.

Mais la nouvelle campagne où s'engageait Napoléon était de nature à susciter bien des réflexions dans l'esprit de notre philosophe et à réveiller ses espérances. Il sentait que quelque chose de décisif se préparait pour l'Europe. Si, disait-il à ses amis, la Russie succombe, l'insatiable ambition du vainqueur ne connaîtra plus de bornes, et le poussera certainement à sa perte. Une monarchie universelle n'est plus possible : comment un seul peuple prétendrait-il gouverner l'Europe dans un temps où chaque État a la conscience de sa force et sent tout le prix de l'indépendance. C'est à des idées plus élevées qu'appartient aujourd'hui l'empire du monde. Que si Napoléon est vaincu, sa défaite sera le signal de sa chute. Cette défaite, d'ailleurs, lui paraissait infaillible, si seulement la Russie savait être persévérante, si elle ne se laissait point décourager par quelques échecs inévitables au début, si elle ne se hâtait pas de conclure la paix. Il appuyait son opinion sur ce qu'il était impossible de conquérir cet immense pays ou de le conserver longtemps ; et il ajoutait que l'impatience de Napoléon après ses premières victoires lui ferait aisément oublier les précautions nécessaires. La guerre d'Espagne, ajoutait-il, a déjà fait tomber une partie de ce prestige auquel est attaché le bonheur de Napoléon : elle a montré qu'il n'était pas aussi incapable de faute qu'on se l'était figuré. Qu'à la faute politique qu'il a commise en Espagne vienne se joindre quelque faute militaire un peu éclatante, on cessera aussi de le croire invincible, et il sera perdu. Or c'est ce que peut faire justement espérer le nouveau champ de bataille qu'il s'est choisi. Telles étaient les pensées que Fichte exprimait en toute occasion, et que l'avenir devait bientôt confirmer. Aussi suivit-il avec le plus vif intérêt les événements de la guerre. Lorsqu'un des premiers de Berlin,

mille, qui n'est peut-être pas très connu, mais que Fichte ne devait pas ignorer. En 1806, le libraire Palm, de Nuremberg, publia une brochure contre la domination française. Sommé d'en dénoncer l'auteur, il refusa de parler ; Napoléon le fit alors fusiller sans jugement. Cet acte inqualifiable est consigné, sur la façade d'une maison voisine de Saint-Sebald, par l'inscription suivante : « C'est dans cette maison que demeurait *Jean Palm*, libraire, qui périt, en 1803, victime de la tyrannie de Napoléon. »

il apprit, par un courrier français qui traversait la ville en toute hâte, la prise de Moscou, la seule inquiétude qu'il manifestât fut qu'après la chute de leur capitale, les Russes ne songeassent à faire la paix.

Ce qu'il avait prévu ne tarda pas à se réaliser : la campagne de Russie frappa d'un coup mortel la puissance de Napoléon, et ouvrit une ère nouvelle à la Prusse et à l'Allemagne. Le 25 janvier 1813, le roi de Prusse transporta tout à coup sa résidence à Breslau, d'où sembla bientôt partir un appel à la jeunesse pour la défense de la patrie. « On ne pouvait guère douter, dit Fichte le fils, du vrai sens de cette parole, de ce sens désiré de tous, et jamais peut-être la même pensée, la même résolution ne s'empara aussi subitement de toutes les âmes, unies d'un muet accord, que dans ces jours mémorables. » Cependant Fichte envoya un de ses élèves à Breslau pour connaître d'une manière plus précise les desseins du gouvernement. Il apprit que la guerre contre la France était décidée, et qu'une dernière lutte se préparait. Il forma alors la résolution d'y prendre part selon ses moyens. Il interrompit donc les leçons qu'il faisait à cette époque sur la *Doctrine de la science*, et dans le discours où il fit ses adieux à ses élèves (19 février 1813), il leur exposa les motifs qui le guidaient et les principes qui, dans les circonstances présentes, devaient diriger tous les amis de la civilisation (1). En même temps il consignait dans le journal de sa vie la délibération intérieure à laquelle il s'était livré avant de prendre une résolution aussi importante. En lisant ces pages de son journal reproduites par son fils, on est frappé de la sévérité scrupuleuse avec laquelle il s'examinait lui-même, sondait la pureté de ses motifs, et, en véritable kantien, cherchait à dégager en lui les prescriptions du devoir de toute inclination personnelle. Le dessein auquel il s'arrêta rappelait celui qu'il avait déjà formé quelques années auparavant : il voulait agir par la parole sur les défenseurs de sa patrie, et pour cela se faire admettre dans les rangs de l'armée en qualité d'aumônier (2). Mais la proposition qu'il fit à ce

---

(1) Ceux qui savent l'allemand peuvent lire ce discours à la fin du quatrième volume des *Œuvres complètes de Fichte*, publiées par son fils. Celui-ci en a cité aussi quelques passages dans la biographie de son père (p. 553). Je n'y retrouve point les paroles rapportées par M. Barchou de Penhoën, dans son *Histoire de la philosophie allemande* (t. I, p. 396) : « Le cours sera donc suspendu jusqu'à la fin de la campagne ; nous le reprendrons dans notre patrie devenue libre, ou nous serons morts pour reconquérir sa liberté. » C'était bien là sans doute le sentiment qui animait Fichte, mais ces paroles mêmes et la scène qui suit semblent une invention de l'historien.

(2) Nous avons peine, nous autres Français, à nous expliquer une pareille résolution chez un philosophe tel que Fichte. Mais en Allemagne, le divorce de la théologie et de la philosophie, même de la philosophie la plus

sujet fut rejetée, soit que la chose en elle-même fût jugée impossible, soit que les conditions qu'il y mettait la rendissent impraticable.

Si Fichte dut renoncer au projet que son patriotisme lui avait suggéré, il eut, à cette époque même, le bonheur de rendre à son pays un important service. Dans les derniers jours de février, la capitale de la Prusse était encore occupée par une faible garnison française, qui, malgré quelques préparatifs de départ, ne semblait pas devoir la quitter de sitôt. Cependant on savait que les Russes approchaient, et quelques Cosaques, poussant leurs chevaux jusque dans la ville, s'efforçaient d'y semer le désordre et de soulever les citoyens. Déjà l'on cherchait à désarmer les soldats isolés, à jeter les caissons dans la Sprée, à enclouer les canons. L'effervescence croissait de jour en jour : il ne lui manquait plus qu'un plan commun et un signal. Dans ces circonstances, un homme audacieux et un certain nombre de jeunes gens, entraînés à sa suite par leur ardeur patriotique, formèrent le projet de massacrer la nuit la garnison française et d'incendier ses magasins ; ils espéraient que le peuple, excité par cet exemple, se lèverait en masse, et que le gouvernement lui-même se trouverait ainsi forcé de sortir de la réserve qu'il avait cru devoir garder jusque-là. Toutes les dispositions étaient prises, et l'on n'attendait plus que la nuit fixée pour l'exécution de ce projet, lorsqu'un des jeunes conjurés, un élève de Fichte, ne pouvant supporter de sang-froid la pensée d'un pareil guet-à-pens, résolut de consulter son maître sur la légitimité de cet acte. Ce jeune homme était d'ailleurs plein de bravoure, comme il le prouva bientôt de la façon la plus éclatante dans la campagne où il servit en qualité de volontaire ; ce n'était donc pas la crainte du danger, mais sa conscience qui le troublait. Il alla trouver Fichte, et, après l'avoir interrogé en termes généraux sur ce que la moralité et la religion permettaient contre l'ennemi, il finit par lui révéler tout le complot. Fichte,

rationnelle et la plus hardie, n'est jamais aussi absolu qu'en France : elles peuvent faire fort mauvais ménage, mais elles n'en continuent pas moins de vivre ensemble. D'ailleurs, à l'époque dont il s'agit ici, la philosophie de Fichte, entrant dans une troisième et dernière période, avait pris une direction religieuse et mystique. C'est la période qui s'ouvre par les *Leçons sur la vie bienheureuse*, prononcées à Berlin en 1806. Voyez la traduction qu'en a donnée M. Bouillier en 1845, en y joignant, outre son *Avant-propos*, une *Introduction* de M. Fichte le fils. — Dans son *Avant-propos*, M. Bouillier rappelle un fait qui caractérise bien la guerre où Fichte aurait voulu remplir les fonctions d'aumônier : c'est que les soldats de la landwehr de 1814 portaient sur leur shako une croix et le nom de Dieu, et qu'ils avaient dans leur giberne un manuel composé à leur usage en forme de catéchisme, et tout rempli de formules religieuses et bibliques.

effrayé, représenta au jeune homme tout ce que ce projet avait
d'odieux et d'insensé, et il courut aussitôt chez le chef de la police
prussienne, pour l'informer de ce qui se préparait et l'inviter à en
empêcher l'exécution. Il fut décidé qu'on éloignerait tout doucement, en les chargeant de quelque mission, le chef du complot et
les principaux conjurés, dont le courage et les forces pourraient être
utilisés dans une meilleure occasion. Ainsi Fichte sauva sa patrie
d'un crime, et, on peut le dire aussi, d'un grand malheur, car sans
doute le châtiment ne se serait pas fait attendre : le corps du vice-
roi d'Italie était encore à cette époque sur les bords de l'Oder, et il
n'eût pas manqué de se jeter sur Berlin pour en tirer une éclatante
vengeance.

Forcé de renoncer à la mission patriotique qu'il avait espéré pouvoir remplir dans l'armée, Fichte se retourna du côté de l'enseignement, et, dès l'été de la même année, il remonta dans sa chaire
en présence d'un auditoire encore nombreux. Le sujet de ses nouvelles leçons était le *Rapport de l'état primitif au règne de la raison* (1).
On peut dire que, depuis ses *Considérations sur la Révolution française* jusqu'aux leçons dont nous parlons, la philosophie du droit et
de la politique a été l'objet des méditations de toute sa vie ; il en faisait comme le corollaire de la *Doctrine de la science*, et il aimait à y
revenir, soit pour préciser ses théories ou en tirer de nouvelles applications, soit pour les approprier aux circonstances présentes. On a
vu, dans le cours de cette étude, combien d'écrits ou de leçons se
rapportent à ce but. En 1812, pendant le semestre de Pâques, il avait
encore consacré ses leçons au droit naturel, et la théorie qu'il avait
alors exposée (2) était comme une nouvelle rédaction des *Éléments
du droit naturel*, publiés en 1796. En revenant encore une fois, en
1813, sur le même sujet, il trouvait là une occasion toute naturelle
d'exposer ses vues sur les événements qui agitaient alors le monde,
et d'entretenir dans la jeunesse les sentiments qu'appelait l'heure
présente. Les leçons qu'il fit à cette époque sur l'*Idée d'une véritable
guerre* méritent de figurer à côté des *Discours à la nation allemande* (3). Elles renferment un remarquable portrait de Napoléon,
qu'il m'est interdit de reproduire ici. . . . .
. . . .
. . . .

C'est ainsi que Fichte nourrissait dans les âmes ce saint enthou-

(1) *OEuvres complètes*, t. IV, p. 367.
(2) *Das System der Rechtslehre*, *OEuvres complètes*, t. X.
(3) Ces trois *Leçons* ont été traduites en français par M. Lortet, en 1831
(Lyon, Louis Babeuf).

siasme que réclame la patrie à l'heure des crises suprêmes. L'exaltation était d'ailleurs générale : peuple et bourgeoisie, étudiants et maîtres, tous brûlaient d'un même feu. De pacifiques savants, de braves pères de famille se montraient prêts à exposer leur vie sur le champ de bataille. Les professeurs de l'Université, voulant qu'aucune considération personnelle ne pût comprimer leur dévouement à la chose publique, formèrent une alliance par laquelle ils s'engageaient solennellement à pourvoir aux besoins des veuves et des enfants de ceux d'entre eux qui périraient dans la lutte. On aime à retrouver au bas de cet acte mémorable les noms les plus illustres dans les annales de la science et de l'enseignement : Fichte, Savigny, Neander, Schleiermacher, etc. Je ne sache pas d'exemple plus propre à donner une idée des sentiments qui animaient alors les esprits.

Les revers mêmes qui survinrent et la trêve qui les suivit ne refroidirent pas l'ardeur de Fichte. Toute son inquiétude était que le gouvernement prussien, découragé, ne songeât à faire la paix. Il n'était besoin, répétait-il, que de courage et de persévérance ; n'ayant plus l'habitude de la guerre, il fallait commencer par apprendre à vaincre, et ce qu'une première campagne n'avait pu faire, une seconde l'accomplirait. « Du courage donc, et point de paix, » telle était sa devise. Il comprenait que l'heure de l'affranchissement était arrivée, et que si on la laissait échapper, elle ne reviendrait plus. Aussi vit-il avec joie la reprise des hostilités. Pour lui, son plan était de ne pas quitter Berlin, tant que cette capitale serait exposée aux attaques de l'ennemi, et, après avoir éloigné sa femme, de partager le sort de la milice bourgeoise qui devait assister les troupes de ligne dans la défense de la ville. Le danger qui parut quelque temps imminent fut écarté par les victoires de Groszbeeren et de Dennewitz ; mais la guerre, en s'éloignant de Berlin, y laissa un autre fléau, un mal contagieux, dont Fichte devait être la victime.

A la suite des sanglantes batailles qui avaient eu lieu dans les environs et des fatigues de cette rude campagne, les hôpitaux militaires de la ville s'étaient remplis de blessés et de malades ; le typhus sévissait dans les rangs de l'armée. Bientôt les secours organisés ne suffirent plus, et les magistrats durent faire appel à la bonne volonté des habitants. La femme de Fichte fut une des premières à s'offrir pour soigner les malades ; et dans cette fonction, qui semblait d'abord au-dessus de ses forces, elle montra un dévouement et une charité admirables. Après cinq mois entiers passés ainsi dans les hôpitaux, elle se sentit elle-même atteinte du mal qu'elle avait si longtemps bravé pour soulager les autres. Elle s'en releva, mais pour voir son mari succomber à la maladie qu'il avait à son tour contractée auprès d'elle.

Au commencement du semestre d'hiver, Fichte avait repris encore une fois ses leçons à l'Université, et jamais son esprit ne s'était montré plus dispos et plus net. Il méditait pour sa doctrine une dernière forme, qui devait lui donner la clarté suprême, une telle clarté, disait-il, qu'un enfant même la pourrait comprendre. Aussi formait-il le projet de se retirer l'été suivant dans ce charmant pays qu'on appelle la Suisse saxonne, pour y travailler tout à son aise et dans le calme le plus profond à l'ouvrage qui devait couronner sa carrière d'écrivain. Ce fut au milieu de ces travaux et de ces projets que la mort le vint frapper. La maladie de sa femme lui avait causé les plus vives inquiétudes ; mais le jour même où elle courut le plus grand danger, toujours esclave de son devoir et toujours maître de lui-même, il avait eu la force de s'arracher du chevet de la malade pour aller faire sa leçon à l'Université, et cependant il avait sujet de craindre de la trouver morte à son retour. Quand il la vit sauvée, il ne sut pas résister à sa joie comme il avait su résister à son chagrin, et, dans l'ivresse de son bonheur, il se pencha vers elle pour la bénir comme un don que Dieu lui rendait. Peut-être, ajoute son fils, après avoir raconté cette scène dont il fut le témoin attendri, peut-être fut-ce dans ce moment qu'il s'inocula le germe de la maladie. D'une constitution robuste, Fichte n'avait été gravement malade qu'une seule fois dans sa vie, au printemps de 1808, à la suite des épreuves et des fatigues que les événements de cette époque lui avaient fait subir ; mais sa forte nature avait fini par triompher. Cette fois, la maladie fut plus forte que sa nature : elle l'abattit à un tel point qu'elle ne lui laissa plus que de rares moments lucides. Son fils profita d'un de ces moments pour lui annoncer que Blücher venait de passer le Rhin et que les alliés étaient entrés en France. « Ce fut, dit-il, sa dernière joie sur terre. » Quelque humiliant que soit pour nous le souvenir de l'événement qui lui causait cette dernière joie, elle était chez lui trop naturelle et trop légitime pour que nous songions à la lui reprocher. A qui la faute si le grand philosophe, qui dans sa jeunesse avait célébré la Révolution française, se réjouissait, à son lit de mort, de nos revers et de l'envahissement de notre territoire? Cette joie sembla le suivre jusque dans son délire : il croyait parfois assister à une bataille où la victoire restait à son drapeau. D'autres fois, c'était contre son propre mal qu'il s'imaginait lutter, et il lui semblait qu'il en triomphait par la force de sa volonté, et que son esprit sortait vainqueur du combat. Mais était-ce l'espoir d'une guérison terrestre, ou n'était-ce pas plutôt celui d'une délivrance spirituelle qu'il exprimait à son fils peu de temps avant de mourir? Comme celui-ci lui présentait une potion : « Laisse cela, lui dit-il en le regardant avec sa tendresse habituelle, je n'ai plus besoin de remède, je sens que je suis guéri. » Il allait être en effet guéri de tous les maux de cette vie : il mourut dans la nuit du 27 janvier 1814. Il n'avait pas encore accompli sa cinquante-deuxième année.

Une volonté ferme et inébranlable, jointe à un esprit capable des plus hautes idées et à un cœur animé des sentiments les plus purs et les plus nobles, tel fut en résumé le caractère de Fichte. De là chez lui cette exaltation soutenue, cet enthousiasme calme, si l'on peut parler ainsi, ce dévouement réfléchi pour tout ce qui est grand et vraiment bon : la vérité, la liberté, la justice, l'humanité, la patrie. De là aussi l'immense influence qu'il exerça sur la jeunesse de son pays, et qui l'a fait célébrer par Fouqué, dans son Sigurd, comme le prophète des temps modernes. On peut le comparer encore à certains héros de Plutarque : incapable non-seulement de toute faiblesse, mais de toute hésitation, il suivait avec une fermeté inflexible la ligne qu'il s'était tracée lui-même, et ni les attaques, ni les suffrages extérieurs ne pouvaient rien sur sa conviction et sa conduite. Je l'ai déjà dit : il était tout d'une pièce; et, à l'exemple des sages de l'antiquité, il ne séparait pas la pensée de l'action. Aussi se montra-t-il grand patriote non moins que grand penseur, et, en tout, homme de bien autant que philosophe. Son extérieur répondait à son caractère : son corps, petit et ramassé, mais robuste, se distinguait par la vigueur des muscles et la richesse du sang : c'était un corps de fer au service d'une volonté de fer; sa démarche était ferme et décidée; sa parole grave et puissante. Tout en sa personne annonçait l'énergie, la résolution, la conviction. En un mot, le physique, chez lui, reflétait le moral, et manifestait clairement cet empire de l'esprit sur la matière, où tendaient toutes ses pensées et tous ses efforts.

Son caractère se reflète aussi dans sa doctrine, et l'explique en partie. L'idée d'une activité spirituelle, libre et indépendante, est le principe, l'âme, la substance de sa métaphysique, de sa morale et de ses théories politiques. Elle est le fond commun qui persiste au milieu de ses variations, et y maintient l'unité. Les variations de sa doctrine politique s'expliquent elles-mêmes par celles de sa situation personnelle et des événements contemporains, ou en général par l'action d'une méditation plus profonde; mais ces formes

diverses partent du même principe et tendent au même but : la
dignité et l'indépendance du moi humain. Dans sa jeunesse, alors
que les plus rudes épreuves ont développé en lui au plus haut degré
la conscience de son individualité et de sa force, et qu'il ne relève
encore d'aucun gouvernement, non-seulement il embrasse avec enthousiasme les principes de liberté et d'égalité proclamés par la Révolution française, mais il exalte à tel point les droits de l'*individu*
qu'il supprime presque l'État. Un peu plus tard, devenu professeur
dans une des plus importantes Universités de l'Allemagne, de nouvelles
réflexions l'amènent à reconnaître la nécessité juridique de l'*État*, et
il passe alors d'un extrême individualisme à un extrême socialisme ;
mais le but qu'il poursuit est toujours le même : c'est toujours le
libre développement de la personne humaine qu'il a en vue. Seulement, ce qui lui apparaissait naguère comme un obstacle à ce libre
développement lui en semble être maintenant un instrument indispensable : il faut d'abord affranchir les hommes du joug dégradant
de la misère, si l'on veut qu'ils puissent développer en toute liberté
leur personnalité morale ; et il n'en voit pas d'autre moyen que d'attribuer à l'État l'organisation du travail et la répartition des produits
de l'association. Plus tard encore, lorsque les envahissements de la
domination française attaquent ou menacent la liberté germanique, et
particulièrement la Prusse, l'idée de la *patrie* se montre à lui comme
une des formes nécessaires de la vie de l'humanité, et la cause de
l'indépendance nationale ne trouve pas de champion plus ardent ; mais,
en défendant cette indépendance contre les attentats d'une puissance
étrangère, il ne fait encore que défendre l'autonomie de la personne
humaine, dont elle est à la fois la condition et l'image. Le patriotisme de Fichte, comme son individualisme, comme son socialisme,
a sa source dans un profond sentiment de respect pour la dignité de
notre nature. Il s'est sans doute trompé plus d'une fois et en des
sens divers sur les conditions d'exercice de la liberté humaine, mais
elle est le principe de toutes ses théories. Ce principe est assez grand
pour racheter et au besoin pour corriger ses erreurs.

REVENDICATION
DE LA LIBERTÉ DE PENSER
AUPRÈS
DES PRINCES DE L'EUROPE
QUI L'ONT OPPRIMÉE JUSQU'ICI

DISCOURS

Noctem peccatis, et fraudibus objice nubem.

Héliopolis, l'an dernier des ténèbres (1793).

PRÉFACE

Il y a des savants qui croient nous donner une très haute opinion de la solidité de leur esprit en rejetant aussitôt, comme pure déclamation, tout ce qui est écrit avec quelque vivacité. Si par hasard ces feuilles viennent à tomber entre les mains d'un de ces hommes profonds, je le préviens qu'elles n'ont pas pour but d'épuiser une si riche matière, mais seulement d'en recommander chaudement quelques idées à un public peu instruit, mais qui du moins, grâce à la hauteur où il est placé et à la puissance de sa voix, n'est pas sans influence sur le jugement général. Ce n'est point avec des formes savantes qu'on a ordinairement prise sur ce public. Que si ces graves esprits ne découvrent pas dans ces feuilles la moindre trace d'un système plus solide et plus profond, s'ils n'y trouvent même pas le moindre signe qui leur paraisse digne d'une plus ample réflexion, la faute en pourrait bien être en partie à eux-mêmes.

C'est une des propriétés caractéristiques de notre âge, d'aimer à lancer le blâme sur les princes et les grands. Est-ce la légéreté qui nous porte à faire des satires contre eux, ou croit-on se relever soi-même par la grandeur apparente de son objet? Cela est doublement frappant dans un siècle où la plupart des princes allemands cherchent à se distinguer par leur bonne volonté et leur popularité; où ils font tant pour détruire l'étiquette qui formait autrefois un si profond abîme entre eux et leurs concitoyens, et qui leur est devenue si importune à eux-mêmes ; où enfin beaucoup d'entre eux se donnent l'air d'estimer les savants et la science. — Si l'on ne peut se rendre ce témoignage devant sa propre conscience, que l'on est sûr de soi, et que, toutes les conséquences que la propagation des vérités utiles pourrait attirer sur sa tête, on saura les supporter avec autant de dignité qu'on en aura montré à les dire, que l'on s'en remette alors à la générosité de ces princes si gravement accusés, ou que l'on reste plongé dans une insignifiante et stérile obscurité. L'auteur de ces feuilles ne croit offenser, par ses assertions ou par son ton, aucun des princes de la terre, mais au contraire les obliger tous. Il n'a pu sans doute ignorer le reproche adressé à un certain grand État, d'avoir agi contre les principes qu'il cherche à établir ici ; mais il savait bien aussi que des États protestants voisins font bien pis encore, sans que personne s'emporte à ce sujet, parce que l'on y est accoutumé depuis longtemps. Il savait qu'il est plus facile de chercher ce qui *doit* ou *ne doit pas* se faire que de juger avec impartialité ce qui *se fait* réellement, et sa position lui refusait les *données* nécessaires pour établir de ce dernier côté un jugement solide. Il savait que, quand même tous les actes ne se pourraient défendre comme tels, les mobiles de ces actes n'en seraient peut-être pas moins très nobles ; — et, en ce qui nous concerne, il est plein d'admiration pour cette ingénieuse bonté qui, en feignant d'essayer de nous ravir un bien au sujet duquel une longue jouissance nous avait refroidis, a voulu réveiller notre estime pour lui et nous exciter à en user avec plus d'ardeur ; il est confondu devant cette rare grandeur d'âme, qui fait que, de propos délibéré, on s'expose, soi et ses amis, au danger d'être méconnu, accusé, haï, et cela uniquement pour favoriser le progrès des lumières. Il savait enfin que ces feuilles mêmes fournissent à chaque État l'occasion désirée de prouver la pureté de ses intentions : *il suffit pour cela de permettre qu'on les imprime et qu'on les vende publiquement, de les faire distribuer à ses ecclésiastiques*, etc. Un État où de telles feuilles sont imprimées et vendues publiquement ne cherche pas à étouffer les lumières. Si l'auteur s'est trompé, M. Cranz, qui aime si fort la vérité, ne tardera pas à le réfuter. Ce n'est donc point pour des raisons politiques, mais littéraires, que l'auteur ne fait pas connaître son nom. Il se nommera sans crainte à quiconque aura le droit de l'interroger à ce sujet et le fera comme il faut; et, quand le moment en sera venu, il se nommera sans qu'on le lui demande : car il pense, avec Rousseau, que *tout honnête homme doit avouer ce qu'il a écrit*.

Nous ne voulons pas rechercher ici jusqu'à quel point l'humanité est moins malheureuse sous la plupart de ses constitutions politiques actuelles qu'elle ne le serait en dehors de toute constitution; il suffit qu'elle le soit, — et qu'elle doive l'être : le domaine de nos constitutions politiques est celui de la peine et du travail; celui de la jouissance n'est pas de ce monde. Mais cette même misère doit être pour elle un aiguillon qui l'excite à exercer ses forces par la lutte, et à se préparer à la jouissance future par une victoire difficile. L'humanité devait être malheureuse, mais elle ne devait pas rester malheureuse. Les constitutions politiques, ces sources de la misère publique, ne pouvaient sans doute jusqu'ici être meilleures, — autrement elles le seraient, — mais elles doivent toujours s'améliorer. Or, aussi haut que nous puissions remonter dans l'histoire de l'humanité, cela est arrivé, et, tant qu'il y aura une histoire de l'humanité, cela arrivera de deux manières : ou bien par des bonds violents, ou bien par un progrès insensible, lent, mais sûr. En procédant par bonds, par ébranlements et bouleversements violents, un peuple peut faire, dans l'espace d'un demi-siècle, plus de pas en avant qu'il n'en aurait fait en dix siècles, — en revanche, ce demi-siècle est plein de souffrance et de misère; — mais il peut aussi retourner en arrière de tout autant, et retomber dans la barbarie où il était plongé mille ans plus tôt. L'histoire du monde fournit des preuves de l'un et de l'autre cas. Les révolutions violentes sont toujours un coup hasardeux de l'humanité; quand elles réussissent, la victoire obtenue vaut bien les maux qu'elles ont causés; mais quand elles échouent, vous ne faites que vous précipiter, à travers la misère, dans une misère plus grande. Il est plus sûr de poursuivre peu à peu la propagation des lumières et par elles le perfectionnement de la constitution politique. Les progrès que vous faites sont moins remarquables, pendant qu'ils arrivent; mais regardez derrière vous et vous verrez une longue étendue de chemin parcourue. C'est ainsi que, dans notre siècle, surtout en Allemagne, l'humanité a fait un grand chemin sans aucun bruit. Il est vrai que les contours gothiques de l'édifice sont encore visibles sur presque tous les côtés, que les nouvelles ailes sont loin d'être reliées en un tout harmonieux et solide; mais elles existent pourtant, et commencent à être habitées. Les vieux châteaux de brigands tombent de toutes parts. Si l'on ne nous trouble pas, ils deviendront de plus en plus déserts, et seront abandonnés aux oiseaux ennemis de la lumière, aux chauves-souris et aux hiboux. Les nouveaux bâtiments, au contraire, s'étendront peu à peu et finiront par former un ensemble régulier.

Telles étaient nos espérances, et ces espérances, voudrait-on nous les arracher en étouffant notre liberté de penser? — Et pourrions-nous nous les laisser ravir? — Lorsqu'on arrête le progrès de l'esprit humain, il ne peut arriver que l'une de ces deux choses : ou bien, ce qui est le plus invraisemblable, nous demeurons où nous étions, nous renonçons à toute prétention de diminuer notre misère et d'augmenter notre bonheur, nous nous laissons tracer des limites que nous nous engageons à ne pas franchir; — ou bien, ce qui est beaucoup plus vraisemblable, le cours de la nature, que l'on veut arrêter, brise violemment et détruit tout ce qui lui fait obstacle, l'humanité se venge de ses oppresseurs de la manière la plus cruelle, les révolutions deviennent nécessaires. Un drame terrible en ce genre nous a été donné de nos jours; on ne s'en est pas encore appliqué la leçon. Il est grand temps, si toutefois il n'est déjà trop tard, d'ouvrir les digues que l'on continue d'opposer à la marche de l'esprit humain, en dépit du spectacle que l'on a devant les yeux, si l'on ne veut pas qu'il les rompe violemment et qu'il jette la dévastation dans les champs d'alentour.

Vous pouvez tout livrer, ô peuples! oui tout, pourvu que vous n'abdiquiez pas la liberté de penser. Continuez d'envoyer vos fils à la guerre pour se couper la gorge, en de sauvages combats, avec des hommes qui ne les ont jamais offensés, ou pour être dévorés par les maladies contagieuses, ou, si vous l'aimez mieux, pour ramener l'ennemi, comme un butin, dans vos paisibles demeures; continuez d'arracher de la bouche de votre enfant affamé votre dernier morceau de pain pour le donner au chien du favori; — donnez, oui donnez tout; mais gardez seulement ce céleste palladium de l'humanité, ce gage qui nous promet un autre sort que celui de souffrir, de tout supporter, d'être écrasés à jamais. Les générations futures pourraient vous réclamer d'une manière terrible ce que vous avez reçu de vos pères pour le leur transmettre. Si ceux-ci avaient été aussi lâches que vous, — vous seriez demeurés dans la servitude la plus honteuse qui puisse peser sur l'esprit et le corps : vous seriez toujours les esclaves d'un despote spirituel? Ils ont arraché par de sanglants combats ce qu'un peu de fermeté de votre part suffirait à conserver.

Ne haïssez pas vos princes pour cela ; c'est vous-mêmes que vous devriez haïr. Une des premières sources de votre misère, c'est que vous vous faites une idée beaucoup trop haute d'eux et de leurs auxiliaires. Il est vrai qu'ils fouillent de leurs mains infatigables les ténèbres des siècles demi-barbares, et qu'ils croient avoir trouvé une perle précieuse, quand ils ont découvert la trace de quelque maxime de ces vieux temps ; — il est vrai qu'ils s'estiment fort sages quand ils sont parvenus à graver dans leur mémoire une de ces maigres maximes ; mais tenez pour certain que, sur ce qu'ils devraient savoir, sur leur véritable destination, sur la dignité et les droits de l'homme, ils en savent beaucoup moins que le plus ignorant d'entre vous. Comment pourraient-ils en apprendre quelque chose ? — eux pour qui l'on a une vérité particulière, qui n'est pas déterminée par les principes sur lesquels se fonde la vérité humaine universelle, mais par la constitution, la position, le système politique de leur pays ; eux à qui, dès leur enfance, on dépouille soigneusement la tête de toute forme humaine en général, pour lui en donner une où il ne puisse entrer qu'une vérité de ce genre, — à qui l'on imprime cette maxime dans le cœur, à l'âge où il est le plus tendre : « Tous les hommes que vous voyez, Sire,

» sont là pour vous ; ils sont votre propriété (1). » Et quand même ils l'apprendraient, comment pourraient-ils avoir la force de le comprendre? — eux dont on a émoussé artificiellement l'esprit par une morale endormante, par des plaisirs prématurés, et, quand ils n'y étaient pas disposés, par des superstitions rétrogrades. On est tenté de regarder comme un miracle permanent de la Providence, qu'il y ait dans l'histoire incomparablement plus de princes faibles que de princes méchants; quant à moi, je compte aux princes tous les vices qu'ils n'ont pas pour autant de vertus, et je leur sais gré de tout le mal qu'ils ne me font pas.

Et on leur persuade, à ces princes, d'opprimer la liberté de penser; — mais ne croyez pas que ce soit à cause de vous. Vous pourriez bien penser et chercher et prêcher sur les toits ce que vous voudriez ; les satellites du despotisme ne se mettent point en peine de vous : leur puissance est beaucoup trop fermement établie. Que vous soyez convaincus ou non de la légitimité de leurs prétentions, que leur importe ! Ils sauront bien vous contraindre par le déshonneur, par la faim, par la prison, par l'échafaud. Mais si dans vos recherches vous faisiez un grand bruit, — bien qu'ils gardent soigneusement l'oreille du prince, — il se pourrait cependant que quelque parole malheureuse arrivât jusqu'à lui, qu'il cherchât à s'éclairer, qu'il devînt enfin plus sage, et qu'il reconnût ce qui est utile à sa tranquillité et à la vôtre. Eh bien ! voilà tout ce qu'ils veulent vous empêcher de faire, et voilà, ô peuples ! ce dont vous ne devez pas vous laisser empêcher.

Criez, criez sur tous les tons aux oreilles de vos princes,

(1) Ce sont les paroles que le gouverneur de Louis XV adressait à cet enfant royal au milieu d'un grand concours de peuple.

jusqu'à ce qu'ils entendent, que vous ne vous laisserez pas ravir la liberté de penser, et prouvez-leur par votre conduite combien cette déclaration est sérieuse. Ne vous laissez pas effrayer par la crainte du reproche d'indiscrétion. Comment donc pourriez-vous être indiscrets ? Serait-ce envers l'or et les diamants de la couronne, envers la pourpre du manteau de votre prince ? Non, — mais envers lui. Il faut avoir bien peu de confiance en soi-même pour croire qu'on peut dire aux princes des choses qu'ils ne savent pas.

Et surtout, vous tous qui vous en sentez la force, déclarez la guerre la plus implacable à ce premier préjugé d'où dérivent tous nos maux, à ce fléau qui cause toute notre misère, à cette maxime enfin que la destination du prince est de veiller à notre *bonheur*. Poursuivez-la, à travers tout le système de notre savoir, dans tous les recoins où elle se cache, jusqu'à ce qu'elle ait disparu de la terre et qu'elle soit retournée dans l'enfer, d'où elle est sortie. Nous ne savons pas ce qui peut assurer notre bonheur ; si le prince le sait, et s'il est là pour nous y conduire, nous devons suivre notre guide les yeux fermés. Aussi fait-il de nous ce qu'il veut ; et, quand nous l'interrogeons, il nous donne sur sa parole que ce qu'il fait est nécessaire à notre bonheur. Il passe une corde au cou de l'humanité et s'écrie : « Allons, tais-toi, tout cela est pour ton bien (1). »

Non, prince, tu n'es pas notre *Dieu*. De *lui* nous attendons le bonheur; de *toi*, la protection de nos droits. Tu ne dois pas être *bon* envers nous ; tu dois être *juste*.

(1) C'est ce que le bourreau de l'inquisition disait à don Carlos en accomplissant une œuvre de ce genre. De quelle merveilleuse façon pourtant se rencontrent des gens de divers métiers !

DISCOURS

Ils sont passés, ô peuples! ces temps de barbarie, où l'on osait vous déclarer au nom de Dieu que vous êtes des troupeaux placés tout exprès sur la terre pour être les esclaves d'une douzaine de créatures privilégiées, pour porter leurs fardeaux, pour servir leurs plaisirs, pour tuer à leur place; que Dieu leur a transmis son droit incontestable de propriété sur vous, et qu'étant ses représentants, ils vous tourmentent pour vos péchés en vertu d'un droit divin. Vous le savez, ou vous pouvez vous en convaincre, si vous ne le savez pas encore : vous n'êtes pas même la propriété de Dieu, mais la liberté qu'il vous a donnée est un sceau qu'il a profondément gravé dans votre cœur, et qui vous défend d'appartenir à tout autre qu'à vous-mêmes. Aussi ne se hasardent-ils plus à vous dire : « Nous sommes plus forts que vous; nous aurions pu vous tuer depuis longtemps, nous avons été assez bons pour ne pas le faire; la vie que vous vivez est donc une grâce que nous vous avons faite. Mais cette vie, nous ne vous l'avons pas accordée à titre gratuit, nous vous l'avons donnée en fief : il n'y a donc pas d'injustice à exiger que vous la consacriez à notre service; et, si nous ne pouvons plus en faire usage, nous avons bien le droit de vous la reprendre. » Si l'on accorde quelque valeur à cette manière de raisonner, vous avez appris que c'est *vous* qui êtes les plus forts, et que ce sont *eux* qui sont les plus faibles; que leur force ne réside que dans vos bras, et que vous n'avez qu'à laisser tomber ces bras pour qu'ils sentent leur misère et leur délaissement. Voilà ce que leur ont montré des exemples qui les font encore trembler. Vous ne les croirez pas davantage, quand ils vous diront que vous êtes aveugles, dénués de secours, ignorants, et que vous ne sauriez pas vous diriger vous-mêmes s'ils ne vous guidaient, comme de petits enfants, de leurs mains paternelles; ils ont montré de nos jours par des bévues que le plus simple d'entre vous n'eût pas commises, qu'ils n'en savent pas plus que vous, et qu'ils se précipitent, et vous avec eux, dans le malheur, parce qu'ils croient en savoir davantage. N'écoutez pas plus longtemps de semblables duperies; osez demander au prince qui veut vous gouverner *de quel droit* il vous commande.

Par *droit de succession*, disent quelques suppôts du despotisme, mais qui ne sont pas ses défenseurs les plus intelligents; car, en supposant que votre prince actuel ait pu hériter un tel droit de son père, qui à son tour le tenait du sien, et ainsi de suite, où celui qui fut le premier le prit-il; et s'il n'en avait aucun, comment put-il transmettre le droit qu'il n'avait pas? — Et puis, ô rusés sophistes! croyez-vous donc qu'on puisse recevoir des hommes en héritage comme un troupeau de moutons ou comme un pâturage? La vérité n'est pas une chose aussi superficielle que vous le pensez; il faut la puiser plus au fond, et je vous prie de vouloir bien prendre un peu de peine pour la chercher avec moi (1).

(1) Je demande qu'on ne laisse pas de côté, mais qu'on lise attentivement cette courte déduction des droits, des droits inaliénables et des droits aliénables, du contrat, de la société, des droits des princes, qu'on s'en pénètre bien, et qu'on la conserve fidèlement, parce qu'au-

L'homme ne peut être ni légué, ni vendu, ni donné ; il ne saurait être la propriété de personne, puisqu'il est et doit rester son propre maître. Il porte au fond de son cœur une étincelle divine qui l'élève au-dessus de l'animal et le fait citoyen d'un monde dont Dieu est le premier membre ; — cette étincelle, c'est sa conscience. Celle-ci lui ordonne absolument et sans condition de vouloir telle chose, de ne pas vouloir telle autre, et cela *librement* et *de son propre mouvement*, sans aucune contrainte extérieure. Pour qu'il puisse obéir à cette voix intérieure, — qui lui prescrit des ordres absolus, — il faut qu'il ne soit pas contraint extérieurement, qu'il soit libre de toute influence étrangère. Nul autre n'a donc le droit de disposer de sa personne ; il doit agir de lui-même, en se réglant sur la loi qui est en lui : il est libre et doit rester libre. Il n'a d'ordre à recevoir que de cette loi intérieure, car elle est son unique loi, — et il se met en contradiction avec elle, quand il s'en laisse imposer une autre, — il anéantit en lui l'humanité, et se ravale au rang des animaux.

Si cette loi est son unique loi, il peut faire ce qu'il veut partout où elle ne parle pas ; il a *droit* à tout ce qui n'est *pas défendu* par cette loi unique. Or tel est précisément le cas de ce sans quoi il n'y a pas de loi possible en général, je veux dire de la *liberté* et de la *personnalité* ; tel est en outre celui de ce que la loi *ordonne* dans la sphère de ce qui *n'est pas défendu*. On peut donc dire que l'homme a droit aux conditions sans lesquelles il ne

trement la suite serait inintelligible et sans fondement. — Il n'est pas mauvais non plus, sous d'autres rapports, de se faire une bonne fois des idées précises à ce sujet, ne fût-ce, par exemple, que pour ne pas déraisonner dans une société de gens instruits.

pourrait agir conformément à son devoir, et aux actions que ce devoir exige. Il ne saurait abdiquer de tels droits; ils sont *inaliénables*. Nous n'avons pas le droit de les aliéner.

J'ai également droit aux actes que la loi permet simplement; mais je puis aussi ne pas user de cette permission de la loi morale; alors je ne me sers pas de mon droit, je l'abandonne. Les droits de cette seconde espèce sont donc *aliénables*; mais il faut que l'homme les cède *volontairement*. Il ne doit jamais être forcé de les aliéner : autrement il serait contraint par une autre loi que par la loi intérieure, et cela est injuste de la part de celui qui exerce cette contrainte, et de la part de celui qui la subit, quand il peut faire autrement.

Si je puis céder mes droits *aliénables* sans aucune condition, si je puis en *faire don* à autrui, je puis aussi ne les céder que sous condition; je puis les *échanger* contre des droits aliénés par d'autres. C'est de cet échange de droits aliénables contre d'autres droits aliénables que résulte le contrat. Je renonce à l'exercice de l'un de mes droits sous la condition que l'autre renonce également à l'exercice de l'un des siens. — Les droits que l'on peut ainsi aliéner dans un contrat ne peuvent être que des droits à des *actes extérieurs* et non à des *sentiments intérieurs*. Dans ce dernier cas, en effet, aucune partie ne pourrait s'assurer si l'autre remplit ou non les conditions. Les sentiments intérieurs, la sincérité, le respect, l'amitié, la reconnaissance, l'amour, se donnent librement; on ne les acquiert pas comme des droits.

La *société civile* se fonde sur un contrat de ce genre, sur un contrat de tous les membres avec un, ou d'un avec tous, et elle ne peut se fonder sur rien autre chose, puisqu'il est absolument contraire au droit de se laisser imposer des lois par un autre que par soi-même. La législation civile n'a de valeur pour moi que parce que je l'accepte volontairement, — il n'importe pas ici par quel signe, — et que je me donne ainsi la loi à moi-même. Je ne puis me laisser imposer une loi sans renoncer par là à l'humanité, à la personnalité et à la liberté. Dans ce contrat social chaque membre cède quelques-uns de ses droits aliénables, à la condition que d'autres membres céderont aussi quelques-uns des leurs.

Quand un membre n'observe pas son contrat et reprend ses droits aliénés, la société reçoit alors un droit, celui de le contraindre à l'observer par la lésion qu'elle inflige aux droits qu'elle lui a garantis. Il s'est volontairement soumis à cette lésion par le contrat. De là vient le *pouvoir exécutif*.

Ce pouvoir exécutif ne peut être exercé sans détriment par la société tout entière; il est donc délégué à plusieurs membres ou à un seul. L'individu auquel il est délégué s'appelle *prince*.

Le prince tient donc ses droits de la délégation de la société; mais la société ne peut lui déléguer des droits qu'elle n'a pas elle-même. La question que nous voulons traiter ici, savoir : « Un prince a-t-il le droit de limiter notre liberté de penser? » se fonde donc sur celle-ci : « Un État pourrait-il avoir un pareil droit? »

La faculté de penser *librement* est le caractère qui distingue l'intelligence de l'homme de celle de l'animal. Il y a aussi des représentations dans la dernière; mais elles se suivent nécessairement, elles se produisent les unes les autres, comme dans une machine *un* mouvement en produit un autre. C'est le privilége de l'homme de résister par son activité à ce mécanisme aveugle de l'association des idées où se borne un esprit purement passif, et de donner au cours de ses idées une direction déterminée par sa force propre, suivant sa libre volonté ; plus on maintient en soi ce privilège, plus on est homme. La faculté qui en rend l'homme capable est précisément celle par laquelle il *veut* librement. La manifestation de la liberté dans la pensée, tout aussi bien que dans le vouloir, est un élément essentiel de sa personnalité ; elle est la condition nécessaire qui seule lui permet de dire : « Je *suis*, je suis un être agissant par lui-même. » Cette manifestation ne lui garantit pas moins que l'autre le lien qui le rattache au monde spirituel, et n'établit pas moins l'accord entre ce monde et lui ; car ce n'est pas seulement l'harmonie dans le vouloir, mais aussi l'harmonie dans la pensée qui doit dominer dans ce royaume invisible de Dieu. Oui, cette manifestation de la liberté nous prépare à une manifestation plus continue et plus puissante de cette même liberté : en soumettant librement nos préjugés et nos opinions à la loi de la vérité, nous apprenons déjà à nous incliner et à nous taire devant l'idée d'une loi en général; cette loi dompte d'abord notre égoïsme, que la loi morale veut gouverner. L'amour libre et désintéressé de la vérité spéculative pour la vérité elle-même est la préparation la plus fructueuse à la pureté morale des sentiments. Et ce droit si étroitement lié à notre personnalité, à notre moralité, ce moyen que la Sagesse créatrice nous a donné tout exprès pour travailler à notre ennoblissement, nous aurions pu l'abandonner dans un contrat social? Nous aurions eu le droit d'aliéner un droit inaliénable? Mais la promesse que nous aurions faite d'y renoncer aurait-elle signifié autre chose que ceci : « Nous promettons de devenir, en entrant dans votre société civile, des créatures sans raison ; nous promettons d'être des animaux, afin que vous ayez moins de peine à nous dompter ! » Et un pareil contrat serait légitime et valable ?

Mais que veut-on donc? s'écrient-ils. Ne vous avons-nous pas donné assez publiquement et assez solennellement la permission de penser librement? — Oui, nous voulons bien en convenir; nous voulons bien effacer de notre mémoire les timides tentatives qui ont été faites pour nous ravir notre meilleure ressource ; — nous voulons bien oublier avec quel soin on cherche à ramener les anciennes ténèbres sur chaque lumière nouvelle (1); — nous ne disputerons pas avec vous sur des mots : — oui, vous nous avez permis de *penser*, parce que vous ne pouviez nous en empêcher; mais vous nous défendez de communiquer nos pensées; vous ne nous enlevez donc pas le droit inaliénable de penser librement, vous nous retirez simplement celui de communiquer notre libre pensée.

Nous vous le demandons, pour être certains de ne pas discuter avec vous sur rien, — avons-nous originairement un tel droit? — Pouvons-nous le prouver? — Si nous avons droit à tout ce que la loi morale ne défend pas, où trouver une défense de cette loi qui nous interdise de communiquer nos convictions? Où est le droit qu'aurait autrui de défendre une pareille communication, de la regarder comme une offense à sa propriété? Les autres,

(1) C'est ainsi qu'une doctrine qui semble avoir été faite tout exprès pour nous délivrer de la malédiction de la loi et nous ramener sous le principe de la liberté, a servi d'appui d'abord à la théologie scolastique, — et tout récemment au despotisme. — Il est indigne des hommes pensants de ramper au pied des trônes pour solliciter la permission de devenir les marchepieds des rois.

2

direz-vous, peuvent être troublés par là dans la jouissance du bonheur fondé sur les convictions où ils ont vécu jusqu'alors, dans leurs agréables illusions, dans leurs doux rêves. — Mais comment peuvent-ils être ainsi troublés par mon seul fait, s'ils ne m'écoutent pas, s'ils ne font point attention à mes paroles, s'ils ne les admettent pas dans leur esprit? S'ils sont troublés, c'est qu'ils se troublent eux-mêmes; ce n'est pas moi qui les trouble. C'est ici le rapport de donner à recevoir. N'ai-je pas le droit de partager mon pain avec un autre, de le laisser se chauffer à mon feu, et allumer son flambeau à ma lumière? S'il ne veut pas de mon pain, il n'a qu'à ne pas tendre la main pour le recevoir; s'il ne veut pas de ma chaleur, qu'il s'éloigne de mon feu : je n'ai certainement pas le droit de lui imposer mes dons.

Toutefois, comme ce droit de libre communication ne se fonde point sur un ordre, mais seulement sur une permission de la loi morale, et que, par conséquent, considéré en lui-même, il n'est pas inaliénable; comme, en outre, pour que l'exercice de ce droit soit possible, il faut nécessairement que celui auquel je m'adresse consente à recevoir mes dons, on pourrait bien concevoir que la société eût supprimé une fois pour toutes ce consentement, et qu'elle eût exigé de chacun des membres qu'elle admettait dans son sein la promesse de ne communiquer absolument à personne ses convictions. — Il ne faut sans doute pas prendre trop à la lettre une pareille renonciation, en l'entendant d'une manière générale et sans aucune considération de personne : les privilégiés de l'État ne versent-ils-pas, en effet, les trésors de leur corne d'abondance avec toute la libéralité possible, et s'ils en ont retenu jusqu'ici les plus rares merveilles, ne devons-nous pas nous en prendre uniquement à notre opiniâtreté et à notre entêtement? Mais accordons toujours ce que nous pourrions ne pas accorder aussi absolument, que nous ayons pu, en entrant dans la société, renoncer à notre droit de communication. A ce droit est opposé celui de *libre acceptation :* le premier ne peut être aliéné sans que le second le soit aussi. Accordons que vous ayez eu le droit de me faire promettre que je ne partagerais mon pain avec personne ; auriez-vous donc eu aussi celui de forcer le pauvre affamé à manger votre bouillie malsaine, s'il n'aime mieux mourir? Voulez-vous déchirer ce beau lien qui unit les hommes aux hommes et fait que les esprits s'épanchent dans les esprits? Voulez-vous ravir à l'humanité l'échange le plus digne d'elle, le libre don et la libre acceptation de ce qu'elle a de plus noble? Mais pourquoi parler le langage du sentiment à vos cœurs endurcis? Qu'un raisonnement sec et aride, contre lequel se briseront tous vos sophismes, vous prouve l'illégitimité de votre prétention? — Le droit d'accepter librement tout ce qui nous est utile est un élément de notre personnalité ; il est dans notre destination d'user librement de tout ce qui peut servir à notre culture spirituelle et morale; sans cette condition, la liberté et la moralité nous seraient des dons inutiles. Une des sources les plus fécondes pour notre instruction et notre culture est la communication des esprits avec les esprits. Nous ne saurions abandonner le droit de puiser à cette source sans abdiquer notre spiritualité, notre liberté, notre personnalité: il ne nous est donc pas *permis* d'y renoncer; il n'est donc pas non plus permis aux autres d'abandonner *leur* droit d'y laisser puiser. Si notre droit de *recevoir* est inaliénable, leur droit de *donner* ne l'est pas moins. — Vous savez bien vous-mêmes si *nous imposons* nos dons. Vous savez si nous donnons des places et des dignités à ceux qui font semblant de se laisser convaincre par nous; si nous excluons de ces dignités et de ces places ceux qui n'écoutent pas nos leçons et ne lisent pas nos écrits; si nous injurions publiquement et si nous pourchassons ceux qui écrivent contre nos principes. Expliquez-nous donc, si vous le pouvez, pourquoi l'on ne se sert de vos écrits que pour empaqueter les nôtres, et pourquoi nous avons de notre côté les plus fortes têtes et les meilleurs cœurs qui soient dans les nations, tandis que vous n'avez du vôtre que les imbéciles, les hypocrites, les lâches écrivains.

Mais, dites-vous, nous ne vous défendons pas du tout de partager votre pain; seulement vous ne devez pas donner du poison. — Comment donc suis-je si sain et si fort, moi qui fais ma nourriture quotidienne de ce que vous nommez du poison? Devais-je prévoir que le faible estomac d'un autre ne supporterait pas cette même nourriture? Est-ce moi qui l'ai tué en la lui *donnant*, ou n'est-ce pas lui qui, en la *mangeant*, a été l'auteur de sa mort? S'il ne pouvait pas la digérer, il n'avait qu'à ne pas en manger; je ne l'ai point *gavé* (1) : il n'y a que vous qui ayez ce privilége. — Ou, en supposant même que j'eusse réellement tenu pour du poison ce que j'ai donné aux autres, et que je le leur eusse donné dans l'intention de les empoisonner, — comment voulez-vous me le prou-

---

(1) *Gestopft*. — Fichte fait sur ce mot la remarque suivante : Enfoncer dans la bouche des enfants de la bouillie qui a été d'abord bien mâchée, c'est ce que, dans les provinces où cela se fait encore, on nomme *stopfen*. — *Auch stopft man* (on gave aussi) des oies avec de la pâtée.

ver? Qui peut être mon juge à cet égard, en dehors de ma conscience? Cela soit dit pourtant sans parabole.

J'ai sans doute le droit de répandre la *vérité*, mais non pas l'*erreur*.

Oh! pour vous qui parlez ainsi, que peut donc signifier la *vérité?*—Que peut signifier l'*erreur*? Ce n'est pas sans doute ce que nous autres nous tenons pour tel; autrement vous auriez compris que votre restriction supprime toute la permission, que vous nous reprenez de la main gauche ce que vous nous avez donné de la main droite, qu'il est absolument impossible de communiquer la vérité quand il n'est pas permis aussi de propager des erreurs. — Mais je vais me faire comprendre de vous plus clairement.

Sans doute vous ne parlez pas ici de la vérité *subjective;* car vous ne voulez pas dire que j'ai bien le droit de répandre ce que *je* tiens pour vrai en mon âme et conscience, mais non pas ce que *moi-même je* regarde comme erroné et faux. Sans un contrat entre vous et moi, vous n'avez aucun droit d'exiger de moi la véracité; car celle-ci est un devoir purement intérieur, et non pas un devoir extérieur. Mais avec le contrat social, vous n'êtes guère plus avancés; car vous ne sauriez vous assurer que je remplis ma promesse, puisque vous ne pouvez lire dans mon cœur. Si je vous avais promis d'être véridique et que vous eussiez accepté ma promesse, vous seriez sans doute trompés, mais par votre faute : je ne vous aurais rien promis, puisque, par ma promesse, vous auriez reçu un droit dont l'exercice est physiquement impossible. — Je suis sans doute un homme méprisable quand je vous trompe volontairement, quand, sciemment et de propos délibéré, je vous donne l'erreur pour la vérité; mais je n'offense ainsi que moi-même, et non pas vous : je n'en dois compte qu'à ma conscience.

Vous parlez donc de la vérité *objective*; et cette vérité est...? dites, ô sages sophistes du despotisme, vous qui n'êtes jamais embarrassés pour une définition : — elle est — l'accord de nos représentations des choses avec les choses en soi. Le sens de votre prétention est donc celui-ci : — je rougis pour vous, au nom de qui je parle, — si ma représentation s'accorde réellement avec la chose en soi, je puis la répandre ; mais si elle ne s'accorde pas réellement avec elle, je dois la garder pour moi.

L'accord de nos représentations des choses avec les choses en soi ne saurait être possible que de deux manières : si les choses en soi étaient réalisées par nos représentations, ou si nos représentations étaient réalisées par les choses en soi. Comme dans notre faculté de connaître les deux cas se présentent, mais se confondent si bien, que nous ne pouvons plus les séparer distinctement l'un de l'autre, il est clair que la vérité objective, dans le sens le plus étroit du mot, est en contradiction directe avec l'entendement de l'homme et de tout être fini ; que par conséquent nos représentations ne s'accordent jamais et ne peuvent pas s'accorder avec les choses en soi. Ce n'est donc pas dans ce sens du mot que vous pouvez nous demander de répandre la vérité.

Pourtant il y a une certaine façon nécessaire dont les choses doivent nous apparaître à tous, en raison de la constitution de notre nature ; et en tant que nos représentations s'accordent avec cette forme nécessaire de la faculté de connaître, nous pouvons aussi les appeler objectivement vraies, — en entendant par objet non pas la chose en soi, mais une chose nécessairement déterminée

par les lois de notre faculté de connaître et par celles de l'intuition (un phénomène). En ce sens tout ce qui est constitué suivant une perception exacte par les lois nécessaires de notre faculté de connaître, est vérité objective.
— Outre cette vérité applicable au monde sensible, il y en a encore une, dans un sens infiniment plus élevé du mot : ici, en effet, nous ne connaissons pas d'abord par la perception la nature donnée des choses, mais nous devons la *produire* nous-mêmes par la spontanéité la plus pure et la plus libre, conformément aux concepts originaires du droit et de l'injustice. Ce qui est conforme à ces concepts l'est pour tous les esprits et pour le père des esprits ; et les vérités de ce genre sont pour la plupart très faciles à connaître et très sûres ; notre conscience nous les dicte. Ainsi, par exemple, c'est une vérité éternelle, humaine et divine à la fois, que l'homme a des droits inaliénables, que la liberté de penser est un de ces droits, — que celui entre les mains duquel nous remettons notre puissance pour défendre nos droits agit avec une souveraine injustice, quand il se sert de cette même puissance pour opprimer ces droits et particulièrement la liberté de conscience. Ces vérités morales ne souffrent point d'exception ; elles ne peuvent jamais être problématiques, mais elles se laissent toujours ramener au concept du droit dont la valeur est absolue. Ce n'est donc pas des vérités de cette dernière espèce que vous parlez, — elles vous tiennent d'ailleurs fort peu à cœur, et vous condamnent souvent intérieurement ; — car il n'y a point de controverse possible à leur sujet ; — vous parlez de la première vérité humaine. Vous demandez que *nous n'affirmions rien qui ne soit dérivé de perceptions exactes conformément aux lois nécessaires de la pensée.* — Vous êtes généreux, vous êtes de sages

et bons pères de l'humanité : vous nous commandez d'observer toujours exactement et de conclure toujours exactement ; vous nous défendez de nous tromper nous-mêmes, afin que nous ne propagions pas d'erreurs. Nobles tuteurs, nous voudrions bien ne pas le faire ; cela ne nous est pas moins contraire qu'à vous. Le malheur est seulement que nous ne savons pas quand nous errons. — Ne pourriez-vous pas, pour que votre conseil paternel ne fût point perdu pour nous, nous donner un sûr critérium de la vérité, toujours applicable et toujours infaillible ?

Aussi y avez-vous déjà songé. Nous ne devons pas, par exemple, dites-vous, répandre des erreurs anciennes et depuis longtemps réfutées. — Des erreurs *réfutées ? Pour qui* sont-elles réfutées ? Si ces réfutations *nous* frappaient par leur évidence, si elles *nous* satisfaisaient, — pensez-vous que nous soutiendrions encore ces erreurs ? Croyez-vous que nous aimions mieux errer que de juger sainement, déraisonner que d'être sages, et que pour admettre une erreur, il nous suffise de la reconnaître pour telle ? Vous imaginez-vous que par pure méchanceté et pour tourmenter et chagriner nos bons tuteurs, nous nous plaisions à répandre dans le monde des idées que nous savons bien nous-mêmes être fausses ?

Ces erreurs sont depuis longtemps réfutées, nous déclarez-vous sur votre parole. Il faut au moins qu'elles soient réfutées *pour nous*, puisque vous voulez sans doute en user honorablement avec nous. Ne pourriez-vous nous dire, ô illustrissimes enfants de la terre, combien de nuits vous avez passées au milieu des plus sérieuses méditations, pour trouver ce que n'ont pu découvrir encore tant d'hommes qui, n'ayant pas, comme vous, les soucis du gouvernement, consacrent tout leur temps à ces sortes de recherches? Ou bien l'auriez-vous trouvé sans aucune réflexion, sans aucune instruction, par la seule grâce de votre divin génie? Mais nous vous comprenons, et depuis longtemps déjà nous aurions dû exposer vos véritables pensées, au lieu de vous engager dans ces recherches trop arides pour vous et vos satellites. — Vous ne parlez pas du tout de ce que nous nommons, nous autres, vérité ou erreur ; — que vous importe? Qui aurait voulu que l'espoir du pays consumât en d'aussi sombres spéculations les années qu'il devait passer dans le repos pour se préparer aux fatigues du pouvoir? Vous avez partagé entre vous et vos sujets les facultés de l'esprit humain. Vous leur avez laissé la *pensée*, — mais non pas, il est vrai, pour vous, ni pour eux-mêmes, car dans vos gouvernements elle n'est pas du tout nécessaire : — qu'ils pensent pour leur plaisir, s'ils le veulent, pourvu que cela n'ait pas d'autres conséquences. Vous *voudrez* pour eux. Cette volonté commune qui réside en vous détermine donc aussi la vérité. Ce qui est vrai, c'est donc ce que vous voulez qui soit vrai; ce qui est faux, ce que vous voulez qui soit faux. — *Pourquoi* le voulez-vous? C'est là une question dont nous n'avons pas à nous inquiéter, ni vous non plus. Votre volonté est, comme telle, l'unique critérium de la vérité. Il en est de nos pensées comme de notre or et de notre argent : elles n'ont de valeur qu'avec votre poinçon.

L'administration de l'État exige sans doute une profonde sagesse, car il est notoire que les plus sages et les meilleurs d'entre les hommes ont toujours été appelés à la diriger; si cependant un œil profane osait jeter un regard sur ses mystères, permettez-moi ici quelques timides observations. Peut-être me flatté-je trop, mais il me semble apercevoir quelques-uns des avantages que vous avez ici en vue. Il vous est facile de soumettre au joug les corps de vos sujets : vous pouvez charger d'entraves et de chaînes leurs pieds et leurs mains; vous pouvez aussi les empêcher par la crainte de la faim ou de la mort de dire ce qu'ils ne doivent pas dire. Mais vous ne pouvez pourtant pas toujours être là avec vos chaînes et vos entraves, ou avec vos valets de bourreau; — vos espions aussi ne sauraient être partout, et un gouvernement si pénible ne vous laisserait pas le moindre loisir à consacrer aux voluptés de ce monde. Il vous faut donc chercher un moyen de les asservir d'une manière si sûre que, même en l'absence de vos entraves et de vos chaînes, ils ne respirent plus autrement que vous ne le leur commandez. Paralysez en eux le premier principe de l'activité spontanée, leur pensée; qu'ils ne se hasardent plus à penser autrement que vous ne le leur ordonnez, directement ou indirectement, par vos édits de religion ou par leurs confesseurs; ils deviendront alors tout à fait ces machines que vous voulez avoir, et vous pourrez vous en servir à votre gré. J'admire dans l'histoire, qui est votre étude favorite, la sagesse des premiers empereurs chrétiens. La vérité changeait avec chaque nouveau gouvernement; elle changeait même une couple de fois sous *un seul* gouvernement, pour peu qu'il durât. Vous avez pris l'esprit de ces maximes, mais — pardonnez, si je me trompe, à mon inexpérience en votre art, — vous n'y avez pas pénétré assez profondément. On laisse trop longtemps subsister comme la vérité une seule et même vérité; c'est une faute qu'a commise la politique moderne. Le peuple s'est enfin accoutumé à cette vérité, et l'habitude qu'il a d'y croire passe pour une preuve à ses yeux, tandis qu'il ne devrait y croire que sur la foi de votre autorité.

O princes, imitez donc entièrement vos dignes modèles : rejetez aujourd'hui ce qu'hier vous ordonniez de croire, et ce qu'hier vous condamniez, autorisez-le aujourd'hui, afin que vos sujets ne perdent pas l'habitude de penser. que votre volonté est l'unique source de la vérité. Vous n'avez, par exemple, que trop longtemps voulu qu'un fût égal à trois ; il vous ont cru, et malheureusement ils s'y sont si bien accoutumés, que depuis longtemps ils vous refusent la reconnaissance qu'ils vous doivent et s'imaginent l'avoir eux-mêmes découvert. Vengez votre autorité : ordonnez une bonne fois qu'un soit un, — non pas, sans doute, parce que le contraire est absurde, mais parce que vous le voulez.

Je vous comprends, comme vous voyez ; mais j'ai affaire à un peuple indiscipliné, qui ne s'enquiert pas de vos desseins, mais de vos droits. Que dois-je répondre ?

C'est une incommode question que celle du droit. Je regrette d'être ici forcé de me séparer de vous, avec qui j'ai marché jusque-là si amicalement.

Pour que vous eussiez le droit d'établir ce que nous devrions admettre comme vérité, il faudrait que vous tinssiez ce droit de la société, et que celle-ci l'eût acquis par un contrat. Un tel contrat est-il possible ? La société peut-elle faire à ses membres une condition, — non pas précisément de *croire* certaines propositions, car elle ne saurait jamais s'assurer de cette croyance comme sentiment intérieur, — mais au moins de les reconnaître extérieurement, c'est-à-dire de ne rien dire, de ne rien écrire, de ne rien enseigner *contre* elles ? — J'exprime le principe aussi doucement que possible.

Un tel contrat serait physiquement possible. Pourvu que ces dogmes inattaquables fussent déterminés avec assez de précision et de netteté pour que l'on pût convaincre incontestablement quelqu'un d'avoir parlé contre eux, — et vous avouerez que ce n'est pas demander peu de chose, — on pourrait sans doute l'en punir comme d'une action extérieure.

Mais s'il est aussi moralement possible, c'est-à-dire si la société a le droit d'exiger une pareille promesse et si ses membres ont celui de la faire, certains droits de l'homme qui sont inaliénables ne se trouveront-ils pas aliénés dans un contrat de ce genre, — ce qui ne doit avoir lieu dans aucune espèce de contrat, et ce qui rend le contrat illégitime et non avenu ? — La libre recherche appliquée à tous les objets possibles de la réflexion, dans toutes les directions possibles et à l'infini, est certainement un droit de l'homme. Nul ne peut déterminer mon choix, ma direction, mes limites que moi-même. C'est ce que nous avons prouvé plus haut. Il n'est donc plus ici question que de savoir si l'on ne peut pas s'imposer à soi-même de telles limites par un contrat. On pourrait bien en imposer à ses droits sur des actes extérieurs qui ne seraient pas ordonnés, mais simplement permis par la loi morale. Dans ce dernier cas, rien ne nous pousse à agir en général que l'inclination ; or cette inclination peut bien, là où la loi morale ne la limite pas, se limiter elle-même par une loi qu'elle s'impose volontairement. Mais il n'en est pas de même des limites fixées à la réflexion : dès que nous y sommes arrivés, quelque chose nous pousse certainement à continuer notre marche, à franchir ces limites, à nous avancer au delà, je veux dire l'essence de notre raison, qui tend à l'infini. Il est de la nature de cette faculté de ne pas reconnaître de limites absolues ; et c'est par là qu'elle est la raison, c'est par là que l'homme est un être raisonnable, libre, indépendant. La recherche poussée à l'infini est donc un droit *inaliénable* de l'homme.

Un contrat, par lequel on s'imposerait ici certaines limites, ne signifierait pas, il est vrai, directement : Je veux être un animal, — mais il reviendrait à dire : Je ne veux être un être raisonnable que jusqu'à un certain point (à supposer que ces propositions privilégiées par l'État aient réellement une valeur universelle pour la raison humaine, ce que nous vous avons accordé avec une foule d'autres difficultés); dès que je serai parvenu à ce point, je redeviendrai un animal sans raison.

Or, s'il est prouvé que le droit de pousser ses *recherches* au delà de ces résultats établis est inaliénable, il est prouvé aussi que celui de faire ces recherches *en commun* ne l'est pas moins. En effet, celui qui a le droit pour fin l'a aussi pour moyen, si nul autre droit ne lui fait obstacle. Or un des meilleurs moyens d'avancement pour l'esprit, c'est de se faire instruire par les autres. Chacun a donc le droit inaliénable de *recevoir* à l'infini des instructions données. Si ce droit ne peut pas être supprimé, celui qu'ont les autres de *donner* des instructions doit aussi être inaliénable.

La société n'a donc nullement le droit d'exiger ou de recevoir une promesse de ce genre. Cette promesse est contraire à un droit inaliénable de l'homme : aucun membre n'a le droit de faire une pareille promesse; car elle est en opposition avec la personnalité des autres, et elle tend à les mettre en général dans l'impossibilité d'agir moralement. Quiconque la fait agit contrairement au devoir; et, dès qu'il le reconnaît, c'est son devoir de reprendre sa promesse.

Vous vous effrayez de la hardiesse de mes conséquences,

ô amis et serviteurs des ténèbres; car les gens de votre espèce sont faciles à effrayer. Vous espériez que je me réserverais, du moins, quelque prudente restriction : « *à condition bien entendu...* »; que je laisserais encore ouverte une petite porte de derrière pour votre serment religieux, pour vos livres symboliques, etc. Et quand j'aurais cette porte, je ne voudrais pas vous l'ouvrir ici pour vous être agréable; — c'est précisément parce qu'on s'est toujours conduit si doucement avec vous, qu'on vous a toujours trop laissés marchander, qu'on a toujours évité avec le plus grand soin de toucher aux ulcères qui vous font le plus de mal, qu'on a voulu blanchir votre noirceur de nègres sans vous mouiller la peau, c'est précisément pour cela que vous êtes devenus si hautains. Vous devrez désormais vous accoutumer insensiblement à regarder la vérité sans enveloppe. — Mais je ne veux pas non plus vous laisser sans consolation. Que craignez-vous donc de ces pays inconnus, situés au delà de votre horizon et où vous n'irez jamais? Demandez donc aux gens qui les visitent si l'on risque si fort d'y être mangé par des géants de l'ordre moral, ou avalé par des monstres sceptiques. Voyez ces hardis circumnavigateurs tourner autour de vous : ils sont aussi sains moralement que vous-mêmes. Pourquoi craignez-vous donc si fort les lumières qui éclateraient tout à coup, si chacun y concourait pour sa part autant qu'il serait en lui? L'esprit humain ne procède en général que par degrés : il va d'une clarté à une autre; vous continuerez de ramper au milieu de votre époque; vous conserverez votre petite troupe d'élus et la conviction de vos rares mérites. Et s'il fait parfois un grand pas au moyen d'une révolution dans les sciences, — soyez aussi sans crainte à ce sujet. Si le jour luit pour d'autres autour de vous, vous et vos chers élèves, vous tiendrez vos faibles yeux dans un crépuscule commode ; même, pour votre consolation, il fera encore plus sombre autour de vous. Vous devez le savoir par expérience. Est-ce que, depuis les vives lumières qui ont éclairé les sciences, c'est-à-dire surtout depuis une dizaine d'années, l'obscurité n'est pas devenue plus grande encore qu'auparavant dans vos esprits ?

Et maintenant, ô princes ! permettez-moi de me tourner de nouveau vers *vous*. Vous nous prédisez qu'une misère sans nom sera le fruit de la liberté de penser illimitée. C'est uniquement pour notre bien que vous vous emparez de cette liberté et que vous nous l'enlevez, comme on enlève à des enfants un jouet dangereux. Vous ordonnez à vos gazetiers de nous peindre sous des couleurs de feu les désordres où se jettent des esprits partagés et échauffés par les opinions. Vous nous montrez un peuple doux, tombé dans une rage de cannibales, altéré de sang, insensible aux larmes, courant avec ardeur à des exécutions comme à des spectacles, promenant en triomphe, avec des chants de fête, les membres déchirés et encore fumants de ses concitoyens, ses enfants enfin jouant avec des têtes sanglantes comme avec des toupies. — Nous ne vous rappellerons pas, à notre tour, les fêtes plus sanglantes encore que le despotisme et le fanatisme réunis, comme de coutume, ont données à ce même peuple ; — nous n'ajouterons pas que ces désordres ne sont pas les fruits de la liberté de penser, mais les conséquences du long esclavage qui avait précédemment pesé sur les esprits ; — nous ne vous dirons pas qu'on n'est nulle part plus tranquille que dans le tombeau. — Nous vous accorderons tout, nous nous jetterons repentants dans vos bras, et nous vous prierons, en pleurant, de nous abriter sur votre cœur paternel contre tous les malheurs qui nous menacent, aussitôt que vous aurez répondu à une question respectueuse.

O dites, vous qui, d'après ce que nous apprenons de votre bouche, avez à veiller, comme des dieux tutélaires, sur le bonheur des nations; vous qui, — vous nous l'avez si souvent assuré, — faites de ce bonheur le but suprême de vos tendres soins, — pourquoi, sous votre sublime garde, les inondations ravagent-elles encore nos champs et les ouragans nos plantations? Pourquoi les flammes sortent-elles encore de la terre, et nous dévorent-elles, nous et nos maisons? Pourquoi l'épée et les épidémies emportent-elles des milliers de nos enfants chéris? Ordonnez donc d'abord à l'ouragan de se taire, vous commanderez ensuite à la tempête de nos opinions déchaînées. Faites d'abord tomber la pluie sur nos champs desséchés, et donnez-nous le soleil bienfaisant quand nous vous en prions; vous nous donnerez ensuite la vérité vivifiante (1). — Vous vous taisez. Vous ne le pouvez donc pas?

(1) Votre ami, le critique du n° 261, dans le cahier d'octobre de la A. L. Z., ne veut pas, il est vrai, que l'on compare les révolutions aux phénomènes naturels. Avec sa permission, considérées comme *phénomènes*, c'est-à-dire au point de vue, non de leurs principes moraux, mais de leurs effets dans le monde sensible, les révolutions sont certainement soumises aux lois de la nature. *Vous* ne pourrez pas lui indiquer le livre ou la place du livre où il peut s'en convaincre, et *je* ne dois pas le faire ici. — En général, vous pourriez faire entendre sous main à cet ami qu'il devrait se résoudre à entrer plus avant dans l'étude de la philosophie. Alors, avec ses connaissances étendues et son langage viril, il conduirait vos affaires et en même temps celles de l'hu-

Eh bien ! s'il y a un être qui le puisse réellement ; qui, du sein de la dévastation, fasse sortir de nouveaux mondes, et de la pourriture tire des corps vivants ; — qui élève de riants vignobles sur des volcans éteints, — qui veuille que des hommes habitent, vivent et se réjouissent sur des tombeaux, — vous irriterez-vous parce que nous lui laisserons aussi *le* soin, le plus petit de ses soins, de détruire, d'adoucir au moins ces maux que nous attire l'usage du privilége qu'il nous a donné et qu'il a marqué de son sceau divin, ou, s'il *faut* que nous les souffrions, de les appliquer à une plus haute culture de notre esprit par le moyen de notre propre force ?

Il est bon, princes, que vous ne vouliez pas être nos fléaux ; il n'est pas bon que vous vouliez être nos dieux. Pourquoi ne voulez-vous donc pas vous résoudre à vous abaisser jusqu'à nous, à être les premiers entre des égaux ? Le gouvernement du monde ne vous réussit pas, vous le savez ! Je ne veux pas vous reprocher — mon cœur est trop ému — les bévues que vous avez commises jusqu'ici tous les jours, les plans magnifiques que vous avez changés tous les quatre ans, les monceaux de cadavres de vos soldats que vous comptiez sûrement ramener en triomphe. — Un jour vous embrasserez avec nous une partie du grand plan, du plan certain, et avec nous vous vous étonnerez d'avoir concouru aveuglément, par vos

---

manité beaucoup plus habilement qu'il ne l'a fait jusqu'ici. — Vous ne sauriez avoir une meilleure amie que la philosophie, si ami et flatteur ne sont pas pour vous synonymes. Éloignez-vous donc de cette fausse amie qui depuis sa naissance a toujours été au service du premier venu, qui s'est fait employer par chacun, et par qui, — il n'y a pas encore si longtemps, — on *vous* a soumis au joug d'un habile, comme *vous* soumettez maintenant *vos peuples* par elle.

entreprises, à des fins auxquelles vous n'aviez jamais songé.

Vous vous êtes grossièrement trompés : nous n'attendons pas le bonheur de votre main, nous savons bien que vous êtes des *hommes;* — nous attendons la protection et la restitution de nos droits, que vous ne nous avez enlevés que par erreur.

Je pourrais vous prouver que la liberté de penser, la liberté de penser sans obstacles, sans limites, fonde seule et assure le bien des États; je pourrais vous démontrer cela de la manière la plus évidente par des raisons irréfutables : je pourrais vous le montrer par l'histoire; je pourrais encore vous désigner de grands et de petits pays qui continuent de fleurir, grâce à elle, ou qui, grâce à elle, sont devenus florissants sous vos yeux; mais je ne le ferai pas. Je veux vous présenter la vérité dans sa beauté naturelle, et non la faire valoir auprès de vous par les trésors qu'elle vous apporte en dot. J'ai meilleure opinion de vous que tous ceux qui ont agi autrement. J'ai confiance en vous; vous entendez volontiers la voix sévère, mais amère, de la vérité.

Prince, tu n'as point le droit d'opprimer notre liberté de penser; et ce que tu n'as pas le droit de faire, tu ne dois jamais le faire, quand même les mondes s'écrouleraient autour de toi et quand même tu devrais être enseveli sous leurs ruines avec ton peuple. Ne t'inquiète pas de ces ruines, ni de ton sort et du nôtre en cette catastrophe : celui-là y veillera qui nous a donné les droits que tu auras respectés.

Que serait d'ailleurs le bonheur de la terre que vous nous faites espérer, si vous pouviez réellement nous le donner? — Sentez-vous dans vos cœurs, vous qui pouvez jouir de tout, ce que la terre a de joies? Vous souvenez-vous des joies passées? Méritaient-elles les peines que vous vous êtes données pour en jouir? Valaient-elles l'amertume et le dégoût qui en ont suivi la jouissance? Et voudriez-vous affronter encore une fois tous ces maux par amour pour nous? Oh! croyez-le,—tous les biens que vous pouvez nous donner, vos trésors, vos rubans, vos cercles brillants, ou la prospérité du commerce, la circulation de l'argent, l'abondance des ressources de la vie,—tout cela, comme jouissance, mérite la sueur des nobles, tout cela mérite vos soins, mais ne mérite pas notre reconnaissance. C'est uniquement comme instruments de notre activité, ou comme un but plus rapproché vers lequel nous courons, que ces choses ont quelque valeur aux yeux de l'être raisonnable. Notre unique bonheur sur cette terre, — si toutefois c'est là du bonheur, — c'est une spontanéité libre et sans obstacles, une activité émanant de notre propre force et poursuivant des fins qui lui sont propres, sous la condition du travail, de la peine, de l'effort. — Vous avez coutume de nous renvoyer aussi à un autre monde, mais vous en faites ordinairement la récompense des vertus passives de l'homme, de sa résignation. —Oui, nous élevons nos regards vers cet autre monde, qui n'est pas aussi profondément séparé de celui-ci que vous le croyez, vers ce monde où nous avons dès ici-bas droit de bourgeoisie, car nous en portons déjà le titre gravé dans notre cœur, et nous ne voulons pas nous le laisser ravir par vous. Là les fruits de notre *activité*, non de notre *passivité*, sont dès à présent mis en réserve; ils y mûrissent à un soleil plus doux que celui de ce climat. Permettez que nous nous préparions ici à en jouir par un travail assidu.

Vous n'avez donc, ô princes! aucune espèce de *droit* sur notre liberté de penser, ni celui de décider ce qui est vrai ou faux, ni celui de déterminer les objets de notre recherche ou d'en fixer les limites, ni celui de nous empêcher d'en communiquer les résultats, vrais ou faux, *à qui* ou *comme* bon nous semble. Vous n'avez pas non plus d'*obligations* à l'égard de cette liberté; vos obligations se rapportent uniquement à des fins terrestres, et non à cette fin supra-terrestre de la diffusion des lumières. Vous pouvez vous conduire à cet égard d'une manière toute passive; ce soin ne vous regarde pas. — Mais peut-être seriez-vous tentés de faire plus que vous n'y êtes obligés. Eh bien! voyons ce que vous pouvez faire.

Vous êtes, il est vrai, ô princes! des personnes sublimes; vous êtes réellement les représentants de la divinité, — non en vertu d'une sublimité inhérente à votre nature, — non comme génies chargés de veiller au *bonheur* de l'humanité, — mais parce que vous avez la mission sublime de défendre les droits que Dieu lui a donnés, — et parce que cette mission place sur vos épaules une foule de devoirs difficiles et indispensables. Quelle plus grande pensée que de se dire à soi-même : Des millions d'hommes se sont adressés à moi en me disant : Vois, nous sommes d'une race divine, et le sceau de notre origine est marqué sur notre front; — *nous* ne savons pas défendre la dignité que ce sceau nous confère; nous ne savons pas défendre les droits que nous avons apportés en dot sur cette terre; nous ne le savons pas, — *nous qui sommes des millions;* — nous les déposons donc entre tes mains : qu'ils te soient sacrés en raison de leur origine, défends-les en notre nom, — sois notre protecteur, jusqu'à ce que nous retournions dans la maison de notre véritable père!

Vous distribuez des fonctions et des dignités publiques, vous répandez des trésors et des marques d'honneur, vous secourez l'indigent et vous donnez du pain au pauvre ; — mais c'est un grossier mensonge de vous dire que ce sont là des bienfaits. Vous ne pouvez pas être bienfaisants. La fonction que vous donnez n'est pas un présent que vous faites : c'est une partie de votre fardeau que vous chargez sur les épaules de votre concitoyen, quand vous la confiez au plus digne; c'est un vol que vous faites à la société et au plus digne, quand vous le donnez à celui qui l'est moins. Les marques d'honneur que vous distribuez, ce n'est pas vous qui les distribuez : elles étaient déjà décernées à chacun par sa propre vertu, et vous n'êtes que les sublimes interprètes de cette vertu auprès de la société. L'argent que vous distribuez ne fut jamais le vôtre : c'est un bien qui vous a été confié, un bien que la société a déposé entre vos mains pour venir en aide à tous les besoins, c'est-à-dire aux besoins de chaque individu. La société le distribue par vos mains. Celui qui a faim et à qui vous donnez du pain en aurait si l'union sociale ne l'avait pas forcé à le donner; la société lui rend, par votre intermédiaire, ce qui lui appartenait. Quand vous faisiez tout cela avec une sagesse toujours clairvoyante, avec une conscience toujours incorruptible, que vous ne vous trompiez jamais, que vous ne vous égariez jamais, — vous ne faisiez que votre devoir.

Vous voulez faire plus encore? Eh bien! vos concitoyens ne sont pas seulement des concitoyens pour vous dans l'État; ils le sont aussi dans le monde des esprits, où vous n'avez pas un rang plus élevé qu'eux. Sous ce rapport, vous n'avez pas de prétentions à élever sur eux, ni eux sur vous. Vous pouvez chercher la vérité pour vous, la garder pour vous, en jouir autant que votre capacité vous le permet ; ils n'ont pas le plus petit mot à vous dire là-dessus. Vous pouvez laisser leur recherche suivre en dehors de vous la route qui lui plaît, sans vous en inquiéter le moins du monde. Vous n'avez pas besoin d'appliquer au progrès des lumières la puissance, l'influence, l'autorité que la société a mise entre vos mains ; — car ce n'est pas pour cela qu'elle vous l'a donnée. — Ce que vous faites ici est uniquement par bonne volonté, c'est du superflu de votre part; dans cette voie, vous pouvez réellement bien mériter de l'humanité, envers laquelle vous n'avez d'ailleurs que des devoirs indispensables.

Honorez et respectez personnellement la vérité, et remarquez ceci : — Nous savons bien que vous êtes nos égaux dans le monde des esprits, et que la vérité n'est pas plus sanctifiée par le respect du plus puissant souverain que par l'hommage du dernier homme du peuple: que ce n'est pas elle d'ailleurs, mais vous-mêmes que vous honorez par votre soumission ; et pourtant nous sommes parfois assez disposés, — et beaucoup parmi nous le sont toujours, — à croire qu'une vérité emprunte un nouveau lustre à l'éclat de celui qui lui rend hommage. Rendez cette opinion utile jusqu'à ce qu'elle disparaisse ; — faites croire à vos peuples qu'il y a encore quelque chose de plus sublime que vous, et qu'il y a des lois encore plus élevées que les vôtres. Inclinez-vous publiquement avec eux devant ces *lois*, et ils éprouveront pour elles et pour vous un respect plus profond.

Écoutez volontairement la voix de la vérité, quel qu'en soit l'objet, et laissez-la toujours s'approcher de votre trône, sans craindre qu'elle ne l'éclipse. Voulez-vous vous cacher d'elle, comme les oiseaux de nuit fuient la lumière ?

Qu'avez-vous à en craindre si votre cœur est pur? Soyez obéissants, si elle désapprouve vos résolutions ; retirez vos erreurs, si elle vous en convainc. Vous n'avez rien à risquer ici. Nous savions bien que vous étiez des hommes mortels, c'est-à-dire que vous n'étiez pas infaillibles ; ce n'est pas votre aveu qui nous l'apprendra. Une telle soumission ne vous déshonore pas; au contraire, plus vous êtes puissants, plus elle vous honore. Vous pourriez continuer de suivre vos maximes; qui pourrait vous en empêcher? Vous pourriez rester injustes sciemment et de propos délibéré ; qui oserait vous en blâmer tout haut, et vous le reprocher en face? Mais vous prenez la libre résolution — de vous honorer vous-mêmes et d'agir justement ; — et par cette soumission à la loi du droit, laquelle vous fait les égaux de vos derniers esclaves, vous vous placez en même temps au rang des plus nobles esprits qui soient dans le monde.

C'est à votre naissance que vous devez la sublimité de votre rang terrestre et tous vos avantages extérieurs. Si vous étiez nés dans la cabane du berger, cette même main qui aujourd'hui porte le sceptre porterait la houlette. Tout être raisonnable honorera en vous, à cause de ce sceptre, la société que vous représentez, — mais non pas vous en vérité. Savez-vous à qui s'adressent nos profondes révérences, notre attitude respectueuse, notre humble ton? Au représentant de la société, non pas à vous. Revêtez un homme de paille de votre habillement royal, placez votre sceptre dans la main de ce mannequin, asseyez-le sur votre trône, et laissez-nous devant lui. Pensez-vous que nous remarquerons l'absence de ce souffle invisible qui ne doit émaner que de votre royale personne, que notre échine sera moins flexible, notre attitude moins respectueuse, nos paroles moins timides? Ne vous est-il donc jamais arrivé de vous demander ce que vous devez à vous-mêmes de ce respect qu'on vous témoigne, et comment on vous traiterait si vous n'étiez qu'un de nous?

Vous ne l'apprendrez pas de vos courtisans. Pour peu qu'ils remarquent que cela vous fait plaisir, ils vous jureront que c'est uniquement vous et votre personne, et non le prince en vous, qu'ils aiment et honorent. Vous ne l'apprendriez même pas d'un sage, si jamais un sage pouvait vivre dans l'atmosphère qu'on respire à la cour. Interpellé par vous, il répondrait au représentant de la société, non à vous. L'avantage que nous avons parfois de voir notre valeur personnelle dans la conduite de nos concitoyens à notre égard, comme dans un miroir, — cet avantage n'est accordé qu'aux personnes privées; on n'estime tout haut les rois à leur véritable valeur que quand ils sont morts.

Si donc vous voulez une réponse à cette question, qui mérite bien qu'on y réponde, c'est à vous-mêmes qu'il la faut demander. Vos concitoyens vous estiment presque au même degré que vous le feriez vous-mêmes si vous vous examiniez, non pas à travers le prisme de votre amour-propre, mais dans le pur miroir de votre conscience. Voulez-vous donc savoir si, dans le cas où la couronne et le sceptre vous seraient enlevés, celui qui chante aujourd'hui des hymnes en votre honneur ne composerait pas des satires contre vous; si ceux qui maintenant vous font place avec respect ne se précipiteraient pas sur vos pas pour vous insulter; si l'on ne rirait pas de vous le premier jour, si l'on ne vous mépriserait pas froidement le second, et si le troisième on n'oublierait pas votre existence, ou bien si l'on honorerait encore en vous l'homme, qui pour être grand n'avait pas besoin d'être roi : — interrogez-vous vous-mêmes. Si vous ne voulez pas la première de ces choses, mais la dernière ; si vous voulez que nous vous honorions pour vous-mêmes, il faut que vous soyez honorables. Or rien ne rend l'homme honorable, que sa libre soumission à la vérité et au droit.

Vous n'avez pas le droit de détruire cette libre soumission ; mais il vous est permis de la favoriser, — et vous ne le pouvez, pour ainsi dire, que par l'intérêt que vous y montrez vous-mêmes, par l'obéissance avec laquelle vous en écoutez les résultats. Quant aux marques d'honneur que vous pourriez accorder à ceux qui aiment la vérité et qui la cherchent, — ils en ont rarement besoin pour les autres, et ils n'en ont jamais besoin pour eux-mêmes. Leur gloire ne dépend pas de vos signatures et de vos sceaux ; elle réside dans le cœur de leurs contemporains, qu'ils ont éclairés ; dans le livre de la postérité, qui allumera son flambeau à leur lampe ; dans le monde spirituel, où les titres que vous donnez n'ont aucune valeur. Les récompenses, — mais que dis-je, les récompenses ? — les dédommagements qu'on leur offre pour le temps qu'ils ont perdu au service des autres sont bien loin d'acquitter les obligations que la société a contractées envers eux. Ils trouvent en eux-mêmes de plus hautes récompenses : je veux dire une plus libre activité, et un plus grand développement de leur esprit. Ces récompenses-là, ils n'ont pas besoin de nous pour se les procurer. Pour les autres dédommagements, — ayez soin de les leur offrir de telle sorte qu'ils ne les déshonorent pas, mais vous honorent ; offrez-les-leur comme des hommes libres à des hommes libres, si bien qu'ils puissent aussi les refuser. Ne les leur donnez jamais pour les acheter ; — vous n'achèteriez pas alors des serviteurs de la vérité : ceux-ci ne sont jamais à vendre.

Dirigez les recherches de l'esprit d'investigation vers les besoins les plus actuels et les plus pressants de l'humanité ; mais dirigez-les d'une main douce et sage, non en souverains, mais en libres collaborateurs, non en despotes des esprits, mais en bons associés. La contrainte est fatale à la vérité ; celle-ci ne peut fleurir que dans la libre atmosphère de sa patrie, le monde des esprits.

Et surtout, — apprenez enfin à connaître vos véritables ennemis, ceux qui seuls se rendent coupables envers vous de lèse-majesté, ceux qui seuls portent atteinte à vos droits sacrés et à votre personne. Ce sont ceux qui vous conseillent de laisser vos peuples dans l'aveuglement et l'ignorance, de répandre parmi eux de nouvelles erreurs, d'entretenir soigneusement les anciennes, d'empêcher et de défendre la libre recherche en tout genre. Ils tiennent vos royaumes pour des royaumes de ténèbres, qui ne peuvent absolument subsister à la lumière. Ils croient que vos droits ne peuvent s'exercer que dans les ombres de la nuit, et que vous ne sauriez gouverner que des aveugles et des sourds. Celui qui conseille à un prince d'empêcher, dans son peuple, le progrès des lumières, lui dit en face : « Tes prétentions sont de telle nature, qu'elles révoltent la raison de tous les hommes : il faut que tu l'étouffes ; tes principes et tes actes ne souffrent pas la lumière : ne permets pas à tes sujets de s'éclairer, si tu ne veux pas qu'ils te maudissent ; tes facultés intellectuelles sont faibles : ne permets pas à ton peuple de s'instruire, si tu ne veux pas qu'il te méprise. Les ténèbres et la nuit, voilà ton élément : il faut que tu cherches à les répandre autour de toi ; le jour te forcerait à fuir. »

Il n'y a que ceux qui ont une vraie confiance en vous et une vraie estime pour vous, qui vous conseillent de répandre les lumières autour de vous. Ils tiennent vos droits pour tellement fondés, qu'aucune lumière ne peut leur nuire ; vos desseins pour tellement bons, qu'ils ne peuvent que gagner au grand jour ; votre cœur pour tellement noble, que vous-mêmes vous sauriez voir vos fautes à cette lumière, et que vous souhaiteriez même de les voir afin de les pouvoir corriger. Ils exigent de vous que, comme la Divinité, vous habitiez dans la lumière, afin d'engager tous les hommes à vous honorer et à vous aimer. Écoutez-les seulement, et ils vous distribueront leurs conseils sans demander ni louange ni salaire.

CONSIDÉRATIONS

DESTINÉES A RECTIFIER LES JUGEMENTS DU PUBLIC

SUR LA

RÉVOLUTION FRANÇAISE

PRÉFACE

La Révolution française intéresse, ce me semble, l'humanité tout entière. Je ne parle pas des conséquences politiques qu'elle a eues pour la France aussi bien que pour les États voisins, et qu'elle n'aurait peut-être pas produites si ces derniers ne s'en étaient mêlés de leur propre chef et n'avaient eu en eux-mêmes une confiance irréfléchie. Tout cela est beaucoup en soi, mais n'est rien au prix de quelque chose d'incomparablement plus important.

Tant que les hommes ne seront pas plus sages et plus justes, tous leurs efforts pour se rendre heureux seront inutiles. Ils ne sortiront des cachots du despotisme que pour s'entre-tuer avec les débris de leurs chaînes. Mais ils seraient trop à plaindre si leur propre malheur ou si le malheur d'autrui, les avertissant à temps, ne pouvait les ramener enfin à la sagesse et à la justice.

Aussi tous les événements de ce monde me paraissent-ils des tableaux instructifs, que le grand Instituteur de l'humanité expose devant elle, afin qu'elle y apprenne ce qu'elle a besoin de savoir. Non qu'elle l'apprenne *d'eux* : nous ne trouverons jamais dans l'histoire du monde que ce que nous y aurons mis d'abord nous-mêmes ; mais, en s'appliquant à juger les événements réels, elle tire plus aisément d'elle-même les trésors qu'elle recèle. C'est ainsi que la Révolution française me semble être un riche tableau sur ce grand texte : les droits de l'homme et la dignité de l'homme.

Mais le but n'est certainement pas qu'un petit nombre d'élus sachent ce qui mérite d'être su, et que, dans ce petit nombre, un plus petit nombre encore agissent en conséquence. La science des devoirs, des droits et de la destinée de l'homme au delà du tombeau n'est pas le privilége exclusif de l'école : le temps viendra où les gardiennes de nos enfants leur apprendront à parler en leur inculquant des idées justes et précises sur les deux premiers points; où les mots devoir et droit seront les premiers qu'elles les exerceront à prononcer, et où cette terrible parole : « Cela est injuste, » sera le seul châtiment qu'elles leur appliqueront. Que l'école se contente donc de garder avec honneur les armes dont elle a besoin pour défendre ce bien commun de l'humanité contre tous les sophismes ultérieurs, qui ne s'élèvent que dans son sein et qu'elle seule pourrait répandre au dehors; mais que les résultats mêmes soient communs, comme l'air et la lumière. Ce n'est qu'en propageant ces résultats, ou plutôt en écartant les tristes préjugés qui les ont jusqu'ici empêchés de se développer dans les âmes, que ses propres connaissances deviendront vraiment claires, vivantes et fécondes. Tant que vous parlez de ces choses dans vos écoles avec des gens du métier et suivant la forme prescrite, cette forme vous fait illusion aux uns et aux autres; une fois que vous êtes d'accord là-dessus, vous vous adressez réciproquement des questions auxquelles il vous serait difficile de donner une réponse claire. Mais introduisez dans vos entretiens sur la conscience, sur le juste et l'injuste, une mère éprouvée par les douleurs de l'enfantement et accoutumée à l'éducation des enfants, un guerrier blanchi au milieu des dangers, un digne campagnard, et vos idées gagneront en clarté, en même temps que vous éclaircirez les leurs. Mais ce n'est pas encore là le plus important. A quoi bon ces lumières, si elles ne pénètrent pas en général dans la vie? Et comment peuvent-elles y pénétrer, si elles restent étrangères à la plus grande partie des hommes? Les choses ne peuvent demeurer comme elles sont actuellement ; j'en ai pour garant cette étincelle divine qui brille en notre cœur, et qui nous reporte vers un être souverainement juste et souverainement puissant. Attendrons-nous pour bâtir que nos cabanes aient été emportées par le torrent débordé? Voulons-nous faire des leçons sur la justice à de farouches esclaves, au milieu du sang et des cadavres? Il est temps de faire connaître au peuple la liberté : il la trouvera dès qu'il saura ce qu'elle est, et de cette manière il n'embrassera pas la licence au lieu d'elle, et ne reculera pas de moitié en nous emportant avec lui. Il n'y a pas de moyen capable de défendre le despotisme; peut-être en est-il quelqu'un pour persuader au despote de s'affranchir de sa longue misère, — car en nous faisant du mal il se rend encore plus malheureux que nous, — de descendre vers nous et de devenir le premier entre des égaux. En tous cas, il y a un très sûr moyen d'empêcher les révolutions violentes, mais il n'y en a qu'un : c'est d'instruire solidement le peuple de ses droits et de ses devoirs. La Révolution française nous fournit à cet égard des indications et des couleurs propres à rendre le tableau éclatant pour les yeux les plus faibles; une autre révolution, incomparablement plus importante, que je n'ai pas besoin ici de désigner autrement, nous en a fourni la matière.

4

Les signes du temps ne sont pas en général restés inaperçus. Certaines choses sont devenues la conversation du jour, auxquelles on ne songeait pas auparavant. Des entretiens sur les droits de l'homme, sur la liberté et l'égalité, sur la sainteté des contrats, sur la religion du serment, sur les fondements et les limites des droits d'un monarque, viennent quelquefois, dans des cercles brillants ou obscurs, détourner la conversation des modes nouvelles et des vieilles aventures. On commence à s'instruire.

Mais le tableau que nous avons devant les yeux ne sert pas seulement à notre instruction ; il nous donne aussi l'occasion de sonder exactement les esprits et les cœurs. D'une part, l'antipathie pour toute indépendance de la pensée, le sommeil de l'esprit et son impuissance à suivre même une courte série de raisonnements, les préjugés et les contradictions qui se sont répandus sur tous nos fragments d'opinions ; — d'autre part, les efforts de certaines gens pour qu'on ne dérange rien à leur douce existence, l'égoïsme paresseux ou insolent, la peur de la vérité ou la persistance à fermer les yeux quand sa lumière nous contrarie ; — tous ces vices ne se révèlent jamais plus manifestement que quand il est question de ces objets si lumineux et d'une portée si générale : les droits de l'homme et les devoirs de l'homme.

Contre le dernier de ces maux, il n'y a point de remède. Celui qui craint la vérité comme son ennemie, celui-là saura toujours la tenir à distance. Elle a beau le suivre dans tous les coins et recoins où il se cache, il trouvera toujours un nouvel abri dans le fond de son cœur. Quiconque a besoin d'une dot pour épouser la beauté céleste, n'est pas digne d'elle. — Si nous cherchons à faire entrer un certain principe dans ton esprit, ce n'est pas du tout parce qu'il est *le* principe, mais parce qu'il est vrai; si le contraire était vrai, nous t'inculquerions le contraire, parce qu'il serait vrai, et sans nous préoccuper de sa nature ou de ses conséquences. Tant que tu ne te formeras pas à cet amour de la vérité pour elle-même, tu ne nous seras bon à rien; car cet amour est la première préparation à celui de la justice pour elle-même; il est le premier pas vers la pureté du caractère : ne te vante pas de la posséder tant que tu n'as pas fait ce pas.

Contre le premier mal, je veux dire contre les préjugés et l'inertie de l'esprit, il y a un moyen : l'instruction et l'aide d'un ami. Je voudrais être cet ami pour celui qui en aurait besoin et n'en trouverait pas de meilleur sous la main. Tel est le motif qui m'a fait écrire ces feuilles.

J'ai indiqué soit dans l'introduction, soit dans le second chapitre, le plan de mon travail. Ce premier volume ne devait être qu'un essai, et c'est pourquoi j'ai déposé la plume après avoir écrit la moitié du premier livre. Il dépend du public que je la reprenne, ne fût-ce que pour achever ce premier livre. En attendant, la nation française pourrait bien nous fournir une plus riche matière pour le second, qui doit fixer les principes nécessaires à l'appréciation de la sagesse de sa constitution.

Si ces feuilles viennent à tomber entre les mains de vrais savants, ils verront très aisément sur quels fondements je me suis appuyé; pourquoi, au lieu d'adopter une méthode strictement systématique, j'ai conduit mes pensées suivant un fil plus populaire; pourquoi je n'ai jamais déterminé les principes avec plus de précision que ne l'exigeait le besoin du moment; pourquoi j'ai laissé à et là dans le style plus d'ornement et de feu qu'il n'était peut-être nécessaire; et ils comprendront qu'une appréciation véritablement philosophique de ce travail ne sera guère possible que quand le premier livre sera terminé.

Quant aux lecteurs ignorants ou à moitié savants, j'ai encore quelques remarques extrêmement importantes à faire *sur la circonspection avec laquelle on doit user de ce livre* (1).

Si, après tout ce que j'ai dit jusqu'ici, j'assurais encore à mes lecteurs que *je* tiens pour vrai ce que j'ai écrit, je ne mériterais plus d'être cru. J'ai écrit avec le ton de la certitude, parce que c'est fausseté que de faire comme si l'on doutait quand on ne doute pas. J'ai mûrement réfléchi sur tout ce que j'ai écrit, et c'est pourquoi j'ai des raisons pour ne pas douter. Or il suit bien de là que je ne parle pas sans réflexion et que je ne mens pas; mais il ne s'ensuit pas que je ne *me trompe* point. J'ignore si je me trompe ou non; tout ce que je sais, c'est que je *voudrais* ne pas me tromper. Mais quand je me serais trompé, cela ne ferait rien à mon lecteur; car je ne voudrais pas qu'il acceptât mes assertions sur ma parole, mais qu'il réfléchît avec moi sur les choses dont je lui parle. Fussé-je assuré que mon manuscrit contînt la vérité la plus pure et la plus clairement exposée, je le jetterais au feu si je savais qu'aucun lecteur ne dût se convaincre de cette vérité par sa propre réflexion. Ce qui serait vérité *pour moi*, parce que je m'en serais convaincu, ne devrait être pour lui qu'opinion, illusion, préjugé, tant qu'il n'en aurait pas encore jugé par lui-même. Un Évangile divin même n'est vrai que pour celui qui s'est convaincu de sa vérité. Or, quand mes erreurs ne seraient pour le lecteur

---

(1) Je demande instamment qu'on ne néglige pas ces remarques.

qu'une occasion de découvrir lui-même la pure vérité et de me la communiquer, il serait et je m'estimerais moi-même assez récompensé. Quand elles n'auraient même pas cet avantage, si seulement elles l'exerçaient à penser par lui-même, le profit serait déjà assez grand. En général, un écrivain qui connaît et aime son devoir a pour but d'amener le lecteur, non pas à croire à ses opinions, mais seulement à les examiner. Tout notre enseignement doit tendre à réveiller l'indépendance de la pensée; autrement nous faisons un dangereux présent à l'humanité en lui offrant le plus beau de nos dons. Que chacun juge donc par lui-même : s'il se trompe, peut-être en commun avec moi, j'en suis fâché; seulement qu'il ne dise pas que je l'ai trompé, mais qu'il s'est trompé lui-même. Je n'ai voulu dispenser personne de ce travail de penser par soi-même : un écrivain doit penser *devant* ses lecteurs, mais non *pour* eux.

Donc, quand même je me serais trompé, le lecteur n'est pas du tout obligé de se tromper avec moi; mais je dois aussi l'avertir de ne pas me faire dire plus que je ne dis réellement. Il trouvera dans le cours de ce livre des propositions qui seront plus tard mieux précisées ; comme le livre n'est pas fini et qu'il y manque encore d'importants chapitres, le lecteur peut bien attendre que les principes qui y sont déjà posés soient déterminés d'une manière plus précise encore par leurs applications ultérieures; jusque-là je le prie de s'exercer lui-même, s'il le veut bien, par l'essai de ces applications.

Mais où il se tromperait le plus grossièrement, ce serait s'il voulait se hâter d'appliquer ces principes à sa conduite envers les États actuellement existants. Que la constitution de la plupart de ces États ne soit pas seulement extrêmement défectueuse, mais encore extrêmement injuste, et qu'elle porte atteinte à des droits inaliénables dont l'homme ne doit pas se laisser dépouiller, c'est sans doute ce dont je suis intimement convaincu, et ce dont j'ai travaillé et travaillerai à convaincre également le lecteur. Mais il n'y a pour le moment qu'une chose à faire à leur égard : accordons-leur ce que nous ne devons pas nous laisser prendre de force, bien convaincus qu'en cela ils ne savent pas eux-mêmes ce qu'ils font; mais en même temps travaillons à acquérir d'abord la connaissance et ensuite l'amour de la justice, et à les répandre tous deux autour de nous aussi loin que peut s'étendre notre cercle d'action. La dignité de la liberté doit s'élever de bas en haut; mais l'affranchissement ne peut venir sans désordre que de haut en bas.

« Quand même nous nous rendrions dignes de la liberté, les monarques ne nous permettraient pas d'être libres. » —Ne crois pas cela, ô lecteur! L'humanité est restée jusqu'ici fort en arrière pour tout ce qui lui est nécessaire; mais, si je ne me fais pas tout à fait illusion, le moment est venu où l'aurore va paraître, et le grand jour la suivra en son temps. Tes sages ne sont en général que les aveugles conducteurs d'un peuple plus aveugle encore; tes pasteurs en sauraient-ils davantage? eux qui, pour la plupart, sont élevés dans l'oisiveté et dans l'ignorance, ou qui, s'ils apprennent quelque chose, n'apprennent qu'une vérité arrangée tout exprès pour eux; eux qui, comme on sait, ne travaillent plus à leur propre culture, dès qu'ils ont commencé à gouverner, qui ne lisent aucun écrit nouveau, si ce n'est tout au plus quelques pages bien sophistiquées et bien délayées, et qui sont toujours en retard sur leur siècle, au moins de toutes les années de leur règne. Tu penses bien qu'après avoir signé leurs ordres contre la liberté de penser, et livré des combats où tant d'hommes se sont entretués, il ne leur reste plus qu'à s'en aller dormir tranquillement, en se disant qu'ils ont vécu un vrai jour de souverain, un jour agréable à Dieu et aux hommes. Il ne sert à rien de parler ; car qui pourrait crier assez haut pour frapper leur oreille et pénétrer jusqu'à leur cœur en passant par leur intelligence? Il n'y a que l'action qui serve. Soyez justes, ô peuples ! et vos princes ne pourront pas persévérer tout seuls dans l'injustice.

Encore une remarque générale, et je laisse le lecteur à ses propres réflexions ! — Il ne lui importe pas de connaître mon nom ; car il ne s'agit pas ici d'apprécier la véracité d'un témoin, mais de savoir si les principes, qu'il doit examiner lui-même, ont ou non quelque valeur. Mais il était très important pour moi de songer, en composant cet écrit, à mon siècle et à la postérité. Ma règle comme écrivain est celle-ci : N'écris rien dont tu aurais à rougir à tes propres yeux. Et l'épreuve que je m'impose à cet égard est dans cette question: Pourrais-tu vouloir que ton siècle et, s'il était possible, toute la postérité, sussent que c'est *toi* qui as écrit cela? J'ai soumis le présent écrit à cette épreuve, et il l'a très bien supportée. Je puis m'être trompé. Dès que j'y découvrirai des erreurs, ou qu'un autre m'en montrera, je m'empresserai de les rétracter ; car il n'y a pas de déshonneur à se tromper. Je me suis sérieusement attaqué à l'un des sophistes de l'Allemagne ; cela ne déshonore pas, cela honore : celui qui n'aime pas la vérité aime son ennemi. Il sera le premier auquel je me nommerai, s'il a quelque raison de l'exiger. Défendre une erreur que l'on tient pour une erreur, en embrouillant artificieusement les questions, en recourant à d'insidieux stratagèmes, en mettant de côté, s'il le faut, tout principe de moralité ;

fouler aux pieds la morale et ses fruits les plus saints, la religion et la liberté de l'homme, voilà ce qui est déshonorant, et voilà ce que je n'ai point fait. Mon cœur ne me défend donc pas de me nommer. Mais, dans un temps où un savant ne rougit pas, en examinant l'ouvrage d'un autre savant, de l'accuser de haute trahison, et où il pourrait bien y avoir des princes qui accueillissent une pareille accusation, le lecteur comprendra que la prudence commande l'anonyme à quiconque est jaloux de son repos. Pourtant je prends à l'égard du public l'engagement d'honneur, que j'ai pris avec moi-même, de me faire connaître comme l'auteur de cet écrit, soit dans le cours même de ma vie, soit après ma mort. Les rares personnes qui pourraient me reconnaître d'une manière ou d'une autre, verront trop bien que rien dans ces feuilles ne les autorise à ne pas respecter les motifs qui m'ont fait garder l'incognito et qui leur sont inconnus.

L'Auteur.

INTRODUCTION

D'APRÈS QUELS PRINCIPES FAUT-IL JUGER LES RÉVOLUTIONS ?

Ce qui est arrivé est chose de savoir, non de jugement. Sans doute, même pour découvrir et discerner cette vérité purement historique, nous avons grand besoin du jugement; — nous en avons besoin, pour apprécier soit la possibilité ou l'impossibilité physiques des choses mêmes qui nous sont données comme des faits, soit la bonne foi ou la capacité des témoins qui en déposent; mais dès que cette vérité est une fois établie, et que nous nous en sommes convaincus, le jugement a fait son œuvre, et nous la confions à notre mémoire comme un bien désormais clair et assuré.

Mais autre chose est cette appréciation de la crédibilité d'un fait, autre chose l'appréciation du fait lui-même, — la réflexion dont il est l'objet. Dans cette seconde espèce de jugement, l'esprit rapproche d'une certaine loi le fait donné et déjà reconnu vrai pour d'autres raisons, afin de justifier soit le fait par son accord avec la loi, soit la loi par son accord avec le fait. Dans le premier cas, il faut que la loi, qui sert d'épreuve au fait, soit antérieure à ce fait et qu'on lui reconnaisse une valeur absolue, — la valeur d'une loi sur laquelle le fait doive se régler, — car elle ne tire pas sa valeur de l'événement, mais c'est l'événement qui lui emprunte la sienne. Dans le dernier cas, on trouve la loi elle-même, ou son plus ou moins de généralité, en la comparant avec le fait.

Rien ne jette plus de confusion dans nos jugements, et ne nous empêche davantage de nous entendre nous-mêmes et de nous faire entendre des autres, que de négliger cette importante distinction; que de vouloir juger sans savoir proprement à quel point de vue nous jugeons; que d'en appeler, au sujet de certains faits, à des lois, à des vérités générales, sans savoir si nous contrôlons le fait par la loi, ou la loi par le fait, si nous employons l'équerre ou le fil à plomb.

Telle est la source la plus féconde de tous ces sophismes insipides où s'égarent à chaque instant non-seulement nos beaux messieurs et nos belles dames, mais encore nos écrivains les plus vantés, quand ils jugent ce grand drame que la France nous a donné de nos jours.

Lorsque — pour nous rapprocher de notre objet — il s'agit d'apprécier une révolution, il n'y a que deux questions possibles, l'une sur sa *légitimité*, l'autre sur sa *sagesse*. Dans la première, on peut demander, ou bien en général si un peuple a le droit de changer à son gré sa constitution, — ou bien en particulier s'il a le droit de le faire d'une certaine manière déterminée, à l'aide de certaines personnes, avec certains moyens, suivant certains principes. La seconde question revient à celle-ci : Les moyens adoptés pour atteindre le but que l'on se propose sont-ils les meilleurs? ou, pour la poser comme le veut l'équité, étaient-ce les meilleurs *dans les circonstances données*?

D'après quels principes aurons-nous à juger ces questions? A quelles lois rapporterons-nous les faits? A des lois que nous tirerons de ces faits, ou sinon de ces faits mêmes, du moins de faits d'expérience en général, ou bien à des lois éternelles, qui n'en auraient pas eu moins de valeur quand il n'y aurait eu absolument aucune expérience, ou qui n'en conserveraient pas moins la même valeur quand toute expérience viendrait à disparaître? Dirons-nous : Ce qui est arrivé le plus souvent est juste; et déterminerons-nous le bien moral d'après la majorité des actes, comme on détermine dans les conciles les dogmes ecclésiastiques d'après la majorité des voix? Dirons-nous: Ce qui réussit est sage? Ou bien, réunissant les deux questions, placerons-nous dans le succès la pierre de touche de la justice et de la sagesse, et attendrons-nous l'événement, pour appeler un brigand héros ou meurtrier, et Socrate un malfaiteur ou un vertueux philosophe?

Je sais que beaucoup doutent qu'il y ait en général des lois éternelles de la vérité et du droit, et n'admettent d'autre vérité que celle qui est déterminée par la majorité des voix, d'autre bien moral que celui qui résulte du chatouillement plus ou moins vif des nerfs. Je sais qu'ils abdiquent ainsi leur spiritualité et leur nature raisonnable, et qu'ils se transforment en animaux que l'impression extérieure détermine irrésistiblement au moyen des sens, en machines que meut fatalement l'engrenage d'une roue sur une autre, en arbres où la circulation et la distillation des sucs produit le fruit de la pensée; je sais que, par cette assertion, ils se réduisent immédiatement eux-mêmes à la condition de toutes ces choses, pour peu que leur machine à penser soit bien réglée. Il n'entre pas dans mon dessein de prendre ici contre eux-mêmes la défense de leur humanité, et de leur prouver qu'ils ne sont pas des animaux privés de raison, mais de purs esprits. Si l'horloge de leur esprit va bien, ils ne sauraient comprendre nos questions, et prendre part à nos recherches. Comment s'élèveraient-ils aux idées de la sagesse ou du droit?

Mais j'en vois d'autres qui, tout en défendant expressément ces lois primitives du monde des esprits, ou du moins en les acceptant tacitement lorsqu'ils n'ont pas encore poussé leurs recherches jusqu'à cette extrême limite, et tout en construisant sur des fondements que leur fournissent ces principes, se sont déjà décidés en faveur d'un jugement qui se règle sur les lois de l'expérience. Ils ont pour eux le public instruit, qui voudrait bien faire valoir sa connaissance des choses, cette connaissance qui lui tient si fort à cœur; ils ont le public dissipé et superficiel, qui redoute tout travail d'esprit, et veut voir, entendre et toucher tout avec ses yeux, ses oreilles et ses mains; ils ont les classes favorisées, qui attendent de l'expérience passée un jugement avantageux; — ils ont tout de leur côté, et il semble qu'il ne reste plus de place pour l'opinion contraire. — Je voudrais être lu, je voudrais trouver accès dans l'âme du lecteur. Que dois-je faire? Essayer si je ne trouverai pas quelque moyen de me concilier la foule.

I.

La question de savoir si un peuple a le droit de changer sa constitution, — ou cette question plus particulière, s'il a le droit de le faire d'une certaine façon, doit donc, à les entendre, être résolue au moyen de l'expérience, et c'est réellement au moyen de l'expérience qu'on en cherche la solution. — Dans la plupart des réponses qu'on a faites à ces questions et que l'on y fait encore chaque jour, on a, en effet, suivi des principes d'expérience, c'est-à-dire ici, pour prendre ce mot dans son sens le plus général, *des propositions que nous admettons sur le seul témoignage de nos sens, sans les ramener aux premiers principes de toute vérité, soit que nous les concevions clairement, soit qu'elles servent à notre insu de base à notre jugement;* — et ces principes ont sur ces solutions une influence qui s'exerce de deux manières, ou *involontairement*, ou *volontairement* et *avec conscience*.

Les principes d'expérience ont sur les jugements que nous portons une influence dont nous n'avons pas conscience, parce que nous ne les tenons pas pour des principes d'expérience, pour des propositions que nous avons admises sur la foi de nos sens, mais pour des principes purement spirituels et éternellement vrais. — La seule autorité de nos pères ou de nos maîtres nous fait admettre sans preuve, comme principes, certaines propositions qui n'en sont pas et qui ne sont vraies qu'autant qu'elles peuvent être dérivées de principes encore plus élevés. En entrant dans le monde, nous retrouvons nos prétendus principes chez tous les hommes avec lesquels nous sommes en rapport, parce qu'eux aussi les ont admis sur la foi de leurs parents et de leurs maîtres. Personne ne les contredisant, nous ne nous apercevons pas de ce qui leur manque du côté de la certitude, et nous ne sentons pas le besoin de les remettre à l'examen : notre foi en l'autorité de nos maîtres est complétée par celle qui s'attache au consentement général. Nous les trouvons partout confirmés par l'expérience, et cela précisément parce que chacun les tient pour des lois générales, et règle sur eux sa conduite. Nous en faisons nous-mêmes la règle de nos actes et de nos jugements, et à chaque nouvelle application ils s'unissent plus intimement à notre moi, et finissent par s'y incorporer, à tel point qu'ils ne disparaîtraient qu'avec lui.

Telle est l'origine du système général de l'opinion populaire, dont on nous donne ordinairement les résultats pour des sentences du sens commun; mais ce sens commun là a ses modes tout aussi bien que nos fracs et nos frisures. — Il y a vingt ans nous tenions pour malsains les concombres non pressurés, aujourd'hui ce sont les concombres pressurés que nous tenons pour malsains; et cela par les mêmes raisons qui font qu'aujourd'hui encore la plupart d'entre nous pensent qu'un homme peut être le *maître* d'un autre homme, — qu'un citoyen peut, par le fait de sa naissance, *avoir droit* à certains priviléges que n'ont pas ses concitoyens, — qu'un prince est destiné à faire le *bonheur* de ses sujets.

Essayez un peu, — je vous le demande à vous tous qui joignez à la profondeur de Kant la méthode populaire de Socrate, — essayez de déraciner la première proposition de l'esprit inculte d'un propriétaire d'esclaves, ou la seconde de celui d'un ancien noble ignorant; pressez-le de questions, de questions faciles à entendre même pour un enfant. Il comprend vos prémisses, il vous les accorde toutes avec une entière conviction; — tirez à présent la conclusion redoutée, et vous admirerez comment cet homme, jusque-là si clairvoyant, est devenu tout à coup si absolument aveugle qu'il ne peut plus saisir le lien si clair de votre conséquence avec votre majeure. C'est qu'aussi votre conséquence est réellement en contradiction avec *son* simple bon sens.

Or ces propositions, — qu'elles soient ou non exactes *en soi*, c'est-à-dire qu'elles se déduisent des principes auxquels on les ramène, ou qu'elles leur soient contraires,

— ces propositions sont, du moins pour celui qui les a admises sur la foi de ses maîtres, de ses concitoyens ou de son expérience, de simples principes d'expérience, et tous les jugements qu'il y fonde sont des jugements d'expérience. J'indiquerai, dans le cours de ce travail, plusieurs préjugés politiques de cette espèce, *préjugés* du moins pour celui qui ne les a pas examinés *ultérieurement*, et je chercherai jusqu'à quel point ils sont exacts.

Telle est l'influence que la sensibilité, cet instrument de l'expérience, exerce à notre insu sur notre *entendement* dans les jugements dont il s'agit ici. Elle en exerce une autre non moins inaperçue et tout aussi puissante sur notre *volonté*, et par là sur notre jugement, au moyen du sentiment obscur de notre intérêt.

Notre jugement dépend très souvent de l'impulsion de nos penchants, et cela est vrai surtout en matière de droit. Les mêmes injustices nous semblent beaucoup plus dures quand elles *nous* frappent que quand elles frappent autrui. Oui, notre penchant fausse souvent notre jugement à un degré beaucoup plus élevé encore. A force de présenter aux autres et de nous présenter enfin à nous-mêmes sous un masque honorable les prétentions de notre égoïsme, nous en faisons des prétentions *légitimes*, et nous crions à l'injustice quand on ne fait souvent autre chose que de nous empêcher d'être injustes. Ne croyez pas cependant que nous voulions vous tromper; nous nous sommes trompés nous-mêmes longtemps avant vous. Nous croyons très sérieusement à la légitimité de nos prétentions; en cherchant à vous faire illusion, nous ne faisons pas sur vous notre premier essai : il y a longtemps que nous nous faisons illusion à nous-mêmes.

On traite *volontairement* et avec conscience les questions dont il s'agit par des principes d'expérience, quand on veut les résoudre au moyen des faits de l'histoire. — Il est difficile de croire que celui qui tente une solution de ce genre ait proprement conscience de ce dont il s'agit; — c'est pourtant ce qui apparaîtra clairement dans la suite.

Croyons-nous donc traiter ces questions par les principes dont nous parlons? par des principes que nous avons admis sur la foi d'autrui? Mais si ces principes eux-mêmes étaient faux, la solution que nous y fondons serait aussi nécessairement fausse. — Sans doute ceux dont l'autorité nous a servi à former notre système d'opinions les tenaient pour vrais; mais s'ils se trompaient? Sans doute notre nation et notre siècle les tiennent aussi pour vrais; mais ne savons-nous pas, — nous qui savons tant de faits, — ne savons-nous pas que l'on reconnaît généralement pour vrai à Constantinople ce que l'on reconnaît généralement pour faux à Rome? — Ne savons-nous pas qu'il y a quelque cent ans on regardait généralement comme vrai à Wittemberg et à Genève ce que l'on y tient aujourd'hui non moins généralement pour une erreur funeste? Si nous étions transportés chez d'autres nations ou dans un autre siècle, conserverions-nous encore nos principes actuels, bien qu'ils se trouvassent alors en contradiction avec l'opinion générale, c'est-à-dire avec la pierre de touche qui nous sert à discerner la vérité? Ou bien ce qui aurait été vrai pour nous jusque-là cesserait-il de l'être? Notre vérité se règle-t-elle sur le temps et les circonstances?

Quelle espèce de réponse cherchions-nous donc proprement? Une réponse bonne uniquement pour notre siècle, ou pour les hommes dont les opinions s'accordent

avec les nôtres? — Nous aurions pu alors nous épargner
la peine de la chercher; ils résoudront sans nous la question exactement comme nous. — Ou bien voulions-nous
une solution bonne pour tous les temps et tous les peuples,
bonne pour tout ce qui est homme? Nous devons alors
l'établir sur des principes dont la valeur soit universelle.

Accorderons-nous une influence à notre *intérêt*, quand
c'est de *droit* qu'il s'agit? — ou, en d'autres termes, ferons-nous de notre inclination une loi morale universelle pour
l'humanité tout entière? — Il est vrai, ô chevalier de la
toison d'or, qui n'es rien de plus que cela, — il est vrai,
et personne ne te le conteste, qu'il serait fort désagréable
pour toi de voir tout à coup disparaître du monde le
respect qui s'attache à ta haute naissance, à tes titres et
à ton ordre, de n'avoir plus à compter pour être honoré
que sur ton mérite personnel, et de perdre tous ceux de
tes biens que tu possèdes illégitimement; — il est vrai
que tu serais le plus méprisable et le plus pauvre de tous
les hommes, que tu tomberais dans la plus profonde
misère; mais pardonne, — la question n'était pas de savoir
si tu serais misérable ou non; il s'agissait de notre droit.
Tu penses que ce qui te rend misérable ne saurait être
juste. — Mais vois ces esclaves mortaillables que tu as
opprimés jusqu'ici; — ce serait véritablement les rendre
fort heureux que de partager entre eux ceux de tes trésors
que tu possèdes à juste titre; de faire de toi leur esclave,
comme ils ont été les tiens jusqu'ici; de prendre tes fils
et tes filles pour en faire leurs valets et leurs servantes,
comme tu prenais toi-même leurs filles et leurs fils
pour en faire tes servantes et tes valets; de t'imposer
la charge de leur rabattre le gibier, comme ils te l'ont
rabattu jusqu'ici; — ils nous crient: le riche, le pri-

vilégié n'appartient pas au peuple; il n'a point de part aux droits universels des hommes. Tel est *leur* intérêt. Leurs raisonnements sont aussi solides que les tiens. Ils pensent que ce qui les rend heureux ne peut pas être injuste. Devons-nous ne pas les écouter? Permets donc que nous ne t'écoutions pas non plus.

Il est difficile, même avec la meilleure volonté et l'esprit le plus lucide, de se préserver de cette secrète illusion de la sensibilité. On ne devrait écouter en cette recherche aucun noble (1), aucun militaire d'un État monarchique, aucun homme d'affaires au service d'une cour déclarée contre la Révolution française (2). Le vulgaire bourgeois qui gémit sous le poids des lourds impôts, le paysan soumis au joug, le soldat meurtri de coups s'en mêleront-ils donc? — Où faudra-t-il les écouter, s'ils le font? Celui qui n'est ni oppresseur, ni opprimé, dont les mains et le

(1) Je parle de celui qui n'est que noble. Le public allemand honore en beaucoup d'hommes appartenant aux plus grandes maisons une plus haute noblesse, celle de l'esprit, et je l'honore certainement autant que personne. Je me borne ici à nommer le *baron* de Knigge et le noble auteur des *Pensées d'un patriote danois sur les armées permanentes*, etc.

(2) A plus forte raison un tel homme ne devrait-il pas se faire, dans le plus important des journaux savants de l'Europe, le juge des écrits qui se rapportent à ces questions, — et par conséquent l'interprète apparent de l'opinion nationale. — Pour moi, du moins, si l'on trouvait cet écrit digne d'être mentionné, je prie que l'on me fasse grâce du jugement des empiriques. Ils seraient juges en leur propre cause. Qu'on me donne pour juge un penseur spéculatif, ou qu'on ne m'en donne aucun. Pourtant toute règle a ses exceptions. Je fais, par exemple, le plus grand cas de l'ouvrage de M. Brandes, secrétaire intime de chancellerie en Hanovre, sur la Révolution française. On y sent un esprit indépendant et honnête, et l'on n'y remarque aucun détour de mauvaise foi.

patrimoine sont purs du pillage des nations, dont la tête n'a pas été façonnée dès sa jeunesse sur la forme conventionnelle de notre siècle, dont le cœur est rempli d'un chaud mais calme respect pour la dignité et les droits de l'homme, celui-là seul peut être juge ici.

Telles sont les secrètes illusions de la sensibilité. On en appelle évidemment à son témoignage, quand on veut résoudre la question *par l'histoire.* — Est-il vrai cependant qu'il ait pu réellement y avoir des hommes, des hommes d'un esprit juste, des savants, qui aient cru répondre par ce qui est ou a été à cette question : qu'est-ce qui *doit* être ? — Cela est impossible; nous ne les avons pas bien compris; ils ne se sont pas bien compris eux-mêmes. Sans nous engager avec eux en de rigoureuses démonstrations, ce qui est ici tout à fait en dehors de notre plan, nous voulons seulement chercher à leur faire comprendre clairement leurs propres paroles.

Lorsqu'ils parlent de ce qui *doit être*[1], ils veulent exprimer immédiatement par là quelque chose qui *peut être autrement*[2], car pour ce qui est nécessairement comme il est[3] et ne peut absolument pas être autrement, nul homme raisonnable ne recherchera si cela *doit*[4] être ainsi ou autrement. Ils reconnaissent donc immédiatement, en appliquant cette expression à certaines choses, qu'*elles sont indépendantes de la nécessité naturelle.*

Ils ne peuvent vouloir et ils ne voudront attribuer cette indépendance ou cette *liberté*, — c'est tout un —, à rien autre chose qu'aux résolutions des êtres raisonnables, les-

---

[1] *Von einem Sollen.*

[2] *Ein Andersseynkönnen.*

[3] *Was so seyn muss.*

[4] *Solle.*

quelles à ce titre peuvent être appelées des *actions*. Ils reconnaissent donc de libres actions dans les êtres raisonnables.

Ils veulent chercher si ces actions doivent être ainsi ou autrement, c'est-à-dire rapporter à une certaine règle l'action donnée d'une manière déterminée et porter un jugement sur l'accord de cette action avec cette règle. Or d'où tireront-ils cette règle? Ce ne sera pas de l'action qu'il s'agit de juger d'après elle; car l'action doit être contrôlée par la règle, et non la règle par l'action. Ce sera donc d'autres actions libres données par l'expérience? — Peut-être veulent-ils abstraire ce qu'il y a de *commun* dans les mobiles de ces actions et les ramener ainsi à une *unité* qui leur serve de loi? Ils ne seront pas du moins assez injustes pour vouloir juger un être libre d'après une loi qu'il ne saurait prendre pour règle de conduite, par la raison qu'elle lui serait inconnue; ils ne jugeront pas l'orthodoxie du patriarche Abraham d'après l'édit de religion qui gouverne la Prusse, ni la légitimité de la destruction des Cananéens par le peuple juif, d'après les manifestes du duc de Brunswick contre les Parisiens. Ils ne sauraient demander à cet être qu'une chose, savoir s'il a profité de toute l'expérience qui a pu s'amasser jusqu'à son siècle, et s'il a suivi la loi qui en résulte. Il faut donc qu'ils établissent une loi propre à chaque siècle pour les actions libres des êtres raisonnables. Suivant eux, nous avons aujourd'hui de tout autres droits et de tout autres devoirs que nos pères d'il y a cent ans; suivant eux, tout le système moral du monde spirituel sera complétement changé dans cent ans, en raison de l'accroissement de l'expérience; et eux-mêmes, s'ils parvenaint à un âge aussi avancé, condamneraient alors ce qu'ils déclarent juste aujourd'hui, et déclareraient juste ce qu'ils condamnent en ce moment. — Mais que dis-je, chaque siècle ! — Il faut qu'ils admettent une loi particulière pour chaque individu, car il est impossible que chacun soit aussi fort qu'eux en histoire, et ils n'exigeront sans doute de personne qu'il tire ses règles de conduite d'événements qu'il ne connaît pas. Ou bien est-ce un devoir pour nous d'être des historiens aussi profonds qu'eux, afin de ne pas demeurer dans cette grossière ignorance de tous nos devoirs?

Enfin, comme leur expérience s'arrête quelque part, ils arrivent nécessairement à un point où ils ne peuvent plus indiquer d'expérience antérieure. D'après quelles lois jugeront-ils alors ? — Ou bien cesseront-ils ici d'apprécier toute action libre au point de vue du devoir? S'arrêteront-ils, par exemple, devant la première résolution d'Adam, puisqu'il leur est impossible de citer des expériences qui lui seraient venues de ses ancêtres et d'après lesquelles il aurait dû se diriger ?

Telles sont les contradictions où tombent ceux qui veulent qu'on réponde par l'expérience à la question de droit, et elles seraient beaucoup plus choquantes si par bonheur pour eux ils n'étaient inconséquents, et si leur cœur ne leur jouait le tour de sentir plus juste que leur tête ne pense et que leur bouche ne parle. Nous voyons en effet qu'ils jugent assez généralement les libres actions de tous les peuples et de tous les temps d'après les mêmes principes, sans paraître craindre d'être contredits par l'expérience de l'avenir, et que ce qu'ils intitulent faussement preuves historiques ou déductions historiques n'est autre chose pour eux dans la pratique qu'un choix d'exemples qui servent à représenter d'une manière sensible des principes primitifs.

Parfois aussi ils confondent notre question avec celle-ci, qui en est tout à fait différente : *Ma conduite est-elle prudente?* Tant que la première n'a pas été pleinement résolue, il n'y a pas lieu de poser la seconde.—Il est clair pour tout esprit, même sans culture, qu'autre chose est faire son devoir et autre chose chercher son intérêt d'une manière raisonnable; l'école seule était capable d'obscurcir cette vérité et de fermer les yeux à la lumière du soleil. Chacun sent, quand même il ne l'avouerait pas toujours, que c'est souvent un devoir de sacrifier son intérêt bien entendu, — que nous sommes tout à fait libres de le sacrifier même en dehors de ce cas, et que nous n'avons à en répondre à personne qu'à nous-même, tandis qu'au contraire les autres peuvent exiger de nous quelque chose de conforme au devoir et le réclamer comme une dette. Il y a là deux questions essentiellement distinctes.

Or, s'ils nous accordent réellement qu'il y a un *devoir* de ce genre [1], qui puisse être exigé au nom d'une loi universellement valable, — et un *pouvoir* ou un *non-pouvoir* [2] qui dépende de cette loi; et s'ils ne jouent pas avec les mots, ils nous accordent aussi que cette loi ne saurait dériver de l'expérience et qu'elle ne peut pas être sanctionnée par elle, mais que, servant elle-même de principe à une *certaine* appréciation de tous les faits de l'expérience qui y sont soumis, *à ce titre*, elle doit être conçue comme indépendante de toute expérience et comme élevée au-dessus d'elle. Que s'ils ne nous accordent pas qu'il y ait un tel devoir, pourquoi donc se mêlent-ils d'une recherche qui dès lors n'existe absolument pas pour

---

[1] *Ein solches Sollen.*
[2] *Ein Dürfen oder Nicht-Dürfen.*

eux et qui n'est à leurs yeux qu'une chimère? Qu'ils nous laissent poursuivre tranquillement *notre* œuvre, et qu'ils continuent la leur !

La question du *devoir* et du *pouvoir*, ou, ce qui est la même chose, comme on le verra bientôt, la question du *droit* ne ressort nullement du tribunal de l'histoire. Les réponses de celle-ci ne s'appliquent pas du tout à notre question; elle nous répond sur tout, excepté sur ce que nous voudrions savoir; et ce serait une ridicule méprise que de coudre à notre question la réponse qu'elle nous fournit. Cette question ressortit à un autre tribunal que nous rechercherons. — Nous verrons plus bas si la seconde question, celle de la prudence, relève aussi du même tribunal, et à quelles conditions.

Nous voulons donc juger des faits suivant une loi qui ne saurait dériver d'aucun fait ni être contenu dans aucun. Où donc pensons-nous prendre cette loi? Où croyons-nous la trouver? Sans doute *dans notre moi*, puisqu'il ne faut pas songer à la chercher hors de nous; non pas, il est vrai, dans notre moi, en tant qu'il est formé et façonné par les choses extérieures au moyen de l'expérience (car celui-là n'est pas notre véritable moi, il n'est qu'une addition étrangère), mais dans sa forme *pure* et *originaire*; — dans notre moi tel qu'il serait en dehors de toute expérience. La seule difficulté ici, ce semble, c'est de le dégager de toute addition étrangère venant de notre éducation, et d'en obtenir la forme originaire dans toute sa pureté. — Si nous découvrions en nous quelque chose qui ne pût absolument dériver de l'expérience, comme étant d'une tout autre nature, nous pourrions conclure certainement que c'est là notre forme originaire. Or c'est ce que nous trouvons réellement dans cette loi du devoir. Si cette loi est en nous, — et c'est un fait qu'elle y est, — puisqu'elle est tout à fait contraire à la nature de l'expérience, elle ne peut être une addition étrangère apportée par l'expérience, mais elle doit être la forme pure de notre moi. L'existence de cette loi en nous, *comme fait*, nous conduit donc à la forme originaire de notre moi, et de cette forme originaire de notre moi se déduit à son tour l'apparition de la loi dans le fait, comme l'*effet de sa cause*.

Pour écarter même le plus léger soupçon de contradiction avec moi-même, j'ajouterai tout exprès une remarque : l'existence en nous d'une telle loi, en tant que fait, est sans doute, comme toutes les choses de fait, *donnée* à notre conscience par l'expérience (intérieure) ; c'est par l'expérience que, dans les cas particuliers, quand, par exemple, nous sommes entraînés par quelque coupable penchant, nous avons conscience d'une voix intérieure qui nous crie : Ne fais pas cela, ce n'est pas juste ; l'expérience nous montre certaines manifestations particulières, certains effets particuliers de cette loi dans notre cœur, mais elle ne les *produit* pas pour cela. Elle en est absolument incapable.

Or cette forme originaire, *immuable* de notre moi exige que celui-ci fasse accorder avec elle ses formes *changeantes*, lesquelles sont déterminées par l'expérience et la déterminent à leur tour, et c'est pourquoi elle prend le nom de *commandement ;* — elle l'exige absolument pour tous les esprits raisonnables, attendu qu'elle est la forme originaire *de la raison en soi*, et c'est pourquoi elle porte le titre de *loi ;* — et elle ne l'exige que pour les actions qui dépendent uniquement de la raison et non de la nécessité physique, c'est-à-dire pour les actions libres, et c'est pourquoi elle se nomme *loi morale*. Les expressions qui servent le plus communément à désigner la manifestation de cette loi et sous lesquelles elle est connue même de l'homme le plus ignorant, sont celles de *conscience*, de *juge intérieur*, de *reproches intérieurs* ou de *satisfaction intérieure*, etc.

Ce que cette loi nous commande est appelé en général une chose *juste*, un *devoir*; ce qu'elle nous défend, une chose *injuste*, contraire au devoir. Nous *devons* faire la première, nous *ne devons pas* faire la seconde. — Si, en qualité d'êtres raisonnables, nous sommes absolument et sans aucune exception soumis à l'empire de cette loi, nous ne pouvons *être, comme tels, soumis à aucune autre*; là où elle se tait, nous ne sommes donc soumis à aucune loi, nous *pouvons*. Tout ce que la loi ne défend pas, nous pouvons le faire. Tout ce que nous pouvons faire, nous avons le *droit* de le faire, puisque ce pouvoir est *légitime*.

Ce qui dans notre nature est une condition sans laquelle la loi n'y serait pas possible en général, se trouve compris, aussi bien que ce qu'elle ordonne réellement, avec ce qu'elle se borne à permettre, sous l'idée de *ce qui n'est pas défendu* par la loi; nous pouvons dire, par conséquent, que nous avons le droit d'être des êtres raisonnables, — que nous avons celui de faire notre devoir; tout comme nous pouvons dire que nous avons le droit de faire ce que permet la loi morale.

Mais ici se présente une distinction essentielle. Ce que la loi morale ne fait que nous permettre, nous avons le droit de le faire; mais nous avons aussi le droit opposé au précédent, celui de *ne pas* le faire. La loi morale se tait, et nous rentrons tout à fait dans notre libre arbitre.

— Nous avons aussi le droit de faire notre devoir; mais nous n'avons pas le droit opposé à celui-là, celui de ne pas le faire. De même nous avons le droit d'être des êtres libres, moraux; mais nous n'avons pas celui de ne pas l'être. Le droit est donc très différent dans les deux cas : dans le premier, il est réellement affirmatif; dans le second, il est purement négatif. J'ai le droit de faire ce que permet la loi morale, signifie : il dépend de moi de le faire ou de ne pas le faire; j'ai le droit d'être libre et de faire mon devoir, signifie seulement : rien ne peut m'en empêcher, personne n'a le droit de m'en empêcher. Cette distinction est infiniment importante à cause de ses conséquences.

Tels sont les principes auxquels nous devons ramener toutes nos recherches sur la légitimité ou l'illégitimité d'un acte libre; les autres n'ont absolument aucune valeur. Il faut qu'elles remontent jusqu'à la forme originaire de notre esprit, et elles ne doivent pas s'arrêter aux couleurs que leur communiquent le hasard, l'habitude, les préjugés issus d'une erreur involontaire ou propagés à dessein par l'esprit d'oppression. (Elles doivent s'appuyer sur des principes *à priori*, j'entends des principes pratiques, et nullement sur des principes empiriques.) Celui qui n'est pas d'accord avec lui-même à cet égard n'est pas encore mûr pour le jugement dont il s'agit ici. Il errera dans les ténèbres et cherchera son chemin en tâtonnant; il se laissera entraîner au torrent de l'association de ses idées, et attendra que sa bonne fortune le jette sur le rivage; il entassera au hasard des matériaux hétérogènes dans l'ordre où il les aura tirés de la surface de sa mémoire; il ne sera compris de personne et ne se comprendra pas lui-même, et il obtiendra les suffrages du public mondain qui se reconnaît en lui. Mais il n'entre pas dans mon dessein de raconter l'histoire des auteurs qui ont écrit sur ce sujet.

II.

La seconde question qui pouvait se présenter dans l'appréciation d'une révolution concernait *sa sagesse*; il s'agit de savoir si l'on a choisi les meilleurs moyens, du moins dans les circonstances où l'on se trouvait, pour atteindre le but qu'on se proposait.

Et ici nos grands connaisseurs serrent leurs rangs plus étroitement encore, bien sûrs que cette question — une question de sagesse — relève uniquement de leur tribunal. L'histoire, s'écrient-ils, l'histoire est la surveillante de tous les temps, l'institutrice des peuples, l'infaillible prophétesse de l'avenir; — mais, sans écouter leurs déclamations, décomposons la question dont il s'agit et voyons quelles questions y sont renfermées : de cette manière, chacun pourra prendre pour lui ce qui lui appartient, — et nous pourrons alors dire deux mots de cette histoire qu'ils vantent si fort.

Pour apprécier le rapport des moyens choisis avec un certain but, il faut avant tout juger la bonté du but lui-même, et la bonté du but, dans le cas présent, est celle d'une chose qui doit servir de principe à une constitution politique. — Cette question : Quelle est la meilleure fin de l'association politique? dépend de la solution de celle-ci : Quelle est la fin de chaque individu? La réponse à cette dernière question est purement morale et doit se fonder sur la loi morale, qui seule gouverne l'homme comme homme, et lui impose un but final. La condition qui en dérive immédiatement, et sans laquelle il n'y a pas d'association politique moralement possible, c'est que le but final de cette association ne soit pas contraire à celui que la loi morale prescrit à chaque individu et que, pour atteindre le premier, on n'entrave pas ou ne détruise pas le second. Un but final qui pêche contre cette règle fondamentale est déjà condamnable en soi; car il est injuste. Mais il faut, en outre, pour que l'association tout entière ne soit pas tout à fait sans but, qu'il seconde le but dernier de chaque individu. Seulement, comme cela se peut faire à bien des degrés et qu'il n'y a pas ici de degré suprême à indiquer, puisque cela monte à l'infini, la bonté du but final, à ce point de vue, ne peut se déterminer suivant une règle fixe, mais elle est susceptible de plus ou de moins.

Or, une fois admis que le but final de l'humanité, prise individuellement et en général, ne doit pas être déterminé d'après des lois d'expérience, mais suivant sa forme originaire, l'historien n'a rien à faire ici, si ce n'est tout au plus de nous fournir des matériaux pour comparer le plus ou le moins dans les diverses constitutions politiques. Encore craignons-nous qu'il ne perde sa peine à chercher ces matériaux dans l'histoire des États qui ont existé jusqu'ici, et qu'il ne revienne chargé d'un inutile butin.

La seconde question consiste à comparer les moyens choisis avec le but, afin de voir si les premiers se rapportent au dernier, comme les causes à leur effet. Or cet examen peut réellement se faire de deux manières : ou bien au moyen de *lois clairement conçues*, ou bien *à l'aide de cas analogues*.

Lorsqu'il s'agit de moyens à employer pour atteindre

un certain but dans une association politique, les objets auxquels s'appliquent ces moyens sont particulièrement les âmes des hommes, chez qui et par qui ce but doit être atteint. Or ces âmes sont entraînées, mises en mouvement, déterminées à agir suivant de certaines règles générales, que nous pourrions bien appeler des lois, si nous les connaissions suffisamment. Je ne parle pas ici de cette première loi fondamentale de l'humanité, qui doit toujours déterminer ses libres actions, mais de ces règles suivant lesquelles l'homme, non plus seulement l'homme originaire et pur, mais l'homme formé par l'expérience et par les additions des sens, peut être déterminé, et en particulier doit l'être pour s'accorder avec cette forme primitive. Car, de même que tous les esprits sont égaux quant à la forme originaire de la raison, tous les hommes le sont aussi quant à certaines autres formes sensibles de l'esprit. Les différences que le siècle, le climat, les occupations introduisent en eux sont réellement peu considérables, en comparaison de la somme de leurs qualités communes, et *avec les progrès de la culture elles doivent s'effacer de plus en plus* sous l'influence de sages constitutions. Il est aisé d'apprendre à les connaître, et les moyens de s'en servir sont des expédients mesquins et insignifiants; mais il n'est pas aussi facile d'achever l'étude de leurs formes générales.

Or c'est ici qu'intervient réellement l'expérience, non pas celle qui consiste à savoir combien il y a eu de grandes monarchies, ni quel jour a eu lieu la bataille de Philippes, mais une expérience bien plus voisine de nous : — *la connaissance expérimentale de l'âme humaine*[1].

---

[1] *Erfahrungsseelenkunde.*

— Sois pour toi-même le plus fidèle des compagnons, suis-toi dans les recoins les plus cachés de ton cœur, et surprends tous tes secrets, en un mot, *apprends à te connaître toi-même,* — voilà le premier principe de cette science de l'âme. Les règles que tu tireras de cette observation de toi-même sur le cours de *tes* penchants et de *tes* inclinations, sur la forme de *ton* moi sensible, s'étendront — crois-le bien — à tout ce qui porte figure humaine. Tous les hommes te sont semblables en ce point.

— Fais bien attention que je dis : *en ce point*. En effet, tu es peut-être sincèrement résolu à suivre toujours la voix de ta conscience; tu sais te respecter toi-même, et tu es un honnête homme. Je ne te conseille pas d'avoir la même confiance dans l'honnêteté du premier venu. Peut-être ne tient-il pour mal rien de ce qui lui est utile, et est-il tout aussi fermement résolu à obéir à la voix de son intérêt. L'égoïsme est le mobile de ses actions, comme le respect de la loi est celui des tiennes. Mais tu peux croire sûrement que ces deux mobiles si différents vous conduiront tous deux à l'action par des chemins assez semblables. — D'ailleurs, en consultant l'histoire de ton cœur, peut-être bien te souviendras-tu d'un temps où tu n'étais pas beaucoup meilleur qu'il ne l'est aujourd'hui; peut-être bien te rappelleras-tu comment tu es peu à peu revenu à la raison, et de quelle manière tu t'es refait une nouvelle existence spirituelle. Il suivra aussi la même marche, — bien que ne partant pas précisément du même point, — s'il doit s'améliorer un jour; et il faut que tu l'aides à se diriger dans cette voie, si tu veux concourir à son amélioration.

C'est d'après les règles de cette science de l'âme, lesquelles se rapprocheront du rang des lois, grâce à une observation sage et persévérante, c'est d'après ces règles qu'il faut examiner les moyens choisis dans une constitution pour atteindre son but final. Il faut rechercher si, suivant l'analogie qui existe en général entre les hommes sensibles, ces moyens peuvent produire et produiront sur eux l'effet qu'on en attend ; cette manière de juger est la plus solide, la plus infaillible, la plus lumineuse. L'historien vulgaire n'a rien à y voir; elle est l'œuvre du penseur qui s'observe lui-même.

Un second moyen de chercher une réponse à la question dont il s'agit, c'est de *juger d'après des cas analogues*. Le principe de cette manière de juger est celui-ci : des causes analogues ont produit autrefois certains effets; donc elles produiront encore maintenant des effets analogues. Or cette espèce de considération semble au premier aspect purement historique, mais il y a ici plusieurs remarques à faire.

D'abord, comme on ne saurait indiquer que des causes simplement analogues, et jamais absolument les mêmes, on ne peut aussi conclure qu'à des effets analogues et jamais à des effets identiques. Mais comment donc savez-vous en quoi l'effet attendu sera réellement semblable à l'effet donné, et en quoi il en sera différent ? — ou ce que sera cette différence? L'histoire ne vous enseigne ni l'un ni l'autre; si vous voulez le savoir, il faut que vous le cherchiez à l'aide des lois de la raison.

Ensuite, sur quoi donc se fonde, en général, votre conséquence, *à savoir que* des causes analogues auront des effets analogues? Pour que cette conséquence soit légitime, il faut que vous supposiez tacitement que l'effet est réellement lié aux causes par une loi universelle et applicable dans tous les cas, et qu'il en résulte d'après cette loi.

Voyez donc, vous qui soutenez que cette manière de juger est la seule bonne ou au moins la meilleure, — voyez jusqu'où nous sommes d'accord et où nous commençons à nous séparer. Vous admettez comme nous une loi et son universalité ; mais vous ne vous souciez pas de la chercher. Vous ne voulez que l'effet ; la liaison de l'effet avec la cause est ce qui vous intéresse le moins. Pour nous, nous cherchons la loi même, et de la cause donnée nous concluons l'effet suivant la loi. Vous vendez des marchandises de seconde main ; nous tirons les nôtres de première. Qui de nous, à votre avis, reçoit les meilleures et au plus juste prix ? Vous observez en gros, vous regardez du haut d'un donjon les flots de peuple qui se pressent sur le marché ; nous entrons davantage dans le détail, nous prenons chacun en particulier, et nous l'examinons. Qui de nous, je vous le demande, aura le plus de connaissances ?

Et si vous tombez sur un cas qui ne se soit pas encore présenté dans votre histoire, que ferez-vous alors ? Je crains fort que la question des moyens à suivre pour atteindre le seul vrai but d'une constitution politique ne vous offre précisément ce cas. Je crains que vous ne cherchiez en vain une unité de but dans tous les États qui ont existé jusqu'ici, — dans ces États que le hasard a formés et que chaque siècle a rapiécés et raccommodés avec un humble respect pour les mânes des devanciers ; — dans ces États dont la plus louable qualité est d'être inconséquents, puisque plusieurs de leurs principes, poussés jusqu'au bout, auraient écrasé l'humanité et lui auraient enlevé tout espoir de se relever jamais ; — dans ces États où l'on ne rencontre guère d'autre unité que celle qui réunit les diverses espèces d'animaux carnivores, et qui fait que le plus faible est mangé par le plus fort et mange à son tour un plus faible que lui. Je crains que vous ne trouviez dans votre histoire aucun renseignement touchant les effets de certains mobiles sur les hommes, parce que les héros de cette histoire ont oublié de les appliquer au cœur humain. Il vous faudra donc vous contenter d'une recherche *a priori*, si la recherche *a posteriori* n'est pas possible.

Et, puisque nous en sommes sur un texte si riche, encore deux mots à ce sujet ! — Il en est de l'humanité en général comme de l'individu. Celle-là est formée, comme celui-ci, par les événements de sa durée. Nous avons complétement oublié les circonstances de nos premières années. Sont-elles pour cela perdues pour nous? — et, parce que nous ne les connaissons pas, toute la direction originelle et individuelle de notre esprit y a-t-elle moins son principe? Pourvu que celle-ci nous reste, que nous importe le reste? — Nous arrivons à l'adolescence, et nos petites actions, nos petites peines se gravent d'une manière durable dans notre mémoire. Cependant, grâce à elles, nous faisons un pas de plus dans notre éducation, et, dès que nous avons fait ce pas, nous commençons à rougir de nos caprices et de nos folies d'enfant; le souvenir de ce qui a précisément servi à nous rendre plus sages nous devient odieux à cause de notre plus grande maturité, et nous l'oublierions volontiers si nous le pouvions. Le temps où nous nous en souvenons avec indifférence vient plus tard; il vient quand ces années nous sont devenues étrangères et que nous ne nous regardons plus comme le même individu. — L'humanité ne semble pas être encore parvenue à l'âge où l'on apprend à rougir; autrement elle se vanterait moins de ses exploits d'enfant, et elle attacherait moins de prix à les compter.

Il n'y a rien dans l'humanité qui soit vraiment le bénéfice de l'âge et de l'expérience que ce qui y reste réellement comme bien acquis. Il nous importe moins de savoir *comment* elle y est arrivée, et notre curiosité trouverait d'ailleurs peu de renseignements à ce sujet dans les historiens ordinaires. Ils nous décrivent dans tous leurs détails les échafaudages et les machines extérieures : ils ne pouvaient voir avant ce merveilleux travail comment une pierre se joint à une autre. C'est pourtant là ce que nous aurions bien voulu savoir. Pour ce qui est de l'échafaudage, — si seulement l'édifice était construit, on pourrait l'enlever (1).

Faut-il donc laisser l'histoire tout à fait de côté? Oh non, seulement il faut la tirer de vos mains, puisque vous restez éternellement enfants et que vous ne pouvez faire autre chose qu'*apprendre*; puisque vous ne savez que *recevoir*

---

(1) Comme nous n'écrivons pas ici un traité contre l'histoire, plaçons en note ce qui suit : « Nous nous servons de l'histoire, entre autres choses, pour admirer la sagesse de la Providence dans l'exécution de son vaste plan. » — Mais cela n'est pas vrai. Vous voulez simplement admirer votre propre pénétration. Il vous vient par hasard une idée ; c'est ainsi que vous feriez si vous étiez la Providence. — On pourrait montrer, avec beaucoup plus de vraisemblance, dans le cours qu'ont suivi jusqu'ici les destinées de l'humanité, le plan d'un être méchant et ennemi des hommes, qui aurait tout disposé pour la plus grande corruption et la plus grande misère morale possible. Mais cela ne serait pas vrai non plus. La seule chose vraie, c'est qu'une multiplicité infinie est donnée, qui n'est en soi ni bonne, ni mauvaise, mais qui devient l'une ou l'autre par la libre application des êtres raisonnables, et elle ne deviendra pas meilleure, en effet, avant que *nous* ne le soyons devenus.

et que vous êtes incapables de *produire*; puisque enfin votre puissance créatrice la plus haute ne sort pas de l'*imitation*. Il faut la remettre entre les mains du vrai philosophe pour que, dans ce spectacle de marionnettes qui attire vos yeux par ses couleurs variées, il vous montre la preuve éclatante que tous les chemins ont été tentés et qu'aucun n'a conduit au but, et pour que vous cessiez enfin de décrier sa méthode, la méthode des principes, au profit de la vôtre, celle des tâtonnements aveugles. Il faut la remettre entre ses mains pour que, dans l'alphabet que vous avez à étudier, il vous trace en rouge quelques caractères que vous puissiez distinger à leur couleur, en attendant que vous ayez appris à les reconnaître à leur forme propre.

Elle lui servira à enrichir et à confirmer en dernière analyse la connaissance expérimentale de l'âme. Pour apprendre à connaître l'homme en général, l'homme dans les circonstances ordinaires, il n'y a pas besoin d'une science historique bien étendue. Chacun a son propre cœur, et les manières d'agir de ses deux voisins de droite et de gauche lui offrent un texte inépuisable. Mais ce que peuvent dans des circonstances extraordinaires les âmes privilégiées, l'expérience quotidienne ne nous l'apprend pas. De pareilles âmes, placées dans des circonstances qui développent et révèlent toute leur puissance, on n'en rencontre pas tous les cent ans. Pour apprendre à les connaître, pour apprendre à connaître l'humanité dans son habit de fête, nous avons besoin des instructions de l'histoire. — Voudriez-vous bien me dire ce que nous avons gagné sous ce rapport avec votre manière de traiter l'histoire, et me nommer les Plutarques que vous nous avez formés ?

En vérité, il est difficile de résister à son indignation ou de ne pas éclater de rire, suivant qu'on a la bile ou la rate plus susceptible, quand on entend les déclamations de nos savants contre l'application des principes rationnels aux choses de la vie, et les violentes attaques de nos empiriques contre nos philosophes, comme si entre la théorie et la pratique il y avait une opposition éternelle. — Mais je vous prie, d'après quelle idée conduisez-*vous* donc vos affaires dans la vie ? Les livrez-vous entièrement au souffle aveugle du hasard, ou bien, puisque votre langage est ordinairement si pieux, à la direction de la Providence ; ou bien vous dirigez-vous d'après des règles ? Dans le premier cas, — que signifient ces avertissements que vous prodiguez aux peuples pour les mettre en garde contre les fallacieuses promesses des philosophes ? Tenez-vous donc tranquilles, et laissez faire votre hasard. Si les philosophes réussissent, ils auront eu raison ; s'ils ne réussissent pas, c'est qu'ils auront eu tort. Il ne vous appartient pas de les repousser ; le hasard les jugera bientôt. Dans le second cas, — d'où tirez-vous donc vos règles ? De l'expérience, dites-vous. Mais si cela signifie que vous les trouvez toutes formulées par des hommes qui vous ont précédé, et que vous les admettez sur la foi de leur parole, — je vous demande alors où ces hommes eux-mêmes les ont prises. Vous n'avez pas avancé d'un seul pas. — Si ce n'est pas là ce que vous voulez dire, il faut que vous commenciez par juger l'expérience, que vous rameniez sous certaines unités les faits divers qu'elle contient et que vous en tiriez vos règles. Cette méthode que vous avez à suivre ne saurait à son tour dériver de l'expérience, mais la direction et les pas vous en sont prescrits par une loi originaire de la raison, que l'école vous a fait connaître sous le nom de logique. Mais cette loi ne vous donne que la forme de votre jugement; elle ne vous fournit pas le point de vue d'où vous voulez juger les faits. Il vous faut, disais-je, ramener les faits divers sous certaines unités déterminées, et c'est ce que vous ne contesterez certainement pas, si vous comprenez cette expression. Sinon, réfléchissez-y un peu. Comment arrivez-vous donc à ces idées d'unité? Ce n'est pas en jugeant ce qui vous est donné dans l'expérience, car la possibilité de ce jugement même les présuppose, comme vous devez l'avoir compris par ce qui a été dit. Il faut donc qu'elles se trouvent dans votre âme originairement et avant toute expérience, et vous avez jugé d'après elles sans le savoir. L'expérience en elle-même est une boîte remplie de caractères jetés pêle-mêle ; c'est l'esprit humain qui seul donne un sens à ce chaos, qui en tire ici une Iliade, et là un drame historique à la Schlenkert. — Vous ne vous êtes donc pas rendu justice à vous-mêmes; vous êtes plus philosophes que vous ne le pensiez. Vous nous rappelez le maître Jourdain de la comédie : vous avez philosophé toute votre vie sans vous en douter. Pardonnez-nous donc un péché que vous avez commis avec nous.

Voulez-vous que je vous dise où est le vrai point du débat entre vous et nous? Vous n'avez sans doute pas envie de vous brouiller tout à fait avec la raison, mais vous ne vous souciez pas non plus de vous brouiller entièrement avec votre excellente amie, madame la routine. Vous voulez vous partager entre les deux; et, en vous plaçant entre deux maîtresses aussi intraitables, vous vous mettez dans cette situation désagréable de ne contenter ni l'une ni l'autre. Suivez donc plutôt résolûment le sentiment de reconnaissance qui vous porte vers la dernière, et nous saurons alors à quoi nous en tenir à votre égard.

Nous voudrions bien, dites-vous, agir un peu raisonnablement, mais non pas tout à fait au nom du ciel. Fort bien! Mais pourquoi vous arrêtez-vous juste aux limites que vous avez fixées? Pourquoi ne vous renfermez-vous pas dans des limites plus étroites encore? Pourquoi ne faites-vous pas encore quelques pas au delà? Vous ne sauriez alléguer à ce sujet un principe raisonnable, puisque vous abandonnez ici la raison. Or, que voulez-vous répondre sur ce point, — à vos alliés qui sont d'accord avec vous sur la chose même, mais non pas sur les limites; — que voulez-vous leur répondre, à ces défenseurs obstinés du passé tel qu'il est? Vous vous mettez en querelle avec tout le monde, et vous restez seuls et sans réponse.

Vous insistez cependant : nos principes philosophiques, selon vous, ne sauraient passer dans la vie; nos théories sont à la vérité irréfutables, mais elles ne sont *pas praticables*. — Vous ne les jugez sans doute ainsi qu'à condition que *tout reste comme il est actuellement*; car autrement votre assertion serait beaucoup trop hardie. Mais qui vous dit donc que les choses doivent rester ainsi? Qui vous a donc loués pour raccommoder et bousiller comme vous le faites, pour ajuster ainsi de nouveaux morceaux à un vieux manteau déguenillé, pour faire cette lessive, sans mouiller la peau de personne? Qui donc vous a assuré que de cette manière la machine ne tomberait tout à fait en pourriture, que les trous ne s'agrandiraient pas, que le nègre cesserait d'être un nègre? Parce que vous avez fait des sottises, faut-il que nous portions l'âne?

Mais vous *voulez* que tout reste sur l'ancien pied; voilà

pourquoi vous nous résistez et pourquoi vous vous écriez que nos principes sont inexécutables. Eh bien! montrez du moins de la franchise et ne dites plus : Nous ne *pouvons* pas exécuter vos principes ; mais dites seulement, comme vous le pensez : Nous ne *voulons* pas les exécuter.

Ces cris contre l'impossibilité de ce qui ne vous plaît pas, vous ne les poussez pas aujourd'hui pour la première fois ; vous les avez poussés de tout temps, chaque fois qu'un homme courageux et résolu est venu parmi vous et vous a dit comment vous deviez vous y prendre pour mieux conduire vos affaires. Pourtant, malgré vos cris, bien des choses sont devenues réelles, pendant que vous vous en démontriez l'impossibilité. — C'est ainsi qu'il n'y a pas longtemps vous criâtes à un homme, qui suivait notre voie, et qui n'avait d'autre tort que de ne pas la suivre jusqu'au bout : *Proposez-nous donc ce qui est faisable*. — C'est-à-dire, vous répondit-il très justement : *Proposez-nous ce qu'on fait*. Depuis ce temps-là, l'expérience, la seule chose qui puisse vous rendre sages, vous a appris que ses desseins n'étaient pourtant pas si impraticables.

Rousseau, que vous ne vous lassez pas d'appeler un rêveur au moment même où ses rêves se réalisent sous vos yeux, eut beaucoup trop de ménagements pour vous, ô empiriques! ce fut là sa faute. On vous parlera tout autrement qu'il ne vous parlait. Sous vos yeux, et je puis ajouter à votre honte, si vous ne le savez pas encore, l'esprit humain, réveillé par Rousseau, a accompli une œuvre que vous auriez déclarée de toutes les choses impossibles la plus impossible, si vous aviez été capables d'en concevoir l'idée : il s'est mesuré lui-même. Pendant que vous épluchez encore les termes de l'Avertissement, — pendant que vous ne remarquez rien, que vous ne pressentez rien,

— pendant que vous vous affublez, comme d'une peau de lion, de deux ou trois lambeaux détachés de l'œuvre entière; — pendant qu'en toute innocence et en toute simplicité vous en pensez suivre les principes, alors que vous y commettez les bévues les plus grossières; — pendant ce temps-là peut-être des hommes jeunes et pleins de force se nourrissent-ils en silence de l'esprit qui l'anime, pressentant l'influence qu'elle exercera sur le système du savoir humain dans toutes ses parties, et toute cette création nouvelle de la pensée humaine qu'elle opérera et qu'ils montreront un jour. Plus d'une fois encore, vous serez forcés de vous frotter les yeux pour vous convaincre que vous voyez bien, comme il vous arrive chaque fois qu'une de vos impossibilités devient une réalité.

Voulez-vous mesurer les forces d'un homme sur celles d'un enfant? Croyez-vous qu'un homme libre n'aura pas plus de puissance qu'un homme enchaîné? Jugez-vous des forces que nous donnera une grande résolution par celles que nous avons tous les jours? Que voulez-vous donc avec votre expérience? Nous montre-t-elle autre chose que des enfants, des esclaves enchaînés ou des hommes de tous les jours?

Vous êtes sans doute des juges compétents pour apprécier les limites des forces humaines! Courbés sous le joug de l'autorité, autant que vous le permet la flexibilité de votre échine; péniblement serrés dans une forme de pensée artistement imaginée, mais contraire à la nature; dépourvus de toute personnalité à force de vous être imbus de principes étrangers, à force d'avoir plié sous les plans d'autrui, à force d'avoir obéi à tous les besoins du corps; incapables désormais de donner à votre esprit un essor plus élevé et d'avoir de votre moi un vif et noble sentiment, êtes-vous en état de juger de ce que peut l'homme? — Vos forces sont-elles, en général, la mesure des forces humaines? Avez-vous jamais entendu frémir l'aile d'or du génie? — de celui qui inspire, non des chants, mais des actes. Avez-vous prescrit à votre âme un énergique *je veux*; en avez-vous poursuivi le résultat en dépit de toutes les inclinations sensibles, au travers de tous les obstacles, à l'aide d'une lutte persévérante, jusqu'à ce que vous pussiez enfin vous écrier : *le voici?* Vous sentez-vous capables de dire en face au despote : « Tu peux me tuer, mais non changer ma résolution? » Si vous n'avez pas cette vertu, — si vous ne pouvez l'avoir, éloignez-vous de ce lieu; il est trop saint pour vous.

L'homme *peut* ce qu'il *doit*; et quand il dit : je ne *puis*, c'est qu'il ne *veut* pas.

III.

Tout jugement était absolument impossible tant que nous n'avions pas vidé la question de savoir devant quels tribunaux nous devions porter notre affaire. Maintenant que cette question est tranchée, il s'en élève une autre, qu'il faut résoudre aussi pour être en état de porter un jugement solide et conséquent : celle du rang de nos deux tribunaux compétents et de la hiérarchie de leurs sentences. Je m'explique.

Une action peut être très prudente et en même temps très injuste; d'un autre côté, nous pouvons avoir droit à une chose dont il serait pourtant fort imprudent de faire usage. Les deux tribunaux rendent des sentences tout à fait indépendantes l'une de l'autre : ils ne suivent pas du tout les mêmes lois, et ne répondent pas du tout aux mêmes questions. Pourquoi donc le oui ou le non qui conviennent à l'une conviendraient-ils aussi nécessairement à l'autre? Or, si nous nous adressions aux deux tribunaux dans l'intention de régler notre conduite sur les réponses que nous en recevrions, et que l'un permît ou commandât ce que l'autre défendrait, auquel des deux devrions-nous obéir?

La sentence de la raison, en tant qu'elle s'applique aux actes libres des êtres spirituels, est une *loi* absolue et universelle: ce qu'elle ordonne doit absolument être fait; ce qu'elle permet ne doit rencontrer absolument aucun obstacle. La décision de la prudence n'est qu'un *bon conseil*; si nous sommes prudents, nous ne manquerons certainement pas de l'écouter; — si nous ne le sommes pas autant que vous, si nous ne possédons pas votre arithmétique en matière d'intérêts, — cela est sans doute fâcheux pour nous, — mais vous n'avez pas le droit de nous *forcer* à être prudents. Si donc la loi morale, interrogée par toi, te répond que tu ne peux pas faire cela, tu ne dois pas le faire; et si la voix de la prudence te crie non moins haut : — Fais-le, il y va de tes plus grands intérêts ; en ne le faisant pas, tu perdras tout ton bien-être, tu tomberas dans la plus profonde misère, le monde s'écroulera sur toi : — eh bien! laisse le monde s'écrouler et ensevelis-toi sous ses ruines avec la conscience de *n'avoir rien fait d'injuste* et d'être *digne* d'un meilleur sort.

Si au contraire la loi morale te répond : tu peux, — alors va, et prends conseil de la prudence; cherche tes avantages, balance-les ensemble, choisis le plus important, et jouis-en en toute conscience; ton cœur te le permet.

Mais si nous n'avions élevé la question que pour juger l'action d'un autre, que devrions-nous faire dans le cas où la loi morale et la prudence y feraient des réponses différentes? — A-t-il agi injustement, son action mérite alors toute notre haine, et, si cette injustice nous atteint, une correction de notre part. N'a-t-il agi que d'une manière imprudente, sa conduite mérite simplement notre blâme; nous pourrions tout au plus lui témoigner de la compassion et lui souhaiter un meilleur sort, mais nous ne saurions lui retirer notre estime, puisqu'il n'a point violé la loi.

Mais, — ô trait profond, trait caché et ineffaçable de la corruption humaine! — nous aimons toujours mieux être bons qu'être justes; nous aimons mieux donner l'aumône que payer nos dettes! — Nous sommes généreux envers ce malheureux, c'est son plus grand bien que nous cherchons, et nous voulons le remettre dans le chemin, fallût-il employer des moyens violents.

Savons-nous donc si sûrement ce qu'exige *son* bonheur ou *son* malheur? Peut-être *nous* trouverions-nous souverainement malheureux dans sa situation; savons-nous donc si, avec les qualités qui lui sont propres, avec ses forces, avec ses dispositions, il se trouve aussi malheureux? Nous attachons d'ailleurs tant d'importance aux différences individuelles des hommes et nous y comptons si fort; pourquoi donc oublions-nous ici notre propre principe? Avons-nous donc une loi générale pour juger du bonheur? Où faut-il la chercher?

Mais d'où vient ce trait général de l'homme, de vouloir mesurer la direction individuelle des autres sur la sienne propre, et d'aimer tant à faire pour eux des plans qui n'ont d'autre défaut que de n'être bons que *pour lui?*

Le timide indique au hardi, et le hardi au timide, le chemin qu'il suivrait sans doute lui-même ; mais malheur au pauvre diable qui écoute un si bon conseil ! Il ne sera jamais son maître, et, pour avoir agi une seule fois en mineur, il aura toujours besoin d'une tutelle. « C'est ce que je ferais, si j'étais Parménion, » disait Alexandre ; et dans ce moment-là il se montrait plus philosophe qu'il ne l'a été peut-être dans tout le reste de sa vie. — Sois tout pour toi-même, ou tu ne seras rien.— Il faut reconnaître dans ce trait une déformation sensible d'une qualité fondamentale de notre nature spirituelle : le besoin d'établir l'harmonie dans les modes d'action des êtres raisonnables, comme tels.

Mais supposons que vous puissiez prouver, ce que vous ne ferez jamais, que cet homme se rend nécessairement malheureux par sa conduite, — supposons que vous vous sentiez entraînés par la générosité de votre cœur à le retenir sur le bord de l'abîme, — ne pouvez-vous avoir du moins la patience d'attendre que vous vous soyez consultés vous-mêmes sur la *légitimité* de vos actions ?

Il invoque une permission de la seule loi qui vous oblige, ainsi que lui. Si cette loi est réellement votre unique loi commune, alors la permission qu'il invoque est un *ordre* pour vous. La loi veut qu'il ne soit soumis à aucune autre loi qu'à elle-même ! Dans le cas présent elle se tait et par conséquent l'affranchit de toute autre obligation, et vous voulez le contraindre à subir une loi nouvelle. Vous retirez alors, *de votre propre chef*, une permission donnée par la loi; celui que la loi veut libre, *vous*, vous le voulez obligé; vous désobéissez *vous-mêmes* à la loi; vous élevez *votre tribunal* au-dessus de celui de la divinité, — car elle-même ne rend aucun être heureux contre sa volonté.

Non, créature raisonnable, tu ne peux rendre personne heureux contre son droit, car cela est injuste.

O droit sacré, quand donc te reconnaîtra-t-on pour ce que tu es, pour le sceau de la divinité empreint sur notre front? Quand s'inclinera-t-on devant toi pour t'adorer? Quand nous couvriras-tu, comme d'une céleste égide, dans ce combat de tous les intérêts de la sensibilité conjurés contre nous, et quand nos adversaires seront-ils pétrifiés par ton seul aspect? Quand les cœurs battront-ils à ton nom, et quand les armes tomberont-elles des mains du fort devant les rayons de ta majesté?

IV.

Cette introduction, consacrée aux prolégomènes, réclame encore une petite place pour l'observation suivante, qui ne concerne pas proprement, il est vrai, les principes de notre jugement, mais le droit même du jugement public.

On introduit aujourd'hui dans les recherches politiques la pratique autrefois en usage dans les recherches religieuses : on trace une ligne de démarcation entre les vérités *exotériques* et les vérités *ésotériques*, c'est-à-dire — car tu ne dois pas comprendre, ô public illettré, pourquoi l'on évite avec tant de soin de s'exprimer clairement, — c'est-à-dire entre les vérités que chacun peut savoir, parce qu'il n'en résulte rien de bien consolant, et d'autres vérités qui, hélas! sont tout aussi vraies, mais dont personne ne doit savoir qu'elles le sont. — Tu vois, cher public, combien tes favoris se jouent de toi ; et dans ta simplicité d'enfant, tu te réjouis des miettes qu'ils laissent tomber pour toi de leur table somptueuse. Ne te lie pas à eux ; ce qui te cause une joie si franche n'est que l'exotérique ; tu devrais voir d'abord l'ésotérique, mais il n'est pas pour toi. « Les trônes des princes, disent-ils, sont et doivent être éternels; » et, dans leur pensée, ils entendent par prince tout administrateur des lois. « Il n'y a qu'un peuple gouverné qui puisse être libre, » disent-ils; c'est-à-dire, pensent-ils, un peuple gouverné par ses propres lois.

Aussi bien est-ce un de vos vieux défauts, ô hommes pusillanimes! de nous chuchoter dans l'oreille, d'un air mystérieux, ce que vous avez fini par découvrir. « Mais, mais, — ajoutez-vous en affectant le ton de la prudence, — que cela n'aille pas plus loin, ma chère commère. » Cette conduite n'est pas digne de l'homme; ce qu'il dit, chacun doit le savoir.

« Mais il serait fort dangereux que chacun le sût. » Que ce soit là ton dernier souci, si tu n'es pas chargé de veiller au bien des mondes. La vérité n'est pas le patrimoine exclusif des écoles : elle est le bien commun de l'humanité; elle nous a été donnée par notre père commun comme un précieux apanage, comme le plus intime moyen de communication des esprits avec les esprits. Chacun a également le droit de la chercher, d'en jouir et d'en user dans la mesure de sa capacité. Tu n'as pas le droit de l'en empêcher : cela est injuste; il ne t'est pas permis de le tromper, de le rendre dupe d'aucun mensonge, fût-ce dans la meilleure intention. Tu ne sais pas ce qu'il y a de bon pour lui; mais tu sais que tu ne dois jamais mentir, jamais parler contre ta conviction. En revanche, nous ne pouvons pas non plus te forcer à lui dire la vérité; tu peux garder ta conviction pour toi; nous n'avons ni le moyen, ni le droit de l'arracher de ton âme. — Mais *je* veux la lui dire. Vois-tu avec déplaisir que je sois si bon? N'ai-je pas le droit de faire ce que je veux de ce qui m'appartient? Peux-tu l'empêcher sans injustice, — sans injustice envers moi, puisque tu me disputerais ainsi le libre usage de ma propriété, et par conséquent un droit de l'homme; — sans injustice envers autrui, puisque tu le priverais d'un moyen qui lui est librement offert d'arriver à un plus haut degré de culture intellectuelle? Tu n'as pas à t'occuper de ce qui peut résulter de ma communication; ton unique souci doit être de ne rien faire d'injuste.

Mais en résulterait-il donc réellement des conséquences aussi terribles, ou n'est-ce pas ton imagination échauffée qui prend des ailes de moulins pour des géants? — La diffusion générale de la vérité, qui élève et ennoblit notre esprit, qui nous instruit de nos droits et de nos devoirs, qui nous enseigne à trouver les meilleurs moyens de maintenir les premiers et de rendre la pratique des seconds féconde pour le genre humain, cette diffusion pourrait-elle avoir des conséquences fâcheuses? Pour ceux-là peut-être qui voudraient nous retenir à jamais au rang des animaux, afin de nous imposer à jamais leur joug et de pouvoir nous égorger à leur heure? Et pour ceux-là mêmes quelles conséquences aurait-elle, sinon peut-être de les forcer à choisir un autre métier? Est-ce là le malheur que vous craignez? Là-dessus nous ne sommes point du tout d'accord avec vous; nous ne craignons pas ce malheur. Oh! puisse se répandre sur tous les hommes la plus lumineuse, la plus vivifiante connaissance de la vérité; puissent toutes les erreurs, tous les préjugés disparaître de la surface du globe! Ce serait déjà le ciel sur la terre.

Un demi-savoir, des propositions détachées sans aucune vue d'ensemble, qui flottent à la surface de la mémoire et que la bouche reproduit sans que l'intelligence en retire la moindre lumière, ne sont peut-être pas sans danger; mais ce ne sont pas non plus des connaissances. Une proposition que nous n'avons pas déduite de ses principes et dont nous n'avons pas embrassé les conséquences, est une proposition dont nous ne comprenons pas du tout le sens. — Mais non, ces propositions sont elles-mêmes inoffensives; elles sont dans l'âme comme un capital mort, sans influence aucune. Ce sont les passions qui les mettent en avant pour pallier leurs excès. — Si elles n'avaient pas ce prétexte, elles en chercheraient un autre; et, si elles n'en trouvaient pas, elles s'en passeraient.

Nous ne vous avons donc fait aucun tort? Si vos connaissances étaient solides, vous n'en auriez pas négligé les conséquences, et vous sauriez que, comme les conséquences de toute vérité, elles ne peuvent être que salutaires. Vous avez tout au plus saisi au vol quelque lambeau dont la forme étrange vous a tellement effrayés que vous l'avez écarté, comme une sainte relique, de vos profanes yeux. Nous serons donc désormais moins avides de vos vérités ésotériques. Vous nous donnez en toute conscience, je le crois, tout ce que vous avez; et, si vous fermez vos coffres, c'est pour que nous ne voyons pas qu'ils sont vides.

Voilà, ô bienfaitrice de l'humanité, ô vérité vivifiante, comment se conduisent avec toi ceux qui se nomment les prêtres. Parce qu'ils ne t'ont jamais aperçue, ils te calomnient effrontément. Tu es pour eux un démon ennemi des hommes. Ils se sont taillé une image de bois, qu'ils adorent à ta place. Ils ne la montrent au peuple dans les grandes fêtes que du côté dont Moïse vit sa divinité, et menacent de mort quiconque oserait toucher à leur arche sainte. Oh! mets un terme à leur jonglerie! Montre-toi au milieu de nous dans toute ta splendeur, afin que tous les peuples te rendent hommage!

CONSIDÉRATIONS
SUR LA
RÉVOLUTION FRANÇAISE

LIVRE PREMIER
De l'appréciation de la légitimité d'une révolution.

CHAPITRE PREMIER
UN PEUPLE A-T-IL, EN GÉNÉRAL, LE DROIT DE CHANGER SA CONSTITUTION POLITIQUE?

« On a dit et répété depuis Rousseau, que toutes les sociétés civiles se fondaient, *dans le temps*, sur un contrat; » ainsi parle un de nos nouveaux professeurs de droit naturel. Mais je voudrais bien savoir où sont les géants contre qui est dirigé cette lance. Ce n'est pas du moins Rousseau qui l'a dit (1); et si quelqu'un l'a dit de-

---

(1) Il faut avoir fait de son *Contrat social* une étude bien superficielle, ou ne le connaître que par les citations des autres, pour y trouver cela. Au chapitre premier du premier livre, il annonce ainsi son sujet : COMMENT *ce changement s'est-il fait? Je l'ignore. Qu'est-ce qui peut le rendre* LÉGITIME? *Je crois pouvoir résoudre* CETTE *question*. — Et il recherche ainsi dans tout le livre, non pas le fait, mais le droit. — « Mais il parle toujours en narrateur du progrès de l'humanité. » — Eh bien ? est-ce là ce qui vous trompe, messieurs ? Vous dites bien

puis Rousseau, ce quelqu'un a dit une chose qui ne vaut pas la peine de tant s'échauffer. Il est trop évident pour quiconque examine nos constitutions politiques et toutes celles dont l'histoire a fait mention jusqu'ici, qu'elles ne furent pas l'œuvre d'une délibération réfléchie, mais un jeu du hasard ou l'effet d'une violente oppression. Elles se fondent toutes sur *le droit du plus fort*, s'il est permis de prononcer ce blasphème, pour les rendre odieuses.

Mais qu'*en droit*[1] une société civile ne puisse se fonder que sur un contrat entre ses membres, et que tout État se conduise d'une manière injuste et pèche contre le premier droit de l'humanité, contre le droit de l'humanité *en soi*, en ne cherchant pas, du moins ultérieurement, le consentement de chacun de ses membres à tout ce qu'il veut décorer du titre de loi, c'est ce qu'il est facile de démontrer de la façon la plus claire aux esprits même les plus faibles.

Si, en effet, l'homme, comme être raisonnable, est soumis absolument et exclusivement à la loi morale, il ne saurait être soumis à aucune autre, et nul n'a le droit de tenter de lui en imposer une autre. Là où sa loi l'affranchit, il est entièrement libre; là où elle lui donne une permission, elle le renvoie à sa volonté, et l'oblige en ce cas à ne reconnaître d'autre loi que cette volonté. Mais précisément parce qu'elle laisse exclusivement à sa volonté le droit de décider la conduite qu'il lui plaira de

---

vous-mêmes : « Il est arrivé », sans recourir chaque fois à cette précaution oratoire : « Afin de rendre claire par un exemple cette proposition, que vos faibles intelligences ne comprendraient pas autrement, supposons (*ponamus casum*) qu'il soit arrivé; vous aurez sans doute assez de vivacité d'esprit pour cela. »

[1] *Rechtmässigerweise*.

suivre en cette circonstance, il peut aussi s'abstenir de faire ce qui lui est permis. S'il est de l'intérêt d'un autre être qu'il ne le fasse pas, celui-ci peut le prier de s'en abstenir, et le premier a parfaitement le droit de rabattre, sur cette prière, quelque chose de son droit strict; — mais il ne doit pas se laisser contraindre. — Il faut qu'il *concède* librement à l'autre l'exercice de son droit.

Il peut aussi conclure avec lui un échange de droits; il peut, en quelque sorte, *vendre* son droit. — Tu désires que je n'exerce pas certains de mes droits, parce que l'exercice t'en est préjudiciable; or tu as aussi des droits dont l'exercice m'est préjudiciable; eh bien! renonce aux tiens, et je renoncerai aux miens.

Qui donc me fait la loi dans ce contrat? moi-même évidemment. Nul homme ne peut-être obligé que par lui-même; nul homme ne peut recevoir de loi que de lui-même. Que s'il se laisse imposer une loi par une volonté étrangère, il abdique sa dignité d'homme et se ravale au rang de la brute, et c'est ce qu'il ne lui est pas permis de faire.

Autrefois, — pour le rappeler en passant, — on croyait devoir remonter, dans le droit naturel, à un état primitif des hommes, à un état de nature; aujourd'hui, on s'emporte contre cette méthode, et l'on y trouve l'origine de je ne sais combien d'absurdités. Et pourtant c'est la seule bonne : pour découvrir le fondement de l'obligation de tous les contrats, il faut concevoir l'homme comme n'étant encore obligé par aucun contrat extérieur, comme n'étant soumis qu'à la loi de sa nature, c'est-à-dire à la loi morale; et c'est là l'*état de nature*. — « Mais cet état de nature dont vous parlez ne se rencontre pas dans le monde réel, et ne s'y est jamais rencontré. » — Quand cela serait vrai, — qui vous dit donc de chercher vos idées dans le monde réel? Faut-il donc que vous voyiez tout? Il est fâcheux sans doute qu'il n'existe pas! Il n'en *devrait* pas moins exister. A la vérité, nos judicieux professeurs de droit naturel croient encore que tout homme, dès sa naissance, est obligé à l'État et envers l'État pour les services qu'il en a réellement reçus. Malheureusement, on met toujours ce principe en pratique, avant de l'établir théoriquement. L'État n'a demandé à aucun de nous son consentement; mais il aurait dû le faire, et l'on pourrait dire que jusque-là nous sommes restés dans l'état de nature, c'est-à-dire que, n'étant assujettis à aucun contrat, nous ne relevions que de la loi morale. Mais nous reviendrons sur ce point.

C'est donc uniquement parce que nous nous l'imposons à nous-mêmes qu'une loi positive est obligatoire pour nous. C'est notre volonté, c'est notre résolution, considérée comme durable, qui est le législateur, et il n'y en a pas d'autre. Tout autre est impossible. Nulle volonté étrangère n'est une loi pour nous; celle même de la divinité ne le serait pas, si elle pouvait être différente de la loi de la raison.

Mais M. le secrétaire intime de chancellerie, Rehberg, a fait sur ce point une importante découverte : c'est que Rousseau a confondu la *volonté générale* avec notre nature morale, en vertu de laquelle nous ne sommes et ne pouvons être soumis à aucune autre loi qu'à celle de la raison pratique. — Je ne veux pas rechercher ici ce que Rousseau a dit ou pensé; je me demande seulement ce que M. R... aurait dû dire. La législation de la raison pratique n'est pas suffisante, selon lui, pour fonder un État; la législation civile fait un pas de plus : elle s'applique

à des choses que la première abandonne à notre volonté.
— C'est ce que je pense aussi, et je crois que M. R...
aurait pu étendre encore davantage cette proposition et
dire en général : La loi morale de la raison ne regarde en
rien la législation civile; elle est parfaitement complète
sans elle, et la dernière fait quelque chose de superflu et
de funeste quand elle prétend lui donner une nouvelle
sanction. Le domaine de la législation civile est ce que la
raison laisse libre; l'objet de ses dispositions, ce sont les
droits aliénables de l'homme. Jusque-là, M. R... a raison,
et il nous pardonnera d'avoir traduit sa pensée en un langage plus précis, puisque lui-même hait si fort l'obscurité chez les autres. Mais il conclut : Puisque cette législation a pour fondement quelque chose de tout à fait
volontaire en soi, donc... — mais je ne puis comprendre
bien clairement ce qu'il en conclut. Or je demandais :
Quel que soit l'objet de ces lois, *d'où vient donc leur obligation?* — Je ne sais quelle répugnance M. R... peut avoir
pour le mot « contrat; » il se démène en des pages entières
pour y échapper, mais, à la fin, p. 50 (1), il est forcé
d'accorder que, *d'une certaine manière,* la société civile
peut être considérée comme une association volontaire.
J'avoue que je n'aime pas ce « d'une certaine manière »
et toute cette engeance. Si tu as une idée solide, et que tu
veuilles nous en faire part, alors parle avec netteté, et, au
lieu de ton « d'une certaine manière, » trace une ligne
précise; que si tu ne sais rien, ou que tu n'oses point
parler, tais-toi tout à fait. Il ne faut rien faire à demi. —
La question était donc de savoir d'où vient l'obligation
qu'imposent les lois civiles. Je réponds : De l'acceptation vo-

---

(1) De ses *Recherches sur la Révolution française.*

lontaire de ces lois par l'individu ; et le droit de ne reconnaître aucune autre loi que celle qu'on s'est donnée à soi-même, est le principe de cette *souveraineté indivisible, inaliénable* de Rousseau, qui n'est pas notre nature raisonnable même, mais qui est fondée sur le premier postulat de sa loi, lequel exige qu'elle soit notre *unique* loi. Mais au lieu, soit de reconnaître ce droit, soit d'en démontrer l'inanité par des principes primitifs de la raison pure, M. R... nous raconte une foule de choses que nous écouterons une autre fois. Étranger, *de quel pays es-tu?* lui demandions-nous, et il nous débite des histoires sur *ce qu'il est*, afin de nous faire oublier pendant ce temps-là notre importune question.

Pour mettre le public à même de juger ce qu'il doit attendre de la solidité d'un écrivain qui lui impose par son ton tranchant, et ne cesse de se plaindre du babillage fade, superficiel, intolérable des autres, je parcours le premier passage que je rencontre. Page 45, il dit : « Supposez qu'un certain nombre d'hommes, qui vivaient indépendants les uns à côté des autres, se réunissent pour s'occuper en commun de l'ordre intérieur à établir entre eux et de la défense à opposer aux ennemis extérieurs. » — Il reconnaît bien ici un contrat social, non pas seulement d'une certaine manière, mais pleinement. « Un des voisins refuse d'entrer dans l'association proposée. Il trouve ensuite avantageux de s'y adjoindre. Mais il n'a plus le droit de le demander. » — De demander *quoi?* de s'y adjoindre? Il ne dépend que de lui de le proposer? N'a-t-il point le droit de se résoudre lui-même à se présenter, et à prier la société de l'admettre dans son sein? Voilà quelles négligences se permet ici un écrivain, qui a d'ailleurs bien montré qu'il était maître de sa langue. — Veut-il dire qu'il n'a plus le droit d'exiger *qu'on l'admette*? Mais je vous prie, est-ce qu'il avait ce droit auparavant? Avait-il, antérieurement à tout contrat, une légitime prétention sur la société? C'est ainsi qu'on écrit d'une manière équivoque, — dirai-je par ignorance ou avec réflexion? — afin de faire passer une proposition fausse, et que l'on tire de cette proposition une conséquence qui, elle-même, resterait fausse, quand sa majeure serait vraie : « Il est obligé maintenant, continue-t-il, de s'accommoder des conditions qui lui sont particulièrement faites, et qui peut-être lui paraissent plus dures qu'aux autres. » Les conditions spécialement convenues avec lui lui paraissent plus dures que (ces mêmes conditions?) aux autres? Je pensais que les autres n'étaient pas soumis aux mêmes conditions, mais à d'autres, lesquelles étaient plus douces *par elles-mêmes* et non pas seulement (d'une manière relative) parce qu'elles lui paraissaient plus dures. En voilà assez sur la négligence de l'expression. Venons maintenant à la chose même. Pourquoi donc serait-il *obligé*? Et pourquoi *maintenant*? S'il est obligé maintenant, il aurait dû l'être aussi auparavant, dans le cas où il aurait plu à la société de lui imposer des conditions plus dures. Direz-vous qu'elle n'en avait pas le droit? — Mais alors il n'est obligé ni maintenant, ni auparavant. Les conditions sont-elles trop dures, il a parfaitement le droit de renoncer à entrer dans la société. Lui et elle sont deux commerçants qui estiment leur marchandise aussi haut qu'ils espèrent pouvoir la vendre. Tant mieux pour celui qui gagne quelque chose dans le marché! Qui donc aurait dû établir le taux des marchandises? — La question est seulement de savoir s'il n'y a point de droits qui soient inaliénables d'eux-mêmes et dont l'aliénation rendrait tout contrat illégitime et non avenu. M. R.,.. ne saurait résoudre cette question avec tous ses exemples; il faut qu'il s'engage avec nous dans la spéculation ou qu'il se taise.

J'aurai plus d'une fois encore l'occasion de revenir sur cet écrivain, qui méconnaît le point en litige et le tribunal; qui conclut perpétuellement de ce qui *est* à ce qui *doit être*; qui confond de nouveau toutes les choses que Rousseau et ses successeurs ont distinguées et que je distingue ici; qui cherche dans la société l'origine du droit à la propriété du sol, et qui nous lie à l'État dès notre naissance, sans aucune coopération de notre part.

Si l'obligation qui s'attache aux contrats sociaux résulte uniquement de la volonté des contractants, et que cette volonté puisse changer, il est clair que cette question : Peuvent-ils changer leur contrat? revient exactement à celle-ci : Peuvent-ils conclure, en général, un contrat? Toute modification du premier contrat est un nouveau contrat, où l'ancien est plus ou moins, sinon tout à fait, annulé, plus ou moins confirmé. Les changements et les confirmations tirent leur obligation du consentement des contractants au second contrat. Il n'y a donc pas même lieu raisonnablement de poser une telle question. — Il résulte immédiatement de ce qui précède que tous les contractants doivent être d'accord, et qu'on ne peut arracher de force à aucun son adhésion; autrement une loi lui serait prescrite par quelque autre chose que par sa volonté.

« Mais si c'était une condition du contrat d'être éternel et immuable? » Je ne veux pas rechercher ici si un contrat éternel, que le consentement même des deux parties ne saurait supprimer, n'est pas en général quelque chose de contradictoire. Pour rendre la discussion plus féconde, plus lumineuse et plus intéressante, je vais droit au cas présent, et je pose cette question : Une association politique immuable n'est-elle pas quelque chose de contradictoire et d'impossible? Et comme toute notre recherche se fonde sur des principes moraux, il ne peut être ici question que de contradiction morale, d'impossibilité morale. La question revient donc proprement à celle-ci : L'immutabilité d'une constitution politique n'est-elle pas contraire à la destination que la loi morale assigne à l'humanité?

Rien dans le monde sensible, rien dans notre vie, dans nos actions ou nos passions, aucun phénomène, en un mot, n'a de valeur qu'autant qu'il concourt à la culture. La jouissance n'a par elle-même aucune valeur; elle en acquiert une tout au plus comme moyen de vivifier et de renouveler nos forces pour la culture.

La *culture*, c'est l'exercice de toutes les facultés en vue de la liberté absolue, de l'absolue indépendance par rapport à tout ce qui n'est pas nous-mêmes, notre moi pur. Je m'explique.

Si notre vrai but final nous est assigné par et dans la forme de notre moi pur (1), par la loi morale qui est en nous, tout ce qui en nous n'appartient pas à cette forme pure, ou tout ce qui fait de nous des êtres sensibles n'est pas une fin en soi, mais seulement un moyen par rapport à une fin plus élevée, à notre fin spirituelle. L'être sensible, en effet, ne doit jamais nous déterminer, mais il doit toujours être déterminé par quelque chose de plus élevé en nous, par la raison. Il ne doit jamais agir que

(1) Le lecteur a dû se familiariser avec ces expressions dans l'Introduction ; autrement il ne comprendra pas ce chapitre, ni aucun des suivants, et cela par sa propre faute.

sur l'ordre de la raison, jamais autrement que suivant la règle qu'elle lui prescrit. Nous pouvons dire de la sensibilité ce que, dans Marmontel, ce sauvage dit du danger dans son chant funèbre : « Dès que nous fûmes nés, il nous appela à un long et terrible duel où la liberté et l'esclavage étaient en jeu. Si tu es le plus fort, nous dit-il, je serai ton esclave. Je pourrai être pour toi un très utile serviteur ; mais je suis toujours un serviteur mécontent, et dès qu'on relâche un peu mon joug, je m'emporte contre mon maître et mon vainqueur. Si c'est moi qui te terrasse, je t'outragerai, te déshonorerai, te foulerai aux pieds. Comme tu ne peux m'être d'aucune utilité, j'userai de mon droit de vainqueur pour chercher à t'anéantir complétement. »

Or dans ce combat il doit arriver deux choses à la sensibilité. Il faut d'abord qu'elle soit domptée et subjuguée : elle ne doit plus commander, mais obéir ; elle ne doit plus prétendre nous prescrire nos fins ou les stipuler. Tel est le premier acte de l'affranchissement de notre moi : la *soumission* de la sensibilité. — Mais tout n'est pas fait encore. Il ne suffit pas que la sensibilité ne soit plus maîtresse, il faut encore qu'elle soit servante, et servante adroite et capable ; il faut qu'elle soit utile. Pour arriver à ce but, vous mettrez toutes ses facultés en réquisition, vous les façonnerez de toutes manières, vous les éléverez et les fortifierez à l'infini. C'est le second acte de l'affranchissement de notre moi : la *culture* de la sensibilité.

Qu'on me permette deux remarques à ce sujet. D'abord, quand je parle ici de la sensibilité, je n'entends pas simplement par là ce que l'on désignerait fort bien d'ailleurs sous ce nom, les facultés inférieures de l'âme, ni à plus forte raison les facultés corporelles de l'homme. Par opposition au moi pur, je rattache à la sensibilité tout ce qui n'est pas lui-même ce moi pur, et par conséquent toutes les facultés corporelles et spirituelles qui peuvent être déterminées par quelque chose d'extérieur à nous et en tant qu'elles peuvent l'être. Tout ce qui est susceptible d'être formé, tout ce qui peut être exercé et fortifié en fait partie. Seule, la forme pure de notre moi n'est susceptible d'aucune culture : elle est absolument immuable. Dans ce sens du mot, la culture de l'esprit ou du cœur, par les pensées les plus pures ou par les plus sublimes images de la religion, n'appartient pas moins à la culture de la sensibilité, de l'être sensible en nous, que l'exercice des pieds par la danse.

En second lieu, peut-être quelqu'un pensera-t-il que cet exercice et ce perfectionnement des facultés sensibles dont je parle pourrait bien être un moyen d'accroître la force même de la sensibilité et de lui donner de nouvelles armes contre la raison. Il n'en est rien. L'indiscipline est le caractère propre de la sensibilité ; c'est par là seulement qu'elle est forte : dès que vous lui arrachez cet instrument, elle perd toute sa puissance. —Toute cette culture se fait au moins suivant des règles, sinon suivant des lois, en vue de certaines fins, et par conséquent au moins d'une manière régulière; elle donne en quelque sorte à la sensibilité l'uniforme de la raison; les armes que celle-ci lui fournit sont inoffensives pour elle et ne sauraient la blesser.

Grâce au souverain exercice de ces deux droits du vainqueur sur la sensibilité, l'homme deviendrait *libre*, c'est-à-dire qu'il ne dépendrait plus que de lui-même, de son moi pur. Chaque fois que dans son cœur il dirait :

Je veux, il pourrait dire, au regard du monde des phénomènes : *C'est fait*. Sans l'exercice du premier de ces droits, il ne pourrait pas même *vouloir* : ses actes seraient déterminés par les impulsions extérieures qui agiraient sur sa sensibilité ; il serait un instrument qui résonnerait toujours à l'unisson dans le grand concert du monde sensible et qui ne manquerait jamais de rendre le ton qu'il plairait à l'aveugle Destin de tirer de lui. Si maintenant, après avoir exercé le premier droit, il ne faisait pas valoir le second, il pourrait sans doute vouloir agir par lui-même ; mais sa volonté serait une volonté *impuissante* : il voudrait, et ce serait tout. Il serait un maître, — mais sans serviteurs ; un roi, — mais sans sujets. Il resterait encore sous le sceptre de fer du Destin ; il serait encore rivé à ses chaînes, et son vouloir ne ferait que les agiter vainement. Le premier acte du vainqueur nous assure le *vouloir* ; le second, celui qui consiste à enrôler et à équiper nos forces, nous assure le *pouvoir*.

Cette culture en vue de la liberté est le seul but final possible de l'homme, *en tant qu'il est une partie du monde sensible* ; mais ce but final sensible n'est pas encore le but final de l'homme en soi : il n'est que le dernier moyen pour atteindre un but final plus élevé, son but final spirituel, à savoir la parfaite concordance de sa volonté avec la loi de la raison. Tout ce que l'homme fait doit pouvoir être considéré comme un moyen d'arriver dans le monde sensible à ce dernier but final ; autrement ses œuvres sont sans but, ce sont des œuvres déraisonnables.

Sans doute la marche qu'a suivie jusqu'ici le genre humain a tendu vers cette fin.—Mais je vous prie, ô illustres tuteurs de l'humanité ! ne vous hâtez pas trop de prendre ces paroles pour un hommage rendu à votre sage direction, et attendez encore un peu avant de me ranger si complaisamment dans la classe de vos flatteurs. Laissez-moi d'abord vous expliquer tout doucement ce que peuvent raisonnablement signifier ces paroles. — Quand je réfléchis sur cette marche de l'humanité, et que j'admets qu'elle peut avoir eu un but, je ne saurais, dans mon examen, en assigner raisonnablement un autre que celui dont il est ici question, puisqu'il est le seul possible. Je ne dis donc pas que vous ou tout autre être, vous ayez conçu ce but d'une manière précise et que vous ayez dirigé la marche en conséquence; je dis seulement que je le conçois d'une manière précise afin de pouvoir porter un jugement sur la finalité de cette marche. — « *Si* elle avait été réellement dirigée, en vue de cette fin, par un être raisonnable, n'aurait-il pas choisi les moyens les plus propres à l'atteindre? » Voilà ce que je me demande. Je ne dis pas *que* cela ait été ainsi : qu'en sais-je ? — Et que trouverai-je dans cette recherche ?

Et d'abord, personne *n'est* cultivé, mais il faut que chacun *se cultive lui-même*. Toute conduite purement passive est justement le contraire de la culture; celle-ci a son principe dans l'activité personnelle, et cette activité est aussi son but. Aucun plan de culture ne peut donc être établi de telle sorte qu'il soit nécessaire de le remplir; il s'adresse à la liberté et dépend de l'usage de la liberté. La question doit donc être posée ainsi : Y a-t-il eu des objets où les êtres libres aient pu exercer leur activité personnelle en vue du but final de la culture?

Et que pourrait-il y avoir dans le monde entier de l'expérience qui ne fournit à des êtres voulant agir l'occasion d'exercer leur activité ? Il est donc aisé de répondre à la question qui vient d'être posée, car elle n'est pas inopportune. Qui veut se cultiver se cultive à propos de tout.

La guerre, dit-on, cultive, et, il faut le reconnaître, elle dispose nos âmes aux sentiments et aux actes héroïques, au mépris du danger et de la mort, au dédain des biens chaque jour exposés au pillage, à une sympathie plus profonde pour tout ce qui porte la figure humaine, parce que des souffrances ou des périls communs nous rapprochent davantage les uns des autres. Mais ne prenez pas cela pour un éloge de votre sanguinaire amour des combats, pour une humble prière que la pauvre humanité vous adresserait par ma bouche, afin que vous ne cessiez pas de la déchirer par des guerres sanglantes. La guerre ne porte à l'héroïsme que les âmes qui en ont déjà le sentiment ; elle excite dans les cœurs sans noblesse l'amour du pillage et de l'oppression du faible. Elle a produit des héros et de lâches voleurs, mais dans quelle proportion ? — Si l'on ne vous jugeait que d'après ce principe, vous resteriez blancs comme neige, quand même vous seriez plus mauvais que ne vous le permet la faiblesse de votre siècle. Le plus dur despotisme cultive. L'esclave voit dans la sentence de mort que prononce contre lui son tyran l'arrêt de l'immuable destin, et il s'honore plus par la libre soumission de sa volonté à la fatalité inexorable, qu'il ne peut être flétri par quoi que ce soit au monde. Le destin qui tire aujourd'hui l'esclave de la poussière pour le placer sur les degrés du trône, et qui demain le fera de nouveau rentrer dans son néant, ne laisse à l'homme rien autre chose que l'homme. De là chez les Sarrasins et les Turcs cette douceur qui respire dans leurs romans, et ce dévouement aux étrangers et aux malheureux qui domine dans leurs actes. Voilà ce que produit l'idée du destin chez ces nobles peuples, cette même idée qui fait du vil Japonais un meurtrier résolu, parce qu'il ne craint pas les reproches de sa conscience. Soyez donc aussi despotes. Si nous le voulions d'ailleurs, nous trouverions moyen de nous perfectionner même avec un de vos lacets de soie autour du cou.

Les moyens de culture ne manquent donc jamais; — mais ici s'élève la seconde question : sont-ils réellement employés? Dans la marche qu'a suivie jusqu'ici l'espèce humaine, peut-on indiquer un progrès vers la parfaite liberté? — Ne vous laissez pas effrayer par cette recherche; nous ne jugeons pas, comme vous, d'après le résultat. Si aucun progrès remarquable ne nous apparaît, vous pouvez dire hardiment : c'est votre faute, vous n'avez pas mis en usage les moyens qui étaient à votre disposition ; — et nous n'aurons à répondre à cela rien de solide, c'est-à-dire rien du tout, car nous ne sommes pas des sophistes.

Mais ce progrès se montre bien réellement, et c'est ce que l'on devait attendre d'ailleurs de la nature de l'homme, laquelle ne saurait absolument rester stationnaire. Les facultés sensibles de l'humanité ont certainement été cultivées et fortifiées de bien des manières depuis le moment où nous pouvons commencer à suivre sa marche. Devons-nous vous en remercier, ou bien à qui en tiendrons-nous compte?

En fondant et en gouvernant vos États vous êtes-vous donc réellement proposé pour but final de rendre notre culture possible et facile? J'examine vos propres explications à ce sujet, et aussi loin que je puis remonter, je ne vous entends parler que du maintien de *vos* droits et de *votre* honneur, que du soin de venger *vos* offenses. Il semble ici qu'en construisant votre plan vous n'ayez point songé à *nous* le moins du monde, mais à vous seuls, et que nous n'y soyons admis que comme des instruments pour *vos* fins. Ou si parfois un sentiment généreux se place sur vos lèvres, vous ne parlez que du bien-être de vos fidèles sujets. Pardonnez-nous si votre générosité nous est un peu suspecte, quand vous poursuivez pour nous un but que nous poursuivons bien nous-mêmes, — la jouissance sensible.

Peut-être cependant n'avez-vous d'autre tort que de ne pas savoir vous exprimer ; peut-être vos actes valent-ils mieux que vos paroles. Je cherche donc, autant que cela est possible à travers le labyrinthe de vos détours, au milieu de la nuit profonde et du mystère que vous répandez sur votre marche, je cherche, dans les maximes de vos actes, l'unité qui pourrait leur servir de but. Je cherche religieusement, consciencieusement, et je trouve : la *souveraineté de votre volonté au dedans*, — l'*extension de vos limites au dehors*. Je prends le premier but comme un moyen pour notre fin suprême, la culture de la liberté, et j'avoue ne pas comprendre comment il peut être bon pour le progrès de notre activité propre que personne n'agisse par soi-même si ce n'est vous ; comment il peut être utile à l'affranchissement de notre volonté, que sur tout votre sol personne n'ait de volonté que vous ; comment, pour rétablir sa pureté, notre moi peut avoir besoin que vous soyez les seules âmes et que vous mettiez des millions de corps en mouvement. Je rapproche le second but de notre fin dernière, et ici encore je n'ai pas assez de pénétration pour apercevoir ce que notre culture peut gagner à ce que votre volonté se substitue ou non à quelques milliers de volontés de plus. Croyez-vous que l'idée de notre dignité s'élèvera beaucoup parce que notre maître possédera de nombreux troupeaux?

Nul assurément ne comprendra tout cela, s'il n'est assez heureux pour être initié aux profonds secrets de votre politique (1), surtout au fin fond de tout, au mystère de l'équilibre européen. Vous voulez que votre volonté soit souveraine dans vos États afin de pouvoir, au cas où quelque danger menacerait l'équilibre, y faire face à l'instant avec toute l'énergie de cette volonté ; vous voulez que votre État soit aussi puissant au dedans et aussi étendu au dehors que possible, afin d'avoir une très grande force à opposer à ce danger. Le maintien de cet équilibre est votre dernier but final, et les deux autres buts sont des moyens d'y atteindre.

Serait-ce donc réellement là votre *dernier* but final? Permettez-moi d'en douter encore un moment. De qui donc cet équilibre a-t-il tant à craindre, sinon de vos égaux? Il faut donc qu'il y en ait réellement parmi eux qui cherchent à le troubler? Or quel est le but final de ces perturbateurs? Sans doute celui-là même que vous poursuivez comme un moyen pour votre dernier but final : la souveraineté la plus étendue et la plus illimitée.

Il faut pourtant déterminer à peu près combien grande doit être la puissance de chacun des États auxquels la politique impose le maintien de cet équilibre, pour que les plateaux de la balance n'inclinent pas plus d'un côté

---

(1) Une secrète horreur s'empare de l'écrivain cité plus haut, lorsqu'il entend dire à quelqu'un que le simple bon sens suffit pour comprendre ce qu'il lui a été jusque-là si difficile de comprendre. J'avoue que je partage cette opinion. — « Mais le goût de la profondeur y passera ; on deviendra superficiel, si l'on dit cela tout haut ! » — Que M. R... laisse à son adversaire le soin d'y prendre garde !

que de l'autre. C'est là que vous trouvez votre limite précise ; allez jusque-là, et laissez aussi les autres s'avancer tranquillement jusque-là, si vous n'avez réellement d'autre but que l'équilibre et si vous êtes tous d'honnêtes gens. — Mais un autre, dites-vous, a transgressé cette limite; il faut que nous la transgressions à notre tour, afin que l'équilibre interrompu soit rétabli. — Si les plateaux avaient été d'abord bien équilibrés, vous n'auriez pas eu besoin de franchir la limite; vous auriez empêché que l'autre ne la franchît. Vous êtes suspects de ne l'avoir laissé faire que pour avoir aussi un prétexte de transgresser vos limites et pouvoir aussi rompre l'équilibre à votre tour ; car vous vous flattez secrètement d'avoir l'avantage sur ce téméraire et de faire quelques pas de plus que lui. On a vu dans notre temps de grandes puissances s'allier pour se partager entre elles certains pays, — afin de maintenir l'équilibre. Il n'en aurait pas moins subsisté, si aucune d'elles n'avait rien pris. Pourquoi choisir le premier moyen de préférence au second? — Il se peut sans doute que vous vous contentiez d'être les conservateurs de cet équilibre, tant que vous n'avez pas assez de force pour remplir un rôle que vous aimeriez bien mieux, celui de le détruire, et que vous soyez charmés d'empêcher les autres de le déranger, afin que vous puissiez le faire un jour vous-mêmes. Mais c'est une vérité démontrée par des raisons *a priori* et par l'histoire tout entière, que *la tendance de toutes les monarchies est au dedans une souveraineté illimitée et au dehors la monarchie universelle*. Nos politiques l'avouent eux-mêmes très naïvement en parlant des dangers qui menacent l'équilibre : ils supposent très certainement chez les autres ce qu'ils ont eux-mêmes sur la conscience. Un ministre doit rire en entendant un autre ministre parler sérieusement de cet équilibre ; et ils doivent rire tous deux en nous voyant, nous autres, qui ne possédons pas un pouce de terre et n'avons point de pension à gagner, les suivre avec candeur dans leurs graves recherches. Si aucune des monarchies modernes ne s'est notablement rapprochée du but à atteindre, ce n'est certainement pas le *vouloir*, mais le *pouvoir* qui lui a manqué.

Mais quand il serait aussi vrai que cet équilibre est votre dernier but final qu'il est certain qu'il ne l'est pas, il ne s'ensuivrait pas qu'il dût être le nôtre. Nous, du moins, nous ferons de ce but même un moyen pour notre but final ; nous, du moins, nous nous demanderons pourquoi donc l'équilibre doit être maintenu.

Dès qu'il sera détruit, dites-vous, il s'élèvera une guerre terrible d'un contre tous, et cet un engloutira tous les autres. — Quoi ! vous craignez si fort pour nous cette unique guerre, qui, si tous les peuples étaient unis sous un seul chef, enfanterait une paix perpétuelle ! Vous craignez cette unique guerre, et pour nous en préserver vous nous engagez en des guerres interminables ! — Vous craignez que nous ne soyons subjugués par une puissance étrangère, et pour nous garantir contre ce malheur, vous aimez mieux nous subjuguer vous-mêmes ! Oh ! ne nous attribuez pas avec tant de confiance votre manière de voir les choses ! Il faut bien croire qu'il vous est plus agréable de nous subjuguer que de laisser à d'autres ce soin ; mais nous ne savons pas pourquoi cela devrait nous être aussi plus agréable. Vous avez le plus tendre amour pour notre liberté ; vous voulez en être les seuls maîtres. — La destruction absolue de l'équilibre européen ne sera jamais aussi funeste aux peuples que ne l'a été le maintien de ce malheureux équilibre.

Mais comment et pourquoi est-il donc nécessaire que cette guerre, cette conquête universelle suive la suppression de l'équilibre invoqué? Qui donc la préparera? Un des peuples qui sont franchement dégoûtés de vos guerres, et qui se seraient déjà volontiers cultivés dans l'état de paix? Croyez-vous qu'il importe beaucoup à l'artiste ou au paysan de l'Allemagne que l'artiste ou le paysan de la Lorraine ou de l'Alsace trouve, dans les manuels de géographie, sa ville ou son village au chapitre de l'empire allemand, et qu'il laissera là son burin ou sa charrue pour se donner ce plaisir? Non, celui qui soulèvera cette guerre, ce sera le monarque qui se trouvera le plus puissant, une fois l'équilibre renversé. Voyez donc comme vous raisonnez et comme nous raisonnons à notre tour. — Afin qu'une monarchie n'engloutisse et ne subjugue pas tout, il faut, dites-vous, qu'il y en ait plusieurs assez fortes pour se maintenir en équilibre; et afin qu'elles soient assez fortes pour cela, il faut que chaque monarque cherche à s'assurer au dedans la souveraineté, et à étendre de temps en temps ses limites au dehors. — Nous, au contraire, nous raisonnons ainsi : cette tendance continuelle à s'agrandir au dedans et au dehors est un grand malheur pour les peuples. S'il est vrai qu'ils soient obligés de le subir pour en éviter un autre incomparablement plus grand, cherchons donc la source de ce plus grand malheur, et détournons-la s'il est possible. Nous la trouvons dans la constitution de la monarchie absolue ; toute monarchie absolue (c'est vous-mêmes qui le dites) tend incessamment à la monarchie universelle. Tarissons cette source, et notre mal aura perdu sa raison d'être. Quand personne ne songera plus à nous attaquer, nous n'aurons plus besoin d'être armés ; alors les guerres terribles que nous supportons, et, ce qui est encore plus terrible, ce pied de guerre sur lequel nous restons toujours, afin d'empêcher la guerre, tout cela ne sera plus nécessaire ; — dès lors aussi il ne sera plus nécessaire que vous travailliez aussi directement à la souveraineté de votre volonté. — Vous dites : Puisqu'il faut qu'il y ait des monarchies absolues, il faut bien que l'espèce humaine s'attende à souffrir une quantité innombrable de maux. Nous répondons : Comme l'espèce humaine ne veut pas souffrir cette innombrable quantité de maux, il ne doit point y avoir de monarchies absolues. Je sais que vous avez pour soutenir vos raisonnements des armées permanentes, de la grosse artillerie, des chaînes et des cachots; mais ils ne m'en paraissent pas plus solides.

Honneur à qui de droit; justice à chacun ! Le frottement des nombreuses roues de cette machine européenne, de cette ingénieuse invention de la politique, tenait toujours en haleine l'activité de la race humaine. C'était, au dedans et au dehors, un combat perpétuel de forces opposées. Au dedans, grâce au merveilleux mécanisme de la subordination des rangs, le souverain pesait sur les rouages les plus voisins de lui, ceux-ci à leur tour sur ceux qui leur étaient immédiatement subordonnés, et ainsi de suite jusqu'aux esclaves qui cultivaient la terre. Chacune de ces forces résistait à l'action et pesait à son tour de bas en haut; et ainsi s'entretenait, par le jeu varié de la machine et par l'élasticité de l'esprit humain qui l'animait, ce merveilleux mécanisme, qui dans son ensemble péchait contre la nature et rendait, pour peu qu'il s'écartât d'un point, les produits les plus divers :

en Allemagne, une république fédérative ; en France, une monarchie absolue. Au dehors, où il n'y avait pas de subordination, l'action et la réaction étaient déterminées et entretenues par la tendance perpétuelle à la monarchie universelle, laquelle, pour n'être pas toujours clairement conçue, n'en était pas moins le dernier but de toutes les entreprises, anéantissant la Suède dans la série politique, affaiblissant l'Autriche et l'Espagne, tirant du néant la Russie et la Prusse, et donnant aux phénomènes moraux de l'humanité un nouveau mobile d'actions héroïques, l'orgueil national sans nation. L'examen de ce jeu varié peut procurer à l'observateur une jouissance d'esprit qui excite sa pensée, mais il ne saurait satisfaire le sage et l'instruire de ce qu'il a besoin de savoir.

Ainsi donc, quand même nous aurions avancé notre culture du côté de la liberté, non-seulement *sous* vos constitutions politiques, mais encore *par* l'effet même de ces constitutions, nous ne vous en devrions aucune reconnaissance, puisque tel n'était pas votre but et que vous vous proposiez tout le contraire. Vous aviez pour but d'anéantir dans l'humanité toute liberté de volonté, à l'exception de la vôtre; nous avons combattu contre vous pour cette liberté, et si nous avons été les plus forts dans cette lutte nous ne vous devons certainement rien pour cela. — Il faut reconnaître, pour vous rendre pleine justice, que vous avez cultivé à dessein quelques-unes de nos facultés, mais pour les rendre plus aptes à vos fins, et non aux nôtres. Vous en avez tout à fait usé avec nous comme nous aurions dû le faire avec nous-mêmes. Vous avez soumis notre sensibilité, et vous l'avez contrainte à reconnaître une loi. Après l'avoir soumise, vous l'avez façonnée de manière à la rendre propre à toutes sortes de fins. Jusque-là tout était bien, et si vous vous en étiez tenus là, vous auriez été les vrais tuteurs de l'humanité. Mais c'était votre raison et non la nôtre, votre volonté et non la nôtre, qui devait, en maîtresse suprême, fixer ses fins à cette sensibilité soumise et façonnée. Afin de nous rendre plus dociles à vos ordres, vous nous avez fait enseigner toutes sortes de sciences, dont la forme et le contenu avaient été arrangés tout exprès d'après vos plans. Vous nous avez fait apprendre toutes sortes d'arts, afin que nous puissions vous désennuyer, vous et votre entourage, ou afin que nous vous fournissions, à vous et aux instruments d'oppression qui sont entre vos mains pour vous suppléer au besoin, l'éclat qui vous sert à éblouir les yeux du peuple. Enfin, — et c'est là le chef-d'œuvre dont vous vous félicitez le plus, — afin d'avoir des machines que vous pussiez employer contre tout ce qui ne voudrait pas reconnaître votre volonté pour loi, vous avez instruit des millions d'hommes dans l'art de se tourner sur un signe à droite ou à gauche, de se serrer les uns contre les autres en forme de muraille pour se séparer ensuite tout à coup et égorger leurs semblables avec la plus terrible dextérité. Voilà, si je ne me trompe, tout ce que vous avez fait à dessein pour notre culture.

En revanche, vous l'avez aussi arrêtée à dessein : ce n'est pas sans raison que vous avez retenu nos pas et jeté des chausse-trappes sur notre chemin. Je ne veux pas vous rappeler ce qu'a fait l'idéal de toutes les monarchies, celle qui en représentait les principes de la manière la plus forte et la plus conséquente, la Papauté. C'était là un désordre dont vous étiez innocents ; vous étiez alors vous-mêmes des instruments dans une main étrangère, comme nous le sommes aujourd'hui dans la vôtre. Mais, depuis que vous êtes libres, jusqu'à quel point vos principes se sont-ils écartés de ceux de votre grand maître, auquel un petit nombre seulement parmi vous (1) témoignent la reconnaissance qui lui est due? Faire dépendre les opinions de l'homme d'une autorité étrangère, afin d'étouffer en lui le germe de toute activité personnelle et de le rendre purement passif, — tel était le principe sur lequel se fondait cette terrible monarchie universelle, et avec ce principe, aussi vrai que l'ait jamais été un principe inventé par l'esprit de l'enfer, se maintient ou s'écroule inévitablement la monarchie absolue. Celui qui ne peut déterminer ce qu'il doit croire n'entreprendra jamais de déterminer ce qu'il doit faire; mais celui qui affranchit son intelligence affranchira bientôt aussi sa volonté. — Voilà, ô immortel Frédéric! ce qui sauve ton honneur dans le jugement de la postérité; voilà ce qui t'élève au-dessus de la classe des despotes dévastateurs, et te place dans la glorieuse série de ceux qui ont préparé les peuples à la liberté. Ton esprit clairvoyant ne pouvait manquer d'apercevoir cette conséquence naturelle; pourtant tu voulus que l'intelligence de tes peuples fût libre; tu voulais donc nécessairement qu'ils fussent libres eux-mêmes, et s'ils t'avaient paru mûrs pour la liberté, tu la leur aurais donnée, au lieu de te borner à les y façonner au moyen d'une discipline parfois un peu dure. — Mais vous autres, que faites-vous? — Vous vous conduisez sans doute d'une manière conséquente, plus conséquente peut-être que vous ne vous en doutez vous-mêmes; car ce ne serait pas la première fois que quelqu'un aurait trouvé dans son instinct un guide plus sûr que dans son raisonnement. Vous

---

(1) Cependant on commence à reconnaître et à remplir son devoir.

voulez dominer : il vous faut d'abord soumettre l'intelligence des hommes ; dès que celle-ci dépendra de votre volonté, le reste suivra sans peine. La monarchie absolue ne saurait subsister à côté de l'absolue liberté de penser. Vous le savez, ou le sentez, et vous prenez vos mesures en conséquence. Ainsi, un jour, pour vous citer un exemple, un homme de cœur se leva du sein de l'esclavage spirituel, un homme qui, s'il paraissait aujourd'hui, se verrait aujourd'hui condamné à descendre dans les caveaux où vous enterrez les vivants, et arrachant de la main des despotes romains le droit de prononcer sur nos opinions, il le transporta à un livre mort. C'était assez pour un premier pas, d'autant plus que ce livre laissait une vaste carrière à la liberté de l'esprit. L'invention du livre vous plut, mais non pas la vaste carrière. Vous ne pouviez faire que ce qui était arrivé ne le fût pas, mais vous prîtes vos mesures pour l'avenir. Vous renfermâtes chacun dans l'espace qu'avait embrassé son esprit en cet essor des esprits ! Vous l'entourâtes, comme un revenant qu'on exorcise, de distinctions et de clauses ; vous enchaînâtes à ces clauses son honneur et son existence civile, et vous lui dites : Puisque malheureusement tu es ici, nous voulons bien t'y laisser, mais tu n'iras pas plus loin que ces pieux que tu vois là plantés ; — et alors vous fûtes plus assurés que jamais de notre esclavage spirituel : nos opinions étaient rivées à une lettre dure, inflexible. Que ne nous avez-vous laissé le juge vivant de nos opinions ! N'étant entraîné par aucune contradiction, il aurait suivi, du moins à quelque distance, la marche de l'espèce humaine, et nous serions véritablement plus avancés aujourd'hui que nous ne le sommes. — Ce fut là votre coup de maître ! Tant que nous ne comprendrons pas qu'aucune chose n'est vraie parce qu'elle est dans un livre, mais que le livre est vrai, saint, divin, si l'on veut, parce que ce qui s'y trouve est vrai, vous pourrez nous tenir attachés à cette unique chaîne.

Vous êtes restés ici, vous êtes restés en tout fidèles à ce principe. Vous avez planté des pieux dans toutes les directions que peut prendre l'esprit humain pour indiquer les vérités privilégiées, et vous y avez posté de doctes spadassins chargés de repousser quiconque voudrait aller au delà. Comme vous ne pouviez pas espérer que ces champions à gages auraient toujours le dessus, vous avez, pour plus de sûreté, établi une haie communale entre les pieux et vous avez placé des gardiens aux portes. Vous pouvez bien souffrir que nous prenions nos ébats dans l'intérieur de cette enceinte ; vous jetez même parmi nous quelques liards, quand vous êtes de bonne humeur, pour vous amuser à nous les voir attraper ; mais malheur à celui qui se hasarde hors de cet enclos, — ou qui, en général, ne veut reconnaître d'autre enceinte que celle de l'esprit humain ! Si quelqu'un parfois se glisse à travers la haie, c'est que ni vous, ni vos gardiens ne le remarquez. Tout ce qui tend d'ailleurs à rétablir la raison dans ses droits opprimés, à placer l'humanité à ses pieds, à faire que celle-ci voie par ses propres yeux ; ou, — pour vous donner un exemple qui vous convainque à l'instant, — des recherches comme celle-ci, tout cela n'est à vos yeux que folie et abomination.

Tel serait donc le compte que nous aurions à régler avec vous au sujet des progrès que nous avons faits dans la culture sous vos constitutions politiques.— Je laisse de côté l'influence de ces constitutions sur notre culture morale proprement dite : je ne veux pas vous rappeler ici la corruption morale qui, partant de vos trônes, se répand tout autour de vous, et dont les degrés peuvent servir à compter les milles que l'on a encore à faire pour arriver à vos résidences.

Une chose est maintenant établie : si la culture de la liberté (1) peut être l'unique but final de la constitution politique, toutes les constitutions politiques qui ont pour fin dernière le but précisément opposé à celui-là, à savoir l'esclavage de tous et la liberté d'un seul, la culture de tous en vue des fins de ce seul individu, et l'étouffement de toutes les espèces de culture qui peuvent conduire à la liberté d'un plus grand nombre, toutes ces constitutions ne sont pas seulement susceptibles de changement, mais elles doivent aussi être réellement changées. Nous voici donc arrivés à la seconde partie de la question : s'il y avait une constitution politique qui poursuivît évidemment ce but par les moyens les plus sûrs, cette constitution ne serait-elle pas absolument immuable ?

(1) Ici encore il pourrait bien y avoir un malentendu, je ne dis pas de la part du public ignorant, mais du côté des savants. Il doit résulter clairement de tout ce qu'on a vu jusqu'ici de ce traité, que je distingue trois espèces de *liberté* : la liberté *transcendentale*, qui est la même dans tous les esprits raisonnables, ou la *faculté d'être une cause première et indépendante* ; la liberté *cosmologique*, c'est-à-dire l'état où l'on ne dépend réellement de rien hors de soi : — aucun esprit ne la possède, que l'esprit infini, mais elle est le dernier but de la culture de tous les esprits finis ; — la liberté *politique*, ou le *droit de ne reconnaître d'autre loi que celle qu'on s'est donnée soi-même*. Elle doit être dans tout État. — J'espère qu'il n'y a plus lieu pour personne de douter de laquelle de ces libertés je veux parler. — Si quelqu'un était tenté de confondre ce que je distingue, et cela peut-être pour me punir ensuite de sa propre faute, puisse cette note lui servir de barrière !

Si les moyens convenables avaient été réellement choisis, l'humanité se rapprocherait peu à peu de son grand but ; chacun de ses membres deviendrait de plus en plus libre, et les moyens dont les buts seraient atteints n'auraient plus d'usage. Dans le mécanisme d'une telle constitution politique, chaque rouage s'arrêterait et serait supprimé à son tour, puisque celui qu'il mettait directement en mouvement commencerait à se mouvoir par sa propre force. Si le but final pouvait jamais être parfaitement atteint, il n'y aurait plus besoin de constitution politique ; la machine s'arrêterait, puisqu'aucune pression n'agirait plus sur elle. La loi universelle de la raison réunirait tous les hommes dans une parfaite harmonie de sentiments, et nulle autre loi n'aurait plus à veiller sur leurs actes. Il n'y aurait plus lieu d'établir aucune règle pour déterminer ce que chaque membre de la société devrait sacrifier de son droit, puisque personne n'exigerait plus qu'il ne serait nécessaire, et que personne ne donnerait moins. Comme tous seraient toujours d'accord, il n'y aurait plus besoin de juges pour terminer leurs différends.

C'est ici que l'adorateur de l'humanité ne saurait jeter un regard, même rapide, sans sentir son cœur pénétré d'une douce flamme. Je ne puis encore achever cette esquisse, je n'en suis encore qu'à broyer mes couleurs. Mais, je vous prie, ne vous laissez pas si vite effrayer par cette sentence : autant de têtes, autant de sentiments. Vous croyez peut-être qu'elle est contraire à cette autre : l'humanité n'a nécessairement, ne doit avoir et n'aura qu'un seul but final, et non-seulement les fins diverses que les divers individus se proposent pour l'atteindre s'accorderont entre elles, mais elles s'aideront et se soutiendront les unes les autres? — Pas le moins du monde. Ne souffrez pas que cette consolante perspective soit troublée par cette réflexion chagrine : cela ne se réalisera jamais. Sans doute, cela ne se réalisera jamais complétement ; mais — ce n'est pas seulement ici un doux rêve, une espérance décevante, c'est un principe certain qui se fonde sur le progrès nécessaire de l'humanité, — elle doit se rapprocher, elle se rapprochera, il faut qu'elle se rapproche toujours davantage de ce but. Elle s'est ouvert à la fin sous vos yeux un passage ; elle a obtenu, au prix d'un rude combat contre toutes les forces intérieures et extérieures conjurées pour la perdre, quelque chose qui, du moins, vaut mieux que vos constitutions despotiques, lesquelles tendent à dégrader l'humanité. — Mais je ne veux pas anticiper sur mon sujet, — je ne veux pas moissonner avant d'avoir semé.

Nulle constitution politique n'est immuable ; il est dans leur nature à toutes de se modifier. Une mauvaise, qui va contre le but final nécessaire de toute constitution politique, doit être changée ; une bonne, qui y tend, se change elle-même. La première est un feu de paille pourrie qui fume sans donner de lumière ni de chaleur ; il faut l'éteindre. La seconde est une lampe qui se consume elle-même, à mesure qu'elle éclaire, et qui s'éteindrait si le jour paraissait.

La clause qui déclarerait le contrat social immuable serait donc en contradiction flagrante avec l'esprit même de l'humanité. Dire : je m'engage à ne jamais rien changer ni laisser changer dans cette constitution politique, reviendrait à dire : je m'engage à n'être plus un homme et, autant qu'il dépendra de moi, à ne pas souffrir que quelqu'un le soit. Je me contente du rang d'animal savant. Je m'oblige et j'oblige tous les autres à en rester au degré de culture où nous sommes parvenus. A l'exemple des castors qui bâtissent aujourd'hui exactement comme leurs ancêtres d'il y a mille ans, à l'exemple des abeilles qui disposent actuellement leurs alvéoles comme les abeilles d'autrefois, nous voulons que notre façon de penser, que nos maximes théorétiques, politiques et morales, restent dans mille ans ce qu'elles sont aujourd'hui. — Et si un engagement de ce genre avait été pris, serait-il valable ? Non, homme, tu ne pouvais pas promettre une pareille chose; tu n'as pas le droit d'abdiquer ton humanité. Ta promesse est contraire au droit, et par conséquent non avenue.

L'humanité aurait donc pu s'oublier elle-même à ce point qu'elle aurait renoncé à l'unique privilége qui la distingue des autres animaux, au privilége de se perfectionner à l'infini, qu'elle aurait abdiqué pour toujours sa volonté sous le joug de fer des despotes, et qu'elle se serait engagée à ne le briser jamais?—Non, ne nous abandonne pas, palladium sacré de l'humanité, pensée consolante, qui nous persuades que de chacun de nos travaux et de chacune de nos souffrances sortiront pour nos frères une perfection nouvelle et un nouveau plaisir, que nous travaillons pour eux et ne travaillons pas en vain, et qu'à cette même place où nous nous donnons aujourd'hui tant de peine, où nous sommes foulés aux pieds, et — ce qui est pire que cela — où il nous arrive d'errer et de faillir grossièrement, une race fleurira un jour, qui pourra tout ce qu'elle voudra, parce qu'elle ne voudra rien que de bon, — tandis que dans des régions plus élevées nous jouirons du bonheur de notre postérité, et que nous retrouverons dans ses vertus tous les germes que nous aurons déposés en elle ! Vivifie en nous, ô perspective de ce temps, le sentiment de notre dignité, et montre-nous-la du moins dans nos plans, alors même que notre état actuel lui est contraire. Inspire-nous la hardiesse et l'enthousiasme dans nos entreprises ; et si l'un de nous en sortait meurtri, que — déjà soutenu par cette première pensée : « j'ai fait mon devoir, » — il soit encore réconforté par cette seconde : « aucune des graines que je sème n'est perdue dans le monde moral ; j'en verrai les fruits au jour des gerbes, et je m'en tresserai des couronnes immortelles. »

Jésus et Luther, défenseurs sacrés de la liberté, vous qui, dans les jours de votre abaissement, vous précipitant, avec une force gigantesque, sur les fers qui enchaînaient l'humanité, les avez brisés partout où vous les avez touchés, jetez, du haut des sphères que vous habitez, un regard sur vos descendants, et réjouissez-vous à la vue des semences déjà levées et qui commencent à se balancer au vent. Bientôt un troisième libérateur, celui qui acheva votre œuvre, celui qui brisa les dernières et les plus fortes chaînes de l'humanité, sans qu'elle le sût, et peut-être sans qu'il le sût lui-même, sera réuni à vous. Nous le pleurerons, mais vous lui marquerez avec joie la place qui l'attend dans votre société, et le siècle, qui saura le comprendre et reproduire son image, vous en remerciera.

CHAPITRE II.

PLAN DE TOUT LE RESTE DE CETTE RECHERCHE.

Celui qui dérive ses propositions des principes primitifs de la raison, au moyen d'une déduction rigoureuse, est déjà assuré d'avance de leur vérité et de la fausseté de toutes les objections qu'on peut leur adresser : ce qui ne saurait subsister à côté d'elles doit être faux ; il peut le savoir, sans même en avoir entendu parler. Si donc, dans le chapitre précédent, il a été déduit de principes primitifs de ce genre par des raisonnements exacts ; — en a-t-il été ainsi? c'est ce que je laisse à la sagacité des penseurs le soin de décider; — *si*, dis-je, il a été démontré que le droit qu'a un peuple de changer sa constitution politique est un droit inaliénable, imprescriptible, toutes les objections que l'on élève contre l'imprescriptibilité de ce droit sont certainement captieuses et se fondent sur une fausse apparence. Toute recherche sur la légitimité des révolutions en général, et par conséquent de chacune en particulier, serait donc close, si nous voulions prendre les choses à l'extrême rigueur; et quiconque serait d'une autre opinion aurait ou bien à nous montrer quelque faute dans nos principes ou dans nos conséquences, ou bien à abandonner son opinion comme fausse et inexacte, quand même il ne remonterait pas jusqu'à la fausse apparence sur laquelle elle se fonde. Il n'est pas superflu de rappeler et d'inculquer cette idée toutes les fois que l'occasion s'en présente, afin que notre public — je ne songe pas ici seulement au public non philosophique — s'accoutume insensiblement à réunir en un corps de système ses convictions et ses opinions sous des principes fermes et durables, et perde le goût de coudre ensemble des lambeaux disparates, et de disputer d'une manière sophistique. Ce qui est dérivé par une exacte déduction d'une proposition démontrée est vrai, et vous n'effrayerez pas le penseur résolu en lui en montrant le côté dangereux; le contraire est faux et doit être abandonné, quand même l'axe du globe terrestre paraîtrait tourner sur ce point.

Mais, comme cette conséquence nécessaire n'est provisoirement et ne sera peut-être de longtemps encore qu'un souhait pieux, on rendrait au public, dans l'état actuel des choses, un fort mauvais service, si on le laissait là après avoir établi les premiers principes du jugement qu'il doit porter, et qu'on lui remît à lui-même le soin d'appliquer ces principes et d'y ramener le reste de ses opinions, ou de juger d'après eux. Nous ferons donc ce que notre devoir d'écrivain ne nous oblige pas strictement de faire; nous rechercherons toutes les objections qu'on peut élever contre l'imprescriptibilité du droit dont il est ici question, et nous en découvrirons la fausse apparence.

Toute *réfutation* devrait être tirée de principes rationnels primitifs, puisque la preuve en a été tirée. Elle devrait montrer que la culture de la liberté n'est pas le seul but final possible de la société civile, que ce n'est point un droit inaliénable de l'homme de progresser à l'infini dans cette culture, et que l'immutabilité d'une constitution politique n'est pas contraire à ce progrès à l'infini.

Comme une telle réfutation n'a pas encore été possible jusqu'ici, puisque personne, que je sache du moins, n'a encore mis ces propositions dans cette liaison, je n'ai à m'occuper d'aucune. Tout ce que j'avais à faire, c'était de montrer au contradicteur futur ce qu'on attendait de lui, car le contradicteur ne le sait pas toujours; et c'est ce que j'ai fait. — Toute autre réfutation est impossible.

Mais les malentendus sont possibles. C'est ce qui arrive particulièrement quand on dit: « Il faut bien que le droit qu'a un peuple de changer sa constitution politique soit aliénable, puisqu'*il a été réellement aliéné.* » Une pareille objection révèle la complète incapacité de son auteur en cette matière, en montrant clairement qu'il ne sait pas même de quoi il s'agit. Si, en effet, nous avions affirmé qu'il est contre la loi de la nécessité naturelle d'aliéner ce droit, qu'il ne *peut* pas[1] être aliéné (que l'aliénation est *physiquement* impossible), la réponse qui se fonderait sur ce que cette aliénation *a réellement eu lieu* pour en conclure qu'elle *peut* avoir lieu, serait décidément triomphante; mais comme nous n'avons rien affirmé de semblable, comme nous nous sommes borné à dire que cela est contre la loi de la moralité, que cela ne *doit* pas arriver (que cela est *moralement* impossible), nous ne sommes points atteint par une objection tirée d'un tout autre monde. Il arrive malheureusement dans le monde réel bien des choses qui ne devraient pas arriver; mais de ce qu'une chose arrive, il ne s'ensuit pas qu'elle soit juste.

Pourtant on insiste en disant que ce droit a été aliéné; nous ne nous bornerons donc pas à montrer en général que cette assertion doit être fausse, mais nous la dépouillerons peu à peu et pièce à pièce de sa fausse apparence.

Une telle aliénation ne pourrait avoir eu lieu que *par contrat;* c'est ce que M. Rehberg même accorde pleinement

---

[1] *Es könne nicht.*

d'une certaine manière, quand il pense que personne ne le remarquera. Si quelqu'un se montre plus exigeant encore, je le prie de s'en tenir au commencement de mon premier chapitre, jusqu'à ce que j'aie mis à nu les derniers sophismes élevés contre cette proposition. Le droit pourrait avoir été aliéné *à des membres de l'État* même, ou *à quelqu'un en dehors de l'État*. Dans l'État, il pourrait l'avoir été par le contrat de *tous* avec *tous*, ou par celui des *classes populaires avec les classes privilégiées*, ou avec des *corporations*, ou avec *un privilégié*, le *souverain*. En dehors de l'État, il pourrait avoir été aliéné *à d'autres États*. Enfin, dans tous ces cas, il pourrait l'avoir été *en tout* ou *en partie*.

En examinant l'objection qu'on nous oppose, nous aurons à répondre à deux questions. La première est historique : Cela a-t-il réellement eu lieu ; peut-on indiquer un contrat de ce genre ? — La seconde, dont il faut demander la solution au droit naturel, est celle-ci : Cela devait-il et pouvait-il[1] avoir lieu *dans ce cas ?* Le lecteur sait d'avance, par ce que nous avons déjà dit, ce que seront nos réponses ; il sait que nous n'entreprenons pas ces recherches pour juger nos principes, mais pour les rendre plus clairs par l'application. Si donc il espère trouver dans les chapitres suivants des explications plus favorables à ses préjugés, nous lui conseillons en toute sincérité de jeter là le livre, à moins qu'il ne l'ait déjà fait.

[1] *Dürfen.*

CHAPITRE III.

LE DROIT DE CHANGER LA CONSTITUTION POLITIQUE PEUT-IL ÊTRE ALIÉNÉ PAR UN CONTRAT DE TOUS AVEC TOUS ?

La nature va de l'obscurité à la lumière en passant par le crépuscule ; je ne puis conduire mes lecteurs par un autre chemin que celui de la nature. J'ai parlé dans ce qui précède du droit qu'a un peuple de changer sa constitution politique, et je n'ai pas dit ce que c'est que le peuple. Ce qui serait partout ailleurs une grande faute n'en est plus une, quand la nature de la chose l'emporte. — Tant que l'on n'envisage la grande société, l'humanité entière, ou, si l'on veut, tout le royaume des esprits, qu'au regard de la loi morale, il faut le considérer comme un individu. La loi est la même, et dans son domaine il n'y a qu'*une* volonté. Il ne commence à y avoir plusieurs individus que quand cette loi nous fait passer dans le champ du libre arbitre. Ce champ est le domaine du contrat ; il faut plusieurs individus pour le conclure. Si à la fin de ce chapitre l'idée du peuple reste *encore* indéterminée, c'est alors que j'aurai tort.

Une supposition domine tout ce chapitre, c'est que tous les membres de l'État sont égaux comme tels, et que dans le contrat social aucun n'a promis plus que tous les autres. *Que* cela soit ou doive être ainsi, c'est un point que je ne veux pas faire passer artificieusement ; j'aurai à en parler dans le chapitre suivant. Pour le présent, je ne cherche que ceci : *s'il* en est ainsi, qu'en résultera-t-il par rapport à la mutabilité de la constitution ?

Le droit de changer la constitution politique pourrait

être cédé par le contrat de tous avec tous de plusieurs manières : soit que tous eussent promis à tous de ne la changer jamais, soit que tous eussent promis à tous de ne pas le faire sans le consentement de chaque individu.

Quant à la première promesse, on a déjà montré plus haut, en l'envisageant au point de vue de sa *matière*, de son objet, que l'immutabilité d'une constitution est absolument inadmissible, puisqu'elle irait directement contre le but suprême de l'humanité. Au point de vue de la *forme*, tous auraient fait à tous cette promesse; ce serait la volonté commune; le peuple se serait donné *à lui-même* une promesse. Mais si plus tard la volonté commune, la volonté de tous était de changer la constitution, qui donc aurait le droit de s'y opposer? — Un tel contrat est en opposition avec la condition formelle de tout contrat, à savoir qu'il y ait au moins deux personnes morales. Ici il n'y en aurait qu'une : le peuple. — Cette supposition est donc impossible en soi et contradictoire, et il ne reste plus que la seconde, à savoir que dans le contrat social l'engagement ait été pris de ne pas changer la constitution sans la volonté générale, sans la volonté de tous, ou que tous aient promis à chacun de ne pas changer la constitution sans son consentement particulier.

Soit que l'on envisage la nature de la chose ou notre propre nature, il semble résulter des principes établis plus haut qu'une promesse de ce genre doit avoir été faite dans le contrat social, et qu'elle doit être valable et obligatoire. Et cela est vrai ou n'est pas vrai, suivant qu'on le prend de telle ou telle manière. Mais comme notre habitude n'est pas de laisser le lecteur prendre la chose comme il le veut, il nous faut avant tout analyser un peu la proposition admise. — Cette promesse en contient deux : la première, que tous *ne supprimeront rien* d'ancien sans le consentement de chacun ; et la seconde, qu'ils ne contraindront aucun citoyen à *admettre* sans son consentement ce qu'ils voudront mettre de *nouveau* à la place.

La seconde partie de la promesse, à savoir que de nouvelles dispositions ne doivent obliger personne sans son consentement, ne peut être raisonnablement insérée dans le contrat ; le contraire, comme on l'a montré plus haut, serait la violation du premier de tous les droits de l'homme. Celui qui me promet dans un contrat de ne porter atteinte en moi à aucun droit inaliénable ne me promet rien ; il y était obligé antérieurement à tout contrat. Que l'État l'ait promis ou non, aucune disposition nouvelle n'oblige le citoyen de l'ancienne constitution sans son consentement, et cela non pas en vertu d'un contrat, mais en vertu du droit de l'homme.

Quant à la première partie de la promesse, il semble au premier aspect que la question soit tout aussi facile à résoudre et qu'elle doive être résolue exactement de la même manière, et je prévois que la plupart de mes lecteurs, qui pensent avec moi, lui donneront la même solution. « Les institutions de l'État, diront-ils, sont des conditions du contrat social ; tous se sont engagés envers tous à remplir ces conditions ; si quelques-uns les suppriment sans le consentement des autres, ils rompent ainsi le contrat de leur côté et agissent contrairement aux obligations qu'ils y ont contractées. Il va donc de soi-même qu'aucune institution dans l'État ne peut-être supprimée sans le consentement de tous. »

Si ces conclusions étaient aussi parfaitement rigoureuses, notre théorie courrait un grand danger. Non qu'elle eût à craindre d'être renversée, mais elle pourrait bien mériter le reproche de n'être pas applicable dans la vie. Quand vous auriez démontré avec la dernière évidence que, en vertu du progrès de la culture exigé par la loi morale, toute constitution politique doit être modifiée et améliorée de temps en temps, comment cette amélioration pourrait-elle jamais se réaliser dans le monde réel, s'il fallait qu'au sujet du moindre changement chaque membre de l'État donnât d'abord son adhésion? Et que serait notre preuve, sinon un artifice d'école, un argument sophistique? — Mais avant de conclure si rapidement, pénétrons d'abord dans la nature du contrat un peu plus profondément qu'on ne le fait d'ordinaire.

Si, comme il faut l'*admettre* en effet, nul contrat ne porte sur les droits naturels de l'homme, un contrat me donne sur quelqu'un un droit que je n'aurais pas d'après la seule loi de la raison, et ce quelqu'un contracte envers moi une obligation qu'il n'avait pas davantage d'après cette loi. Qu'est-ce donc qui lui impose cette obligation? Sa volonté; car, où la loi morale se tait, rien n'oblige que notre propre volonté. Mon *droit* se fonde sur son *obligation*, c'est-à-dire en dernière analyse sur sa volonté, puisque c'est sur celle-ci que se fonde la première. S'il n'avait pas cette volonté, je n'acquerrais pas de droit. Une promesse mensongère ne donne pas de droit. — Qu'on ne se laisse point effrayer par l'apparente dureté de ces propositions. Cela *est* ainsi, et il faut bien dire les choses comme elles sont. La moralité, la sainteté des contrats sauront bien se sauver de nos raisonnements.

Je fais une promesse en échange d'une autre. J'ai réellement l'intention de la tenir; par conséquent, je m'impose à moi-même une obligation, et je donne à un autre un droit. L'autre n'avait pas la même volonté, et il ne m'a donné aucun droit. M'a-t-il trompé? M'a-t-il insidieusement dépouillé d'un droit?

« Je n'ai pas, d'après le droit naturel, de droit absolu à la véracité d'autrui. Si l'on m'a fait une promesse mensongère, je ne puis me plaindre d'aucune lésion, tant que par cette promesse je ne suis engagé à aucune prestation. » Ainsi s'exprime le plus pénétrant et le plus conséquent des maîtres en droit naturel que nous ayons jusqu'ici (1). Ce qui va suivre sera un commentaire et au besoin une rectification de ces propositions.

Quand je lui fis une promesse sincère, admettais-je qu'il mentait, ou n'admettais-je pas plutôt qu'il était aussi sincère que moi? Si j'avais supposé qu'il mentait, lui aurais-je promis sincèrement, — aurais-je eu alors la volonté de tenir ma promesse? Ma volonté était donc conditionnelle. Le *droit* que je lui donne par ma *volonté* est conditionnel. S'il mentait, il n'a acquis aucun droit, puisque je n'en ai acquis aucun. — *Il n'y a pas de contrat conclu,* puisqu'*il n'y a pas de droit communiqué et d'obligation contractée.*

Vous me dites : Quand même il mentirait, je ne veux pas être un menteur; sa mauvaise foi ne doit pas m'enlever ma bonne foi; je veux tenir loyalement ce que j'ai promis : — et vous faites bien; seulement il ne faut pas mêler les idées et confondre le domaine du droit naturel avec celui de la morale. — Ce n'est pas une dette que vous lui payez : vous ne lui devez rien; c'est un don que vous lui faites. Vous tenez votre promesse, non pour

---

(1) M. Schmalz, dans son *Droit naturel pur*. Qu'il me permette de lui témoigner ici mon estime. Quiconque s'y connaît verra bien que ce n'est pas d'après ses principes, mais d'après les miens que je raisonne.

satisfaire à son droit : il n'en avait aucun, mais pour conserver l'estime de vous-même. Il vous importe peu que vous soyez ou non méprisable à ses yeux ; — mais il vous importe beaucoup de ne l'être pas aux vôtres.

La véracité est donc la condition exclusive du contrat. Si l'un des deux ne veut pas tenir sa parole, et à plus forte raison si tous les deux ne le veulent pas, il n'y a pas de contrat conclu.

Tous les deux sont sincères au moment de la promesse. Il y a entre eux un contrat. Ils s'en vont, et l'un des deux ou tous les deux se ravisent et reprennent leur volonté dans leur cœur. Le contrat est annulé ; les promesses sont comme non avenues, car le droit et l'obligation sont supprimés.

Jusqu'ici tout se passe dans le domaine du tribunal intérieur. Chacun sait ce qu'il pense lui-même ; mais personne ne sait ce que pense autrui. — Nul ne sait *s'il y a* réellement ou s'*il n'y a pas* un contrat, excepté celui qui pénètre à la fois dans le tribunal intérieur de tous deux, la puissance exécutive de la loi morale, Dieu !

Maintenant l'un fait ce qu'il a promis, et la chose passe dans le monde des phénomènes. — Qu'est-ce qui suit de là, et qu'est-ce qui n'en suit pas ? — Sans doute il montre clairement et évidemment par cet acte qu'il était de bonne foi et qu'il a cru l'autre aussi loyal que lui-même ; qu'il *croit* être réellement lié avec lui par un contrat, — qu'il croit lui avoir donné un droit sur soi et en avoir reçu un sur lui. — Mais *acquiert-il* par là ce droit sur l'autre, s'il ne l'avait pas auparavant, ou seulement le *fortifie-t-il* s'il ne l'avait qu'à moitié. Comment cela serait-il possible ? Si sa volonté que l'autre tienne sa promesse n'est pas obligatoire pour celui-ci, tant que ce dernier pouvait douter de la réalité de cette volonté, elle ne l'est pas devenue davantage parce que la réalité s'en est manifestée dans le monde des phénomènes. Dans un cas comme dans l'autre, il n'y a toujours que sa volonté; et une volonté étrangère n'oblige jamais. Ou, — pour rendre toute échappatoire impossible, — acquiert-il par la manifestation extérieure de sa véracité un droit absolu à la véracité de l'autre, c'est-à-dire l'oblige-t-il par son acte à *vouloir réellement* ce qu'il a promis, et à s'obliger par *sa propre volonté*? Si je n'ai jamais un droit absolu à la véracité d'autrui, comment puis-je l'acquérir par ma propre véracité? Ma moralité oblige-t-elle les autres à la même moralité? Je ne suis pas l'exécuteur de la loi morale en général; c'est Dieu; c'est à lui qu'il appartient de punir la fausseté. Je ne suis que l'exécuteur des droits qui me sont accordés par la loi morale, et parmi ces droits ne se trouve pas celui de surveiller la sincérité des autres hommes.

Ainsi, même en tenant de mon côté ce que j'ai promis, je n'acquiers donc pas le droit d'exiger que l'autre en fasse autant du sien, si sa libre volonté, dont je ne connais pas la direction, ne m'a pas donné et ne me donne pas ce droit. — Mais l'autre, en me manquant de parole, me fait tort de ce que j'ai fait pour lui. Comment avec de pareils principes quelqu'un osera-t-il encore conclure un contrat? — Qu'on fasse encore un pas dans l'application de ces principes, et tout sera clair, et la difficulté sera résolue d'une manière satisfaisante.

J'ai exécuté ma promesse dans la pensée que l'autre avait droit à cette exécution, que celle-ci n'était plus *mienne*, qu'elle était *sienne*, que les forces que j'y appliquais et les fruits de cette application de mes forces étaient la propriété d'un autre. Je me suis trompé en ce point:

ces choses étaient miennes, puisque l'autre, ne m'ayant point donné de droit sur lui, n'en avait point sur moi. Elles étaient miennes aux yeux du juge suprême de toute moralité; nul esprit fini ne pouvait savoir à qui elles appartenaient. L'autre n'exécute pas sa promesse, et dès lors ce qui n'était connu jusque-là que du juge suprême se manifeste aussi dans le monde des phénomènes. En n'exécutant pas sa promesse, il ne fait pas que l'exécution de la mienne *redevienne* ma propriété : elle l'était dès le commencement; il fait seulement connaître qu'elle est mienne. Je conserve ma propriété; — le fruit de l'exécution m'appartient. — Même ce qui, dans l'application de mes forces, a été dissipé en pure perte est ma propriété. Peu m'importe que cela soit perdu; cela ne devait pas l'être. Je le retrouverai dans les forces de l'autre; j'ai recours sur elles. Je puis le contraindre à une complète réparation du dommage. Or, si je n'ai rien perdu par son manque de parole, il n'a rien gagné. Nous sommes replacés tous deux dans l'état qui a précédé notre convention; tout est non avenu, et il en devait être ainsi, puisqu'il n'y avait pas de contrat entre nous.

C'est seulement en exécutant complétement sa promesse pour sa part que l'autre fait de l'exécution de la mienne sa propriété. Elle *était* sienne, en vertu de ma libre volonté; mais personne ne savait qu'elle le fût, à l'exception de celui qui connaît les cœurs et qui savait que cet homme exécuterait sa promesse. En l'exécutant, il fait voir dans le monde des phénomènes que l'exécution de la mienne est sa propriété. — Aux yeux du tribunal invisible, le contrat est conclu dès que les deux parties ont la volonté sincère de faire la chose promise; il ne commence dans le monde des phénomènes que quand les deux engagements sont pleinement exécutés. Le moment qui l'institue ici l'anéantit.

Appliquons cela à une association durable pour des services réciproques, comme le contrat social! — Tous ont donné à tous un droit sur eux-mêmes, et en revanche en ont reçu un sur les autres; au moins le peut-on supposer, puisqu'il faut admettre que ce sont des gens loyaux. Ils ont montré dans le monde des phénomènes qu'ils l'étaient; ils ont rempli leurs engagements chacun pour sa part, en agissant, en s'abstenant, en se soumettant aux peines légales toutes les fois qu'ils s'étaient abstenus quand ils devaient agir, ou qu'ils avaient agi quand ils devaient s'abstenir. Tant que personne ne témoigne par ses paroles ou par ses actes que sa volonté est changée, il faut admettre qu'il est dans le contrat.

Maintenant l'un vient-il à changer de volonté, à partir de ce moment il n'est plus, aux yeux du tribunal invisible, soumis au contrat; il n'a plus de droit sur l'État, l'État n'en a plus sur lui. Il témoigne son changement de volonté ou bien par une déclaration publique, ou bien en cessant de fournir son contingent et en ne se soumettant pas, en cas de contravention, à la peine légale (1). Quel

---

(1) Un mot seulement en note ! — S'il en est ainsi, pourrait-on dire, quiconque devra être puni sortira de l'association, et ainsi la punition deviendra tout à fait impossible. Je ne recule pas devant la conséquence : quiconque le veut, le peut, et l'État ne peut le punir sans une souveraine injustice. Personne ne saurait raisonnablement se soumettre à la punition, que pour pouvoir continuer de rester dans l'État. Que devient avec cela la peine de mort? Oh ! il n'y avait pas besoin de ce détour pour montrer que cette peine, appliquée aux infractions civiles, est une abomination.

Un citoyen porte-t-il atteinte, dans la société, à des droits inalié-

rapport a-t-il maintenant avec l'État et l'État avec lui? Les deux parties ont-elles encore des droits et des devoirs réciproques, et lesquels?

Évidemment elles sont retournées l'une par rapport à l'autre au simple état de nature ; la seule loi qui leur soit encore commune, c'est la loi morale. Nous avons vu plus haut ce qui est de droit, aux termes de cette loi, dans le cas où, l'une des parties ayant exécuté sa promesse, l'autre n'exécute pas la sienne : la reprise du produit de l'exécution et la réparation du dommage.

Mais est-ce donc ici réellement le cas? Si dans un contrat social tous ont des droits et des devoirs égaux, — et dans le présent chapitre il n'est question que de cela, — et si chacun — se soumettant à la punition en cas d'omission — exécute fidèlement ce qu'il doit faire, suivant le temps, le lieu et les circonstances, je ne vois pas comment ils peuvent jamais avoir de compte à régler ensemble. Vous avez fait jusqu'à présent pour moi ce que vous deviez ; moi de même. A partir de ce moment vous ne faites plus rien, ni moi non plus. Il y a parité entre nous ; nous sommes quitte à quitte. Il se peut, si vous êtes de grands calculateurs en matière d'*utile*, que je sois en reste avec vous sous ce rapport. Mais il ne s'agit pas de cela maintenant ; il s'agit du *droit*. Si je m'étais trouvé, *moi*, dans la situation d'avoir à faire pour vos intérêts plus que vous ne pouviez faire pour les miens, c'eût été mon devoir de le faire ; c'eût été *votre droit* de l'exiger ; je n'aurais aucune restitution à réclamer, car ce que j'aurais

nables de l'homme (et non pas seulement à des droits résultant d'un contrat), il n'est plus *citoyen*, il est ennemi ; et la société ne lui fait pas *expier* son crime, elle *se venge* de lui, c'est-à-dire qu'elle le traite d'après la loi qu'il a lui-même établie.

fait pour vous n'eût plus été mien aux termes du contrat, c'eût été votre propriété. — Pouvez-vous revendiquer ce que vous avez fait pour moi? — C'est bien ma propriété.

Cette dernière remarque découvre donc pleinement la fausse apparence de tous les sophismes que l'on tire, contre le droit qu'a le citoyen de changer sa constitution, du long chapitre des grands bienfaits dont il lui est redevable. On ne parle que de reconnaissance, d'équité, et l'on ne compte que sur des dons pieux; mais, dans un jugement de ce genre, ce n'est pas de cela qu'il s'agit : il s'agit du droit strict et de créances à faire valoir. Mettons d'abord ce compte au net; nous verrons ensuite ce qu'il nous restera à donner. — Voulez-vous un exemple de ce que je viens de dire? Voyez cet écrivain : à peine a-t-il achevé ses plaintes sur les sermons insignifiants et sur les saillies plus ou moins spirituelles des déclamateurs qui confondent la morale et la politique, qu'il nous invite à ne pas nous servir de la culture que nous devons à notre bonne mère pour lui déchirer les flancs; mais — laissons les enfants jouer avec leur mère, et parlons de la chose en hommes!

Quels seraient donc les services au sujet desquels l'État pourrait nous intenter une demande en restitution? C'est uniquement à la condition que vous soyez des membres de l'État, qu'il vous a octroyé toute votre propriété, suivant quelques-uns, ou au moins, suivant d'autres, la propriété du sol, car, selon eux, le sol lui appartient; et ces derniers ne sont vraiment pas plus généreux que les premiers. Tandis que les uns nous laissent tout nus, les autres nous renvoient à l'air; car la terre et la mer sont déjà occupées, et même ce qui n'est pas encore découvert est donné d'avance par le pape, en vertu du droit divin. S'il fallait prendre ces menaces au sérieux, nous devrions assurément renoncer à l'envie de sortir jamais de la société civile. Cherchons quel est le fondement du droit de propriété en général, et de la propriété du sol en particulier; ce sera le moyen de rendre la chose claire.

Nous sommes originairement notre propriété à nous-mêmes. Personne n'est notre maître, et personne ne peut le devenir. Nous portons au fond de notre cœur les lettres de franchise qui nous ont été données sous le sceau de Dieu. C'est lui-même qui m'a affranchi et qui m'a dit : « Ne sois l'esclave de personne. » Quel être aurait le droit de faire de moi sa propriété ?

Nous sommes *notre* propriété, dis-je, et j'admets ainsi quelque chose de double en nous : un propriétaire et une propriété. Le moi pur qui est en nous, la raison est la maîtresse de notre sensibilité, de toutes nos facultés spirituelles et corporelles; elle peut s'en servir comme de moyens pour toutes les fins qui lui plaisent.

Autour de nous sont des choses qui ne sont pas leur propriété à elles-mêmes, car elles ne sont pas libres; mais elles ne sont pas non plus originairement la nôtre, car elles n'appartiennent pas immédiatement à notre moi sensible.

Nous avons le droit d'appliquer nos propres forces sensibles à toutes les fins qui nous plaisent et que la loi de la raison n'interdit pas. Or la loi de la raison ne nous défend pas d'employer, comme moyens pour nos fins, les choses qui ne s'appartiennent pas à elles-mêmes, et de les rendre propres à nous servir de moyens. Nous avons donc le droit d'appliquer nos forces à ces choses.

Quand nous avons donné à une chose la forme d'un moyen pour nos fins, aucun être ne peut l'employer, sans dépenser pour lui le produit de nos forces, et par conséquent nos forces elles-mêmes, qui sont originairement notre propriété, ou bien sans détruire cette forme, c'est-à-dire sans suspendre nos forces dans leur libre action (car il ne sert à rien de dire que l'action immédiate de nos forces est passée; notre action dure tant que dure son effet). Or c'est ce que ne peut faire aucun être raisonnable ; car la loi morale lui défend de détruire le libre produit d'un agent libre ; et à cette défense correspond en nous un droit, celui d'empêcher une telle destruction. — Nous avons donc le droit d'exclure tous les autres de l'usage d'une chose que nous avons façonnée au moyen de nos facultés et à laquelle nous avons donné notre forme. Et c'est ce droit qui dans les choses s'appelle la *propriété*.

Cette formation des choses par notre propre force est le véritable principe du droit de propriété ; mais c'est aussi le seul qu'admette le droit naturel (1). M. Rehberg aurait donc pu trouver moins naïf ce qui est dit dans la Revue politique de Schlœzer, à savoir que « quiconque ne travaille pas ne doit pas manger. » — Quiconque ne travaille pas peut sans doute manger, si je veux bien lui donner quelque chose à manger ; mais il n'a aucun droit à la nourriture. Il n'a pas le droit de dépenser à son usage les forces d'un autre ; si personne n'est assez bon pour agir volontairement à sa place, il devra employer ses propres forces à se chercher ou à se préparer quelque chose, sous peine de mourir de faim, et cela fort justement.

Mais l'homme ne peut rien produire de nouveau, rien créer, remarque M. Rehberg: il faut que la matière à la-

---

(1) Ce que M. Schmalz nomme *accession* se fonde en définitive sur la *formation*.

quelle il donne sa forme ait existé préalablement. Si donc il peut établir la légitimité de ses prétentions sur la forme des choses, il ne saurait jamais prouver son droit de propriété sur la matière. — Nous avons été véritablement affligé de voir M. R... tirer une fausse conséquence de la seule observation qui fût judicieuse dans tout son livre et qui pût le conduire à des développements instructifs. Il applique en effet cette observation à la propriété du sol ; et comme, selon cette observation, personne, en droit naturel, ne peut être propriétaire du sol, il pense que nous devons tenir ce droit de l'État.

M. R... n'a pas poussé assez loin les conséquences de son principe. Ce n'est pas seulement le sol qui est une matière que nous ne produisons pas; tout ce qui peut être notre propriété a pour fondement une matière de ce genre, qui existe absolument sans notre coopération. — L'habit que je porte était sans doute la légitime propriété du tailleur qui l'avait façonné, avant de devenir la mienne par suite d'un marché; le drap qui a servi à le faire était la propriété du fabricant, avant d'arriver au tailleur; la laine dont ce drap a été tissu était la propriété du possesseur du troupeau qui l'a fournie; ce troupeau, son maître l'avait formé des brebis qu'il avait héritées ou acquises par contrat; la première brebis fut la propriété de celui qui l'avait apprivoisée et nourrie; mais d'où venait cette première brebis ? Elle était une matière organisée sans sa coopération. Si l'État l'a transmise au premier possesseur, c'est sans doute aussi à la faveur de l'État que je dois mon habit. Quand je sortirai de l'association, il me le fera retirer.

Mais, avant toutes choses, comment l'État acquiert-il un droit que n'a aucun des membres individuels dont il se compose ? Nul n'a, dites-vous, de droit de propriété sur la matière ; mais comment tous, en unissant leurs droits, en pourraient-ils faire sortir celui-là? De plusieurs parties homogènes pouvez-vous former un tout qui soit d'une autre nature que les parties? Si chacun versait du rhum dans un bol, cela ferait-il du punch? — Votre raisonnement est illogique.

Il faut le reconnaître : on ne saurait établir l'existence d'aucun droit de propriété sur la matière *comme telle*, et il est aisé de montrer ce qu'il y a de contradictoire dans un droit de ce genre. Ce droit est en contradiction avec l'idée de la matière brute dans le sens où l'entend le droit naturel. Si l'on ne peut en effet s'approprier les choses que par la formation, nécessairement tout ce qui n'est pas encore formé, tout ce qui est brut n'est pas encore approprié, n'est la propriété de personne. Nous avons un *droit d'appropriation* sur la matière brute, et un *droit de propriété* sur la matière modifiée par nous. Le premier signifie la possibilité morale ; le second, la réalité morale et physique. Si vous ne pouvez nous prendre la matière sans prendre aussi la forme, et que vous n'ayez pas le droit de nous prendre cette forme, nous ne disputerons pas avec vous sur la propriété de la matière *conçue* indépendamment de la forme ; il nous suffit que vous ne puissiez *réellement* pas la séparer. Si elle n'est pas notre propriété, elle n'est pas non plus la vôtre ; et puisque vous devez nous laisser la forme, il faut aussi que vous nous laissiez la matière. — On peut dire, sinon d'une manière rigoureusement philosophique, du moins par une figure exacte, que Dieu est le propriétaire de la matière brute, qu'il a investi chacun de nous de tout le domaine de la matière existante, que la loi de la liberté gravée dans notre cœur est sa lettre d'investiture, et qu'il nous transmet la possession réelle au moyen de notre formation. On aurait donc pu trouver moins triviale cette antique pensée ; seulement il ne faut pas dire que nous avons hérité cette investiture d'Adam ou des trois fils de Noë. Nous ne l'avons pas héritée : chacun l'a immédiatement acquise avec le don de la liberté morale.

Et comment en serait-il autrement? Si la matière brute, comme telle, pouvait être la propriété de quelqu'un, comment donc arriverions-nous jamais à avoir une propriété? Que pourrions-nous donc nous approprier? Chercher une preuve du droit de propriété sur la matière, c'est vouloir supprimer en général toute propriété.

Tout homme, — pour appliquer ces principes à la propriété foncière, — a originairement un droit d'appropriation sur tout le sol de la terre. Si personne ne fait valoir ce droit dans toute son étendue, cela est dû en partie à la faiblesse naturelle de chacun, et en partie à ce que chaque individu a le même droit ; — là où un autre a déjà occupé le sol, il n'y a plus rien à occuper pour moi. Dira-t-on, comme le soutiennent quelques écrivains français, que tous les hommes ont droit à une égale portion de terre, et que tout le sol de la terre doit être partagé entre entre eux par portions égales? Il faudrait pour cela que chacun eût sur le sol de la terre, non-seulement un *droit d'appropriation*, mais encore un *droit réel de propriété*. Mais comme l'homme ne fait d'une chose sa propriété par l'appropriation qu'au moyen de son travail, il est clair que celui qui travaille plus doit aussi posséder plus, et que celui qui ne travaille pas ne possède rien légitimement. — Représentez-vous une foule d'hommes arrivant dans une île déserte et inculte, avec des instruments de labourage et des bêtes de trait. Chacun place sa charrue où il veut ;

là où elle est, aucune autre ne peut être. Chacun laboure ce qu'il peut, et celui qui, le soir, aura défriché la plus grande étendue, possède légitimement la plus grande étendue. — Voilà maintenant l'île entière labourée. Celui qui aura dormi le jour ne possédera rien, et cela justement.

M. R..., en posant (1) la question de savoir d'où *provient* le droit (2) de travailler les objets qui ne nous appartiennent pas, — question à laquelle j'ai répondu plus haut, et qui avait été déjà traitée solidement, — par exemple dans le *droit naturel* de M. Schmalz (3), — y introduit un « *ausschliesslich* (*) » accentué, qui veut être décisif, mais qui n'incline pas le plateau de la balance de l'épaisseur d'un cheveu. Dès que j'ai immédiatement dans les mains un morceau de matière brute, tout autre en est exclu, car il ne saurait le travailler sans me l'arracher, ce qu'il n'a pas le droit de faire. Si, pendant que je voulais le prendre sur la terre, il avait été plus prompt que moi à le saisir, ce morceau serait entre ses mains, et c'est *moi* qui en serais exclu. Tant qu'il était encore sur le sol, nous y avions tous deux un égal droit ; à présent j'ai le droit exclusif, *das ausschliessende Recht*, ou, comme dirait M. R..., *das ausschliessliche Recht* (**), de le

---

(1) Page 13 de son livre déjà cité.

(2) Voyez donc de quoi les gens se mêlent !

(3) M. R. aurait dû lire ce livre avant d'écrire le sien, ou le réfuter, s'il l'avait lu.

(*) « Exclusivement. » — Voyez la note ci-dessous.

(**) Je suis obligé d'introduire dans le texte ces expressions allemandes, ne trouvant pas dans notre langue de mots correspondants. Fichte explique lui-même, dans la note suivante, le sens de l'expression *ausschliesslich*, par opposition à *ausschliesend*.

« *Ausschliesslich*, dit-il, revient à *ausschliessbar*, comme si celui

travailler : je le tiens immédiatement dans mes mains.

Il ne parle pas d'ailleurs de choses que l'on puisse avoir immédiatement entre les mains. Bien qu'il parle en général d'objets, ces choses ne semblent pas convenir à la profondeur de ses raisonnements ; c'est du sol de la terre qu'il tire son exemple. « Si je veux ensemencer un champ, *einen Acker* [1], et qu'une autre personne, n'ayant pas de champ convenable, ou préférant celui-là, veuille aussi le cultiver, d'après quelles raisons décidera-t-on entre nous ? » Telle est la question qu'il pose. — Si la pièce de terre sur laquelle porte la question est réellement un champ labouré, *ein Acker* [2] (ou ce mot n'est-il employé ici que pour remplacer les autres qui sont usés ?), la décision est facile, et l'on pourrait dire que celui qui l'adresse n'est pas digne d'une réponse. Le champ que désigne le mot *Acker* est nécessairement labouré [3], il faut donc que quelqu'un l'ait labouré ; ce quelqu'un est propriétaire d'après le droit naturel, et nul autre ne voudra se donner la peine inutile et illégitime de le cultiver encore une fois. Tout champ labouré a un propriétaire, aussi certainement qu'il est un champ labouré ;

---

qui travaille une chose prétendait en *être exclu*, et non pas en exclure lui-même tous les autres. — Avec tout autre écrivain, ajoute Fichte, une pareille critique serait une chicane déplacée ; mais elle est juste à l'égard d'un homme qui traite les autres sur ce ton. *Metiri quemque suo modulo ac pede verum est.* »

[1] Le mot *Acker*, dont se sert l'écrivain cité et attaqué par Fichte, signifie proprement terre labourée. On va voir pourquoi j'ai dû introduire ici dans mon texte ce mot allemand et en indiquer le sens dans cette note.

[2] Voyez la note précédente.

[3] Je ne puis rendre autrement cette phrase du texte, où l'auteur fait sortir du mot lui-même l'explication de son sens propre : *Ein Acker ist umgeackert.*

il n'est plus une matière brute, mais il a une forme. M. R… veut commencer par *ensemencer* le champ dont il s'agit (si tout cela et si même son livre entier a une autre raison d'être que cette chère *copia dicendi*); pour cela il faut qu'il ait été tout fraîchement labouré. Cela, penserais-je, serait une raison suffisante pour exclure tout autre de la culture de ce champ. — Pourtant nous ne voulons pas profiter, par un stratagème d'avocat, de l'inhabileté de notre aversaire; nous voulons chercher à instruire.— Quand même le champ n'aurait pas été fraîchement labouré, quand bien même il ne l'aurait pas été depuis un grand nombre d'années, le premier travailleur ou son représentant demeure toujours le légitime propriétaire, tant qu'il reste sur le sol le moindre effet du premier travail; — et quand pourrait-il jamais disparaître? Si la trace extérieure en est effacée, celui qui s'empare de ce champ, sans rien savoir du travail dont il a été autrefois l'objet, est un possesseur de bonne foi, mais non pas un légitime propriétaire. Il doit cesser son travail à la première réclamation du véritable propriétaire.

La question suivante de M. R… a un sens plus juste, et nous l'admettons, quelque suspecte que la rende sa parenté avec la première. « Comment, demande-il, prouverai-je à l'aide de la raison pure, que ce sol sur lequel se trouvent deux personnes appartient à l'une plutôt qu'à l'autre? » Nous admettons, avant de nous engager dans la question, que le mot sol signifie ce qu'il doit signifier : non pas un champ labouré, mais une pièce de terre inculte ou qui n'a pas encore été travaillée; et alors la question mérite une réponse.— Quel est donc ce sol dont il parle? Est-ce ce seul et même sol sur lequel se trouvent les deux personnes? Où le borne-t-il donc? Où le distinguet-il d'un autre qui n'est plus ce même sol sur lequel elles sont toutes deux? Son imagination ne lui aurait-elle point, par hasard, joué le tour de lui représenter, sans qu'il y songeât, des clôtures, des fossés, des lisières, des bornes? Il ne peut rien y avoir de pareil, à moins que le sol ne soit déjà occupé, et n'appartienne exclusivement soit à l'un, soit à l'autre, ou à leur défaut, à un troisième. Ne parlons donc plus de *sol;* parlons plutôt de *place.* — Deux individus ne peuvent pas occuper ensemble une seule et même place; cela est contraire à la loi de l'impénétrabilité de la matière. Dès que l'un se trouve à une place, l'autre en est exclu; celui-ci ne peut s'y mettre sans repousser le premier, et c'est ce qu'il n'a pas le droit de faire. Chacun est le légitime et exclusif propriétaire de la place où il se trouve, si cette place n'avait pas déjà un propriétaire. Il l'est devenu par cela seul qu'il s'y est mis. Mais sa propriété ne s'étend pas au delà de ce qu'il peut couvrir de son corps. — Maintenant l'un trace un sillon. Ce sillon est sien; il est le produit de son travail. Il avait le droit, en vertu de sa nature raisonnable, de tracer le sillon. — Il ne peut pas, dites-vous, prouver sa propriété sur les mottes de terre. — Cela lui importe peu. Il est du moins le propriétaire du sillon qu'il a formé avec les mottes de terre: prenez-lui donc les mottes de terre, mais laissez-lui le sillon! — Son voisin trace aussi un sillon tout à côté du sien. Il en a bien le droit; mais il ne peut tracer ce sillon, là où le premier a tracé le sien, sans détruire celui-ci, et c'est ce qu'il n'a pas le droit de faire. — Ainsi se résout d'une manière satisfaisante la question de savoir pourquoi, sur un sol inoccupé, la place où quelqu'un se trouve et le sillon qu'il y a tracé lui appartiennent, et n'appartiennent pas à celui qui n'y est pas et qui n'a pas tracé de sillon, et nous venons de réaliser une des impossibilités de M. R...

En général, le légitime propriétaire de la *dernière* forme est le propriétaire de la chose. Je donne à un orfèvre un morceau d'or que je possède légitimement, soit par l'effet de mon propre travail, soit en vertu d'un marché, et je le charge de m'en faire une coupe. Je lui ai promis un certain prix pour ce travail ; il semble qu'il y ait un contrat entre nous. Il apporte la coupe, et je ne lui donne pas le prix convenu. Il n'y avait pas de contrat entre nous : son travail était sien, et reste sien. — Mais l'or est-il mien ? J'ai le droit de le reprendre, si je puis le faire sans prendre en même temps la coupe ou sans la détruire. S'il veut me dédommager de ma perte, il n'y a rien à dire à cela ; mais je n'ai pas le droit de revendiquer sa coupe. Il est le *légitime* possesseur de la dernière forme ; car c'est avec mon consentement qu'il a donné sa forme à mon or. S'il n'en était pas le possesseur légitime, s'il avait fait de mon or une coupe sans mon consentement, il faudrait qu'il me rendît l'or, avec ou sans sa forme.

De tout cela il résulte clairement que ce n'est pas l'État, mais la nature raisonnable de l'homme en soi qui est la source du droit de propriété, que nous possédons indubitablement certaines choses en vertu du droit purement naturel, et que nous pouvons légitimement exclure tous les autres de la possession de ces choses.

Mais à quoi, dit-on, cela peut-il nous servir, à nous qui sommes nés dans l'État ? Accordons que nous aurions pu acquérir une propriété en vertu du droit purement naturel, et le faire d'une manière tout à fait indépendante de l'État. Mais ce n'est pas ainsi que nous avons acquis la nôtre ; nous la devons aux institutions de l'État, et nous devrons la lui restituer, si nous rompons nos liens avec lui. — Nous verrons si cette appréhension est fondée.

Nous sommes sans doute nés pauvres, nus et dénués de secours. Quant à ce que l'État prétend avoir fait pour le développement de nos facultés, en disant que, s'il n'avait rien fait, nous serions encore en ce moment aussi pauvres, aussi nus et aussi dénués de secours, — nous nous occuperons plus tard de cette assertion. Sautons à présent par-dessus les années où l'homme n'est encore qu'un animal dénué de secours ; voilà nos facultés développées, nous voilà capables de nous aider nous-mêmes : je saurai bien reconnaître plus tard les services que l'État nous a rendus ici, s'il est possible de les apercevoir. Voilà donc nos facultés développées ; nous voulons nous approprier quelque chose ; nous jetons les yeux tout autour de nous, et nous voyons qu'à l'exception de l'air et de la lumière, tout a son propriétaire ; si la lumière et l'air n'en ont pas, c'est par cette simple raison qu'ils ne sont susceptibles d'aucune forme étrangère. Nous pourrions parcourir toute la terre sans y rien trouver sur quoi nous eussions à faire valoir notre droit d'appropriation, qui s'étend sur toute matière brute. Il n'y a presque plus de matière brute. — Nous en prendrons-nous à l'État, comme s'il avait tout confisqué, et qu'il ne nous eût plus rien laissé? Non, nous ferions preuve ainsi d'une grande incapacité, et nous montrerions que nous ne comprenons rien à la chose. Ce n'est pas l'État qui a déjà tout pris en sa possession ; ce sont les individus. Leur chercherons-nous querelle, parce qu'ils ne nous ont pas attendus, — parce qu'ils n'ont pas compté sur nous, avant que nous ne fussions? Revendiquerons-nous un droit que nous aurions eu dans le monde des phénomènes, avant d'y paraître. Il est vraiment dommage pour nous que toutes les places soient déjà occupées; mais aussi pourquoi ne sommes-nous pas nés plus tôt? Nous n'avons pas le droit de chasser quelqu'un de sa place, parce qu'il nous en faut une. C'est à nous de faire en sorte d'arriver à temps. Cela nous regarde.

Or c'est ici, pense-t-on, que l'État intervient. Il nous institue d'abord copropriétaires du bien de nos parents, quand ils en ont, et héritiers de ce bien après leur mort. — Il serait généreux de la part de l'État de remédier à un mal qu'il n'a pas causé, comme nous venons de le reconnaître. Mais qu'on me permette de faire une question en passant pour réveiller l'attention : Où donc l'État a-t-il pris le droit de me donner d'abord la copropriété, et ensuite la propriété entière d'un bien étranger? Tous pensent-ils avoir un droit que n'a aucun individu? N'ai-je pas déjà dit que, si chacun se bornait à verser du rhum dans un bol, il ne pourrait en résulter du punch!

Nous verrons quand il sera question de culture, quelle est, d'après les principes du droit naturel, la nature de la copropriété des enfants sur le bien de leurs parents. A présent parlons de l'héritage. — Il n'y a pas, dit-on, dans le droit naturel, de droit d'hérédité. Hé?— Il y en a un très grand, très étendu; seulement il faut savoir saisir les idées dans leur pureté et ne pas permettre à l'imagination d'y mêler des éléments hétérogènes empruntés à l'habitude.

Dès que quelqu'un sort du monde des phénomènes, il perd ses droits dans ce monde. Sa propriété redevient comme de la matière brute, car personne n'est plus possesseur de sa forme. L'humanité tout entière est la légitime héritière de chaque mort; car l'humanité tout entière a un droit illimité d'appropriation sur tout ce qui n'a pas de possesseur. Quiconque se l'appropriera réellement le premier en sera le légitime propriétaire. — C'est ainsi que la nature prend soin de rappeler peu à peu de la scène les anciens possesseurs pour faire place à ceux qu'elle produit ensuite. La nature et la loi morale sont ici parfaitement d'accord. La première est dans cette circonstance ce qu'elle devrait toujours être, la servante de la seconde. — Tu ne dois chasser personne de sa place, dit la loi. — Mais il me faut une place, dis-tu. — Voici ta place, dit la nature ; et elle culbute celui que tu n'avais pas le droit de culbuter (1).

Cette course précipitée, mais peut-être vaine, vers une possession, ces rivalités et ces inimitiés qui doivent en résulter, tout cela ne nous plaît pas, dirent les hommes, lorsqu'ils devinrent citoyens, et en cela ils parlaient bien. Que chacun prenne ce qui est le plus près de lui ; de cette façon, il s'épargnera à lui-même la course et l'épargnera aux autres. Qu'il prenne ce qui était dans la cabane et autour de la cabane de son père ; chacun de nous renoncera à son droit d'appropriation sur cette possession vacante, si lui-même veut renoncer à sa part de droit d'appropriation sur le bien de tout autre concitoyen mort. — Tu n'as donc pas reçu gratuitement le droit civil d'hérédité ; tu l'as échangé contre un droit aliénable de l'homme, — celui d'hériter, si tu le peux, de tout mort. Dès que tu t'es abstenu d'occuper la succession des autres, pendant que tu as vécu dans l'État, tu as rempli ta con-

(1) Le maître en droit naturel que j'ai loué au commencement du premier chapitre, n'interprète-t-il pas ceci et la suite comme si je racontais un fait historique, comme si, suivant son expression, je pensais que cela est arrivé *dans le temps!* Je ne trouve point dans mes cahiers de renseignement à ce sujet.

dition, et l'État la sienne. Ton héritage paternel t'appartient, en vertu du contrat que tu as rempli. Possède-le en toute conscience, même quand tu sortirais de l'État ; s'il le revendique, exige de lui à ton tour tout ce que tu aurais pu t'approprier, pendant ce temps-là, de la succession des citoyens morts, et il te le laissera.

La seconde manière d'arriver dans l'État à une propriété, c'est le travail appuyé d'un contrat. Le simple travail donne rarement ou ne donne jamais une propriété dans l'État ; car il y a rarement ou il n'y a jamais de matière brute. Tout ce que nous voulons travailler a déjà sa forme ; or nous n'avons pas le droit de le travailler sans le consentement du propriétaire de la dernière forme. Si celui-ci nous charge de travailler la chose à notre tour, moyennant un dédommagement pour la force que nous y dépenserons et qui est originairement notre propriété, ce qui passe de sa propriété dans nos mains devient nôtre au moyen d'un contrat et du travail. Il nous le vend. — S'il consent à ce que nous travaillions la chose à notre gré (le seul fait de la prendre est déjà une peine dépensée), sans rien exiger de nous en échange, la chose même devient alors nôtre, comme par l'effet d'un contrat et du travail. En effet, avant que nous y eussions dépensé une peine, nous ne pouvions pas le forcer à tenir sa promesse ; il pouvait n'avoir jamais eu la volonté de nous donner la chose ou avoir changé de volonté, et alors elle ne serait pas nôtre, comme on l'a vu par les explications précédentes. Mais, comme il ne reçoit rien en échange dans sa propriété, il ne nous la vend pas ; il nous la donne. — L'héritage et le contrat de travail embrassent toutes les manières d'arriver dans l'État à une possession. Le commerce n'est qu'un contrat d'échange sur des objets dont la possession suppose déjà l'héritage ou le contrat de travail.

« Mais ces contrats sont conclus dans l'État, sous la protection de l'État, grâce à l'existence de l'État, dont le premier contrat est le fondement de tous ceux qui peuvent venir ensuite; par conséquent tout ce que nous obtenons par ce moyen, nous le devons à l'État. » — En voilà beaucoup à la fois, et cela est vite conclu! Il nous faut du temps pour débrouiller toutes ces choses.

D'abord je dois relever ici une confusion d'idées qui, à ce qu'il me semble, a généralement dominé jusqu'à ce jour et qui est tellement passée dans la langue, qu'il est difficile de trouver un mot qui y mette fin. Le mot « société » est en effet la source de cette fâcheuse équivoque. On l'emploie tantôt comme signifiant des hommes unis en général par un contrat, tantôt comme désignant en particulier des hommes unis par un contrat civil, c'est-à-dire l'État; et l'on saute ainsi par-dessus une question importante, celle qui concerne les hommes qui, bien loin d'être unis par un contrat civil, vivent à côté les uns des autres et entre eux en dehors de tout contrat. Je distingue dans ce mot de société deux sens principaux : il signifie d'abord une relation physique de plusieurs personnes entre elles, qui ne peut être que leur rapport réciproque dans l'espace; et ensuite une relation morale, le rapport de droits et de devoirs réciproques. C'est dans ce dernier sens qu'on a employé le mot de société, et l'on a fait déterminer ces droits et ces devoirs par des contrats, soit en général par un contrat quelconque, soit en particulier par un contrat civil. Et ainsi toute société résultait et devait nécessairement résulter d'un contrat; sans contrat il n'y avait pas de société possible.

Pourquoi donc a-t-on oublié si complétement le premier sens du mot société? — Des êtres qui ne sont pas simplement des corps ne sauraient être dans l'espace, même comme corps, sans relations morales entre eux. — Fort bien, mais alors cette vieille idée d'un état de nature, cette guerre de tous contre tous qui y serait de droit, ce droit du plus fort qui devrait régner sur ce sol, tout cela est faux. Deux hommes ne pourraient pas, pensait-on, s'approcher l'un de l'autre de la largeur d'un pied, sans que chacun d'eux n'eût parfaitement le droit de tenir l'autre pour une excellente trouvaille, de s'en emparer et de le rôtir. Mais peut-être aucun d'eux ne saurait-il au juste s'il serait le plus fort; alors ils devraient se dire l'un à l'autre : « Ne me mange pas, ô mon bon, je ne te mangerai pas non plus; » — et à partir de ce moment, ils n'auraient plus le droit de se manger, puisqu'ils se seraient promis de ne pas le faire; et, bien qu'ils eussent en général parfaitement le droit de se manger, ils n'auraient plus celui de ne pas se tenir parole. Ils pourraient alors vivre tranquillement entre eux. O profonde philosophie! Même dans les systèmes où cette idée est tout à fait abandonnée, les conséquences prochaines ou éloignées s'en font encore sentir.

Il est sans doute possible aux hommes, j'entends moralement possible, de vivre en société dans le premier sens du mot, c'est-à-dire de vivre à côté les uns des autres et entre eux, sans former une société dans le second sens que vous attachez à ce mot, sans être unis par un contrat. Ils ne sont pas alors sans droits et sans devoirs réciproques. Leur loi commune, qui détermine assez exactement ces droits et ces devoirs, c'est la loi de la liberté, ou ce principe : « Ne trouble la liberté de per-

sonne, alors qu'elle ne trouble pas la tienne. » — « Mais
les hommes *se soumettraient-ils* donc à ce principe, s'ils
n'y étaient contraints par des lois? Ne se soucieraient-ils
pas toujours plus de ce qu'ils pourraient que de ce qui
leur serait permis? » — Je sais que vous ne manquez jamais d'en appeler à la méchanceté originelle de l'homme,
chose dont je ne puis me convaincre; mais soit: ces lois
de contrainte ont aussi leur valeur dans l'état de nature;
je puis légitimement contraindre quiconque trouble ma
liberté à la rétablir en elle-même et dans toute la plénitude de ses effets. — « Tu en as *le droit;* mais es-tu sûr
de *pouvoir* — toujours être le plus fort? » — Vous ne parlez
jamais que de ce que je serais ou de ce que je suis, je parle
de ce que je *devrais*. Si la loi morale gouvernait la nature,
je *serais* toujours le plus fort, dès que j'aurais raison ;
car je *dois* l'être. Vous me transportez sans cesse dans le
domaine de la nécessité physique. Un peu de patience,
et je vous aurai enlevé l'objection que vous avez dans le
cœur, sans m'engager avec vous dans l'examen de l'hypothèse de ce que l'homme *serait réellement* dans l'état
de nature.

Les hommes peuvent aussi vivre en société dans le second sens que vous donnez à ce mot, c'est-à-dire être liés
par un contrat en général, sans former précisément un
État, sans être unis par un contrat civil. La légitimité d'un
contrat en général n'est pas d'abord déterminée par une
espèce particulière de contrat, par le contrat civil; ce
serait (rappelons-le aussi en passant pour ceux qui, de cette
manière, verront la chose plus clairement) un cercle vicieux manifeste. — Nous faisons un contrat stipulant que
les contrats en général doivent être valables, et ce même
contrat est valable, parce que, en vertu de notre contrat,

les contrats le sont en général. — Si, comme on l'a montré plus haut, il y a une chose exactement déterminée par la loi morale : — c'est la réciprocité des services, ou bien la restitution de ce que l'on a reçu de l'autre et la réparation du dommage qu'on lui a causé. Ce n'est pas de l'État que je tiens le droit de réclamer cette réciprocité ou cette réparation, mais je l'ai reçu du père commun des esprits avec la liberté qu'il m'a donnée en dot.

Je n'ai pas entrepris cette analyse pour le seul plaisir de la faire, mais pour en tirer une conséquence importante. — Si l'État ne peut ni nous retirer ni nous donner les droits qui sont notre propriété originaire, il faut que toutes ces relations persistent réellement dans la société civile. Je ne puis pas posséder comme citoyen, *en tant que tel*, un droit que je possède comme homme; et je ne puis avoir déjà possédé comme homme le droit que je possède à titre de citoyen. C'est donc une grande erreur de croire que l'état naturel de l'homme est supprimé par le contrat civil; il ne peut jamais être supprimé, il passe et subsiste sans interruption dans l'État. — L'homme dans l'État peut être envisagé sous divers rapports. D'abord comme un être isolé, seul avec sa conscience et le suprême exécuteur des décisions de sa conscience. C'est là sa plus haute juridiction : toutes les autres relations sont subordonnées à celle-là. Ici nul étranger (la divinité n'est point pour lui une étrangère) ne saurait être son juge. La loi, au nom de laquelle parle le juge invisible de ce tribunal, est la loi morale, en tant qu'elle se rapporte simplement au monde spirituel; sous ce premier rapport il est *esprit*. — Il peut ensuite être envisagé comme étant en société, ou comme vivant au milieu d'autres individus de son espèce. Sous ce rapport, sa loi est la loi morale, en tant qu'elle détermine le monde des phénomènes, et elle s'appelle alors droit naturel. Devant ce tribunal extérieur, chacun de ceux avec lesquels il vit est son juge. Sous ce rapport il est *homme*. — Maintenant il conclut des contrats. Le champ des contrats est le monde des phénomènes, en tant qu'il n'est pas parfaitement déterminé par la loi morale. Sa loi dans ce champ est la *libre* volonté (la volonté affranchie de toute loi). S'il ne peut retirer sa volonté sans porter atteinte à la liberté d'autrui, sa volonté n'est plus libre; elle rentre sous la loi, et il faut qu'elle se règle sur la loi. Des contrats de ce genre, il en peut conclure autant et d'autant d'espèces qu'il le veut. — Parmi eux il peut conclure aussi ce contrat particulier d'un avec tous et de tous avec un, que l'on nomme le contrat civil. Le champ de ce contrat est une partie arbitrairement choisie dans le domaine du libre arbitre. Il y a une loi et des droits, comme dans le contrat en général, dont celui-ci constitue une espèce. En tant que l'homme est soumis à ce contrat, il s'appelle *citoyen*. — Si l'on veut rendre visible la circonscription et le rapport de ces divers domaines, que l'on trace un cercle. La surface entière sera le domaine de la conscience. Que dans l'intérieur de ce cercle on en trace un autre beaucoup plus petit : celui-ci embrasse le monde visible, cette partie du domaine de la conscience à laquelle il se rapporte et qui comprend le droit naturel, la loi des devoirs parfaits. Que dans l'intérieur de ce second cercle on en trace encore un troisième : il représente le droit de contrat, compris dans la conscience et le droit naturel. Enfin tracez un dernier cercle, plus petit encore, dans l'intérieur du troisième, et vous avez en particulier le contrat civil, compris dans le ressort des précédents. Pour rendre ma pensée plus sensible, je me permettrai de joindre ici la figure suivante :

Il ne reste plus qu'une chose à remarquer, c'est que les tribunaux supérieurs étendent invisiblement leur ressort à travers le champ des inférieurs, et que le droit naturel, même dans son ressort, ne prononce que sur des objets que la conscience a laissés libres, etc. Les cercles intérieurs n'embrassent pas du tout ce que les cercles extérieurs embrassent dans leur périmètre ; mais dans ce périmètre se rencontrent des objets tout autres sur lesquels ces derniers étendent leur juridiction. Pour rendre cela tout à fait sensible, il faudrait poser quatre cercles de ce genre, les uns au-dessus des autres. — Le domaine de la conscience embrasse tout ; celui du contrat civil, le moins. Il doit être permis à chacun de se retirer du centre vers la circonférence, et même de sortir du domaine du droit naturel, s'il veut vivre dans une île déserte ; mais il ne sort jamais du domaine de la conscience, parce qu'il n'est pas un animal. — Qu'on juge maintenant de quel droit l'État, dont le domaine est cependant renfermé dans le plus étroit espace, transgresse ses limites ; il cherche à envahir le champ des contrats en général, celui même du droit naturel, et, s'il plaît à Dieu, jusqu'à celui de la conscience (1).

(1) Ce n'est qu'en distinguant ces différents domaines que l'on démêle les sophismes de ce rhéteur grec et de son digne disciple. — Si tu gagnes ton premier procès, dit le sophiste à son disciple, tu me paieras cent talents ; si tu le perds, tu ne me paieras rien ; et il l'instruisit dans son art. Le maître eut besoin d'argent : le paiement n'arrivait pas : il appela son disciple devant le tribunal. — O juges, dit-il, il faut qu'il me paie en tous cas les cent talents, — en vertu de votre sentence, si vous le condamnez à payer, — en vertu de notre contrat, s'il gagne son procès ; — car il aura gagné alors sa première affaire. — Non, répondit le digne disciple, je ne paierai rien en aucun cas : je ne paierai pas, en vertu de votre sentence, si votre jugement m'est favorable ; je ne paierai pas davantage, s'il m'est contraire, en vertu de notre contrat, car alors je n'aurai pas gagné ma première affaire. Les juges, — c'étaient des Athéniens, — déclarèrent qu'ils ne pouvaient rendre aucune décision. — Tous les lecteurs, — qu'ils me pardonnent si je les examine parfois à l'improviste, — tous les lecteurs qui ont compris la précédente théorie jugeront ce procès du premier coup d'œil. S'ils ne le jugent pas, c'est qu'ils ne l'ont pas comprise ; qu'ils la méditent alors, jusqu'à ce qu'ils soient en état de le juger !

Qui ne voit que le vieux et le jeune sophiste embrouillent l'affaire en voulant passer d'un domaine dans un autre, et que le vieux avait préparé cette confusion par la singulière condition qu'il avait mise dans le contrat. Chacun d'eux prétend se réfugier dans le domaine de l'État, si son adversaire le poursuit sur celui des contrats, et dans le domaine des contrats, si l'autre le poursuit dans le champ de l'État ; et, si cela leur est permis, ils ne se rencontreront jamais. Que ne les avez-vous renvoyés devant leur véritable tribunal, ô juges athéniens ! Il n'y a point d'aréopage qui puisse dire ce qui est de droit dans les contrats ; cette loi est plus ancienne que tout aréopage. L'affaire présente n'est pas du ressort de votre tribunal ; ce n'est pas un procès *civil*. Renvoyez-les, et dites au disciple de remplir la condition du contrat dans un *véritable* procès ; ce n'est pas vous alors, c'est la chose

Ce que j'ai acquis dans l'État, pendant ma vie, par quelque contrat, je le possède donc comme *homme*, non comme *citoyen*. Ne fallait-il pas que je fusse une personne morale pour pouvoir conclure un contrat? Mais comme citoyen, suis-je donc une personne morale? Ai-je, à ce titre, une libre volonté? O non, ce n'est que de mon union avec tous que naît cette nouvelle personne morale : c'est de la volonté de tous que résulte celle de l'État. Si je puis conclure un contrat en général, je dois le conclure comme homme ; je ne puis le faire comme citoyen.—Celui qui l'a conclu avec moi ne l'a fait également que comme homme, et cela par la même raison.

Même quand j'ai conclu le contrat avec l'État, je n'ai pu le conclure que comme homme, et la chose est pour ainsi dire plus évidente encore dans ce cas que dans le précédent. Les deux décisions volontaires qui constituent le contrat sont celle de l'État et la mienne. Si ma volonté était renfermée dans celle de l'État, il n'y avait qu'une volonté ; l'État a conclu un contrat avec lui-même, ce qui est contradictoire. Dès que j'ai rempli mon engagement et que l'État a rempli le sien, le contrat est exécuté ; le service auquel je me suis engagé appartient à l'État, et celui que l'État m'a promis m'appartient.

Mais, dit-on, si l'État n'intervenait pas, tu aurais beau conclure des contrats comme homme, tu ne pourrais guère compter sur la sainteté de ces contrats. Si l'autre ne tenait pas sa parole, tu aurais sans doute, d'après le droit naturel, le droit de le contraindre à rendre ce qu'il aurait reçu

même qui prononcera le jugement. Que le maître vienne, et qu'il réclame de l'État, *non pas la décision de ce qui est de droit*, mais cette *protection de son droit naturel qui lui est due d'après le contrat civil* ; vous avez alors une affaire : jusque-là vous n'en aviez pas.

et à réparer le dommage qu'il t'aurait causé ; mais tu ne serais peut-être pas toujours le plus fort. Or l'État l'est à ta place. Il t'aide dans ton droit, que tu peux toujours nommer un droit de l'homme : il te prête secours — quand quelqu'un menace ce droit ; — la crainte de l'État fait qu'on y porte plus rarement atteinte ; — et nous nous rapprocherions ainsi de l'objection que nous avons promis plus haut de réfuter.

Contre qui l'État a-t-il protégé mon droit ?—Contre un étranger ou contre un citoyen ?—S'il l'a protégé contre un étranger, il y était obligé par le seul contrat. J'étais alors dans le contrat. J'appartenais moi-même au corps protecteur, soit d'une manière, soit de l'autre, — ne fût-ce qu'en ne lui suscitant aucun trouble. J'aidais à protéger aussi les droits des autres citoyens. J'ai rempli mon office, et l'État le sien. C'est une affaire finie. Notre contrat est exécuté, et chacun garde ce qui lui appartient. — Si je sors du contrat, le devoir parfait qu'a l'État de protéger mon droit cesse assurément, puisque je renonce à celui de protéger le droit des autres. C'est à moi de voir à m'aider moi-même.

S'il m'a protégé contre un concitoyen, je répète alors ce qui précède, mais j'y ajoute beaucoup plus.—J'ai conclu le contrat avec quelqu'un qui était mon concitoyen et le vôtre, comme un homme avec un homme. C'est le droit naturel et pas un autre, qui est ici notre loi. Il me lèse et se met ainsi, à mon égard, en état d'hostilité. J'ai le droit de le traiter en ennemi, jusqu'à ce que j'aie recouvré ma propriété tout entière. Vous ne voulez pas que je traite votre concitoyen en ennemi? Eh bien, aidez-moi vous-mêmes pacifiquement dans mon droit. Dès que vous prenez son parti, en m'empêchant de poursuivre légitimement mon droit, l'affaire devient la vôtre. Vous n'êtes tous désormais qu'une seule personne morale accusée devant le tribunal du droit naturel; et je suis la seconde personne morale qui accuse. Je ne suis plus maintenant citoyen. Réintégrez-moi pacifiquement dans mon droit, ou je porte la guerre chez vous. Que je sois votre concitoyen ou un étranger; que je sois sorti de votre État ou que je n'en aie jamais fait partie, il n'importe pas ici : dans cette action je ne suis pas du tout citoyen. « Comment? A toi tout seul veux-tu déclarer la guerre à tout l'État? Tu seras certainement le plus faible? » — Eh bien? Vous êtes-vous unis pour être injustes, et entre-t-on dans votre société pour pouvoir voler impunément? Si c'est ainsi que vous philosophez, je vous laisse et poursuis mon chemin.

Il est prouvé maintenant que toute propriété que nous avons acquise dans l'État et qu'il a protégée pour nous, demeure justement nôtre, alors même que nous sortons de l'État; et nous arrivons au second objet, pour lequel il nous menace d'une demande en restitution, à la *culture* que nous y avons acquise. — Quelque terrible que fût le premier procès, celui-ci l'est encore beaucoup plus. Si l'on nous avait entièrement dépouillés comme on nous en menaçait, et qu'on nous eût chassés de la terre et de la mer, nous aurions peut-être trouvé un moyen de nous échapper dans l'air, et d'y exister paisiblement. Mais lorsqu'il s'agit de nous enlever toutes nos habitudes de corps et d'esprit, il n'y a pas d'autre moyen que de nous frapper la tête avec un lourd marteau.

L'État réclame donc notre culture comme son bien. Si nous ne pouvons la lui restituer, nous lui restons enchaînés sans retour. Nous avouons qu'il a trouvé un moyen, le meilleur, le plus bienfaisant, dira-t-il, — de nous river à lui à tout jamais. Que dirons-nous? Irons-nous revendiquer les droits de l'humanité? Nous lui devons, sinon la faculté d'être des hommes, du moins la conscience de cette humanité même. — Honore en moi l'humanité, dis-tu; — ingrat, répond l'État, serais-tu donc un homme, si je ne t'avais façonné pour cela? Tourneras-tu contre moi les droits que j'ai fait moi-même valoir en toi? Oh, si je ne t'avais jamais fait sentir que tu es plus qu'un animal, je n'aurais pas aujourd'hui tant d'embarras avec toi.

Ainsi donc, ô État, tu ne m'as élevé que pour que je fusse utile à tes fins, et non aux miennes. Tu m'as traité comme un morceau de matière brute, qui devait te servir à quelque chose. A présent, je me donne à moi-même mes fins, et veux les poursuivre moi-même. Ce n'est pas pour cela que tu m'as cultivé, dis-tu. — Bien. Je ne tiens donc pas de toi cette espèce de culture, et je ne te la rends pas. Pourvu que tu me laisses celle-ci, je te donne ma parole de ne jamais employer — celle qui se rapporte à *tes* fins.

La culture que tu m'as donnée, ne me l'as-tu donc donnée que sous la condition que je t'appartiendrais à jamais? M'as-tu donc demandé si je souscrivais à cette condition? Ai-je donc délibéré sur la chose, et dit oui? — J'arrive affamé dans l'hôtellerie des pèlerins. Je trouve juste devant ma place un plat de lentilles, je m'empresse de le prendre pour moi, et je remercie dans mon cœur le bienfaiteur inconnu qui me le donne. Tu sors de ta cachette, tu mets la main sur moi et me dis: Tu m'appartiens; pourquoi as-tu goûté de ce plat? tu viens de vendre ton divin droit d'aînesse. — Cela n'est ni généreux, ni juste.

Mais si tu m'avais interrogé, si je t'avais répondu, si nous avions réellement conclu un contrat, jusqu'où ce contrat aurait-il donc pu s'étendre? Tu m'aurais dit : je veux te transformer, d'animal purement passif, en homme agissant par lui-même, et je t'aurais promis de ne jamais agir par moi-même? Tu m'aurais dit : je veux te mettre en état de juger par toi-même, et j'aurais pris envers toi l'engagement solennel de ne jamais juger par moi-même? — Tu reconnaissais que j'étais encore inculte, car autrement pourquoi aurais-tu voulu me cultiver? Mais avant que tu n'eusses mis la main à l'œuvre, pouvais-je juger et approuver ta constitution? Et comment donc le puis-je aujourd'hui, ô mon cher? Achève d'abord ton œuvre; fais d'abord de moi un être raisonnable, nous verrons ensuite. Tu peux sans doute te proposer accessoirement pour but de me rendre, par la culture que tu me donnes, capable d'apprécier la beauté et l'excellence de ta constitution, et de m'apprendre à l'aimer par conviction; mais tu ne saurais m'y obliger d'avance, à moins que par hasard tu ne veuilles, non pas me cultiver, mais me pervertir et me dénaturer, non pas exercer ma vue, mais me mettre des verres de couleur devant les yeux. Donne-moi la culture que tu m'as promise. Si elle me conduit à aimer ta constitution, tu auras atteint ton but. Si elle ne m'y conduit pas, ou bien la prétendue culture que tu m'auras donnée ne vaudra rien, et tu n'auras pu tenir ta parole; ou bien elle vaudra quelque chose, et c'est alors ta constitution qui ne vaudra rien. Puis-je faire un meilleur usage du don que j'ai reçu de toi que de travailler à ta propre amélioration? — Mais pourquoi répondre aux gens dans leur langage? Pourquoi lutter avec les sophistes sur leur propre terrain? Ils digèrent de bien plus grosses contradictions que celle-ci. Je parle à celui qui cherche impartialement la vérité.

La culture ne s'applique pas à l'homme, comme un manteau aux épaules nues d'un paralytique. Fais usage de tes mains, saisis le vêtement et tiens-le ferme, serre-le autour de tous les plis de ton corps, ou sinon tu laisseras toujours des parties nues et tu auras froid. Ce que je suis, c'est en définitive à moi que je le dois, si je suis quelque chose par moi-même. Si je ne suis quelque chose que grâce à une autre chose ; — si je ne suis, par exemple, qu'un meuble qui orne la chambre et en tire lui-même à son tour son plus grand éclat, ou une épée, qui ne blesse que dans une main vivante, ou une flûte qui ne rend ses doux sons que sur les lèvres d'un virtuose, soyez sûrs que jamais je ne sortirai de votre chambre, je ne m'échapperai de votre main, je ne me soustrairai à vos lèvres. Si c'est là ce que tu as fait de moi, ô État, et si c'est là ce que j'ai laissé faire de moi, tu pourras en répondre devant un autre tribunal ; mais, du moins, je ne t'appellerai jamais en justice. — Quiconque tourne sa culture contre l'État ne la tient pas de l'État; et quiconque tient sa culture de l'État ne la tourne pas contre lui.

Faut-il que je dise tout à mon lecteur? faut-il qu'ici encore j'applique la distinction déjà développée entre la société et l'État? La culture ne peut être donnée ni par l'une, ni par l'autre ; personne n'*est* cultivé. La première fournit des moyens de culture incomparablement plus nombreux et plus utiles que le second. L'influence de l'une et de l'autre sur notre culture se comporte comme leurs domaines respectifs.

Je ne rappellerai pas ici cette tendance primitive de la nature sensible de l'homme, qui la porte à dépouiller toute sa force devant l'infirmité, et qui fait qu'à l'aspect de la faiblesse elle ne sent rien que de la pitié! Est-ce l'État qui a mis en nous cette impulsion? Je ne rappellerai pas cet instinct animal qui pousse l'homme à aimer les êtres auxquels il a donné le jour. Est-ce l'État qui nous a donné cet instinct? Je ne rappellerai pas que le moment où un homme vient au monde est nécessairement un moment de joie pour une créature humaine, car il la soulage d'un fardeau accablant et de poignantes douleurs; — je ne rappellerai pas que ma première impulsion, au sortir du sein de ma mère, m'a mis dans un doux rapport de bienfaisance réciproque avec cette créature humaine : elle m'a donné la nourriture, et je l'ai délivrée du poids de son lait (1). Est-ce l'État qui m'a donné cette sainte loi naturelle? — Je ne rappellerai pas tout cela, car je ne veux pas considérer ici l'homme comme un animal, mais

(1) Ta mère a peut-être trouvé un autre moyen de s'en débarrasser. Peut-être a-t-elle voulu ne rien recevoir de toi, afin de n'avoir rien à te donner. Mais laissons cela ! Tu as bien eu une nourrice ; va-t-en la remercier, ou, si elle est morte, va verser une larme sur son tombeau. Elle a beau avoir été, aux yeux de tous les hommes, une créature méprisable ; elle a beau avoir versé dans ton corps, avec son lait, le venin qui a déchiré tes nerfs jusqu'à présent et les déchirera jusqu'au tombeau, — tout cela n'est rien ; — elle n'en a pas moins fait ce que ta mère n'a point voulu faire ; elle a attaché à ton cœur le bout de la grande chaîne, qui part de l'éternité et reliera enfin tous les êtres au premier anneau, celle du libre échange des bienfaits.

Va, trait aigu, va déchirer le cœur de toute mère ; mais ne pars pas sans lui porter le baume de cette pensée consolante, que le moyen, mais aussi *le seul* moyen d'effacer entièrement le passé, c'est de réparer le plus complètement possible le dommage causé et de faire mieux à l'avenir, ou, quand cela n'est plus possible, de se bien persuader qu'on agirait autrement, si les mêmes circonstances se présentaient, et d'avertir et d'encourager les autres. Et puisses-tu alors le blesser profondément, afin d'extirper le vieux mal et de le guérir !

comme un esprit; je ne veux pas parler des impulsions de sa nature sensible, mais de ses droits.

Mon entrée dans le monde des phénomènes est due à une main étrangère, et cette main, en s'offrant à moi, m'a donné sur elle des droits incontestables. Ne m'y as-tu attiré que pour me laisser périr sans secours? Je pouvais bien périr sans toi. Tu m'as promis de me soutenir : si tu ne me tiens pas parole, je t'accuserai de tous les maux que je souffrirai depuis le moment où tu m'as attiré à la lumière du jour jusqu'à celui où je lui dirai adieu. J'ai le droit d'accuser, car je porte en moi ce cachet de la raison qui t'est si bien connu.

Mes premiers vagissements annoncent au monde des esprits qu'un d'eux vient d'entrer dans le monde des phénomènes, et qu'il veut y faire valoir ses droits; — c'est une déclaration, une proclamation solennelle de ces droits pour toute la nature; c'est une prise solennelle de possession. Je n'avais pas d'ailleurs d'autre moyen d'en prendre possession que ces cris impuissants; je ne puis rien de plus. Toi qui les entends, reconnais en moi tes droits, et empresse-toi de les protéger jusqu'à ce que je le puisse moi-même. Ce sont les droits de l'humanité entière que tu défends en ma personne.

Tel est le principe qui légitime le pouvoir des parents. Si quelqu'un portant un visage humain est incapable de défendre ses droits d'homme, l'humanité tout entière a le droit et le devoir de les exercer à sa place. Ils sont un patrimoine commun, et la défense de ces droits est le commun devoir de l'espèce entière; y porter atteinte, c'est porter atteinte à toute l'espèce. — Une chose sur laquelle toute l'humanité a des droits communs échoit à celui qui s'en empare le premier. Ce qui est dépourvu de raison devient une propriété ; une personne incapable d'user de la raison ne saurait être elle-même une propriété, mais ses droits deviennent la propriété de celui qui s'en empare. Il s'en empare par cela même qu'il les exerce. La sage-femme, qui m'a fait voir le jour et qui m'a introduit dans le monde des phénomènes, y a exercé mon premier droit. J'avais droit à un lieu dans l'espace. Je ne pouvais pas le prendre moi-même ; elle l'a fait pour moi, en me plaçant là où je ne pouvais me placer moi-même. Si elle n'avait pas promis à mes parents, par un contrat, de leur céder son droit sur moi ; si elle n'avait pas agi, en général, en vertu de ce contrat, au nom de mes parents, mes droits seraient devenus les siens par ce premier exercice qu'elle en aurait fait ; mais de cette manière ils appartiennent à mes parents. — Je puis justement occuper les droits de tout enfant, si étranger qu'il soit, dès que je le prends à son entrée dans le monde, et nul contrat ne m'oblige à les restituer. Si généralement les parents s'emparent des droits de leurs enfants, cela vient de ce qu'à leur naissance ils sont les plus proches d'eux, qu'ils les précèdent et qu'ils ont déjà fait d'avance des préparatifs pour les recevoir dans le monde. Cela est donc accidentel. Selon le droit naturel, ils n'ont pas un droit exclusif sur leurs enfants, à titre de parents. Ce n'est qu'au moyen de l'occupation qu'ils se font un droit de propriété de leur droit d'appropriation, lequel leur est commun avec toute l'humanité. — Je laisse au lecteur le soin d'appliquer cette théorie à ceux qui sont devenus fous, et je le prie d'essayer par là s'il l'a bien comprise.

Quand je me suis approprié les droits d'un être raisonnable qui n'a pas l'usage de sa raison, ils demeurent miens à l'égard de toute prétention étrangère, précisément parce qu'ils m'appartiennent. — Tu désires prendre sous ta protection ce jeune enfant dont j'ai légitimement occupé les droits. Et quand tu serais son père ou sa mère, j'ai le droit de dire : non. Si ce jeune enfant n'était pas incapable de parler, mais qu'il fût maître de sa raison, il aurait bien le droit de te dire : Je ne veux pas de ta protection. Or, s'il n'est pas douteux qu'il eût ce droit, je l'ai, puisque ses droits sont les miens ; et c'est comme exécuteur de ses droits que je te dis : Je ne veux pas de ta protection. Si tu veux traiter avec moi à cet égard, tu le peux et je le puis aussi ; mais nul autre que lui n'a le droit de les réclamer de moi. A mesure que sa raison se développera, il les exercera l'un après l'autre ; il s'affranchira peu à peu de mon moi, afin de s'en former un qui lui soit propre ; et ce signe m'avertira suffisamment de ne pas empiéter sur les droits d'autrui ; si je passe outre, il me fera justement rentrer dans mes limites. — Je sais que depuis longtemps l'État a pris diverses dispositions sur les points dont il est ici question, mais je sais aussi que depuis longtemps l'État a travaillé de toutes manières à faire de nous des machines, au lieu de personnes agissant par elles-mêmes.

Si je me suis chargé des droits d'un enfant, je me suis chargé aussi de ses devoirs, qui seuls lui confèrent des droits. C'est dans son âme que j'agis, et ma raison prend absolument la place de la sienne. Je me suis chargé de ses obligations à l'égard des autres. Cet enfant t'a porté quelque dommage ; ton dommage doit être réparé ; tu ne saurais t'en prendre à lui : il n'est pas maître de sa raison. C'est à moi que tu t'en prends, à moi qui me suis engagé à avoir de la raison pour lui. Je suis en quelque sorte sa caution auprès de toi. — Je me charge de ses obligations envers lui-même, qui sont beaucoup plus élevées encore, de ses relations avec la loi morale en soi. Il est destiné à poursuivre par la culture le but suprême de tous les êtres moraux. Pour en être capable, il faut avant toutes choses qu'il puisse vivre dans le monde des phénomènes où il est admis. Je lui dois son entretien, car il se le doit à lui-même, et j'agis à sa place. En revanche, j'ai le droit de m'approprier les productions de ses facultés, au moment où elles se développent; car ses facultés sont les miennes. C'est ce qu'on nomme la copropriété dans l'état de nature; mais il serait plus juste de l'appeler droit de cojouissance, car quiconque ne peut occuper ne saurait avoir une véritable propriété, et l'enfant ne le peut pas. — Il a le devoir et le droit de chercher et d'employer les moyens de culture. Je me suis chargé, à sa place, de ses devoirs et de ses droits; il a donc le droit parfait d'exiger de moi ces moyens, autant qu'ils sont en mon pouvoir. Il ne dépend pas de ma bonne volonté, mais c'est pour moi un devoir impérieux de travailler de toutes mes forces à sa culture. —— On pourrait dire, — je ne mentionne ceci qu'en passant, — que le fardeau de la tutelle des enfants étant, d'après notre propre déduction, beaucoup plus grand que le médiocre avantage qu'il procure, on ne trouverait pas aisément quelqu'un qui voulût s'en charger, si l'État n'intervenait à propos et s'il n'en faisait un devoir civil aux parents; mais ici se montre une fois de plus votre méfiance à l'égard de la nature humaine, que vous ne cessez de calomnier, après l'avoir gâtée par vos institutions civiles, qui empiètent incessamment sur un domaine étranger. Toutes ses tendances primitives sont bonnes et ne deviennent pernicieuses que parce que vous les avez faussées. — Chacun veut être le chef; on aime mieux proléger que d'être protégé. On s'élève ainsi à ses propres yeux, et l'on acquiert devant soi-même une certaine importance. Chacun aime à se reproduire dans les autres, et à faire des qualités qui les caractérisent la copie des siennes. Ces dispositions primitives, excellentes tant qu'elles n'empiètent pas sur la liberté d'autrui, nous pousseraient toujours à nous charger des enfants, à nous reproduire nous-mêmes en eux et à nous élever à nos propres yeux, si vous n'aviez trouvé le malheureux secret de nous faire chercher notre gloire dans ce qui nous abaisse et nous avilit, et de nous rendre l'apparence qui nous fait briller aux yeux des autres plus agréable que l'honneur qui nous relève aux nôtres, en un mot si vous n'aviez effacé de notre âme notre noble orgueil pour y substituer votre puérile vanité.

Voilà ce qu'ont fait pour moi mes tuteurs, et ils n'ont fait que leur devoir. Mais eux-mêmes vivaient dans la société, et quiconque avait un point de contact avec eux concourut à me former; chaque mot prononcé servit aussi à développer mes capacités. — Grâces soient rendues à la bonne nature ou à l'heureux hasard qui m'a fait naître en société, si ce n'est pas là ce qu'ils se proposèrent pour but; grâces soient rendues en outre à leur bonne volonté, si tel fut en effet leur but. — C'est une aumône qu'ils ont donnée au pauvre par pure bonté; ce n'est point une dette qu'ils ont payée, et je leur offre la seule chose qui se puisse donner en présent, mon remercîment. — Mais qu'a donc l'État à faire ici? S'il ne peut pas prouver que la société en général n'existe que grâce à lui, les mérites de la société ne sont pas les siens. Or il ne peut pas le prouver: nous avons établi qu'il n'existe lui-même que grâce à la société. Qu'il remercie lui-même la société de ce qu'il lui doit; nous nous arrangerons bien avec elle sans son intermédiaire.

Mais mon horizon s'étend; me voici arrivé aux limites d'une culture intellectuelle plus élevée. Je trouve des écoles inférieures et supérieures, prêtes à me recevoir. Celles-ci, au moins, existent-elles en vertu des institutions de l'État? Il ne serait pas difficile de montrer qu'elles ne sont pas elles-mêmes des instituts de l'État, mais de la société, et que leur existence ne se fonde pas sur le contrat civil, mais sur d'autres contrats particuliers de sociétés plus ou moins grandes; qu'il faut tout au plus y attribuer aux soins de l'État ce qui abaisse l'esprit et comprime son libre essor, ici la discipline monastique, là la surveillance exercée sur l'orthodoxie en tout genre, l'attachement à ce qui est ancien *parce* qu'il est ancien, les méthodes d'enseignement et les manuels officiels. Mais je ne veux pas prendre tout à l'extrême rigueur; une fois du moins je veux abandonner l'État au penchant qui le porte à s'attribuer tout le bien qui est dans la société, et à expliquer tout le mal qui s'y trouve par notre résistance à ses salutaires dispositions. Je veux qu'il ait fondé ces instituts, qu'il en ait appelé et payé les maîtres. Je ne lui rappellerai même pas que, malgré tous ses soins, je ne serais jamais devenu ni instruit, ni sage, si je n'y avais employé mes propres facultés. Je veux même qu'il possède le pouvoir de rendre les hommes sages contre leur volonté, et qu'il nous en donne des preuves éclatantes dans ses sublimes appuis, dans ceux en faveur desquels il a déployé tout son savoir-faire, dans les enfants de ses princes et dans sa noblesse.

A-t-il donc vraiment appelé et payé nos maîtres? Est-ce son appel qui a mis en eux cette capacité qu'ils montrent à pénétrer dans le fond de notre âme, et à répandre

en nous leur esprit, cette tendre sympathie qu'ils nous
témoignent comme à des enfants de leur esprit? Est-ce
son misérable salaire qui les a dédommagés des mille désagréments de leur état, de tous les soucis et des peines
continuelles qu'ils ont eus à supporter, qui les a récompensés d'avoir maintenu l'esprit humain à la hauteur où
il était parvenu, ou même de lui avoir donné une si puissante impulsion? Oh! croyez l'État sur toute autre chose
que sur cela! Celui qu'un esprit clair et flexible, qu'un cœur
échauffé par le sentiment de la dignité humaine n'a pas
depuis longtemps prédestiné aux fonctions d'instituteur
des hommes, a beau y être appelé, il ne sera jamais à la
hauteur de ces fonctions. Tout ce que vous pourrez faire,
c'est de remplir une place vide avec un homme qui, s'il
ne s'y est pas senti depuis longtemps déjà invité de plus
haut, en écarte un plus digne et occupe inutilement sa
place. La libre communication de la vérité est le plus beau
lien qui forme le monde des esprits; c'est un secret que
personne ne connaît à moins de l'avoir reçu. La vérité est
le patrimoine commun de ce monde supérieur; elle est libre
comme l'air, et des myriades d'êtres peuvent en jouir en
même temps sans se dévorer. Vous m'en distribuez ma
part, non comme ma propriété, mais comme un gage sacré qui doit passer à vos arrière-neveux. Je le transmet-
trai, je dois le transmettre; heureux si j'ai pu le faire fruc-
tifier entre mes mains. C'est ainsi seulement que je puis
payer ma place dans le monde des esprits. Je paie sans
doute ma dette, mais ce n'est point à toi, ô État; ton
royaume n'appartient pas au monde avec lequel j'ai des
comptes à régler. — Tu parles de paiement? Tes mandats
n'ont aucune valeur dans ce monde-là, et l'instituteur de
l'humanité se fait payer en une monnaie que tu n'as point

frappée. Toutes les fois qu'il communique la vérité à un autre, il reçoit lui-même une nouvelle illumination, et chaque écolier qu'il lui convertit lui découvre en elle une nouvelle face. Toutes les joies et toutes les récompenses que tu peux lui donner ne sont rien au prix de celles qu'il goûte de nouveau chaque jour, — à produire l'harmonie de la pensée et à fondre un esprit humain avec le sien. Les perspectives que tu pouvais lui ouvrir sur ce court espace de la vie ne sont rien en comparaison des siennes ; il se dit que les fruits de ses travaux dureront dans l'éternité, et que, dans la série infinie des effets et des causes, rien de ce qu'il aura apporté ne sera perdu pour le perfectionnement de l'espèce humaine. Le jeune homme n'est pas plus grand que son maître, tant qu'il reste jeune et élève, et qu'il ne peut qu'imiter ; mais le maître serait grand et heureux, s'il pouvait rendre tous ses élèves plus grands qu'il ne l'était lui-même. Quels germes de dignité et de bonheur pour les hommes il verrait sortir de la graine qu'il aurait semée ! — Que mon nom disparaisse à jamais, et que les syllabes dont il se compose ne retentissent plus sur les lèvres de la postérité, pourvu que dans cette grande chaîne du perfectionnement de la race de mes frères mon existence forme un anneau auquel se rattachent d'autres anneaux, jusque dans l'éternité. Que cela soit, et je consens que personne n'en sache rien.

Non, esprits des siècles passés, vous tous dont les ombres voltigent invisibles autour de moi, Grecs et Romains, dont les écrits encore vivants ont provoqué les premiers essais de mon esprit, vous qui avez insensiblement fait croître dans mon âme cette hardiesse, ce mépris de la ruse, du danger et de la mort, ce sentiment de tout ce qui est grand et fort, — et vous qui vivez encore en parlie, vous, mes autres maîtres, sous la conduite de qui je cherche encore chaque jour à pénétrer plus profondément dans la nature de notre esprit et de ses idées, et à me délivrer toujours davantage des préjugés enracinés ; — loin de moi cette honteuse pensée d'avoir tout payé avec les quelques gros sous que j'ai donnés pour vos écrits. Mon esprit en ce moment s'envole avec ardeur vers vos tombeaux inconnus, ou vers les villes que vous habitez, et dont me séparent des terres et des mers ; il voudrait, plein d'une émotion toute virile, vous remercier sur vos tombeaux, ou vous serrer la main, en vous disant : vous êtes mes pères, une partie de votre esprit est passé en moi. — Et vous dont j'ai reçu les leçons orales, toi surtout, respectable G***, dont les pensées se déroulant harmonieusement à travers des champs de roses, ont d'abord réveillé mon esprit de son long sommeil, et lui ont permis de se trouver lui-même, peut-être me sera-t-il encore donné de vous remercier. C'est là le salaire qui vous plaît.

C'est donc bien vainement que l'État revendique une culture qu'il ne m'a pas donnée, et qu'il ne pouvait pas me donner; c'est vainement qu'il m'accuse de tourner contre lui un don qui ne vient pas de lui. — Chacun a parfaitement le droit de sortir de l'État, dès qu'il le veut; il n'est retenu ni par le contrat civil, qui n'a de valeur qu'autant qu'il le veut, et dont les comptes peuvent se régler à chaque moment, ni par des contrats particuliers sur sa propriété ou sur sa culture acquise : sa propriété reste sienne ; sa culture, qui ne se laisse pas d'ailleurs détacher de lui, ne donne pas à l'État le droit de se plaindre de la violation d'un contrat ou de crier à l'ingratitude.

Si un individu peut sortir de l'État, plusieurs le peuvent.

Or ceux-ci rentrent, à l'égard les uns des autres ou à l'égard de l'État qu'ils abandonnent, dans le simple droit de nature. Si ceux qui se sont séparés veulent se réunir plus étroitement et conclure un nouveau contrat civil aux conditions qui leur conviennent, ils en ont parfaitement le droit en vertu du droit naturel, dans le domaine duquel ils sont rentrés. — Un nouvel État s'est formé. La révolution, qui pour le moment n'embrasse encore qu'une partie, est accomplie. — Il est de la nature de chaque révolution de faire que l'on s'affranchisse de l'ancien contrat, et que l'on s'unisse au moyen d'un nouveau. Ces deux choses sont légitimes, et par conséquent aussi toute révolution où elles arrivent régulièrement, c'est-à-dire en vertu de la libre volonté.

Jusqu'à présent il y a encore deux États l'un à côté de l'autre, et l'un dans l'autre, qui sont entre eux comme tous les États, c'est-à-dire comme des individus vivant sous la simple loi du droit naturel, indépendamment de tout contrat particulier. — Mais ici je rencontre une objection puissante, celle des dangers d'un État dans l'État, ce qui serait ici évidemment le cas. — Je me suis séparé, et je suis entré dans une nouvelle union. Mes deux voisins de droite et de gauche sont encore dans l'ancienne ; et tout est mêlé ainsi sur toute une immense étendue. Quelles confusions et quels désordres ne vont pas en résulter !

Ne commencez donc pas toujours par demander ce qui *résultera* d'une chose, mais cherchez avant tout ce que vous avez ou non *le droit* de faire, pour le détourner. Vous ne pouvez pas m'empêcher de sortir de votre union et d'entrer dans une nouvelle ; vous violeriez en moi un droit de l'homme. Je ne puis pas davantage vous contraindre à quitter l'ancienne et à entrer avec moi dans la nouvelle; je violerais en vous le même droit. Nous devons donc nous arranger tous deux du mieux que nous pouvons et supporter ce que nous n'avons pas le droit d'empêcher. Il se peut bien qu'il ne soit pas agréable à un État de voir un autre État s'élever dans son sein; mais là n'est point la question. Elle est de savoir s'il a le droit de l'empêcher; et à cette question je réponds : non.

Mais, je vous prie, est-il donc nécessaire, est-il même vraisemblable qu'il en résulterait beaucoup de mal? Vous, qui craignez tant le danger d'un pareil état de choses, n'avez-vous donc jamais songé à votre propre situation, et n'avez-vous jamais découvert que ces dangers vous menacent cent fois davantage?

Au sein de presque tous les pays de l'Europe s'étend un État puissant, animé de sentiments hostiles, qui est continuellement en guerre avec tous les autres, et qui, dans certains, opprime terriblement les citoyens; je veux parler des Juifs. Je ne crois pas et j'espère démontrer dans la suite que si cet État est à ce point redoutable, ce n'est pas parce qu'il forme un État séparé et fortement uni, mais parce qu'il est fondé sur la haine de tout le genre humain. Que pouvait-on attendre d'un peuple dont le moindre sujet fait remonter ses aïeux beaucoup plus haut que nous ne faisons remonter, nous autres, toute la chaîne de notre histoire, et cite comme sa souche un émir beaucoup plus ancien qu'elle,— chose que nous avons admise nous-mêmes parmi nos articles de foi; — qui voit dans tous les peuples les descendants de ceux qui les ont chassés d'une patrie qu'ils aimaient jusqu'au fanatisme; qui s'est condamné à un misérable commerce où le corps s'affaisse et où l'esprit se ferme à tout noble sentiment, et qui y est condamné; qui est exclu par le lien le plus fort qu'il y ait dans l'humanité, par sa religion, de nos banquets, de nos plaisirs, de ce doux échange de gaité des cœurs entre eux; qui nous tient tous loin de lui jusque dans ses devoirs et ses droits, et jusque dans l'âme du père commun; — que pouvait-on attendre d'un tel peuple que ce que nous voyons? Dans un État où le roi, tout absolu qu'il est, ne saurait m'enlever la cabane de mon père et où je maintiens mon droit contre un ministre tout-puissant, le premier juif à qui cela plaît me dépouille impunément. Vous voyez tout cela comme moi, et vous ne pouvez le nier, et vous prononcez les mots si doux de tolérance, de droits de l'homme et du citoyen, tandis que vous violez en nous les premiers droits de l'homme. Vous avez tant d'indulgence et de bonté pour ceux qui ne croient pas en Jésus-Christ, que vous ne pouvez leur donner assez de titres, de dignités, de places d'honneur, tandis que vous insultez publiquement ceux qui croient en lui, mais non pas exactement comme vous, et que vous leur enlevez leur honneur civil et le pain qu'ils ont dignement gagné! Ne vous souvient-il donc plus ici de l'État dans l'État? Ne vous vient-il pas à l'esprit que, si les Juifs, qui, sans vous, sont citoyens d'un État plus fort et plus puissant que tous les vôtres, reçoivent encore de vous le droit de cité dans vos États, ils fouleront à leurs pieds tous vos autres citoyens (1).

(1) Loin de ces feuilles, comme il est loin de mon cœur, le souffle empoisonné de l'intolérance! Le Juif qui, malgré les retranchements solides, on pourrait même dire infranchissables, qu'il trouve devant lui, arrive jusqu'à *l'amour universel de la justice, des hommes et de la vérité*, est un héros et un saint. Je ne sais pas s'il y en a eu ou s'il y en a. Je le croirai, dès que je le verrai. Seulement que l'on ne me

A côté de ceux-ci s'est formé au milieu des monarchies militaires un État presque aussi terrible : le militaire. Par l'effet même de ce qui rend sa condition si dure, je

donne pas une belle apparence pour la réalité. — Que les Juifs ne croient pas à Jésus-Christ, qu'ils ne croient pas même à Dieu, s'ils le veulent, pourvu qu'ils ne croient pas à deux lois morales distinctes et à un Dieu ennemi des hommes. — Ils doivent avoir les droits des hommes, bien qu'ils ne nous les accordent pas ; car ils *sont* des hommes, et leur injustice ne nous autorise pas à leur ressembler. Ne contrains aucun Juif contre sa volonté, et ne souffre pas que cela arrive, quand tu es le mieux placé pour l'empêcher ; tu lui dois cela absolument. Si tu as mangé hier et qu'ayant faim aujourd'hui tu n'aies de pain que pour aujourd'hui, donnes-en au Juif qui a faim à côté de toi, s'il n'a pas mangé hier ; en cela, tu agiras très bien. — Mais quant à leur donner des droits civils, je n'en vois pour ma part aucun autre moyen que de leur couper la tête à tous une belle nuit et d'en mettre à la place une autre où il n'y ait plus aucune idée juive. Autrement je ne sache pas de moyen de nous défendre contre eux, sinon de conquérir pour eux leur terre promise et de les y envoyer tous.

La tolérance qui règne en faveur des Juifs dans les États où il n'y en a aucune pour les libres penseurs, montre clairement le but que l'on se propose. — Le maintien de ta croyance intéresse si fort ton cœur paternel. Vois ces Juifs : ils ne croient pas en général à Jésus-Christ ; tu ne dois pas le souffrir, et je vois que tu les accables de bienfaits. — « Oh ! ils ont de la superstition, et cela me suffit. Crois à Zoroastre ou à Confucius, à Moïse ou à Mahomet, au pape, à Luther ou à Calvin, cela m'est égal, pourvu que tu croies à une raison étrangère. Mais tu veux avoir *toi-même* de la raison, et c'est ce que je ne souffrirai jamais. Reste enfant, autrement tu arriverais au niveau de ma tête. » — Je ne veux pas dire que l'on doive poursuivre les Juifs pour leur croyance, mais je dis qu'on ne doit en général poursuivre personne pour cette raison.

Je sais que, devant plusieurs tribunaux savants, il vaudrait mieux attaquer la morale tout entière et son fruit le plus saint, la religion, que la nation juive. Je leur dirai que jamais un Juif ne m'a trompé, parce que je ne me suis jamais lié avec aucun, que plus d'une fois j'ai pris sous ma protection, à mes risques et périls, des Juifs que l'on traveux dire une discipline rigoureuse et les lois draconiennes qui pèsent sur lui, le soldat place sa gloire dans sa dégradation, et il trouve d'ailleurs un dédommagement à tous les ennuis de son état dans l'impunité assurée à ses attentats contre les bourgeois et les paysans. Ce grossier personnage, ce demi-barbare croit que son uniforme lui donne une supériorité incontestable sur le paysan craintif et toujours effrayé, et celui-ci s'estime trop heureux s'il peut supporter ses taquineries, ses insultes et ses outrages, sans être en outre traîné par lui et roué de coups devant son digne commandant. Le jeune officier qui a plus d'ancêtres, mais pas plus de culture, s'imagine que son nœud d'épée l'autorise à regarder d'un air railleur, à insulter et à repousser le marchand, le digne savant, l'homme d'État qui a rendu de grands services, et qui même l'emporterait peut-être sur lui en fait de généalogie ; ne se permet-il pas aussi de corriger à coups de pied nos jeunes étudiants pour leurs étourderies (1) !

cassait, et qu'ainsi ce n'est aucune animosité particulière qui me fait parler. Ce que j'ai dit, je le tiens pour vrai ; je l'ai dit, parce que j'ai cru nécessaire de le dire ; j'ajoute que la conduite de beaucoup d'écrivains modernes à l'égard des Juifs me paraît très inconséquente, et que je crois avoir le droit de dire *ce que* je pense et *comme* je le pense. Que celui à qui cela ne convient pas n'injurie pas, ne calomnie pas, ne fasse pas de sentiment, mais qu'*il réfute les faits précédents.*

(1) Quiconque a vu certaines garnisons, sait qu'il n'y a pas ici un seul trait qui ne puisse être appuyé par de nombreux exemples. Je reconnais d'ailleurs que cet état entretient et nourrit plus d'une noble vertu ; j'avoue même qu'une résolution prompte et hardie, qu'une mâle franchise, que les agréments de la vie de société ne se rencontrent plus guère, de notre temps, que chez certains officiers cultivés, et j'en témoigne un respect plus profond à tous les dignes hommes de

La noblesse est beaucoup moins dangereuse, depuis qu'elle n'est plus exclusivement en possession des richesses et qu'elle ne tient plus dans ses mains avares la culture des peuples mineurs, mais elle est toujours un État dans l'État, séparée qu'elle est par son esprit de caste, par ses mariages entre soi et par le privilége qu'elle a encore d'occuper seule certaines fonctions ; en tous cas elle n'est bonne que là où le peuple a besoin d'un rempart de ce genre contre le despotisme. — Je ne rappelle pas la puissance terrible et permanente de la hiérarchie, parce que j'écris immédiatement pour des pays protestants ; mais si notre clergé par cette subordination qui le soumet à la seule autorité des consistoires supérieurs, des consistoires et des superintendants, par son tribunal séparé et par cette maxime qui règne encore çà et là, de ne pas annoncer certaines choses à Gad et à Ascalon, de peur de prêter à rire aux Philistins, en un mot par son État à part, si, dis-je, il n'opprime pas plus ouvertement et plus durement les citoyens qui en sont exclus, cela ne prouve rien de plus, sinon que la Réformation a réellement introduit un meilleur esprit dans le Christianisme. Et n'est-il donc pas arrivé à notre

cet état que je connais ou que je ne connais pas. — Mais le jugement général ne dépend pas ici du plus ou moins grand nombre d'exemples; il repose sur des principes. Quand une profession échappe au tribunal commun et relève d'un tribunal particulier ; quand les lois de ce tribunal sont très différentes des lois universelles de toute moralité, qu'elles punissent avec une extrême dureté ce qui serait à peine une faute aux yeux des dernières, tandis qu'elles ferment les yeux sur des attentats que les autres puniraient sévèrement, cette profession entretient un intérêt particulier et une morale particulière, et elle est un dangereux État dans l'État. L'homme qui sait se soustraire aux entraînements d'une pareille constitution n'en est que plus noble ; mais il ne détruit pas la règle : il n'est qu'une exception.

clergé lui-même d'entraver le progrès de l'esprit humain, et de s'opposer avec succès à d'importantes améliorations? — Les tracasseries produites par les corporations des artistes et des artisans sont moindres; mais on les sentirait bien davantage si l'on n'avait à lutter contre de plus grands fléaux.

Voilà autant d'États dans l'État, qui n'ont pas seulement un intérêt séparé, mais un intérêt contraire à celui de tous les autres citoyens; — je ne fais ici qu'indiquer ces vérités en passant, mais je les ramènerai à leurs principes dans le chapitre suivant, si je revois mes lecteurs. Ce sont des États réellement hostiles. Pourquoi donc n'est-ce qu'ici qu'on oublie son principe?

Un État n'est point dangereux par cela seul qu'il est, sous le rapport de l'espace, dans un autre État; mais parce qu'il a un intérêt opposé à l'autre. Or, si tous les États, comme des hommes isolés, sont soumis à la loi du droit naturel, et si cette loi défend absolument à chacun d'entraver la liberté légitime d'autrui, en tant qu'elle n'entrave pas la sienne, une opposition de ce genre ne peut s'élever, à moins que les membres de l'un des deux États ou de tous les deux ne se soient engagés à être injustes. Ils ne devraient pas l'être; ce n'est donc pas à la tyrannie des circonstances, mais à leur mauvaise volonté qu'ils doivent s'en prendre. Si tous étaient justes, ils pourraient poursuivre les œuvres les plus diverses, en se mêlant les uns aux autres et en restant toutefois séparés les uns des autres.

N'avez-vous jamais vu dans diverses contrées de l'Allemagne, les terres qui gémissent sous le joug d'un despote, petit ou grand, traversées par les champs bénis d'un prince doux et humain, et l'esclave flétri labourer tranquillement à côté du paysan robuste? En sortant du territoire d'une ville impériale, où le paysan bien nourri, cultivé et honoré, ne trouve pas nouveau d'être votre égal, puisqu'il est homme, n'êtes-vous jamais entrés sur un autre dont les limites sont marquées partout, non plus par les armes de l'Empire, mais par l'image de la main sous la hache et de l'esclave enchaîné à la brouette, et où vous rencontrez des momies desséchées et couvertes de haillons, qui, à la vue de votre habit, tirent leur misérable bonnet avant même que vous ne les ayez aperçus? Les derniers vivent paisiblement à côté des premiers et parmi eux, et ils versent maintenant leur dernière goutte de sang pour celui qui a vendu leurs prédécesseurs. Il y a bien ici divers États dans le même espace, et il n'en résulte aucun conflit entre eux.

Ceux qui sont sortis de l'ancienne union peuvent donc en former une nouvelle et fortifier leur lien par l'adjonction volontaire d'un plus grand nombre ; ils en ont parfaitement le droit. Si enfin l'ancienne union n'a plus d'adhérents, et si tous se sont volontairement tournés vers une nouvelle, la révolution *entière* est légitimement accomplie.

Ici je dépose la plume, pour la reprendre, si je trouve que mon travail n'a pas été inutile, et si le public répond un fois par le fait au reproche qu'on lui adresse si souvent, de n'être pas encore mûr pour des recherches de ce genre; sinon, je dirigerai ma course vers d'autres sphères.

CHAPITRE IV.

DES CLASSES PRIVILÉGIÉES [1], EN GÉNÉRAL, PAR RAPPORT AU DROIT DE RÉVOLUTION.

Jusqu'à présent nous n'avons eu qu'à suivre la grande route, la route unie du droit naturel; mais à partir de ce moment, il faut que nous nous engagions au milieu des sombres défilés des opinions gothiques, à travers les broussailles et les épines d'une politique à demi barbare. Je dois prier le lecteur, qui m'a suivi jusqu'ici, de redoubler de patience et de courage. Il n'est pas facile de faire paraître en toute liberté devant le tribunal de la raison certaines opinions si peu accoutumées à en parler le langage, de venir encore en aide à leur incapacité, d'être à la fois défenseur de l'accusé et juge impartial. Du moins n'ai-je pas l'intention de procéder inéquitablement : suivant la maxime qui veut que le juge tienne chacun pour aussi honnête que possible, je prêterai partout aux accusés les meilleures raisons que je pourrai trouver; et si leur cause n'est pas alors soutenable, à plus forte raison ne l'est-elle pas lorsqu'elle a recours à des arguments plus mauvais encore.

Les citoyens des *classes distinguées* [2] sont ceux envers qui les autres sont tenus à certains offices particuliers, que les premiers ne leur rendent pas, — mais en échange desquels ils sont peut-être tenus eux-mêmes à certains offices, qu'ils ne reçoivent pas non plus des autres citoyens.

---

[1] *Von begünstigten Volksklassen.*
[2] *Ausgezeichnete Staatsbürger.*

— Ne nous montrons pas ici trop sévères à l'endroit de ces offices auxquels les citoyens des classes supérieures sont obligés de leur côté! Comptons-leur même, s'ils le veulent, pour des offices de ce genre leur condescendance à recevoir des moindres citoyens certains témoignages d'honneur et à y attacher du prix, ou la peine qu'ils se donnent pour user des prérogatives que nous leur avons accordées, pour utiliser nos services et pour dépenser les revenus qui leur sont abandonnés. — Que ces droits et ces obligations réciproques ne puissent se fonder que sur un contrat, et que la valeur ou la nullité de ce contrat particulier dépende de ces principes des contrats en général que nous avons développés plus haut, c'est ce qui saute immédiatement aux yeux de chacun, sans autre explication.

La plupart des attaques que l'on a dirigées contre la valeur de cette espèce de contrats semblaient venir de ce que l'on doutait si les services échangés entre les citoyens des hautes classes et les autres pouvaient être regardés comme équivalents, ou si les uns n'avaient pas une valeur intrinsèque incomparablement plus élevée que les autres; si les citoyens des classes supérieures payaient réellement par leurs offices ceux qu'ils avaient reçus des derniers, ou s'ils n'étaient pas encore beaucoup en reste avec eux; s'il y avait réellement échange d'avantages, ou si l'une des deux parties n'était pas avantagée au delà de toute mesure. On a même soupçonné que, la plupart du temps, c'est réellement le dernier cas qui a lieu, et c'est pourquoi l'on a désigné les citoyens des classes distinguées sous le nom de *privilégiés*. Je ne nierai point, pour ma part, que je n'aie le même soupçon; qu'il me soit donc permis d'employer dès à présent cette dénomination, sauf à la justifier plus tard. D'après les principes que nous avons établis et développés plus haut, celui-là est avantagé au delà de toute mesure, en faveur de qui un droit inaliénable a été aliéné. Il n'y a pas de compensation équivalente possible pour un tel droit; il ne nous est pas permis de l'abdiquer, si nous ne voulons cesser d'être hommes; un contrat où il est abandonné est par cela seul nul et non avenu. Nous pouvons donc, d'après nos précédentes considérations, poser cette condition essentielle de la valeur de tout contrat-de-privilége[1] :

Qu'aucun droit inaliénable de l'homme n'y soit aliéné. Cette condition est d'une grande portée; mais elle est la seule. Nous pouvons abandonner nos droits aliénables de la manière et aux conditions que nous voulons; nous pouvons les donner gratuitement : celui auquel nous les donnons n'a qu'à les prendre pour lui, et le contrat est exécuté et passe dans le monde des phénomènes.

C'est un droit inaliénable de l'homme de résilier chacun de ses contrats, dès qu'il le veut, fût-il seul à le vouloir; l'indissolubilité et l'éternité d'un contrat choquent ouvertement le droit de l'humanité en soi. C'est ce que nous avons déjà montré plus haut pour le contrat civil en particulier, en considérant sa matière, son but final; il est facile de le montrer pour tous les contrats en général, à l'aide des principes précédemment établis, en considérant la forme du contrat en soi.

En effet, dans le contrat le libre arbitre des deux parties est le fondement des droits et de l'obligation. Il a été démontré plus haut qu'un contrat ne peut porter que

---

[1] *Begünstigungs-Vertrag.*

sur des choses qui dépendent de notre volonté, laquelle est changeante, et non sur celles où notre volonté doit être irrévocablement déterminée par la loi morale. Il a été prouvé au même endroit que, dès que la volonté d'une des deux parties change sur l'objet du contrat, les droits et les obligations réciproques sont supprimés, et par conséquent le contrat lui-même. Il ne reste donc plus ici qu'une seule question à résoudre, celle de savoir si par hasard un homme n'aurait pas le droit de s'obliger d'avance à *ne jamais changer sa volonté* sur un certain objet, — comme il est obligé, par exemple, de ne jamais changer sa volonté de faire son devoir. De la solution de cette question dépend celle de la question proposée, à savoir si l'immutabilité d'un contrat est ou non conciliable avec le droit inaliénable de l'humanité. En effet, comme la persistance du droit et de l'obligation dans le contrat ne peuvent se fonder que sur la persistance de la libre volonté, l'immutabilité d'un contrat présuppose nécessairement la promesse que l'on ne changera jamais sa volonté sur l'objet du contrat. — Je conclus un contrat immuable, cela veut dire : je m'engage à ne jamais changer ma volonté actuelle sur les objets compris dans le contrat.

La *volonté* [1] en soi est, en tant que telle, complétement affranchie de la loi obligatoire de la raison; sa direction dépend des causes physiques qui déterminent la mesure de notre pénétration. Je prends la résolution qui me paraît la plus utile et la plus avantageuse, et j'en ai parfaitement le droit, grâce à la permission de la loi morale. Ma volonté change nécessairement selon que mes lumières

---

[1] *Die Willkühr.*

croissent ou décroissent. La promesse de ne jamais changer de volonté reviendrait à celle de ne jamais augmenter et perfectionner ses lumières. Mais aucun homme n'a le droit de faire une pareille promesse. Chacun a *le devoir*, et par conséquent aussi le droit *inaliénable*, de travailler indéfiniment à son perfectionnement et de suivre toujours ce qui lui paraît le meilleur. Il a donc aussi le droit inaliénable de changer sa volonté suivant le degré de son perfectionnement, mais il n'a nullement celui de s'obliger à ne la changer jamais. La clause qui stipule qu'un contrat, de quelque nature qu'il soit, doit être immuable, est donc tout à fait vaine et sans valeur, puisqu'elle porte atteinte à un droit inaliénable de l'homme ; elle est absolument comme si elle n'existait pas.

Cependant une des deux parties ne peut résilier à elle seule le contrat même le plus nuisible, sans se soumettre aux conditions exigées pour toute résiliation de ce genre. Quelque frustré que tu sois, non-seulement tu n'as pas le droit d'exiger la restitution de ce que l'autre s'est une fois approprié de ton plein gré ; mais tu es même tenu de réparer le dommage qu'il a évidemment reçu pour avoir compté sur la persistance de ta bonne volonté, que tu as retirée. Ce qui est fait est fait ; c'est à toi de mieux prendre tes mesures pour l'avenir. Tu as donné des droits dont tu ne pouvais rien faire ; à présent tu as appris à les mieux employer : exige qu'on t'en rende l'exercice, mais ne te plains pas qu'on ait abusé de ta propriété, à laquelle tu ne songeais pas ; tu ne dois t'en prendre qu'à toi seul. Tu as vendu de nobles priviléges pour un plat de lentilles ; tu es certainement frustré : —si tu le reconnais, reprends ces priviléges, et ne touche plus aux lentilles. Il serait souverainement injuste de t'obliger à rester fou, parce que tu l'as été une fois; mais il ne l'est pas du tout de te faire supporter les conséquences de ta folie passée.

Aussitôt donc que le citoyen non-privilégié [1] commence à remarquer qu'il est lésé par le contrat conclu avec le privilégié, il a parfaitement le droit de résilier ce contrat préjudiciable. Il dégage l'autre partie de sa promesse, et de son côté reprend la sienne. Ou bien il renonce tout à fait aux services auxquels l'autre s'était engagé, parce qu'il croit pouvoir s'en passer ; ou bien il songe à les obtenir à un prix moins élevé. Il ne trouve plus, par exemple, qu'il soit si honorable pour lui qu'une poignée de nobles ou de princes entretienne à ses frais une cour brillante, ou qu'il soit si avantageux pour le salut de son âme qu'une troupe de bonzes s'engraisse de la substance de ses terres ; — ou bien il cherche à obtenir le service militaire dont il a besoin à des conditions plus supportables : il en chargera celui qui lui fera les conditions les plus douces. Qui pourrait empêcher l'État d'agir ainsi ?

Je dis l'État ; — tant que j'ai devant moi cette puissante objection, que le privilégié étant lui-même citoyen de l'État, il faut bien admettre que, sans son consentement, on ne peut rien décider, au sujet de la suppression de ses priviléges, qui soit universellement obligatoire. — Mais cela n'est pas vrai : le privilégié, en tant qu'il est privilégié, n'est certainement pas citoyen. Il a conclu, dites-vous, un contrat avec les autres citoyens. Mais celui-là pouvait-il conclure un contrat comme citoyen, qui n'avait pas de volonté propre, et qui ne devient une personne morale qu'en s'unissant avec tous les autres ? Il était partie, lorsqu'il conclut son contrat ; il l'est en tant que ce

---

[1] *Unbegünstigere.*

contrat doit être résilié par l'autre partie ; il ne pourra que se taire, tant qu'on délibérera sur la résiliation du contrat. Quand la chose sera décidée, il reprendra son droit de voter comme citoyen. Si l'on agite la question de savoir comment et à quelles conditions les fonctions qu'il laisse vacantes devront être remplies, il peut alors dire son opinion. Si, par exemple, la question s'élève sur la noblesse, il a bien le droit de dire : il faut qu'il y ait des nobles dans notre État, mais il ne peut pas dire : je veux être un des nobles de l'État.

Mais nos privilégiés s'y prennent autrement. Lorsque nous résilions notre contrat avec eux, et que nous voulons remettre à d'autres leurs offices moyennant des conditions plus douces, ils nous objectent leur droit personnel de remplir ces offices à l'exclusion de tous les autres, d'où il suivrait qu'il serait interdit à tous les autres de s'en mêler. Si on leur accorde cela, nous voilà moins avancés qu'auparavant : nous devons continuer de recevoir d'eux ces services. Nous n'avons pas le droit de les supprimer : ils sont désignés pour les remplir ; nous ne devons les confier à aucun autre : ils sont *exclusivement* désignés pour cela ; nous ne pouvons pas marchander avec eux : ils empêchent toute concurrence, ils nous vendent leurs services au prix qu'ils veulent, et nous n'avons rien à faire qu'à les payer.—Ne voulons-nous plus, par exemple, dans notre édifice politique, de ces ornements qui ne sont que des ornements ; « non, disent-ils, il faut qu'il y ait des ornements de ce genre, car *nous* sommes là pour les former ; s'*ils* disparaissaient, *nous* disparaîtrions aussi. »—Bien, répondons-nous, mais pourquoi faut-il donc que vous soyez? « Parce qu'il faut qu'il y ait des ornements, » répliquent-ils? — Nous voulons supprimer les choses inutiles. « Non, disent-ils, ces choses ne sont pas du tout inutiles; elles *nous* sont utiles. » — Oui, mais *vous*, à quoi servez-vous donc ? — Nous servons à les utiliser. — Et de cette façon nous n'avons pas avancé d'un seul pas. Il nous faut donc chercher, sans les écouter davantage, quel est proprement ce droit qu'ils mettent en avant ?

Ils l'ont exclusivement; eux seuls le possèdent. — Qui sont-ils donc, eux ? Qu'est-ce donc qui les distingue de tous les autres, qui ne sont pas eux ? Quel est leur signe caractéristique ? Il ne faut pas le chercher dans ce contrat préalable que nous voudrions résilier; leur droit doit être antérieur à tout contrat conclu avec eux. Ce doit donc être un droit inné, un droit qui leur ait été transmis héréditairement. Or nous ne connaissons de droits innés que les droits universels de l'homme, et de ces droits aucun n'est exclusif. Il faudrait donc, en définitive, que leur droit eût été *acquis*, sinon par eux, du moins par un autre, qui le leur aurait transmis, et encore faudrait-il qu'il eût été acquis par voie de *contrat*, puisque nul droit sur des personnes ne peut être acquis autrement. — Nous ne chercherons pas maintenant quel peut être ce contrat : il résulte clairement de ce qui précède que nous aurions parfaitement le droit de supprimer et d'anéantir l'obligation qu'il nous impose; nous ne voulons parler à présent que de cette singulière transmission du droit, dont on présuppose ici la légitimité.

Tout droit sur des personnes repose sur une obligation de l'autre partie, et ici, comme il ne s'agit nullement d'un droit naturel de l'homme, mais d'un droit acquis du citoyen, sur une obligation imposée, non par la loi morale, mais par la libre volonté; il suppose par conséquent un contrat. Dire que le droit est *transmis*, c'est dire qu'*une partie met une autre personne, à sa place, dans le contrat*. Il est évident que cela ne peut se faire sans que la partie obligée en ait *connaissance*; autrement comment saurait-elle envers qui elle doit remplir son obligation? Cela ne peut se faire non plus sans son *consentement*; c'est ce qui résulte immédiatement de notre système, puisque ce n'est que par sa volonté persévérante que le contrat aurait persisté même avec le premier contractant; mais nous pouvons ici abandonner ce point à notre adversaire. Si, peut-il dire, la partie subrogée dans le contrat l'a été aux *mêmes* conditions, cela doit être parfaitement indifférent à l'autre partie, tant que celle-ci reste *une seule et même* personne.

Mais dans la transmission du droit dont il s'agit ici, dans *l'hérédité du droit* pratiquée par nos États, elle ne reste pas une seule et même personne; il faut aussi que celui qui s'est chargé de l'obligation ait mis une autre personne à sa place dans le contrat. S'il y a réellement un contrat entre une partie privilégiée et une partie frustrée, il est à présumer que le représentant du privilégié est entré librement et volontiers dans le contrat; mais le représentant du frustré y est-il entré aussi volontiers? Le frustré pouvait-il transmettre tout à fait arbitrairement son obligation à un autre, sans lui demander s'il voulait l'accepter? Qu'est-ce qu'être obligé par une volonté étrangère? *Une volonté étrangère n'oblige jamais*; c'est le premier principe de tout droit de contrat. — Le privilégié peut bien nier que le frustré pendant sa vie ait le droit de résilier son contrat, quand bon lui semble; mais dès que ce dernier vient à mourir, son obligation cesse alors à coup sûr, puisqu'il ne peut plus la remplir. Celui qui est sorti du monde des phénomènes y a perdu ses droits et se trouve affranchi de ses obligations. Que le privilégié le poursuive dans l'autre monde, et qu'il y fasse valoir ses prétentions sur lui, s'il le peut; il ne saurait plus l'atteindre dans celui-ci. — Mais comment admettre qu'on puisse prendre le premier venu et lui dire : J'avais des droits sur quelqu'un; il s'y est soustrait par sa mort; il faut que satisfaction me soit donnée. Viens, tu me tiendras lieu de lui, toi ! — Mais, me dis-tu, il m'a renvoyé à toi. — Je suis fâché alors que tu te sois laissé tromper, car il n'avait pas le droit de disposer de moi; personne n'a ce droit que moi-même. — Mais tu es son fils; — oui, mais non pas sa propriété. — En sa qualité d'administrateur de tes droits, il t'a compris avec lui dans le contrat, pendant ta minorité. — Il a bien pu le faire pour tout le temps que je resterais mineur, mais non pas au delà. A présent, me voilà majeur et administrateur de mes droits, et je ne t'en donne aucun sur moi.

Est-ce par l'effet d'une absurdité à peine concevable, ou bien est-ce dans l'intention bien arrêtée, mais peu honnête, d'embrouiller la recherche et d'y glisser la définition qu'il n'espérait pas obtenir par des principes, qu'il est arrivé à M. Rehberg (1) de comprendre, sans autre distinction, sous l'expression de *droit héréditaire*, le droit d'hériter des *choses*, qui ne s'appartiennent pas proprement à elles-mêmes, et celui d'hériter des obligations de *personnes*, qui pourtant s'appartiennent? J'aurais cru qu'il y avait une distinction assez manifeste entre ces deux droits, le premier qui est bien fondé, et le second qui est imaginaire et contraire à la raison. La légitimité du droit civil d'hériter exclusivement des choses a été développée plus

---

(1) Page 37 de son écrit déjà cité.

haut (p. 156-158). Elle se fondait sur un contrat de tous les citoyens entre eux, par lequel ils s'engageaient à céder leur droit *commun* d'hérédité sur les biens de *tout* mort, en échange du droit *exclusif* d'hérédité sur les biens de *certains* morts. Ils n'avaient point à s'inquiéter de l'objet du contrat, ou des biens; ils étaient très certains que ceux-ci ne réclameraient point contre leurs dispositions. — La légitimité d'un droit héréditaire sur des obligations imposées à des personnes ne pourrait se fonder que sur un contrat des citoyens privilégiés s'engageant à céder leur droit *commun* d'hérédité sur les obligations de *tous* les citoyens frustrés et opprimés, en échange du droit *exclusif* d'hérédité sur les obligations de *certains* citoyens frustrés et opprimés. Or, si ce droit commun d'hérédité que l'on présuppose, et qui aurait été échangé contre un droit exclusif, ne se fonde pas lui-même sur le droit du plus fort, sur la loi de la guerre de tous contre tous; si, comme il le faut bien croire, il ne s'agit pas ici d'un contrat de brigands qui se partagent paisiblement leur butin dans une caverne, afin de ne pas se jeter les uns sur les autres le poignard à la main et de ne pas se tuer entre eux; — sur quoi, je le demande, pourrait-il se fonder, sinon sur un contrat préalable avec les citoyens frustrés, s'engageant à ne jamais réclamer les droits qu'ils auraient cédés? — Mais, — outre que, d'après ce qui a été dit plus haut, un contrat de ce genre est en soi de nulle valeur, puisqu'un droit inaliénable de l'homme, celui de changer de volonté, y est aliéné, — d'où viennent donc après la mort des premiers citoyens privilégiés, les autres citoyens? d'où naissent les obligations dont ils doivent hériter. S'inquiétera-t-on tout aussi peu des personnes sur lesquelles elles doivent peser qu'on ne s'inquiète des choses dans le contrat d'hérédité sur les choses? Sans doute on n'hésitera pas à répondre oui à cette question, dans un système où l'on n'admet d'autre égalité entre les hommes que l'égalité devant Dieu, par rapport à l'Église; et, d'après ce système, on devrait aussi répondre oui à la question de savoir si les hommes mêmes peuvent, comme une propriété, se transmettre par voie d'héritage, s'échanger, se vendre, se donner.

« Quand il s'agit, dit Montesquieu, de prouver des choses si claires, on est sûr de ne pas convaincre. » Pour moi, je ne me dissimule en aucune façon que je mets ici en avant des choses qui choquent violemment les opinions générales des peuples, — ou ce que l'on décore même du beau nom de sens commun. Mais que m'importe? Prenez la peine de remonter aux principes et renversez-les; ou si vous les laissez debout, tenez pour certain que tout ce qui en dérive au moyen de déductions exactes, est nécessairement exact, et que votre opinion, qui y est contraire, est nécessairement fausse, et cela quand même, depuis le commencement de l'espèce humaine jusqu'à ce jour, tous les hommes auraient été de votre opinion. Dans tous les États qui ont existé depuis le premier peuple législateur que nous connaissions, depuis les Égyptiens, il a été admis que le fils est tenu de subir à son tour les obligations de son père, et c'est pourquoi ceux qui ne pensent pas par eux-mêmes, mais se déterminent d'après des autorités, croient que cela doit être vrai. Mais dans la plupart des États qui nous ont transmis leurs opinions avec leurs lois, ne regardait-on pas aussi comme légitime que le père repoussât son enfant nouveau-né, ou qu'il le punît de mort quand il était devenu grand, sans que personne eût le droit de lui en demander la raison? Comment se fait-il que cette dernière opinion ne se soit pas maintenue à côté de la première?

Est-ce que par hasard toutes deux ne reposent pas sur le même principe, à savoir que l'enfant est une propriété du père, qui en peut disposer à son gré ? Ou bien est-ce qu'il est plus dur d'abandonner et de laisser périr un jeune enfant, qui n'est pas encore parvenu à la pleine conscience de lui-même, et qui peut-être souffre moins à mourir qu'un pigeon qu'on égorge, ou d'arracher tout d'un coup par une prompte mort à toutes les peines de la vie un enfant déjà grand, que de le forcer, sous peine de mort, quand il a pleinement le sentiment de sa force et de son droit, à rester esclave tout le temps de sa vie? — Cela vient de ce que le Christianisme a introduit parmi vous une nouvelle opinion, — ce n'est pour vous qu'une opinion, — touchant l'immortalité de notre âme et l'influence de notre conduite ici-bas, surtout de notre dernière heure, sur le sort de cette âme dans une autre vie, et que cette opinion est en contradiction avec une loi aussi arbitraire sur la *vie humaine*. Mais le même Christianisme, ou plutôt ses serviteurs, vendus au despotisme, ont oublié de propager une opinion qui fût en contradiction avec une loi tout aussi arbitraire sur la *liberté humaine* ; et le philosophe ne saurait commander à l'opinion populaire comme le divin Envoyé. — Sur le premier point, vous avez laissé modifier ce fragment de vos opinions incohérentes par une religion plus humaine et plus douce; mais sur le second, vous restez toujours fidèle aux grossières idées de ces demi-sauvages qui viennent de faire le premier pas pour se déshabituer de la chair humaine. Quel autre système, en effet, peut vous déterminer, si ce n'est celui qui cherche à tirer d'un opprimé, qui ne promet pas un bon repas, tous les autres avantages possibles; — qui exige de lui la promesse d'un esclavage perpétuel, en lui interdisant jusqu'au vœu de redevenir libre ; et qui, quand l'opprimé a fait cette promesse, lui fait promettre que ses enfants seront aussi les esclaves des enfants de l'oppresseur, — et, après lui avoir arraché cette nouvelle promesse, lui fait encore promettre la même servitude pour la troisième génération, puis pour la quatrième, puis pour la cinquième, enfin pour toutes les générations possibles à l'infini ? — Et quelqu'un peut-il faire une pareille promesse autrement qu'en présence du feu et de la broche où il doit être rôti ? — Voilà vos autorités !

L'intrépide R... lui-même veut bien ne pas refuser toutes lumières aux hommes qui, en voyant appliquer de tels principes à l'état présent du monde, sentiraient quelque chose se soulever dans leur cœur ; il consent à ne pas leur faire un crime des sentiments pénibles qu'ils éprouveraient en pareille circonstance ; mais sa bonté n'est pas de longue durée. « Tout ordre civil, dit-il, devient absolument impossible, si ce qu'un aïeul, fût-ce un million d'années auparavant, a fait peut-être par nécessité (il veut dire: à quoi il s'est obligé) (1), ne lie pas ses derniers héritiers. Nul État ne pourrait subsister, si les enfants ou les autres héritiers n'étaient obligés de prendre la place du défunt. » Cela veut-il dire qu'aucun des États actuellement existants ne peut subsister tel qu'il est, si sa constitution ne demeure pas ce qu'elle est actuellement ; il a parfaitement raison, mais nous n'avions pas besoin de sa pénétration pour découvrir cette vérité. Que si cela signifie qu'on ne saurait concevoir en général d'union civile sans cette disposition, et que celle-ci est contenue dans l'idée de celle-

(1) Page 60. — On ne peut guère transcrire une ligne de cet homme, qui ne cesse de crier contre le bavardage et le vague, sans se voir obligé de corriger ses expressions.

là comme sa marque distinctive, j'en conclurai que la société civile est en soi tout à fait contraire à la raison et au droit, et qu'on n'en doit tolérer aucune. — Il faut qu'il y ait une constitution civile; or cela n'est pas possible sans injustice; donc il faut qu'il y ait des injustices commises. Tel serait le raisonnement de M. R... Je raisonnerais tout autrement : Il ne faut pas qu'il y ait d'injustices commises; or il n'y a pas de constitution civile possible sans cela; donc il ne doit point y avoir de constitution civile. La décision de notre débat dépendrait alors de la réponse à cette question : le dernier but final de l'espèce humaine est-il de vivre en société civile, ou de vivre justement? — Ce n'est pas ici le lieu d'examiner en elle-même cette assertion de M. R..., à savoir qu'aucune constitution politique n'est possible si l'on ne rend héréditaires les obligations civiles. Je ne parle pas encore des dispositions possibles d'une constitution politique déterminée, mais des conditions qui, seules, rendent moralement possibles toute constitution politique en général.

Jusqu'ici nous avons recherché la valeur des contrats de privilége au point de vue de *leur forme*, et nous avons trouvé que non-seulement il n'y a point, comme on le prétend, de transmission héréditaire des priviléges, mais que même le premier contractant peut, dès qu'il le veut, résilier tout contrat par lequel il se croit frustré. Nous avons fait remarquer que, dans ce cas, la partie qui résilie le contrat est obligée à restituer ce qu'elle a reçu, et à réparer le dommage causé. Pour pouvoir estimer cette réparation, nous avons encore à examiner les contrats de privilége au point de vue de leur *matière* possible, c'est-à-dire par rapport à leurs objets. — Nous ne devons admettre, pour chaque contrat de ce genre, qu'un seul objet

possible, avant même de le trouver dans sa série. En
effet, croirait-on peut-être, les membres communs de
l'État pourraient avoir, dans un contrat, cédé exclusivement à une classe de citoyens privilégiés ou même à un
seul privilégié le droit de changer quelque chose à la constitution de l'État. Si un pareil contrat était conclu, tous
les autres contrats de privilége seraient par là même, en
tant que faisant partie de la constitution de l'État, affermis et rendus inviolables pour les citoyens exclus. S'ils
n'avaient pas le droit de rompre le premier sans un dédommagement préalable, ils ne pourraient non plus résilier aucun des autres contrats de privilége, parce que,
pour la résiliation du premier, il ne peut y avoir de dédommagement équivalent possible que le maintien des autres, et par conséquent de ce contrat lui-même.—Mais un
pareil contrat est déjà par lui-même nul et non avenu,
précisément parce qu'il rend immuables pour une partie
des concitoyens tous les autres contrats de privilége, et que
par conséquent il supprime le droit inaliénable qu'a
l'homme de changer de volonté. — Dire : je renonce absolument au droit de changer quelque chose à cette constitution, et je le transmets à un autre, — cela revient à dire :
je ne modifierai jamais ma libre volonté sur les obligations
qui m'y sont imposées; ce que je tiens aujourd'hui pour
utile et nécessaire, je le tiendrai pour tel, tant qu'un certain autre le tiendra pour tel.—Or une pareille promesse
n'est-elle pas contraire à la raison? Un contrat de ce genre
n'a pas plus de valeur que s'il n'avait pas été conclu; il
n'empêche donc aucun membre de l'État de résilier ses
contrats de faveur.

Il n'y a, dans ce contrat, comme dans tous les contrats
en général, que les droits aliénables qui puissent être cé-

dés. Si l'on avait un fil conducteur qui servît à découvrir tous les droits aliénables, il n'y aurait donc pas de plus sûr moyen d'épuiser tous les objets possibles des contrats de privilége, comme en général de tous les contrats.

Les droits aliénables sont tous des modifications de nos droits inaliénables. Ceux-ci peuvent être exercés de diverses manières ; chaque espèce d'exercice est un droit libre ; mais précisément parce qu'il y a plusieurs droits de cette espèce, il n'y en a aucun qui soit inaliénable en soi. Si je ne l'exerce pas d'une manière, je l'exerce d'une autre : je dois certainement l'exercer de quelque manière, car le droit primitif est inaliénable.

Tous les droits primitifs de l'humanité peuvent se ramener aux deux classes suivantes : *Droits de la spiritualité immuable* [1] et *Droits de la sensibilité changeante* [2]. — La forme de mon moi pur est déterminée d'une manière immuable par la loi morale qui est en moi : je dois être un moi, un être agissant par lui-même, une personne, — je dois toujours vouloir mon devoir ; j'ai donc le droit d'être une personne et celui de *vouloir* mon devoir. Ces droits sont inaliénables, et il n'en résulte point de droits aliénables, puisque mon moi n'est susceptible sous ce rapport d'aucune modification. — Tout ce qui en moi n'est pas ce moi pur lui-même est sensibilité (dans le sens le plus étendu du mot, c'est-à-dire partie du monde sensible), et par conséquent changeant. J'ai le droit de ramener, par un travail graduel, mon moi changeant à cette forme donnée du moi pur (ce qui est une modification) ; j'ai le droit de *faire* mon devoir. Comme cette forme pure de mon moi est déterminée d'une manière

---

[1] *Rechte der unveränderlichen Geistigkeit.*
[2] *Rechte der veränderlichen Sinnlichkeit.*

immuable, la forme à produire dans mon moi sensible est aussi déterminée par là d'une manière immuable (à savoir dans l'idée). Le droit de faire mon devoir n'est praticable que d'une manière, et n'est susceptible d'aucune modification; par conséquent il n'en résulte point de droits aliénables. — Mais il reste encore dans ce moi sensible une foule de modifications qu'on ne saurait rapporter à ces formes immuables du moi pur, de modifications sur lesquelles l'immuable loi morale n'établit rien, et dont la détermination dépend, par conséquent, de ma volonté, laquelle est elle-même changeante. En cette qualité, elle peut déterminer ces modifications de diverses manières ; chacune est un droit pour elle, mais toutes sont en soi aliénables, et c'est ici que nous entrons dans le champ des droits aliénables.

Cette volonté modifie soit mes facultés intérieures, ce qui existe déjà dans mon esprit, soit mes facultés extérieures corporelles. Je puis, par rapport aux premières, diriger mes considérations sur un certain point, réfléchir et juger sur tel objet ou sur d'autres ; je puis m'y porter, parce que je désire ceci, que je repousse cela, que j'honore celui-ci, que j'estime moins celui-là, que j'aime l'un, que je hais l'autre. Comme ce sont là des modifications changeantes de mon âme, mes droits sur ces modifications ne sont pas inaliénables au point de vue moral, mais ils le sont au point de vue physique. J'aurais bien le droit de les aliéner, mais je ne puis pas le faire, parce qu'aucune volonté étrangère ne pourrait savoir si j'observe ou non l'obligation contractée envers elle. — On pourrait dire, par figure, que nous les aliénons souvent à nous-mêmes, à notre jugement. Celui-ci nous conseille quelquefois de détourner notre pensée d'un certain objet pour la porter sur un autre, et la libre volonté change ce bon conseil en une loi pour nous (1).—On ne saurait donc s'engager juridiquement par aucune promesse à vouloir réfléchir sur certaines choses seulement et dans de certaines limites, à vouloir s'attacher de cœur à un autre, l'aimer, l'honorer ; car, supposé même que cela dépendît absolument de notre volonté, comment l'autre pourrait-il s'assurer que nous lui tenons parole ?

Il ne reste donc, en fait de droits qui puissent être aliénés par un contrat, que ceux que nous avons sur l'usage de nos facultés corporelles, sur nos actions extérieures.

Nos actions s'appliquent aux *personnes* ou aux *choses*. Nous n'exerçons sur les personnes ni un droit *naturel*, ni un droit *acquis*. Le premier de tous les droits, celui de se défendre soi-même par la force, le droit de guerre peut être cédé à un autre, mais à deux conditions. Nous devons *toujours* nous réserver, ou plutôt nous conservons toujours nécessairement, même sans aucune réserve expresse, le droit de nous défendre en personne, d'une part, contre une attaque soudaine, qui nous expose à une perte irréparable, celle de la vie, et qui ne nous permet pas d'attendre des secours étrangers, — et d'autre part, contre le souverain défenseur de nos droits. Le premier de ces droits n'a jamais fait l'objet d'un doute, bien que dans la plupart des États il ait été singulièrement affaibli par certaines

---

(1) Malheureusement je suis ici complétement inintelligible pour tous ceux qui n'ont pas encore conscience d'une libre volonté capable de dicter des lois, mais qui sont constamment conduits par une imagination aveugle, suivant le torrent de l'association de leurs idées. Mais la faute n'en est pas à moi. — La direction des pensées est libre aussi dans l'homme, et celui qui ne l'a pas encore affranchie, n'est certainement susceptible d'aucune autre espèce de liberté.

entraves juridiques et par la nécessité de fournir la preuve
du cas de légitime défense, lequel brille aux yeux de
chacun comme le danger a brillé à nos propres yeux au
moment critique. Quant au second, on l'a entièrement
supprimé dans la plupart des États, et l'on a cherché
par tous les moyens, singulièrement par des motifs
tirés de la religion chrétienne, à nous persuader de supporter en silence toutes les injustices que nos défenseurs
ne veulent pas punir, ou qu'ils ne peuvent pas punir,
parce qu'ils en sont eux-mêmes les auteurs, et de nous
livrer volontairement aux ciseaux qui doivent nous tondre
ou au couteau qui doit nous égorger. Mais, pour être
étouffé, ce droit en est-il moins solidement fondé? — Tu
nous défends contre la violence d'autrui : cela est juste et
bien ; mais si tu pratiques toi-même immédiatement la violence contre nous, ou si, en négligeant la défense que tu
nous as promise et dont nous n'avons plus le droit de nous
charger nous-mêmes, tu te rends complice de la violence
des autres, qui donc nous défendra contre toi-même? Tu
ne peux pas être ton propre juge. S'il ne nous est pas
permis de nous faire justice à nous-mêmes contre toi,
nous avons absolument abdiqué le droit de légitime défense, dans nos rapports avec toi. Or c'est ce que nous
ne pouvons faire; car il n'y a que les manières d'exercer
ce droit qui soient aliénables : il dépend de nous, par
exemple, de l'exercer par nous-mêmes ou au moyen d'un
représentant; mais le droit lui-même est inaliénable. Ce
n'est pas encore ici le lieu de rechercher *si* et *comment*
cette défense contre la suprême puissance est possible dans
un État, sans désordre et sans bouleversement; j'ai seulement à montrer qu'*elle* y a sa place et doit nécessairement l'avoir. Au reste, comme cette défense de nos droits

contre autrui est par elle-même un devoir pénible et nullement un avantage, on ne conçoit pas comment celui que nous déchargeons de ce soin pourrait se trouver lésé par là et exiger de nous une compensation, à moins qu'il ne portât à notre compte l'injuste et illégitime impunité de ses propres violences envers nous, ou ce surcroît non moins injuste et non moins illégitime qu'il tire de nos offenseurs sur la réparation du dommage et qu'il garde pour lui. Mais ce serait manifestement nous prier de lui permettre de continuer à être injuste impunément; il faudrait donc repousser un tel procédé sans autre considération. Ou craint-il par hasard que nous ne lui retirions le salaire qu'il reçoit de nous pour nous défendre, et qui est peut-être bien au-dessus de la peine que cela lui donne. En supprimant sa charge, nous ne lui retrancherons pas immédiatement son traitement. C'est là d'ailleurs un point dont nous aurons à parler en son lieu; nous verrons alors ce qu'il est juste de décider à cet égard. — Mais il y a une espèce de rémunération que nous devons mentionner ici immédiatement, parce que, suivant notre plan, nous ne la rencontrerons plus dans la suite. — Nous disions plus haut qu'il ne peut y avoir de promesse qui oblige à vouloir aimer ou honorer quelqu'un, parce que l'autre partie ne pourrait jamais savoir si l'on remplit ou non son obligation. Mais il peut y avoir des occupations qui par leur nature attirent l'amour ou le respect des hommes, et rien, pour ainsi dire, ne rend plus respectable que la haute mission de défendre les faibles et de protéger les opprimés. Celui qui nous a jusqu'ici défendus pourrait dire qu'en supprimant sa charge nous l'avons privé au moins du respect qui y était nécessairement attaché, dont l'habitude lui avait fait un besoin et sur la durée duquel il avait le droit de compter, aux termes de notre contrat. Nous lui répondrons que rien aussi n'est plus honteux que les injustices commises en un tel poste, ou que l'oppression de l'innocence par un pouvoir établi pour la défendre; et que, si nous lui avons enlevé le moyen d'attirer à soi le respect des nations, nous l'avons soustrait en même temps à la tentation de se déshonorer publiquement à leurs yeux, et de devenir pour elles un objet de malédiction et d'horreur. Il y a donc compensation. — Mais il est sûr, lui tout seul, de son incorruptibilité, de son impartialité, de son courage et de sa force; il ne se déshonorerait certainement jamais. — Eh bien! quand ce ne serait pas sa fonction qui l'aurait honoré, mais la fidélité avec laquelle il l'aurait remplie, quand il aurait fait tout son possible, il n'aurait encore fait que ce que nous étions en droit d'attendre de lui, ce qu'il était obligé de faire en vertu de sa fonction. — Il y a quelque chose qui honore encore davantage, c'est d'accomplir librement de nobles actes que n'exige aucun ordre. Le voilà libre à présent : — il y aura toujours des forts qui opprimeront les faibles, l'humanité souffrira toujours en maints endroits; — qu'il use maintenant de sa force pour résister en face à l'homme puissant et injuste, pour aider l'humanité à sortir de l'abîme de la misère, et notre vénération ne lui fera certainement pas défaut. Les occasions de s'acquérir la vénération ne manquent jamais; ce sont les hommes capables de l'obtenir à force de peines et d'efforts qui manquent trop souvent.

Les droits *acquis* sur des personnes le sont par contrat. Nous avons le droit de conclure des contrats, et nous pouvons aliéner ce droit *en tout* ou *en partie*. Je dis: en tout; mais comme cette aliénation elle-même n'est possible que par contrat, il est clair que la pratique de ce droit en doit avoir au moins une fois précédé l'aliénation; —autrement celle-ci serait absurde, puisque, comme nous l'avons montré plus haut, il n'y a pas de droit naturel de l'homme qui puisse être aliéné en soi, mais seulement des modifications particulières de ce droit. —Une partie fait à l'autre cette promesse : Tant que je resterai avec toi dans le présent contrat, je n'en conclurai aucun autre, ni avec toi-même, ni avec quelque autre. Un contrat de ce genre est, dans sa forme, tout à fait légitime ; dans sa matière, il est effrayant par son étendue, et si on le suppose en outre immuable, comme il l'est chez le paysan attaché à la glèbe, il rabaisse l'homme au rang de l'animal. Indépendamment même de cette immutabilité qui est déjà illégitime en soi, le citoyen frustré, tant qu'il ne lui est pas possible de se rendre absolument indépendant de son oppresseur, renonce formellement à toute réclamation ayant pour but d'obtenir du privilégié de meilleures conditions, et à toute assistance des autres qui le traiteraient peut-être plus doucement. Le monde est désert pour lui ; il n'y a plus d'êtres de son espèce. Dans un pareil contrat, l'oppresseur se hâte de profiter d'un moment d'angoisse, qui peut-être ne reviendra jamais, et il fait tout son possible pour l'éterniser.

Le droit de conclure des contrats est aliéné *en partie*, quand un des contractants promet de ne point conclure de contrats, soit seulement avec certaines personnes, soit sur certains objets seulement. Il n'est pas douteux que des promesses de ce genre ne soient légitimes en soi, puisque la légitimité même de la promesse de ne point conclure de contrat en général n'a pu être contestée. Nous n'avons rien à dire de plus sur cette exclusion de certaines personnes qui nous ôte le droit de conclure un contrat avec elles. Relativement aux objets, les contrats sont conclus (sauf le contrat de mariage, qui est partout limité, comme on sait, de diverses manières, et que le serf ne peut conclure, en général, sans une permission de son seigneur), soit sur des *forces*, c'est alors le contrat de travail, soit sur des *choses*, c'est le contrat d'échange et de commerce. Dans la première espèce de contrats, ou bien une partie aliène en général, au profit d'un seul privilégié, son droit de conclure avec tout autre un contrat relatif à l'emploi de ses forces, ou de travailler pour tout autre; — ou bien elle ne l'aliène qu'autant que son contractant pourra utiliser lui-même son travail, et elle s'engage à ne jamais travailler pour d'autres, quand elle aura du temps de reste, avant de lui avoir demandé s'il a encore besoin d'elle. On peut aussi convenir d'avance, une fois pour toutes, du salaire du travail, de telle sorte que le travailleur soit tenu de travailler pour un certain prix, quand même il pourrait recevoir d'un autre davantage. Nous supposons toujours ici qu'une partie n'a pas déjà cédé, par le premier contrat de privilége, le droit de disposer de l'emploi de ses forces ; car dans ce cas, dont nous parlerons plus bas, il n'y aurait place pour aucun autre contrat de travail. — Quant au *contrat de commerce*, le droit de céder ses produits ou ses fabrications à quelqu'un, comme à un unique privilégié, peut être aliéné d'une manière générale ou seulement pour le cas où le privilégié voudrait les acheter, de telle sorte qu'il ait ou bien le *droit exclusif d'achat*[1], comme plusieurs chefs-lieux de cantons suisses l'ont sur leurs paysans, ou bien le *droit de pre-*

---

[1] *Alleinkauf.*

mier acheteur [1], comme plusieurs seigneurs allemands l'ont sur leurs sujets. Dans ce dernier cas particulièrement, on peut établir certaines conditions sur le prix de la marchandise, de telle sorte que le marchand soit obligé de la laisser au privilégié pour une certaine somme, quand même il ne pourrait plus s'en procurer ailleurs au même prix. Réciproquement on peut stipuler, soit qu'une partie achétera exclusivement au privilégié, ou *toutes* ses marchandises, ou celles qu'a le privilégié, ou seulement *certaines* marchandises, soit qu'il les lui achétera un certain prix, quand même il pourrait les avoir ailleurs meilleur marché, de telle sorte que le privilégié ait le *monopole* [2] ou le *droit de première vente* [3]. Le mode le plus dur et le plus odieux de cette espèce de contrat est celui qui oblige la partie lésée à prendre absolument une quantité déterminée d'une certaine marchandise, et à la payer un prix déterminé, comme le gouvernement le fait, dans certains pays, pour le sel, ou comme le fit, pendant quelque temps, Frédéric II à l'égard des juifs, qu'il obligeait à prendre, en se mariant, une quantité déterminée de porcelaine.

La seconde espèce de droits, qui peuvent être aliénés par nos contrats avec des privilégiés, sont les droits sur *des choses*; le droit de propriété dans le sens le plus étendu de ce mot. On ne désigne, en effet, ordinairement sous le nom de propriété d'une chose que la possession *durable* de cette chose; mais, comme la possession *exclusive* est seule le caractère distinctif de la propriété, la jouissance immédiate d'une chose dont on ne jouit qu'une fois, et qui se consume par la jouissance, est aussi une

---

[1] *Vorkauf.*
[2] *Alleinhandel.*
[3] *Vorhandel.*

véritable propriété ; car pendant que quelqu'un en jouit, tous les autres en sont exclus.

Or ce droit de propriété, comme celui des contrats, peut s'aliéner *en tout* ou *en partie*. Il peut s'aliéner tout à fait. La propriété la plus immédiate de l'homme, celle qui fonde toutes les autres propriétés, ce sont ses forces. — Celui qui en a le libre usage a déjà immédiatement en elles une propriété, et il ne peut manquer de recevoir bientôt, par l'usage qu'il en fait, une propriété sur les choses extérieures à lui. On ne saurait donc concevoir une aliénation absolue du droit de propriété qu'en supposant que nous aliénions le libre usage de nos forces, que nous cédions à un autre le droit de disposer librement de leur application et qu'elles soient devenues par là sa propriété. Tel était, chez les peuples anciens, d'après la lettre de la loi, le cas de tous les esclaves, et tel est chez nous le cas de tous les paysans attachés à la propriété du sol. Si le maître a voulu ou veut se relâcher de son droit strict, c'est pure bonté de sa part, mais il n'y est pas obligé, aux termes de la constitution.—Pourtant cette aliénation n'a lieu qu'à un condition, c'est que le maître assure l'entretien à l'esclave qui lui abandonne la disposition de ses forces ; ce n'est plus ici une bonté de sa part : l'esclave a parfaitement le droit de l'exiger de lui. Tout homme a le droit de vivre, c'est là son droit inaliénable. Il ne faut pas dire ici : Si je ne nourris pas mon esclave, il mourra ; je le perdrai et le dommage sera pour moi ; la prudence me poussera bien à le nourrir. Il n'est pas ici question de ton dommage, mais de son droit ; il ne s'agit pas de ta prudence, mais de ton devoir absolu : ton esclave est homme. Le possesseur d'un animal a bien le droit de le laisser mourir ou de le tuer, s'il ne couvre pas les frais de son entretien; mais il n'en est pas de même de celui qui possède les forces d'un homme. L'entretien auquel celui-ci a droit est sa propriété; il l'a dans celle de son maître, et toutes les fois qu'il mange, ce qu'il mange est sa propriété immédiate. Une entière aliénation de la propriété n'est donc pas possible, et elle ne saurait l'être, puisqu'on ne peut aliéner aucun des droits de l'homme en soi, mais seulement les modifications particulières de ces droits. En dehors de cette propriété, celui qui se dépouille de la libre disposition de ses forces renonce à toute propriété ; cela est clair de soi.

Le droit de propriété peut aussi n'être aliéné qu'en partie. La propriété des *forces* peut être aliénée en partie, de telle sorte qu'une certaine portion de ces forces appartienne au privilégié, que nous puissions ou non l'employer nous-mêmes, comme dans le service *limité*(1), ou de telle sorte que le surplus de ces forces, dont nous n'avons pas besoin nous-mêmes, lui appartienne conditionnellement ou absolument, comme dans cette restriction du droit de conclure des contrats de travail, dont nous avons parlé plus haut. — La propriété de certaines choses peut être aliénée, de telle sorte que nous ne puissions nous les approprier d'aucune manière. Tel est le droit exclusif de chasse, de pêche, de colombier, etc.; telle est la

---

(1) Pour les rares personnes qui ne savent pas ces choses. — Le serf (glebæ adscriptus) a un service *illimité**; il est tenu de travailler autant que le seigneur l'exige. Régulièrement celui-ci exige de lui six jours de corvée sur sa terre, et le septième il l'emploie pour ses messages ou ses transports à la ville. Le paysan, plus libre, sur la terre duquel le seigneur n'a qu'une partie du droit de propriété, a un service *limité**; il remplit un nombre déterminé de corvées.

* *Ungemessene Frohndienste*, par opposition à *gemessene Frohndienste*.

disposition qui, dans certaines contrées, veut que le chêne qui croît sur la terre du paysan appartienne au seigneur et non au paysan ; tel est le droit de pâturage et de pacage, etc.

Après ce qui a été dit plus haut, il ne reste plus de doute sur la question de savoir si tous ces droits peuvent aussi être abolis par le seul fait de la partie frustrée. Il n'est ici question que du dédommagement qui peut être dû dans ce cas. — Quant à cette première espèce de limitation de notre droit de conclure des contrats, qui le supprime tout à fait, on ne conçoit pas en général (nous parlerons tout à l'heure des cas particuliers) que le privilégié puisse se plaindre d'autre chose, sinon d'avoir de son côté, dans l'espérance qu'il fondait sur la durée de notre contrat, laissé échapper l'occasion de conclure d'autres contrats qui lui eussent été utiles et avantageux. Mais il est aisé de répondre à cela que, de notre côté, liés que nous étions par notre contrat avec lui, nous avons aussi manqué l'occasion de conclure d'autres contrats qui *nous* auraient été utiles et avantageux : jusqu'ici nous n'en avons conclu aucun. Nous lui donnons congé maintenant : il sait dès à présent qu'il n'a plus à compter sur nous. Qu'il emploie désormais son temps aussi bien qu'il le pourra ; nous chercherons à en faire autant de notre côté. Nous ne l'avons pas frustré, nous nous sommes placés avec lui sur le pied de l'égalité. — Mais sa plainte devient plus précise. Par rapport au contrat exclusif de travail, aussi bien qu'à l'aliénation totale ou partielle du droit de disposer de nos forces, il se plaindra de ce qu'il ne recevra plus régulièrement son travail, si nous lui remettons son contrat. Il a donc plus à travailler que ne peut le faire un seul homme, ou bien il peut, mais il ne veut pas travailler lui-même. La première supposition, telle qu'elle est, exactement traduite, signifierait : il a plus de besoins que les forces d'un seul homme n'en peuvent satisfaire, et, pour les satisfaire, il veut employer les forces d'autres hommes, qui sont obligés de retrancher sur leurs propres besoins tout ce qu'ils emploient de forces pour satisfaire les siens. Il n'est pas nécessaire de chercher plus loin pour décider si une pareille plainte doit être rejetée. Mais il invoque une raison plus valable pour justifier le plus grand nombre de ses besoins. S'il n'a pas immédiatement plus de forces que d'autres, il a du moins *le produit de plus de forces*, qui peut-être lui a été transmis par une longue série d'aïeux : il a plus de propriété, et, pour en user, il a besoin des forces de plusieurs. — Soit, cette propriété lui appartient et doit lui rester ; s'il a besoin pour s'en servir de forces étrangères, c'est à lui de voir à quelles conditions il peut se les procurer. Il s'établira ainsi un libre échange entre certaines parties de sa propriété et les forces de ceux qu'il engagera pour travailler le tout, et en cela chacun de son côté cherchera à gagner le plus qu'il pourra. Qu'il emploie celui qui lui fera les conditions les plus douces. S'il se prévaut de sa supériorité sur le malheureux au point de l'opprimer, qu'il s'attende à l'inconvénient de voir celui-ci rompre le marché, dès que la misère sera passée. S'il lui fait des conditions équitables, il aura l'avantage de voir durer ses contrats — Mais si chacun estime son travail aussi haut que possible, le propriétaire ne pourra plus tirer de sa propriété autant de profit qu'auparavant ; la valeur en diminuera considérablement. — Cela pourra bien arriver, mais que nous importe ? Nous n'avons pas rogné ses terres de l'épaisseur d'un cheveu ; nous n'avons pas pris un sou de son argent : nous n'en avions pas le droit. Mais nous avions celui de résilier le contrat que

nous avions conclu avec lui et qui nous paraissait préjudiciable, et c'est ce que nous avons fait. Si son patrimoine en est diminué, c'est qu'il avait été augmenté auparavant par nos forces, et nos forces ne sont pas son patrimoine.
— Et pourquoi donc est-il nécessaire que celui qui a cent arpents tire autant de profit de chacun d'eux que celui qui n'en a qu'un ? — On se plaint, dans presque tous les États monarchiques, du partage inégal des richesses, des possessions démesurées dont jouissent quelques-uns à côté de ces multitudes d'hommes qui n'ont rien ; et vous vous étonnez en voyant ce phénomène dans la constitution actuelle de ces États ? — Et vous ne pouvez parvenir à résoudre ce difficile problème, d'opérer un partage plus égal des biens sans porter atteinte au droit de propriété ?
— Si les signes de la valeur des choses se multiplient, — et ils se multiplient par la manie qui pousse la plupart des États à s'enrichir, au moyen du négoce et de la fabrication, aux dépens de tous les autres, par le commerce extravagant de notre époque qui court de plus en plus à sa ruine, et menace tous ceux qui y sont le moins du monde intéressés de l'entière destruction de leur fortune, par le crédit illimité qui fait plus que décupler l'argent monnayé de l'Europe ; — si, dis-je, les signes de la valeur des choses se multiplient d'une manière démesurée, ils perdent toujours plus de leur valeur contre les choses mêmes. Le propriétaire des produits, le propriétaire foncier renchérit sans cesse les choses dont nous avons besoin, et ses terres mêmes augmentent aussi par là incessamment de valeur en argent. Mais ses dépenses augmentent-elles aussi ? Peut-être le marchand qui lui fournit ses objets de luxe, sait-il s'en tirer sans dommage; l'ouvrier qui fait pour lui le travail indispensable, et qui

est traqué par tous les deux, s'en tire moins bien. — Mais le paysan? Il est toujours une partie de la propriété foncière, ou bien il travaille gratuitement ou pour un salaire extrêmement médiocre ; ses fils et ses filles servent toujours le seigneur, en qualité de corvéables, pour une pièce de monnaie, qui, il y a plusieurs siècles, était sans aucun rapport avec leurs services. Il n'a rien, et il n'aura jamais que le misérable entretien de chaque jour. Si le propriétaire foncier savait modérer son luxe, il serait depuis longtemps l'unique propriétaire de toutes les richesses de la nature; ou, si le système actuel du commerce subit une révolution, comme cela ne peut manquer, il le deviendra certainement, et, excepté lui, personne n'aura plus rien. Si vous voulez empêcher cela, faites ce que vous êtes d'ailleurs obligés de faire : rendez libre l'échange de nos facultés, cet héritage naturel de l'homme. Vous verrez alors ce remarquable spectacle, que le *rapport de la propriété foncière et de toute propriété est en raison inverse de sa grandeur*. Le sol, sans lois agraires violentes, lois toujours injustes, se partagera de lui-même insensiblement entre un plus grand nombre, et votre problème sera résolu. Que celui-là voie qui a des yeux pour voir; je poursuis mon chemin.

Si le privilégié ne peut plus faire valoir ici ce subterfuge d'une propriété héréditaire, il faudra bien qu'il travaille, qu'il le veuille ou non. Nous ne sommes pas obligés de le nourrir. — Mais, à l'entendre, il ne *peut* pas travailler. Croyant que nous continuerions de le nourrir par notre travail, il a, dans cette confiance, négligé d'exercer et de cultiver ses forces ; il n'a rien appris de ce qui lui serait nécessaire pour se nourrir, et il est trop tard à présent ; ses facultés sont maintenant beaucoup trop affai-

blies et en quelque sorte trop rouillées par une longue
oisiveté pour qu'il soit encore en son pouvoir d'apprendre
quelque chose d'utile. — Nous en sommes certainement
la cause par notre imprudent contrat. Si nous ne lui
avions pas laissé croire depuis sa jeunesse que nous le
nourririons sans qu'il eût à s'en mêler, il aurait certainement appris quelque chose. Nous sommes donc tenus, et
cela justement, de le dédommager, c'est-à-dire de le nourrir jusqu'à ce qu'il ait appris à se nourrir lui-même. Mais
comment devons-nous le nourrir? Faut-il que nous continuions de nous priver du nécessaire, afin qu'il puisse nager
dans le superflu ; ou bien suffit-il que nous lui fournissions
l'indispensable? — Et c'est ainsi que nous traiterions une
question dont l'exacte solution est un des besoins de notre
siècle.

On a vu éclater parmi nous des sentiments de compassion
et l'on a entendu proférer des plaintes amères au sujet de
la prétendue misère de tant d'hommes, qui tombaient tout
à coup de la plus riche abondance dans un état beaucoup
plus modéré ; — et quels sont ceux qui les plaignaient?
Ceux qui, dans leurs jours les plus heureux, ne se sont
jamais vus aussi à l'aise que ces gens-là dans leur plus grand
désastre, et qui auraient regardé le moindre reste de leur
bonheur comme un bonheur digne d'envie. La prodigalité
inouïe qui avait régné jusqu'alors à la table d'un roi était-
elle restreinte en quelque chose, il était plaint par des
gens qui n'avaient jamais eu et qui n'auront jamais de
table comparable à cette table restreinte. Une reine avait-
elle manqué pendant peu de jours de quelques vêtements,
ceux qui auraient été trop heureux de n'en manquer que
comme elle, déploraient sa misère. Si notre siècle est
privé de certaines qualités louables, il ne semble pas du

moins que la bonté soit au nombre de celles qui lui manquent ! — Est-ce que par hasard ces plaintes seraient la traduction du système qui voudrait qu'une certaine classe de mortels eût je ne sais quel droit de satisfaire tous les besoins que peut rêver l'imagination la plus extravagante, que la classe suivante ne pût pas avoir autant de besoins que la première, et la troisième autant que la seconde, jusqu'à ce qu'on arrivât enfin à une classe qui fût obligée de se passer de ce qu'il y a de plus indispensable, afin de pouvoir fournir ce qu'il y a de plus superflu à ces mortels privilégiés? Ou bien fait-on dépendre ici le droit de l'habitude, et raisonne-t-on ainsi : puisqu'une famille a jusqu'ici dévoré ce qui est indispensable à des millions de famille, elle doit nécessairement continuer de le dévorer? Toujours est-il que, dans notre façon de penser, c'est une choquante inconséquence de nous apitoyer si fort sur la misère d'une reine qui n'a pas de linge frais, et de regarder comme une chose toute naturelle la détresse d'une autre mère, qui, enveloppée elle-même de haillons, voit se traîner nus autour d'elle les enfants qu'elle a donnés bien portants à la patrie, tandis que, faute d'aliments convenables, son sein desséché ne contient plus la nourriture que demande le nouveau-né avec de faibles vagissements. — Ces gens-là y sont accoutumés, ils ne connaissent rien de mieux, dit d'une voix étouffée le voluptueux rassasié, en savourant son vin le plus précieux ; mais cela n'est pas vrai : la faim, les aliments que repousse la nature, l'affaiblissement de toutes les forces de l'esprit et du corps, la nudité dans la saison la plus rigoureuse de l'année, ce sont là des choses auxquelles on ne s'accoutume jamais. M. R... trouve naïfs ceux qui disent que quiconque ne travaille pas ne doit pas manger ; qu'il nous permette de trouver non moins naïfs ceux qui pensent que seul celui qui travaille ne doit pas manger ou ne doit manger que ce qui n'est pas mangeable.

Il est aisé de trouver la raison de cette inconséquence. Notre siècle est en somme beaucoup plus sensible à l'endroit des besoins d'opinion qu'à l'endroit de ceux de nature. Ceux qui jugent ainsi ont assez généralement le nécessaire, et ils l'ont eu depuis leur jeunesse; tout ce qu'ils ont pu en retrancher, ils l'ont appliqué au superflu, aux besoins du luxe. Mais on ne saurait satisfaire tous ces besoins autant qu'on le voudrait, c'est le sort commun. Tu as un mobilier à la mode, mais il te manque une galerie de tableaux; tu finis par en avoir une, mais alors il te manque encore un cabinet de curiosités. — Cette reine a encore besoin d'un riche collier; sois tranquille: elle n'en est pas plus malheureuse que ton élégante épouse, quand il lui manque un vêtement au goût du jour. — Mais non-seulement nous ne pouvons pas toujours satisfaire les désirs qui naissent en nous, à mesure qu'ils y naissent; souvent aussi nous sommes forcés de rétrograder, de retrancher des besoins que nous étions accoutumés de voir satisfaits et que nous rangions parmi les nécessités. C'est là une souffrance que nous connaissons par expérience; quiconque la sent est notre frère d'infortune : nous sympathisons intimement avec lui. Notre imagination, grâce à son art magique, nous met aussitôt à sa place. Ce roi infortuné voit-il diminuer le nombre de ses plats, le riche chanoine se figure privé *lui-même* de son vin fin ou de son pâté favori; la petite bourgeoise ou la paysanne aisée, de son café au lait; chaque individu, selon le monde plus ou moins distingué auquel il appartient, de la satisfaction du besoin qu'il est enfin parvenu à satisfaire; et comment n'éprouverait-on pas pour lui toute espèce de compassion?— Nous n'estimons et ne distinguons le *superflu* et le *nécessaire* que par *l'habitude que nous avons de les posséder*, puisque nous avons nous-mêmes appris par expérience que l'habitude nous a rendu indispensables bien des choses qui ne l'étaient pas auparavant. Nous ne pouvons nous représenter la véritable différence qui existe entre eux quant à *leur nature*; et quand même nous nous en serions fait une idée par la réflexion, nous n'en aurions pourtant aucune représentation qui fût vivifiée par notre imagination et qui mît en jeu notre sensibilité, puisque nous ne nous sommes jamais trouvés nous-mêmes à cette extrême limite et que nous nous sommes toujours soigneusement gardés de voir ceux qui y étaient tombés. « Cela n'est pas naturel, on ne souffre pas ainsi de la faim, » disons-nous, avec ce fermier général de Diderot ; c'est que *nous* n'avons jamais eu faim. Nous croyons qu'on doit s'habituer à un manque continuel de nourriture, ou au froid, ou à la nudité, ou à un travail accablant, comme nous nous sommes accoutumés, sans beaucoup de peine, à nous passer de la table richement servie des grands, ou de leurs habits magnifiques ou de leur doux *far niente*; nous ne savons pas ou nous ne sentons pas que ces choses ne sont pas seulement différentes par le *degré*, mais par leur *nature*. — Nous oublions que, s'il y a une quantité de choses que nous nous refusons, nous nous les refusons en quelque sorte de notre plein gré, et que nous pourrions bien en jouir un certain temps, si nous voulions nous exposer à manquer ensuite du nécessaire; tandis que dans les privations de ceux dont nous parlons, il n'y a plus la moindre trace de libre volonté, et qu'ils sont forcés de se passer de tout ce dont ils se passent. Si nous tenons si bien compte de la différence entre le sacrifice volontaire et le sacrifice forcé, quand il s'agit des privilégiés, pourquoi donc ne l'oublions-nous que dans le cas où il s'agit des opprimés ?

Ce n'est pas l'habitude, mais la nature qui fait la différence de ce qui est nécessaire *en soi*, et de ce qui est *en soi* superflu. Voici le principe: quiconque travaille doit avoir une nourriture salubre et qui suffise à la réparation de ses forces, un habillement sain suivant la nature du climat, une habitation saine aussi et solide.

Au delà de ces limites, dans le champ des choses que la nature ne déclare pas indispensables, l'habitude fait sans doute des différences ; et ici la souffrance croît à peu près dans la mesure où les besoins accoutumés ne sont pas satisfaits. Je dis simplement: *à peu près*, et cela pour deux raisons : — Une foule de nos besoins sont purement et simplement des besoins de notre imagination. Il y a, en effet, maintes choses dont nous n'avons besoin que parce que nous croyons en avoir besoin: elles ne nous procurent aucune jouissance quand nous les avons, et le besoin que nous en avons se révèle uniquement par la sensation désagréable que nous éprouvons quand nous en sommes privés. Les choses de cette espèce se reconnaissent à ce signe, que nous ne les avons que pour les autres. Tels sont tous les objets de luxe qui ne sont que des objets de luxe, et toutes les choses de mode qui ne se distinguent des choses de la même espèce, ni par leur beauté, ni par leur commodité, ni par quoi que ce soit, sinon parce qu'elles sont la mode. En les recherchant, nous n'avons d'autre but que de faire remarquer aux autres, — je ne dis pas notre goût, car ces choses ne se distinguent pas par la beauté, — mais notre docilité à l'endroit des formes générales et l'aisance dont nous jouissons. Comme ces choses sont portées au compte des autres, ils peuvent incontestablement nous affranchir de l'obligation de les avoir. Ils nous en ont jusqu'ici payé les frais ; dès qu'ils nous retirent ce qu'ils nous donnaient pour cela, il est trop clair qu'ils ne peuvent plus exiger que nous continuions cette espèce de dépenses. L'état de notre fortune est maintenant connu ; il est notoire que nos recettes ne suffisent plus pour la continuer avec honneur. Nous désirons pourtant la continuer, c'est-à-dire que nous désirons briller au prix de notre honneur. Un tel désir est si insensé, il est si absurde de souffrir de ne pouvoir le satisfaire, que cela ne mérite pas de pardon, et que des hommes raisonnables ne peuvent laisser porter une pareille prétention à leur compte. Le retranchement de certains besoins n'apporte aucune souffrance à celui qui ne pouvait notoirement les satisfaire qu'aux frais d'autrui, et il faut les retrancher de la somme dans le rapport à établir. — En second lieu, comme la satisfaction des besoins excite réellement dans les sens une jouissance grossière ou délicate, un chatouillement des nerfs ou un mouvement plus léger de l'imagination, on ne peut nier qu'à cet égard il n'y ait une grande différence dans le degré de la jouissance, et par conséquent dans celui du besoin qui résulte de l'habitude. Il y a en quelque sorte une limite extrême de sensibilité pour la nature humaine ; au delà de cette limite, cette sensibilité devient très faible et imperceptible. Il n'y a pas de doute que le luxe de notre siècle n'ait atteint cette limite, et qu'il ne l'ait çà et là dépassée. La privation de ce qui se trouve tout près de cette limite, à plus forte raison de ce qui la dépasse, ne saurait certainement causer la sensation désagréable excitée par les désirs non satisfaits qui sont encore dans les limites de la sensibilité ordinaire. Il faut aussi avoir égard à cela, si l'on veut établir un exact rapport entre les privations et les souffrances.

Une fois retranché ce qui doit l'être, il reste sans doute, chez les privilégiés, une somme de souffrances que doit leur causer la résiliation de notre contrat, en les forçant à restreindre leur luxe accoutumé, et dont nous méritons certainement d'être accusés, puisque nous leur avions généreusement promis de leur fournir toujours de quoi satisfaire aux besoins d'un luxe sans limites. Nous sommes obligés de faire disparaître ces souffrances, autant que la justice le *permet* d'un côté et l'*exige* de l'autre.

Autant qu'elle le permet d'un côté.—Chacun doit avoir le nécessaire, comme nous l'avons établi plus haut; c'est un droit inaliénable de l'homme. Dès le moment donc que leur contrat avec nous dépouillait quelqu'un de la possibilité de l'avoir, il était illégitime en soi et pouvait être résilié sans aucune réparation de dommage. N'y eût-il qu'une seule personne qui ne pût, à cause d'eux, l'acquérir par son travail, leur luxe doit être réprimé sans aucune pitié. — Je dis l'acquérir par son travail; car ce n'est qu'à condition de faire de ses forces un usage convenable qu'il a droit à ce qui lui est nécessaire, et l'on ne saurait obliger le privilégié à nourrir tous les oisifs. Celui qui ne travaille pas ne doit pas manger; nous n'appliquons pas cette règle avec moins de sévérité au citoyen ordinaire que nous ne l'appliquerions au privilégié, s'il pouvait travailler.

Autant que la justice l'exige d'un autre côté.—Le privilégié invoque la force de l'habitude pour ne pas travailler et beaucoup consommer. Que le principe qu'il fait valoir soit aussi le nôtre. Pour guérir son mal, nous devous fermer la source de ses souffrances, que nous avions ouverte. Comme il s'est insensiblement accoutumé à ne rien faire et à dissiper beaucoup, il faut aussi qu'il s'en déshabitue insensiblement. Il doit, dès la rupture de notre contrat, appliquer ses facultés à ce dont il est encore capable, et les employer aussi bien qu'il le peut. La peine que lui pourrait causer cette application de ses forces, n'est pas mise en ligne de compte; car cette peine, la nature nous l'a imposée pour des fins bienfaisantes, et nous n'avons pas le droit de l'en soulager. Nul homme sur la terre n'a le droit de laisser ses forces sans emploi, et de vivre aux dépens des forces d'autrui. On calculera à peu près l'espace de temps qu'il lui faut pour arriver à se procurer le nécessaire au moyen de ses propres forces. Jusque-là nous devons prendre soin de son entretien ; mais en revanche nous avons aussi le droit de surveiller s'il travaille réellement à se montrer capable de se le procurer lui-même le jour où nous cesserons de le nourrir. — Il faut qu'aussitôt après la rupture de notre contrat, il apprenne à se refuser peu à peu la satisfaction d'un plus grand nombre de besoins. Nous lui donnerons d'abord, après avoir retranché ce qui a été calculé plus haut, ce qui lui reste encore de ses précédents revenus; puis moins, puis toujours de moins en moins, jusqu'à ce que ses besoins se soient mis presque en équilibre avec les nôtres, et de cette façon il n'aura à se plaindre ni de notre injustice, ni de notre extrême dureté. Si un jour, grâce à ces efforts, il redevient en outre bon et sage, il nous remerciera d'avoir fait de lui d'un oisif prodigue, un travailleur frugal, et d'un inutile fardeau de la terre, un membre utile de la société humaine.

CHAPITRE V.

DE LA NOBLESSE PAR RAPPORT AU DROIT DE RÉVOLUTION.

« Tous les peuples anciens ont eu une noblesse, » disent des hommes d'État, qui passent aussi pour de grands historiens, et ils nous laissent le soin d'en conclure intérieurement que la noblesse est aussi vieille que la société civile et qu'elle doit faire partie de tout État bien ordonné. Chose singulière, ces mêmes hommes, pour qui la nécessité de la noblesse dans un État est une chose évidente d'elle-même, — quand par hasard ils s'avisent de vouloir expliquer l'origine de la noblesse actuelle, — se perdent en des hypothèses qui ne sauraient s'appuyer que sur d'autres hypothèses.

Je ne parle pas de la noblesse *personnelle*, — de la renommée ou des avantages qu'un grand homme s'acquiert par ses *propres* actes; je parle, comme on s'y attend bien, de la *noblesse héréditaire*[1], de la renommée ou des avantages que ce grand homme *transmet à sa postérité* avec le souvenir de ses actes.

Je distingue dans cette noblesse héréditaire entre la noblesse d'*opinion*[2] et la noblesse de *droit*[3]. Cette distinction me semble le fil conducteur qui doit nous préserver des égarements de l'hypothèse et nous diriger dans le droit chemin; l'oubli de cette distinction est sans con-

---

[1] *Erbadel.*
[2] *Adel der Meinung.*
[3] *Adel des Rechtes.*

tredit le principe de toutes les erreurs qui règnent parmi nous à ce sujet.

Dans cette assertion que les peuples anciens ont eu une noblesse, il y a quelque chose de vrai, mais aussi quelque chose de faux. Ils ont eu presque tous une noblesse d'opinion; mais, — à l'exception de quelques cas, fort passagers, qui ne furent pas l'effet de la constitution de l'État, mais d'une violente oppression, — ils n'ont pas eu de noblesse de droit.

La noblesse d'opinion existe nécessairement partout où des générations d'hommes vivent dans un état de société durable. Il n'y a presque *point* d'objet où elle ne puisse s'attacher. Il y a une noblesse de science [1]. Il est vrai que les grands savants laissent rarement des enfants; il n'y a point de Leibnitz, point de Newton, il n'y aura point de Kant en qui nous puissions retrouver la postérité de ces grands hommes; mais qui peut voir un Luther qu'il ne connaît pas, sans penser qu'il a peut-être devant lui un descendant de ce grand homme et sans l'examiner avec plus d'attention. Il y a une noblesse de commerce [2], — et en entendant certains noms, immortels dans l'histoire du commerce, nous croirions plus souvent être en présence de la postérité des hommes qui les ont immortalisés, si le titre de *comte* ou de *baron*, ou la particule *de* qui les précède ne nous interdisait cette pensée (1), ou si le nom célèbre ne se montrait pas sous un affublement tout nou-

---

[1] *Gelehrten-Adel.*

[2] *Kaufmanns-Adel.*

(1) Et dire que malgré cela le commerçant célèbre aspire encore à l'honneur de devenir un obscur gentilhomme! Puissent du moins les savants illustres de l'Allemagne épargner cette dégradation au nom qu'ils ont rendu célèbre!

veau, — si l'homme ne s'était pas changé en montagne, en vallée ou en quartier de terre. — Il y a une noblesse de vertu ou de belles actions [1]. — Quiconque a donné à son nom une certaine célébrité, transmet à ses descendants *avec* ce nom la célébrité qu'il y a attachée.

Partout où les hommes vivent en société civile, pour peu que l'État ait duré, il doit y avoir une noblesse civique [2] analogue. Un nom — qui se présente souvent dans l'histoire de notre État, qui, dans les récits de cette histoire, a souvent attiré notre attention, et qui a été porté par des hommes avec lesquels nous avons sympathisé, éprouvant avec eux tantôt de la pitié, tantôt de l'inquiétude ou de la crainte, tantôt l'orgueil des grandes actions, — un tel nom est pour nous une vieille connaissance. Apercevons-nous quelqu'un qui le porte, les anciens souvenirs se lient à ce nom dans notre imagination. Nous repassons aussitôt la généalogie de l'inconnu, avant même qu'il nous la raconte ; nous savons qui était son père, qui son grand-père, qui ses collatéraux ; tout ce qu'ils firent se déroule devant notre esprit. Notre attention est ainsi attirée sur celui qui porte ce nom célèbre, et nous sentons notre sympathie s'éveiller ; dès lors nous l'examinons de plus près, afin de poursuivre notre comparaison entre lui et ses illustres aïeux. — C'est là ce qu'exprime exactement le mot *nobilis*, par lequel les Romains désignaient celui qui était noble d'après leur façon de penser ; ils appelaient de ce nom un homme très reconnaissable, dont on sait beaucoup de choses, que l'on examinera plus attentivement et que l'on connaîtra bientôt de plus près encore. — En

---

[1] *Adel tugendhafter Grossthaten.*
[2] *Bürger-Adel.*

outre, et il n'y a rien de plus naturel, cette attention se change bientôt en respect et en confiance envers l'homme qui porte un nom célèbre ; et, quand il ne nous a pas expressément convaincus d'erreur, nous lui supposons les talents de ses ancêtres ou de ses parents. Se présente-t-il une entreprise qui conviendrait tout particulièrement à quelque grand homme de notre histoire, et que nous ne manquerions pas de lui confier si nous l'avions encore parmi nous, — sur qui le souvenir de cet homme se reportera-t-il plutôt que sur l'un de ses descendants ; et, puisque nous ne pouvons le charger lui-même de cette entreprise, — à qui la confierons-nous plus volontiers qu'à son nom? C'était un Scipion qui avait commencé la ruine de Carthage ; il n'y avait personne de qui l'on attendît plus sûrement l'entière destruction de cet État que d'un Scipion.

Cette noblesse d'opinion existait chez les peuples anciens. — Elle existait chez les *Grecs*, mais d'une manière moins remarquable, — parce que l'usage qui voulait que chez eux le fils ne portât point le nom de son père, mais un nom à lui, et qu'il n'y eût pas de noms de famille, n'entretenait pas cette illusion de l'imagination qui s'attache à un mot. Un jeune Grec se présentait-il, il fallait que l'on s'informât d'abord de sa famille ou qu'il l'indiquât lui-même, et le retard occasionné par cette espèce d'enquête ou par les indications qu'il était forcé de donner, détruisait en grande partie l'impression qu'il comptait produire en paraissant dans le monde. Et pourtant l'arrivée d'un Miltiade réveillait certainement le souvenir de la bataille de Marathon. — Quant à la noblesse *de droit*, c'est-à-dire à ces privilèges attribués exclusivement à certaines familles, je ne les trouve nulle part, du moins sur le libre sol de la Grèce, si ce n'est peut-être à Sparte dans la famille royale, chez les Héraclides. Mais, outre que leur pouvoir, fort restreint depuis la législation de Lycurgue et soumis à la sévère surveillance des inexorables Éphores, était plutôt une obligation héréditaire qu'un privilége héréditaire,— la distinction de cette famille reposait sur de tout autres principes que sur celui de la transmission de certains priviléges personnels par voie d'hérédité. Elle se fondait sur la propriété héréditaire de la Laconie, et la noblesse de cette famille ressemblait plutôt à notre noblesse féodale, — dont nous parlerons plus bas, — qu'à notre noblesse de race. — D'après le système qui régnait en Grèce à cette époque et qui voulait que les royaumes se transmissent héréditairement aux enfants et aux enfants des enfants, et fussent partagés entre eux, — Hercule avait des droits sur quelques contrées du Péloponèse. Ses derniers descendants, après bien des tentatives, purent enfin faire valoir ces droits héréditaires par la force de leurs armes. Deux frères s'établirent à Sparte et considérèrent la Laconie comme leur héritage. De là les priviléges de leur famille.

Chez les Romains, la noblesse d'opinion, cette notoriété, — par cette raison, entre autres, qu'ils portaient leur nom de famille, — avait une sphère plus étendue, et formait une sorte de système. La division des citoyens en patriciens, chevaliers et plébéiens, semble, il est vrai, indiquer quelque chose de plus qu'une simple noblesse d'opinion, mais nous en parlerons plus bas. Cette noblesse se fondait sur l'exercice des trois premières magistratures de l'État, le consulat, la préture et l'une des deux édilités, magistratures que l'on désignait sous le nom de dignités curules. Plus une famille comptait, parmi ses ancêtres, d'hommes ayant exercé ces dignités, plus elle était noble; les images de ces hommes ornaient l'intérieur de la maison, et, dans les funérailles, elles étaient portées devant le corps du défunt. — Il était tout naturel que le peuple, dans ses choix, favorisât surtout les anciennes familles à cause de cette opinion qui s'y attachait; mais elles avaient si peu un *droit exclusif* aux dignités dont nous venons de parler, que de temps en temps le peuple se donnait le plaisir d'y élever une nouvelle famille jusqu'alors inconnue. Ceux qui servaient ainsi de souche à de nouvelles familles, ne rougissaient pas le moins du monde de l'obscurité de leur origine; ils mettaient au contraire leur orgueil à rappeler publiquement qu'ils s'étaient élevés eux-mêmes par leur propre mérite, sans avoir pour appui la gloire de leurs ancêtres. — C'est montrer une ignorance ridicule que de confondre *cette* noblesse avec la *nôtre* et *ces* fondateurs de nouvelles maisons (*novi homines*) avec *nos* nouveaux anoblis. Si, chez nous, l'exercice de certaines fonctions publiques élevait à la noblesse; si, par exemple, les descendants d'un ministre d'État, d'un général, d'un prélat étaient nécessairement nobles par le fait même de leur naissance, et sans aucune autre formalité, il y aurait une comparaison possible.

A la vérité on pourrait conclure de la division des citoyens romains en patriciens, chevaliers et plébéiens, qu'il y avait parmi eux une autre noblesse que celle d'opinion; mais en raisonnant ainsi, on mêlerait l'essentiel et l'accidentel, le droit et l'usurpation, et l'on confondrait les temps et les lieux. Ce fut Romulus qui posa le fondement de cette division, voulant désigner par là certaines dignités personnelles et certaines situations passagères dans l'État, et non point des priviléges héréditaires dans

certaines familles, — chose dont il ne pouvait avoir aucune idée. Les *pères* et ceux qu'il leur adjoignit plus
tard, les *conscripts*, il les choisit à cause de leur âge qui
les rendait inutiles à la guerre, mais d'autant plus propres
au conseil et au gouvernement intérieur de l'État. Ils
étaient destinés à rester à la ville et à présider à l'administration de l'État pendant les guerres qu'il ne cessait de
faire. Comment croire qu'il soit venu à l'esprit de ce
guerrier infatigable, de ce roi absolu, que les fils de ces
hommes héritassent, pendant qu'ils étaient encore jeunes
et forts, du privilège qu'avaient leurs pères de ne pas le
suivre à la guerre, ou que, dans le choix des futurs sénateurs, destinés à remplacer ceux que la mort faisait disparaître, il ait voulu être borné aux fils de ces derniers et
ne se soit pas réservé la liberté de choisir, à l'avenir,
comme par le passé, les plus âgés et les plus sages d'entre
tous les citoyens, n'eussent-ils été précédemment que chevaliers ou plébéiens ? Très vraisemblablement les fils de
ses premiers sénateurs étaient : — ceux-ci chevaliers, et
ceux-là plébéiens, suivant que cela paraissait plus avantageux au roi. — Les *chevaliers*, destinés à servir à cheval, il les choisit d'après leurs richesses : il fallait qu'ils
fussent assez riches pour entretenir un cheval. — Celui qui
n'avait que ses forces physiques, — ce qui n'était certainement pas un déshonneur chez ce peuple nouvellement
né, — était destiné à servir à pied et s'appelait *plébéien*.
Je voudrais que l'on pût remonter à l'origine de ce mot.
Si je ne me trompe, il signifiait originairement un soldat à
pied, et l'on n'y attachait pas la moindre idée de mépris. —
On ne saurait montrer d'après quels principes furent ré-
glés, sous les gouvernements suivants, ces rapports des
citoyens. Il *est* vraisemblable que le fils d'un chevalier

était ordinairement chevalier à son tour, parce qu'il était à supposer qu'il avait hérité de son père la fortune nécessaire pour cela ; mais — bien que les sénateurs se fussent déjà assuré par le meurtre de Romulus une certaine prépondérance, si toutefois ce meurtre n'est pas une fable inventée plus tard par la jalousie plébéienne, — il *n'est pas* vraisemblable que tout fils de sénateur fût sénateur à son tour, et qu'aucun fils de chevalier ou de plébéien ne pût le devenir. On avait besoin de *sages* conseillers, et la sagesse ne se transmet pas toujours avec le sang. C'est là une remarque qui a dû s'offrir à l'esprit d'un Numa.

Cette simple constitution fut singulièrement compliquée sous Servius-Tullius, par l'introduction du cens. Il en résulta une noblesse de richesse, qui fut assez importante pendant la durée de la république, et qui, en fait de distinction extérieure, produisit enfin la loi Roscia ; mais là ne se fondait pas immédiatement sur la naissance ; elle se fondait sur la richesse acquise au moyen de la naissance. Les enfants d'un citoyen de la première classe retombaient parmi les *ærarii*, quand ils avaient perdu ou dissipé leur patrimoine, et ils perdaient, avec leur fortune, leur ancienne place au théâtre.

Sous le gouvernement despotique de Tarquin le jeune, et plus encore pendant les troubles produits par la révolution, et entretenus par les perfides menées des Tarquins chassés, les *patriciens*, issus des anciens sénateurs, s'arrogèrent de grands privilèges ; et le peuple, — épuisé par l'oppression de ses tyrans, par de continuelles dépenses de guerre, par sa propre prodigalité et par la dureté de ses créanciers, — dut laisser faire. Dépendants, non comme citoyens, mais comme débiteurs, les plébéiens élevèrent exclusivement ces familles à toutes les dignités publiques qu'elles désiraient et dont elles étaient seules en état de supporter les charges. Sous *ce* point de vue, il y eut à Rome une véritable noblesse héréditaire de droit, mais les priviléges de cette noblesse se fondèrent sur le hasard et la violence, et non sur la constitution de l'État ; — c'étaient des droits injustes. — Le désespoir rendit aux classes populaires humiliées la force qu'une misère tolérable leur avait enlevée. Ils reconquirent, dans une longue guerre avec les patriciens, tous leurs droits civils, qui devinrent communs entre eux, et dès lors la distinction entre les patriciens, les chevaliers et les plébéiens n'exista plus que de nom. Chacun pouvait être absolument tout dans l'État : la noblesse exclusive du patriciat disparut et fit place à la noblesse d'opinion. — Quant aux chevaliers, à partir de l'époque où le commerce et la richesse pénétrèrent dans la république, ils semblent avoir surtout songé à augmenter leurs trésors, s'être contentés de la noblesse d'argent, et avoir abandonné à d'autres l'administration des fonctions onéreuses. On ne trouve qu'un petit nombre d'hommes de cette espèce parmi les grandes familles de la république. Mais les plébéiens ne laissèrent point l'avantage aux patriciens : on trouve autant de nobles maisons et d'aussi nobles parmi les premiers que parmi les derniers.

Les nations barbares, qui furent connues des Romains, n'avaient pas d'autre noblesse que celle d'opinion, et elles ne pouvaient pas en avoir d'autre ; lorsque des écrivains romains constatent chez elles une noblesse, ils n'emploient certainement pas ce mot dans un autre sens que dans celui de *leur* langue. — Mais cela résultera bientôt de l'examen même de cette question : quelle espèce de noblesse est donc notre noblesse européenne, et, — pour pouvoir résoudre ce point, — d'où est-elle donc sortie? Car il n'est pas sans utilité d'entrer un peu dans l'histoire avec notre noblesse et ses défenseurs, afin de leur montrer que là même on ne saurait trouver ce qu'ils cherchent.

La plupart des peuples et les plus puissants de l'Europe moderne sortent des peuplades *germaniques*, qui erraient dans leurs forêts, libres et sans lois, comme les sauvages de l'Amérique du Nord. Ce fut d'abord dans l'empire *franc* qu'elles se constituèrent en États fixes. C'est de cet empire que sortirent les États les plus considérables de l'Europe, l'Allemagne, la France, les États italiens. C'est par cet empire ou par les rameaux auxquels il donna naissance, surtout par le plus important de tous, par l'empire allemand, que les autres empires, qui ne sont pas immédiatement d'origine germaine, furent successivement gouvernés, instruits, civilisés, presque formés. C'est dans les forêts de la Germanie qu'il faut chercher l'esprit des institutions franques; c'est dans cet empire que se trouve le fondement des institutions modernes de l'Europe. — On distinguait deux classes chez les Germains : les hommes libres et les esclaves. Il y avait, parmi les premiers, une noblesse d'opinion; il n'y en avait point de droit, et il ne pouvait point y en avoir. A quoi auraient pu s'appliquer, chez ces peuples, les priviléges de la noblesse? A *leurs concitoyens?* Mais ils vivaient dans une extrême indépendance, ne connaissaient presque pas de sociétés fixes et durables en dehors de celle de la famille, et ne consentaient guère à recevoir des ordres que pendant la durée d'une expédition isolée et passagère. A *la possession du sol?* Mais ils n'aimaient pas la culture, et changeaient de place chaque année. Si quelqu'un se distinguait par des entreprises hardies, par sa force et sa bravoure, par ses rapines et ses trophées, tous les yeux se dirigeaient sur lui ; il devenait un objet d'entretien, il était illustre, noble, — suivant l'expression des Romains. En voyant ses fils ou ses descendants, sa peuplade se souvenait de ses hauts faits, honorait en eux sa mémoire et, ainsi prévenue en leur faveur, les croyait semblables à leur père ou à leur aïeul. Ils lui ressemblaient, en effet, d'ordinaire, excités qu'ils étaient par ce jugement favorable, ou par le souvenir de ces hauts faits. — « Ils choisissent leurs rois d'après la noblesse, et leurs chefs d'après la bravoure personnelle, » dit Tacite (1). Quels étaient ces rois, quels étaient ces chefs, et en quoi se distinguaient-ils les uns des autres ? — Sans doute les premiers conduisaient les hordes errantes tout entières, les guidaient, choisissaient les lieux où elles devaient s'arrêter, les champs et les pâturages qui leur convenaient. Celui qui voulait obéir obéissait ; celui qui ne le voulait pas se séparait de la horde avec sa famille, errait seul ou cherchait à se joindre à une autre horde. L'homme qui conduisait ainsi une horde devait avoir quelque considération ; et, chez un peuple qui n'estimait que la valeur guerrière, sur quoi le choix de cet homme aurait-il pu se fonder, sinon sur le souvenir des hauts faits de ses ancêtres, qu'il lui rappelait par ses propres actions, —lesquelles étaient connues de tout le peuple qui prenait part au choix ? — Toute la horde partait-elle pour la guerre, c'est encore ce même roi qui la conduisait. Mais ce n'était pas le cas ordinaire. Des partis isolés faisaient des expéditions particulières, suivant que leur hardiesse ou des accidents fortuits le leur conseillaient (2). Le but de ces

---

(1) *De moribus Germanorum*, cap. 7.
(2) *Ibid.*, cap. 14.

expéditions était le butin. Celui-ci méditait quelque entreprise hardie, celui-là en méditait une autre ; chacun communiquait son projet et se procurait des compagnons aussi nombreux et aussi bons que possible. Chaque parti choisissait pour chef un des hommes les plus braves qu'il connût, et s'en allait de son côté. Le roi aurait-il pu conduire tous ces partis isolés, dont souvent plusieurs à la fois partaient dans des directions différentes pour piller et faire du butin? Ils revenaient, repartaient avec d'autres compagnons pour d'autres expéditions, et choisissaient peut-être un autre chef, mais toujours un homme brave et hardi. — Ce sont là les chefs dont parle Tacite. Lorsque quelqu'un avait été souvent chef de cette manière, qu'il avait conduit les entreprises avec autant de bonheur que de courage, et que son nom était devenu célèbre dans toute la peuplade dont il avait séparément conduit tous les membres les uns après les autres, on ne songeait plus à une expédition sans souhaiter de l'avoir pour chef; dès lors il devenait noble lui-même comme le roi l'était devenu autrefois; et si celui-ci venait à mourir, il était tout simple qu'on le choisît pour roi, lui, ou son fils formé sous ses yeux et accoutumé à marcher sur ses pas. Il n'y a donc pas ici encore la moindre trace d'une noblesse héréditaire de droit.

Il en était ainsi au temps de Tacite, alors que les diverses peuplades de la Germanie se resserrèrent plus étroitement encore, que chacune forma un corps de peuple plus uni, et que chaque membre particulier eut plus souvent l'occasion de s'illustrer par ses hauts faits et par ceux de ses ancêtres. Plus tard, lorsque les peuplades qui avaient existé jusque là se décomposèrent comme par l'effet d'une fermentation générale, que sous la pression de l'Orient, elles quittèrent leurs demeures pour se diriger vers le Sud et l'Ouest, et qu'en se mêlant les unes aux autres, elles formèrent de nouvelles peuplades, qui, à leur tour, se mêlèrent sans cesse pour en former encore de nouvelles, dont on ne trouve les noms dans aucun des anciens historiens, — cette noblesse d'opinion dut elle-même s'évanouir. Tel qui, un jour, faisait encore partie d'un peuple qui connaissait ses actions et celles de ses pères, et dont il connaissait également les hommes illustres, se trouvait peut-être le lendemain perdu dans une nation dont il ne connaissait pas plus les héros qu'elle ne connaissait son héroïsme. Il en fut de même chez les peuples qui, moins vivement pressés, restèrent en Germanie, comme par exemple les Saxons, les Frisons, etc. Mais il en fut très certainement ainsi chez les peuples qui se précipitèrent sur l'empire romain, comme les Burgondes, les Vandales, les Francs, les Allemands. Les noms mêmes de ces deux derniers peuples indiquent que le premier était formé de toutes sortes d'hommes libres, et le second de toutes les peuplades germaniques possibles.

Il resta encore une sorte de lien entre certains membres de ces peuplades qui se décomposèrent et se mélangèrent ainsi, et ce lien fut le principe de tous ceux qui devaient plus tard se reformer entre eux. Aussi est-il extrêmement important de le rechercher.

« Les jeunes Germains, raconte Tacite (1), autour desquels la gloire de leurs ancêtres ne rassemble pas d'autres jeunes gens, s'attachent à un guerrier âgé, déjà désigné depuis longtemps par ses hauts faits, et personne ne rougit de cette fraternité d'armes. Vient-on à se battre, —

(1) *De Mor. Germ.*, cap. 13 et 14.

c'est une honte pour le chef de se laisser surpasser en courage par ses frères d'armes, une honte pour les frères d'armes de ne point égaler le courage de leur chef, et une flétrissure ineffaçable de lui survivre en quittant le combat. Le couvrir, le défendre, lui rapporter la gloire des exploits par lesquels on s'est signalé soi-même, tel est le premier serment et le plus saint. » — Ce guerrier était comme le point de ralliement de ses frères d'armes, ils lui rapportaient tout; allait-il en avant, ils l'accompagnaient; s'arrêtait-il, ils s'arrêtaient avec lui. C'étaient là les seuls points fixes qui demeurassent encore parmi ces peuplades toujours en mouvement; et ils durent attirer à eux les autres éléments en dissolution. Quand des peuples incertains, dispersés et sans guide, rencontraient une union de ce genre, ils s'y adjoignaient; et plus la troupe était nombreuse, plus étaient braves les hommes qui s'y trouvaient, plus aussi on y accourait en foule. Ils emportaient tout dans leur tourbillon, et c'est ainsi que ces troupes d'hommes, grossissant à chaque pas comme des boules de neige, tombèrent sur les provinces de l'empire d'Occident et les conquirent.

Le conquérant partageait le butin, comme il y était obligé, entre ses fidèles frères d'armes. — « Ce n'est que par la guerre, dit Tacite (1), qu'on peut entretenir de nombreux compagnons d'armes. Ils attendent de la générosité de leur chef leur cheval de bataille et leur framée sanglante et victorieuse. Sa table, grossièrement, mais abondamment servie, leur tient lieu de solde. La guerre et le pillage soutiennent la dépense. » — Un climat plus agréable, des terres mieux cultivées, toutes ces jouissances

---

(1) *Loc. cit.*

variées que leur avait préparées le luxe des vaincus, les engagèrent à jouir en paix de ce qu'ils avaient sous la main, et à renoncer à la vie errante qu'ils avaient menée dans leurs forêts sauvages. Ils prirent goût à la culture des champs et à la fixité qu'elle suppose. Les champs devinrent aussi un butin pour eux, et le vainqueur les satisfit en leur distribuant des terres. Mais il y transporta la politique des forêts: il ne les leur donna pas comme une propriété durable, de peur qu'ils ne s'attachassent à la vie sédentaire par l'habitude de la possession, mais il leur en abandonna la jouissance pour un temps arbitraire.

Telle est l'origine de la *féodalité*. On a bien entrevu que ce système était lié à l'origine de notre noblesse actuelle; mais on a oublié de se demander *si c'est la noblesse qui a produit la féodalité, ou si c'est la féodalité qui a produit la noblesse*. Et pourtant la solution de cette question pourrait seule nous placer au véritable point de vue.

Le frère d'armes du conquérant recevait de lui des terres à titre de récompense. La jouissance de ces terres l'obligeait-elle à accompagner son chef à la guerre? Nullement; il y était déjà depuis longtemps obligé par son serment, il dépendait de lui par sa *personne* et non par sa *terre*. Quand même le chef ne lui en aurait jamais donné ou n'aurait jamais pu lui en donner, il n'en serait pas moins resté obligé, en vertu de son premier serment, de l'accompagner dans toutes ses expéditions.—Il pouvait bien arriver que les douceurs d'une vie tranquille et les agréments de la possession accordée, rendissent ce don nuisible à son auteur, et que le feudataire, une fois en possession de ce qu'il avait reçu de son seigneur, se refusât à l'accompagner à la guerre, tandis que, quand il ne possédait rien, il n'aurait pas hésité à le suivre. La première chose que pouvait faire le suzerain en pareil cas, c'était sans doute de retirer au récalcitrant son fief, mais ce n'était pas une punition : quand même le feudataire n'eût pas ainsi manqué à son devoir, il avait pleinement le droit de lui reprendre ses terres.

Ces vassaux du conquérant possédaient sans doute la noblesse d'opinion; il était naturel que les autres hommes libres tournassent leurs regards vers des gens qui avaient combattu immédiatement aux côtés du conquérant couronné par la victoire, qui s'étaient distingués sous leurs yeux par telle ou telle action d'éclat, qui étaient tous les jours dans la société de leur prince et qui mangeaient à sa table ; il était également naturel que le peuple reportât sur leurs fils une partie de l'estime due aux pères, quand ces fils ne s'en rendaient pas indignes par leur propre lâcheté. Mais je ne vois pas encore là une *noblesse de droit ;* — ou bien cette noblesse consistait-elle, par hasard, dans leur droit exclusif aux biens féodaux de leur seigneur?

Les compagnons et les frères d'armes du conquérant étaient naturellement les seuls qui pussent revendiquer une part du butin, et particulièrement des terres faisant partie du butin ; les autres n'avaient rien demandé qu'une demeure dans les pays conquis. Mais qu'est-ce qui leur procurait proprement ce privilége? Était-ce leur naissance, ou quelque autre chose que leur qualité de frères d'armes du roi ? Tout autre homme libre était en effet exclu de la possession des fiefs, mais parce qu'il n'était pas *frère d'armes du roi*, et non parce qu'il n'était *rien qu'homme libre*. Cette fraternité d'armes fut la source du droit. Pour établir qu'il existait à cette époque un privilége exclusif de certaines familles, il faudrait montrer que, parmi les hommes libres, quelques-uns seulement, et non tous, avaient le droit *d'entrer dans la suite d'un chef. Où donc ce droit exclusif aurait-il pris naissance? Dans leurs forêts,* où, suivant les paroles expresses de Tacite, ceux-là se faisaient les compagnons d'un guerrier plus fort, qui n'avaient pas assez d'illustration du côté de leurs aïeux pour rassembler, à ce seul titre, autour d'eux, un cercle de jeunes gens? Ou *après la naissance de la monarchie?* Et dans ce dernier cas, *qui* donc avait ce privilége exclusif? Ceux qui faisaient déjà partie de la suite du monarque? ou leurs enfants?

Montesquieu, qui admet l'existence d'une noblesse exclusivement héréditaire, même avant la conquête, sans entrer pourtant dans notre distinction de la noblesse d'opinion et de la noblesse de droit, en donne deux preuves; il est donc tenu d'admettre, suivant la conséquence déduite plus haut, *que seule sa noblesse supposée avait le droit de former l'entourage d'un chef partant pour la conquête,* puisque sur l'origine du système féodal, il est de la même opinion que nous; — *c'est là* proprement ce que ses preuves doivent établir.

Louis le Débonnaire avait affranchi un certain Hébon, qui était né esclave, et il l'avait élevé à l'archevêché de Reims. L'historien de ce roi, Tégan reproche à cet Hébon son ingratitude, et l'apostrophe ainsi : « quelle récompense l'empereur a-t-il reçue de tant de bienfaits? Il t'a fait libre, et non pas noble ; il ne pouvait pas te faire noble, après t'avoir donné la liberté (1). » Montesquieu veut prouver par là qu'à cette époque il y avait déjà une distinction civile entre un homme simplement libre et un

---

(1) *De l'Esprit des lois,* l. 30, chap. 25. — *Fecit te liberum, non nobilem, quod impossibile est post libertatem.*

gentilhomme. Mais que dit ce passage ? — Nous ne l'expliquerons pas comme l'abbé Dubos, dont Montesquieu censure avec raison l'explication. — Il est impossible de donner la noblesse à un affranchi, dit l'historien. De quelle manière cela est-il impossible? physiquement ou moralement, ou politiquement? — Par des raisons naturelles, ou en vertu de la constitution de l'empire? Ou bien Tégan dit quelque chose d'absurde, ou ce n'est pas la dernière chose qu'il a voulu dire. Si la possession du fief était le seul signe de la noblesse, et si la qualité de frère d'armes du roi était le seul moyen d'arriver à un fief, — comme Montesquieu l'accorde quand il est conséquent ; — tout évêque se trouvait déjà par là exclu de cette noblesse de fief. Quoiqu'à cette époque les évêques, ceux du moins d'origine germaine, allassent personnellement à la guerre, un homme consacré à l'Église ne pouvait pas se dévouer à un roi aussi absolument que les frères d'armes qui s'étaient donnés à lui à la vie et à la mort; l'une de ces choses exclut évidemment l'autre. Si c'est là ce que voulait dire Tégan, il aurait dû dire: il est impossible de donner la noblesse *à un évêque*; et non : il est impossible de donner la noblesse *à un affranchi*. Il ne parle donc pas d'une impossibilité politique, mais d'une impossibilité physique et morale, et il songe à la noblesse d'opinion. Il était connu qu'Hébon était né esclave; l'acte même de son affranchissement et la haute dignité à laquelle le roi l'avait élevé avaient encore rendu cela plus notoire; après une pareille notoriété, le roi ne pouvait pas exiger de l'opinion publique que l'on crût qu'Hébon était sorti d'une ancienne souche d'hommes libres. — Peut-être Hébon était-il méprisé pour sa basse naissance, et cela avait-il aigri son humeur et excité sa haine contre le roi, qui, dans son opinion, en l'élevant à un si haut poste, n'avait fait que l'exposer à ce mépris. Tégan cherche à justifier en quelque sorte le roi auprès d'Hébon. Tout ce que ce passage pourrait prouver, ce serait donc qu'à cette époque un homme né dans l'esclavage n'était pas autant estimé qu'un homme né libre; mais cette remarque pourrait convenir à tous les siècles indistinctement. — Qu'on ne reproche pas à cette explication de supposer chez Tégan une distinction philosophique qu'on ne saurait attendre de lui. S'il n'y avait, de son temps, d'autre noblesse que la noblesse d'opinion, comme nous le tenons pour démontré, il *n'avait* rien à distinguer, et ses paroles ne pouvaient avoir *pour ses contemporains* d'autre sens que celui que nous leur avons assigné. Au contraire, pour pouvoir donner aux paroles de l'écrivain le sens qu'il y attache, il faut que Montesquieu suppose que Tégan avait déjà l'idée d'une noblesse héréditaire de droit, et que par conséquent de son temps il y avait déjà une noblesse de ce genre; en un mot, pour prouver son explication, il faut qu'il commence par supposer démontré ce qu'il veut démontrer par là.

Charlemagne établit, dans son acte de partage, cette disposition, qu'aucun vassal de l'un de ses fils ne pourrait posséder de fief ailleurs que dans le royaume de son seigneur (1), tandis qu'il conserverait ses biens allo-

(1) Montesquieu, dans l'ouvrage cité, liv. 31, chap. 25. — De cette ordonnance il résulte, entre autres choses, qu'au temps de Charlemagne la constitution féodale subsistait encore sous son ancienne forme. Ses fils, avant d'arriver au trône, avaient déjà leurs vassaux, sans avoir encore de fief à leur distribuer. Leurs vassaux n'étaient donc pas liés à leur personne par la possession d'un fief, mais seulement par le serment qu'ils lui avaient prêté.

diaux (1) dans quelque royaume que ce fût. Mais il ajoute que tout homme libre dont le seigneur serait mort, ou qui n'en aurait jamais eu, pourrait se recommander pour un fief dans les trois royaumes à qui il voudrait. Dans un autre traité de partage, qui fut conclu en 587, à Andely, entre Gontran, Childebert et Brunehild, et qui est semblable dans presque toutes ses parties au partage fait par Charlemagne à ses enfants, on retrouve la même disposition relativement aux vassaux, mais on n'en trouve aucune au sujet des hommes libres; et Montesquieu en conclut que c'est entre les règnes de Gontran et de Charlemagne que les hommes libres ont acquis le droit de posséder un fief, ou — ce qui, dans mon opinion, signifie la même chose, — de s'offrir comme compagnons à un roi ou à un autre grand. Mais je ne vois pas comment cela s'ensuit, à moins que l'on ne commence par l'admettre d'abord. Je veux un instant supposer le contraire, et nous verrons si cette différence des deux actes de partage ne s'explique pas tout aussi naturellement. — Si, dès le commencement de la monarchie, par conséquent avant Gontran et de son temps, l'homme libre avait le droit de se donner au seigneur qui lui convenait, il était parfaitement superflu d'introduire une disposition à cet égard dans le traité de partage d'Andely. Il n'y avait pas lieu d'insérer, à titre de droit nouveau, que, si un homme libre se donnait à Gontran ou à Childebert, — il devenait son vassal et était soumis à ses ordres; comme le vassal ne recevait le fief qu'à la condition d'accompagner son seigneur à la guerre, et que cette condition liait le premier à la per-

(1) Les terres que possédait un homme libre, non à titre de fief, mais de propriété, s'appelaient *alleux*. Toutes les terres étaient donc ou des alleux ou des fiefs.

sonne du second, il ne pouvait pas être le vassal d'un autre, ni recevoir un fief d'un autre. C'est ce qui résultait de la nature de la chose, sans qu'il y eût besoin pour cela d'aucune disposition nouvelle.— Mais ces mêmes hommes libres, qui devenaient vassaux, possédaient des alleux. Comme ces alleux étaient octroyés sans aucune condition, on ne pouvait non plus les assujettir à aucune; ils demeuraient intacts aux propriétaires. Lorsqu'un homme libre, qui possédait un alleu sur le territoire de Gontran, demandait un fief à Childebert, il ne pouvait plus, d'après la nature même de la chose, posséder de fief sur le territoire de Gontran; mais son alleu devait lui rester. — Childebert et Gontran en venaient-ils à se faire la guerre : en vertu de son alleu, il était obligé de servir sous un comte de Gontran; en vertu de son serment de vassal, il devait immédiatement son service à Childebert. Il ne pouvait se partager; le fief avait l'avantage, parce qu'il attachait immédiatement sa personne à la personne de son seigneur; mais comment Gontran pouvait-il y trouver son compte? Porter atteinte au droit de propriété de l'alleu, et le transférer à quelque autre qui lui aurait fourni le service militaire qui y était attaché, — cela ne lui était pas permis. Il devait résulter de là toutes sortes de querelles entre les rois. Très vraisemblablement, les prédécesseurs de Charlemagne avaient cherché à supprimer l'occasion de ces querelles, soit en portant illégalement atteinte au droit de propriété de l'alleu, soit en attaquant, non moins illégalement, le droit qu'avaient les hommes libres — de prendre pour seigneur qui bon leur semblait : ou bien ils avaient confisqué, à l'égal des fiefs, les alleux qui se trouvaient dans leur territoire, quand le propriétaire de ces alleux avait pris un autre prince pour seigneur; ou bien ils avaient défendu à tous les possesseurs d'alleux placés sur leur territoire, de choisir un autre seigneur qu'eux-mêmes. Averti par l'expérience du passé, Charles jugea nécessaire d'interdire *expressément et en termes clairs*, ce qui était déjà interdit *par la nature des choses* et ce que ses prédécesseurs, privés de cette expérience, ne pouvaient songer à interdire. — On prit encore à cette époque une autre mesure pour éviter ces collisions entre le devoir attaché au fief et le devoir attaché à l'alleu ; il fut permis par des dispositions expresses, que l'on trouve citées dans Montesquieu, de faire remplir par un autre le service attaché à l'alleu.

Ainsi cette circonstance ne prouve pas *pour* Montesquieu, mais les termes de l'ordonnance prouvent *contre* lui, et renversent absolument son système. — Celui qui a perdu son seigneur est appelé *libre* aussi bien que celui qui n'en a jamais eu. Qu'était donc le feudataire avant la mort de son seigneur ; était-il déjà *libre* ? La loi le nomme, sous ce rapport, vassal. L'homme libre n'est donc pas seulement appelé *libre* par opposition aux *esclaves*, mais aussi par opposition *aux vassaux* ; et en réalité, dans la constitution primitive, personne n'était moins libre que le feudataire, comme nous l'avons vu plus haut dans Tacite. Comment donc veut-on chercher une noblesse héréditaire, là où par la mort de son seigneur, le feudataire perdait, même pour sa propre personne, sa qualité de vassal, et rentrait dans la classe ordinaire des hommes libres ? Comment pourrait-on croire qu'il y a eu quelque chose de plus élevé qu'un homme libre, *là où le plus noble devait toujours s'attendre à le devenir* ? Est-ce que par hasard il aurait été dépouillé de sa noblesse par la mort de son seigneur ? Après une preuve aussi décisive, on ne devrait plus, à mon avis, ajouter un seul mot pour défendre ce système.

Je ne manque pas de respect à Montesquieu, lorsque, montant sur les épaules de ce grand homme, je crois embrasser, grâce à lui, un horizon plus étendu que le sien. C'est un spectacle plus instructif qu'agréable de voir un des plus grands hommes de la république des lettres entraîné, précisément par ses immenses connaissances et sa prodigieuse pénétration, à défendre des opinions préconçues dont ces qualités le devraient préserver.

Nous ne trouvons pas encore ici de noblesse héréditaire de droit ; nous ne trouvons même pas de *prérogatives personnelles* attachées au titre de frère d'armes immédiat d'un roi, sinon celle qui résultait nécessairement de la fraternité d'armes, la part au butin. — Les conquérants firent des lois, et il était à présumer que leurs compagnons d'armes et de table seraient particulièrement favorisés. Celui qui avait tué un homme libre ou un affranchi payait 200 schellings à la famille du défunt ; celui qui avait tué un fidèle du roi, en payait 600 (1). C'était là sans doute un privilége ; mais pour en conclure l'existence d'une noblesse héréditaire de droit, il faudrait prouver que certaines familles libres étaient exclues de la qualité

---

(1) *Solidus.* Personne ne songera ici à votre schelling. C'était une monnaie dont il n'est pas nécessaire de déterminer la valeur. — Dans l'esprit de l'ancienne constitution (voy. Tacite, chap. 21), un meurtre n'était pas considéré comme une lésion faite à l'État, mais seulement à la famille, ou, — en l'absence de la famille, — au seigneur, ou — quand la victime était un esclave, — au propriétaire. La famille, le seigneur ou le propriétaire avait le droit de représailles. Ce droit fut racheté au moyen de ces sommes déterminées par la loi. Plus tard, le meurtrier comptait encore le tiers de cette amende, sous le nom de *fredum* (*Frieden*), au tribunal qui arrangeait l'affaire.

à laquelle il était attaché, celle de *compagnons du roi;* or c'est tout juste le contraire qui est prouvé. C'était donc un privilége purement personnel, qui disparaissait de la famille après la mort du feudataire ; il le perdait lui-même pour sa personne, quand son seigneur mourait avant lui, et il ne trouvait aucun moyen de se faire admettre dans la suite de son successeur. — Un tel était un feudataire de Charlemagne ; celui qui l'aurait tué aurait payé 600 schellings. Charles meurt, et notre homme ne *veut* pas ou ne *peut* pas devenir feudataire de Louis le Débonnaire, et il s'appelle maintenant, suivant la précédente ordonnance de Charles, un homme *libre*. Il est tué. Combien, d'après la loi précédente, son meurtrier a-t-il à payer ? — Ils avaient en dehors de cela si peu de prérogatives devant la justice, que tout noble qui avait intenté une accusation à un esclave et qui l'avait appelé à un combat judiciaire, était obligé de se battre au bâton, à pied et avec une chemise sur ses armes (1). Il est à présumer que le fils d'un compagnon du roi, élevé peut-être sous les yeux du roi dans les exercices des armes, se chargeait volontiers de l'office de son père, et que le roi ne le confiait pas aisément à un autre qu'à lui. Il entrait ainsi dans les droits que son père avait possédés, *non* parce qu'il était le fils de celui-ci, mais par suite de son *propre* dévouement au roi. Le souvenir des services rendus par les pères

---

(1) Voyez Montesquieu, liv. 28, chap. 24, où il cite son autorité. — Il y a *villain* dans le texte de Beaumanoir, et cela ne peut signifier qu'*esclave*. Tout homme libre était tenu de faire le service de la guerre, lors même qu'il n'était pas feudataire, et par conséquent il était exercé dans le maniement des armes; il n'y avait que l'esclave qui fût exclu du premier comme du dernier. Ce n'est pas ici le lieu de démontrer par la langue cette signification du mot.

devait sans doute engager les rois, le libre choix leur étant donné, à choisir les descendants d'hommes connus et célèbres, de préférence à des familles inconnues et étrangères; mais aucune loi ne les y obligeait. Les plaintes sur l'abaissement des anciennes familles et sur l'élévation de familles inconnues et étrangères, ces plaintes qui avaient déjà retenti sous quelques *Mérovingiens* et qui étaient devenues plus vives et plus amères sous Louis le Débonnaire et sous Charles le Chauve, n'avaient donc point pour objet une violation de la constitution de l'empire, — violation que d'ailleurs les vassaux, déjà devenus puissants et indépendants, n'auraient certainement pas soufferte ; — elles n'accusaient qu'un défaut de mémoire et de reconnaissance, quand elles ne se fondaient pas simplement sur la jalousie et l'orgueil des nobles.

Cependant le peuple, perdant de plus en plus son esprit de rapine et de guerre, s'était accoutumé peu à peu à jouir pacifiquement de ce qu'il avait ; — les fiefs étaient *à vie*, ils devinrent enfin *héréditaires*, et tout le système fut bouleversé. Auparavant la qualité de frère d'armes du roi était la cause du fief et des prérogatives personnelles; — chez le premier qui *hérita* un fief de son père, la possession du fief fut la cause de la qualité de frère d'armes du roi et des prérogatives personnelles qui y étaient attachées. Auparavant, le service de la guerre donnait *au guerrier* le droit d'exiger un *fief;* maintenant c'était le fief qui donnait *au roi* le droit d'exiger le *service de la guerre.* — L'héritier du fief héritait en même temps des obligations qui y étaient liées, et, seulement *en vertu de ces obligations*, des prérogatives personnelles qu'elles entraînaient. Alors seulement il y eut une noblesse et qui *hérita* — des *droits*, ce qui forme le double caractère de

notre moderne noblesse. Ce n'est d'ailleurs que de *cette*
manière et sous *ces* conditions qu'un peuple, si barbare
qu'il fût, pouvait admettre que l'on héritât de quelque
chose qui, de sa nature, ne peut être que *volontairement
accepté* et ne saurait être transmis, — je veux dire des
obligations et des droits. — On les attacha, il est vrai, à
quelque chose qui se transmet par héritage, *au sol ;* mais
celui qui n'en voulait pas se trouvait affranchi de toute
obligation, et il renonçait à toute prérogative. — Cela
était permis à chacun, le droit de contrat restait intact.
— *Celui*, au contraire, qui l'acceptait, acceptait aussi les
obligations qui y étaient attachés, et cela non par une
convention tacite, mais par un pacte formel, — par le *serment féodal* [1], lequel avait pris la place du serment de
dévouement [2] usité dans les forêts. A ces obligations
étaient attachées des prérogatives personnelles, dont il
n'avait pas en quelque sorte hérité avec le sol du fief,
mais qu'il avait reçues en se chargeant des obligations
auxquelles elles étaient liées, — et par conséquent non
point en *héritage*, mais par *contrat*.

Telle est la première *cause de l'origine* de notre noblesse héréditaire de droit; mais nous sommes encore bien
éloignés de cette noblesse elle-même. La *naissance* ne donnait pas encore la noblesse ; elle donnait le *fief*, et le fief
donnait d'abord la noblesse. Lorsqu'un vassal immédiat de
l'empire avait plusieurs fils et qu'un seul d'entre eux héritait du fief, seul aussi celui-ci héritait de la noblesse.
Ordinairement ce dernier donnait à ses frères des parties
de son fief, à titre d'arrière-fiefs, et dès lors ils devenaient

---

[1] *Lehnseid.*
[2] *Weihungseid.*

ses vassaux, comme lui-même était celui du roi. — Mais nous aurons bientôt occasion de revenir sur ce point.

Pour remonter jusqu'à la naissance de notre noblesse actuelle, qui croit hériter des priviléges, non pas indirectement, au moyen de quelque chose qui se laisse transmettre par héritage, — au moyen de terres, — mais immédiatement en vertu de la naissance, — non pas par l'effet de certaines obligations particulières que l'on a acceptées, mais indépendamment de toute obligation, — il faut remonter à une époque aussi obscure que corrompue, où dominait l'ancienne barbarie, moins ses anciennes conséquences, et où l'on construisait avec les restes d'un système que l'on avait depuis longtemps renversé jusque dans ses fondements.

Ces fiefs primitifs, dans toutes les contrées de l'ancienne monarchie franque, se subdivisèrent à l'infini en d'autres fiefs qui leur étaient subordonnés. Chacun d'eux devint un arbre qui poussa des branches ; ces branches à leur tour poussèrent des rameaux, et ces rameaux, des feuilles. Tout vassal se procurait des arrière-vassaux, et tout arrière-vassal, d'autres arrière-vassaux, afin de pouvoir, grâce à leur puissance, résister à son seigneur immédiat et s'en rendre indépendant; aucun ne pressentit, ce que l'expérience ne tarda pas à lui apprendre, que ses vassaux tourneraient bientôt contre *leur* seigneur cette puissance qu'il leur avait appris à tourner contre *le sien*. Le plus grand seigneur, l'empire, perdit d'abord ses forces; les fiefs immédiats le suivirent les uns après les autres, selon leur plus ou moins grande étendue, et l'affaiblissement gagna ainsi les fiefs médiats, puis d'autres plus médiats encore. L'empire se divisa en autant d'États qu'il avait de grands fiefs; puis ceux-ci en autant d'autres États qu'ils avaient de fiefs subordonnés, et ainsi de suite. Le libre possesseur d'alleux, qui n'était ni le seigneur ni le serf de personne, et qui avait vécu jusque là sous la protection de l'empire, perdit son appui dès que celui-ci perdit sa force. Il n'était pas assez puissant pour se protéger lui-même; son alleu n'était pas assez étendu pour qu'il pût se procurer des vassaux en le partageant; il était donc forcé de s'attacher à un parti puissant, de transformer son alleu en arrière-fief de quelque grand fief royal, et de l'y incorporer. Ainsi tous les alleux devinrent peu à peu des fiefs, et l'empire qui depuis longtemps déjà avait perdu sa première possession, le fief, en le rendant héréditaire, perdit aussi sa dernière. — Une foule d'hommes libres avaient perdu leur liberté dans les troubles et les guerres des siècles précédents; celui qui l'avait conservée jusque-là, et qui n'avait pas assez de biens pour racheter la demi-liberté qui lui était encore permise, la perdit alors infailliblement; il n'y eut plus désormais que des *esclaves* ou des *seigneurs*; il n'y eut plus d'*hommes libres*.

Depuis que des lois et des tribunaux avaient été établis, les seigneurs avaient le droit de rendre la justice dans le ressort de leur fief. Ils donnèrent à leurs vassaux des prérogatives analogues à celles qu'ils avaient eux-mêmes devant les tribunaux de l'empire, — on nomma cela leur *cour* (1); — et ces vassaux, à leur tour, en firent autant pour les leurs, quand ils en avaient. Le royaume eut ses

---

(1) La *Cour*, *palatium*; de là le nom de *comes palatinus*, — par lequel on désignait un assesseur d'un tribunal immédiat de l'empire où les vassaux de la couronne étaient jugés, par opposition au comte, qui jugeait au nom de la couronne les hommes libres sur leurs alleux.

nobles, et toute petite seigneurie eut les siens (1). Les comtes, juges des hommes libres sur les alleux, avaient depuis longtemps perdu le droit de rendre la justice, qu'ils avaient exercé en cette qualité; il n'y avait plus d'alleux. Ils s'étaient eux-mêmes approprié les comtés par voie d'héritage, et ils en possédaient peut-être la plus grande partie à titre de fief. Tous les tribunaux étaient des tribunaux féodaux, et devant ces tribunaux tous les possesseurs de fiefs qui en dépendaient étaient nobles. Il n'y avait donc que des nobles et des esclaves; il n'y avait point alors une troisième condition.

Cette noblesse qui était ainsi très médiate continuait toujours de reposer sur la possession d'un fief. Les possesseurs de fiefs étaient désignés d'après leur fief; il n'y avait point de noms de famille (2). Ceux des descendants de vassaux qui ne pouvaient recevoir de fief retombaient dans leur obscurité; il n'y avait rien qui pût les faire reconnaître; il est impossible de dire ce qu'ils devinrent,—

(1) De là cette expression : les pairs, *pares*, pour désigner les vassaux immédiats de l'empire et les nobles de l'empire. Ceux-ci étaient égaux entre eux; ils occupaient le même rang. Le noble médiat et celui qui était encore plus médiat ne leur était pas égal dans leurs seigneuries et leurs arrière-fiefs.

(2) Personne, je l'espère, ne niera cela, pour peu qu'il connaisse l'histoire des nations germaniques. Les noms de Mérovingiens, de Carlovingiens, de Capétiens ont été inventés plus tard par les historiens pour la commodité de leurs récits. Mérovée (il est présumable que Chlodwig ne connaissait pas ses ancêtres au delà), Karl, Capet, étaient de véritables noms personnels, et Louis XVI avait le droit de ne pas vouloir qu'on l'appelât Capet. Dès qu'il n'était plus roi de France, il n'avait plus d'autre nom que son nom de baptême. Nul roi ou nul prince souverain n'en a d'autre : roi, duc, prince, ce ne sont pas là des noms, mais des titres qui désignent des dignités.

17

ignotis perierunt mortibus. — La noblesse de naissance n'existait point encore, lorsqu'une chose insignifiante, une planche peinte, la produisit.

Les grands vassaux élevaient dans leurs cours les enfants de leurs feudataires au milieu des exercices militaires. Ces cours devinrent peu à peu plus brillantes et plus galantes; l'esprit de la chevalerie s'éleva, et avec lui les tournois. Bardé de fer de la tête aux pieds, le chevalier combattant voulait se faire reconnaître par quelque signe, et, après divers essais, il eut recours à une image peinte sur son bouclier. Quand une fois il s'était illustré par des actes de bravoure et de force, cette image prenait quelque chose de solennel pour sa postérité. Le point de ralliement des familles était trouvé, et celui qui n'héritait rien de son père, en héritait du moins l'image peinte sur son bouclier, et souvent aussi elle servait à le désigner. — Les noms de nos anciennes familles allemandes viennent ou bien de leurs anciens fiefs, — et dans ce cas on peut ordinairement citer des villages ou des châteaux du même nom ; — ou bien de leurs armoiries, et alors l'analogie est visible ; aussi la science importante qui traite des armoiries les appelle-t-elle alors des armoiries parlantes. — Le nom était à cette époque tiré du blason. Dans les familles récemment anoblies, c'est le contraire qui arrive : le blason y est souvent tiré du nom.

Cependant un changement important s'était aussi opéré dans la guerre. Autrefois il n'y avait que les hommes libres qui allassent en campagne. Maintenant le nombre de ceux-ci, — qui étaient devenus nobles, — avait considérablement diminué, tous ceux qui n'avaient pu devenir nobles étant tombés dans l'esclavage ; en revanche, le nombre des guerres avait beaucoup augmenté, car tout vassal, si petit qu'il fût, faisait la guerre. Le vassal le plus puissant n'aurait pas pu résister à ses ennemis, s'il n'avait conduit à la guerre que ses nobles feudataires; à plus forte raison le possesseur d'un petit village, qui pourtant avait aussi ses guerres. Les paysans serfs furent alors assujettis au service militaire. Les vassaux les plus puissants songèrent à employer, dans leurs guerres, comme chefs de ces serfs, ceux des enfants de leurs feudataires auxquels il n'avait point de fiefs à distribuer, et qui étaient exercés au métier des armes; et, vraisemblablement, en échange de ce service, ils leur accordèrent, à leur cour et devant leur tribunal, les priviléges de leurs véritables feudataires. Cela tourna en habitude; et bientôt ceux mêmes auxquels personne n'avait expressément accordé ces priviléges, se les attribuèrent comme quelque chose qui allait de soi : nul ne pouvait ou ne voulait remonter à l'origine; et ainsi naquit cette opinion superstitieuse que l'on pouvait acquérir immédiatement, par le fait même de la naissance, des priviléges *avant* et *sur* les autres hommes.

J'avais montré dans le chapitre précédent que cela est impossible en soi, puisque cela est en contradiction avec les droits naturels et immuables de l'homme; j'ai établi dans le présent chapitre que cela n'a existé dans aucun des anciens États et même, pendant un certain temps, dans aucun des nouveaux, et que ce préjugé n'a pas été fondé par la constitution politique, mais que l'ignorance, l'abus, l'usurpation l'ont insensiblement introduit.—Mais passons maintenant en revue, l'une après l'autre, toutes les prétentions de la noblesse!

Ils élèvent d'abord une prétention sur notre opinion : ils veulent être tenus pour des gens de qualité. La noblesse des anciens peuples imposait également à l'opinion;

à cet égard, la nouvelle s'accorde en général avec elle, mais, dans l'espèce, elle s'en distingue d'un manière très remarquable. — « Je suis noble, » nous dit le moderne gentilhomme. — Quelle différence, quand un Romain se nommait un Brutus, un Scipion, un Appius, ou quand Cimon s'appelait le fils de Miltiade ! Des actions *connues* d'hommes *connus* se représentaient alors à l'esprit du peuple, devant lequel il se nommait, et se rattachaient à l'homme qui en renouvelait le souvenir par son nom ou par celui de son père. — Mais quelle idée éveille *en nous* ce mot vague et confus de *noble* ? Il n'exprime du moins rien de clair. — Lorsqu'un moderne gentilhomme nous dit son nom : je suis monseigneur de X***, ou monseigneur de Y***, ou monseigneur de Z***, il n'en est pas et nous n'en sommes pas ordinairement beaucoup plus avancés. Nous sommes en général beaucoup moins versés dans notre histoire nationale, que les anciens peuples ne l'étaient dans la leur, parce qu'on nous empêche, autant que possible, de prendre part aux affaires publiques ; — et en tous cas ce que nous savons excite notre sympathie à un bien moindre degré, parce que ordinairement il la mérite fort peu. — Quand donc nous connaîtrions très exactement les actions des aïeux de la famille de X*** ou de la famille de Y***, — que saurions-nous ? Peut-être que celui-ci a figuré dans un tournoi de l'empereur Frédéric II ; que cet autre a pris part à une des croisades ; que dans les temps modernes un troisième a été un ministre comme il y en a tant ; qu'un quatrième a été général comme tant d'autres ; qu'un cinquième a conclu, comme ambassadeur, un traité d'échange au sujet de quelques villages, ou qu'il a dégagé une province donnée en gage ; qu'un sixième s'est bravement comporté dans telle ou telle affaire. — Très bien. Mais *comment* s'est-il donc si bravement comporté? Ne peut-on connaître quelques-uns de ses traits de bravoure, et en savoir les circonstances? Que de questions! Enfin il s'est bravement conduit, cela est rapporté dans telle ou telle chronique. — Je ne connais présentement aucun pays, sinon peut-être les États prussiens, où la désignation de certains noms éveille de grandes idées. J'entends nommer un Keith, un Schwerin, un Winterfeld. Alors les actions des héros de Frédéric qui ont porté le même nom se représentent à mon esprit ; et je suis désireux de savoir si par hasard l'inconnu descend de ces grands hommes, et s'il marche sur leurs traces. — Mais aussi, dans l'âme du philanthrope, ce souvenir éveille bientôt un sentiment pénible, quand il songe *pourquoi* ces grandes actions ont été faites. — D'ailleurs les héros de notre histoire n'ont presque pas de physionomie; elle n'a pour les braves, pour les fidèles et pour les habiles, qu'un moule où elle les coule tous. Dès que nous en avons vu un, nous les avons tous vus. La faute en est-elle à nos héros ou à nos historiens?

Elle en a toujours été un peu aux héros, et dans les derniers temps tout à fait. — Tout a chez nous sa règle déterminée, et nos États sont des horloges où tout va comme il a été une fois réglé. La libre volonté, le caractère individuel n'a presque pas d'espace où se développer, et il ne saurait en avoir; il est superflu, il est nuisible. Aussi un bon père ou un bon précepteur cherche-t-il soigneusement à prémunir contre ce funeste conseiller le fils ou l'élève qu'il destine aux affaires. Chaque tête est laborieusement façonnée sur le patron conventionnel de son siècle. — « Pourquoi donc, demande l'élève, cela est-il ainsi? cela pourrait être autrement ; pourquoi n'est-ce pas autrement ? » — « Tais-toi, lui répond un maître prudent ; cela est ainsi, et doit être ainsi, parce que c'est ainsi ; » et pour peu qu'il renouvelle cette leçon, il persuadera son élève, et à l'avenir celui-ci s'abstiendra de ses incommodes questions. — Chez les anciens, ce n'étaient pas seulement certaines personnes qui avaient leur caractère ; il y avait même des caractères de famille très fortement accusés. On savait d'ordinaire assez exactement ce qu'on devait attendre d'un homme portant un certain nom. Les patriciens voulaient-ils un rempart inébranlable contre les troubles populaires, — ils avaient recours à un Appius : les Appius étaient les ennemis nés de la puissance populaire. Les Romains souhaitaient-ils la chute de l'oppresseur de la liberté, — ils écrivaient à leur héros : « Tu dors, Brutus, » et ce nom significatif de Brutus en disait plus que les plus longs discours. C'était l'office héréditaire des Brutus d'anéantir les usurpateurs. Sous le gouvernement d'Auguste, il n'y en avait plus ; autrement, il n'aurait pas longtemps gouverné. — Pourriez-vous me dire quel est le caractère de famille de MM. de X***, de V***, ou de Z***, et ce que je puis en attendre au juste, quand on m'en nomme un ?

Enfin, — différence capitale entre la noblesse d'opinion des anciens et la nôtre, et qui ruine tout à fait la cause de cette dernière, — l'ancienne était donnée, la nôtre est reçue ; là l'opinion se déterminait librement, ici elle est commandée. L'ancienne noblesse ne se distinguait par aucun signe visible ; le noble romain portait ses trois noms comme les portait le moindre citoyen ; les images des aïeux étaient une chose privée ; elles demeuraient renfermées dans l'intérieur de la maison, et ne la quittaient qu'une fois, à la mort de leur possesseur, non pas pour promettre au peuple des actions semblables à celles de la carrière qui venait de finir, mais pour l'engager à comparer le défunt à ses ancêtres. Les Romains ne revendiquaient point de plus grandes marques d'honneur ou des titres particuliers dans la société, et ils se montraient d'autant plus populaires qu'ils étaient plus nobles et qu'ils désiraient davantage relever la noblesse de leur race par de nouvelles dignités. Combien est différente la conduite de nos gentilshommes ! Ils se distinguent de nous autres jusque par leur nom ; et, en vertu de ce seul nom, ils exigent, — préférablement à de véritables dignités, — la préséance et des marques d'honneur toutes particulières. Ils ont moins droit que les premiers à l'opinion publique, et ils s'imaginent suppléer, par l'effronterie de leurs prétentions, aux motifs de respect qui leur manquent. Mais l'opinion ne se laisse pas commander, et elle se venge de quiconque la traite contrairement à sa nature. Dans le temps où les patriciens ressemblaient à notre noblesse, ils étaient en butte à la haine des autres classes et aux railleries les plus amères; mais, dès qu'ils furent rentrés dans leurs limites et qu'une autre noblesse, la noblesse d'opinion, eut pris la place de la première, elle ne fut plus, que nous sachions, raillée ou haïe des Romains. Mais quel est le sort de la nôtre ? Depuis qu'elle existe et qu'il existe des monuments de la façon de penser des siècles, — elle a toujours été un objet de crainte, de haine et de réflexions amères de la part des autres classes. Les monarques mêmes ont cherché à dégrader et à affaiblir ce qui était pourtant leur unique appui, et ce qui offrait à nos yeux une gradation naturelle vers une hauteur qui ne l'est plus. Dans notre siècle, enfin, on en est venu à ce point que le gentilhomme, qui n'est que cela, ne peut parvenir qu'à force d'humilité à se faire accepter dans les cercles des citoyens notables, des savants, des négociants, des artistes.

M. Rehberg, le digne défenseur d'un pareil état de choses, est d'avis, il est vrai, que les descendants des hommes remarquables doivent être honorés *de droit*[1]. « C'est une chose collée[2] à la qualité de noble, dit-il (1), — la noblesse de son objet ne paraît pas avoir beaucoup ennobli son langage, — que les ancêtres de l'homme noble aient fait partie autrefois des citoyens considérables du pays. Il peut arriver qu'il souille cette dignité par ses vices, comme il l'honore par sa vertu ; mais il ne saurait la détruire, à moins qu'il ne pousse les choses si loin, que l'exécuteur des lois brise *juridiquement* son blason et abolisse son titre. » Mais dites-moi, je vous prie, cette *dignité*, si c'en était une, est donc maintenant détruite ? Lorsque l'exécuteur des lois a brisé le blason de ce personnage (2), l'homme qui était son père ne l'est donc plus, et le père de cet homme n'est plus le même ; — ses ancêtres ont donc cessé d'appartenir aux hommes considérables du pays, et les choses arrivées ne sont donc plus arrivées ? Cette dame de la cour raisonnait plus justement que M. R...., lorsqu'elle disait : « Dieu le Père ne peut pas m'ôter ma naissance. » Ou peut-être notre homme veut-il dire autre chose que ce qu'il dit réellement, et n'a-t-il péché que par défaut de précision ? Cela est bien possible, si l'on en juge par les autres endroits où il a commis cette faute. Il dit plus haut : « Un ancien noble,

[1] *Von Rechtswegen.*
[2] *Es klebt.*
(1) Page 64.
(2) Singulier exécuteur des lois, que celui qui brise des blasons de sa propre main.

dont les ancêtres ont appartenu, depuis des centaines d'années, aux premiers du pays, est revêtu d'une dignité fort respectable, même quand sa personne ne l'est pas. »
— « Aucun monarque du monde (de la terre, sans doute?), dit-il plus bas, ne peut égaler à un ancien noble celui qu'il anoblit; — il ne saurait commander aux hommes d'honorer celui qui s'est élevé lui-même à l'égal de cet autre, en qui ils honorent toute une ancienne race. » Il semble donc parler de la dignité que donne l'opinion publique. Il n'y a pas, d'après son propre aveu, d'ordre qui puisse communiquer cette dignité, mais une sentence peut l'enlever; on ne saurait nous commander d'honorer quelqu'un, mais on peut nous défendre de cesser de l'honorer. Voilà, certes, une profonde philosophie ! — Traduisons-le cependant aussi bien que nous le pourrons. Cette dignité ne doit nullement, ce semble, dériver de la libre opinion, elle doit être légale : la loi seule, et non une décision arbitraire du monarque, peut lui donner ce caractère ; elle doit en général se fonder sur la constitution nécessaire de la société civile. — « Celle-ci ne se compose pas d'individus qui seraient nés égaux entre eux, *comme dans un troupeau,* — dit-il avec sa convenance ordinaire, — *les jeunes animaux sont parfaitement semblables aux anciens quand ils viennent au monde, et deviennent par eux-mêmes égaux en grandissant;* elle se compose de souches. » — S'il en est ainsi, cet ancien noble dont l'exécuteur des lois de M. Rehberg a brisé le blason, ne doit pas moins être honoré après qu'avant; car il continue d'être de la même souche. — Mais tout cela n'est que fiction et que vaine sophistique. Nous n'honorons jamais personne *par autorité légale.* Le respect ne se laisse imposer ni par la constitution politique en gé-

néral, ni par une décision particulière du monarque : il se donne librement; et il est vrai qu'il se porte aisément sur la postérité d'un homme de mérite, quand elle ne s'en rend pas indigne par sa propre conduite. Autrement, elle est méprisée, même sans que sa noblesse ait été juridiquement abolie. Une décision formelle de ce genre pourrait avoir tout au plus pour effet de faire connaître publiquement le crime du coupable, en le prouvant légalement; mais la simple expression des faits accompagnés de leurs preuves produirait le même effet sur l'opinion publique. Quand même un ancien noble aurait été dépouillé de sa noblesse par un despote pour avoir hardiment résisté à un ordre injuste, — nous ne l'en estimerions pas *moins* pour cela; nous l'en estimerions *davantage*. Tant la noblesse, dans l'opinion publique, dépend peu des sentences et des choses légales !

Il n'y a ni plaisir ni honneur à se mesurer avec un écrivain auquel la nature a refusé le talent d'être ce qu'il voudrait bien être, un éblouissant sophiste, et qui, par la pensée et l'expression, appartient à la dernière classe des auteurs, à cette classe qui ne laisse derrière elle que celle des folliculaires; et certainement je me serais dispensé de cette triste besogne, si par son ton tranchant cet auteur ne semblait être parvenu à se faire ranger, par quelques lecteurs bénévoles, dans la première classe des écrivains de l'Allemagne. Nous promettons, en revanche, à nos lecteurs d'éviter soigneusement, dans la suite de cet écrit, de le rencontrer sur notre chemin. Mais, pourrait-on encore objecter, — si nous ne saurions être légalement obligés d'honorer dans notre cœur la postérité des grands hommes, parce qu'il s'agit là d'un sentiment intérieur qui ne dépend pas de nous; peut-être n'est-il pas impossible d'admettre l'obligation de leur rendre certaines marques extérieures de respect, qui sont certainement en notre pouvoir; — les autres peuvent être juges de l'accomplissement de cette obligation. — Si nous demandions à quoi servent des marques extérieures de respect, dont il est impossible de savoir si elles ont ou non leur source dans un sentiment de respect intérieur, il n'est guère présumable que nos nobles répondraient : « Elles nous entretiennent au moins dans cette douce illusion que vous nous honorez, bien que peut-être vous nous méprisiez au fond du cœur. » — On ne saurait assigner d'autre fin à ces marques extérieures de respect, sinon que, comme il peut y en avoir d'autres disposés à honorer les nobles pour leur seule noblesse, nous ne les troublions pas dans cette bonne disposition. Si *nous* ne voulons pas les honorer, nous ne devons pas non plus vouloir détourner, par nos façons d'agir, ceux qui seraient peut-être tentés de le faire; nous devons au contraire inspirer aux autres, par notre conduite respectueuse envers les nobles, ce respect que nous ne pouvons pas leur accorder nous-mêmes. — Ou bien c'est ici une question de prudence et il s'agit de savoir s'il est utile que certains rangs dans l'État soient spécialement honorés, et en particulier que la naissance constitue ces rangs; — mais la solution de cette question n'appartient pas au présent ouvrage, qui traite simplement du droit, et non de l'utilité; — ou bien il s'agit ici d'une question d'équité, et l'on demande si, les mérites des grands hommes ne donnant à leurs descendants aucun droit à notre estime, il n'est pas au moins conforme à l'équité que nous leur facilitions, autant qu'il est en nous, les moyens d'être honorés. Or cette question rentre certainement dans notre plan, et nous conduit en général à rechercher ce qui résulte de la noblesse d'opinion par rapport à notre conduite envers les nobles.

« Je suis noble, » cela veut dire souvent : mes ancêtres ont vécu, pendant un grand nombre de générations, dans une certaine aisance ; moi-même j'y ai été accoutumé dès mon enfance, et j'ai acquis par là une sorte de droit à vivre plus commodément que vous autres, qui n'y êtes point accoutumés. — J'ai dit : souvent, et non pas toujours ; car il y a des provinces, que je ne puis nommer ici, où les nobles ont commencé bien différemment, et où leur jeunesse s'est passée au milieu des plus viles occupations, dans l'ordure et la misère. — Ou bien — ces paroles : je suis noble, veulent dire : mes ancêtres ont vécu dans une certaine considération parmi mes concitoyens ; j'ai été honoré à cause d'eux dans mon enfance et dans ma jeunesse ; je suis accoutumé à être honoré, et je veux maintenant me rendre honorable par moi-même ; mais ce n'est pas non plus ce qu'elles signifient dans les provinces où les pères cultivent dans l'obscurité une petite terre de leurs propres mains. — Si elles ont quelque part ces deux sens, qu'en conclure ? Que nous devrions honorer un homme pour la considération et l'aisance dont a joui son père, et l'entretenir à nos frais dans cette aisance ? Non sans doute. Tout ce que l'on peut dire, c'est qu'il est plus vivement excité que nous autres à conquérir l'aisance et l'illustration dont il est accoutumé de jouir, et qu'il doit employer toutes ses forces pour s'élever au-dessus de ses concitoyens. Sa naissance pourrait donc être tout au plus une lettre de franchise pour son ambition soutenue par ses talents et ses forces propres. Mais, je le demande, à qui ces talents et ces forces supérieures qui tiennent à la personne, ne donneraient-ils pas cette lettre de franchise, même sans la naissance ? Qu'il se serve, aussi bien qu'il le pourra, de l'opinion publique, afin d'entretenir par ce moyen une supériorité que ne lui donne pas sa force personnelle, nous chercherons à bon droit à rabaisser cette supériorité : nous sommes en guerre ouverte, et chacun se sert de ses armes ; le vaincu doit savoir supporter son échec. — Quand deux hommes doués de talents égaux et d'une égale force, mais dont l'un appartient à une famille illustre, tandis que l'autre est d'une naissance obscure, quand ces deux hommes se disputent la même dignité dans l'État, le premier peut-il exiger que le second lui cède la place ? A-t-il le droit de lui dire : tu as moins besoin d'une place élevée que moi qui ai à lutter contre la gloire de mes aïeux ; pour toi une place inférieure est bien suffisante ? Si ce dernier lui répond : repose-toi sur les lauriers de tes ancêtres ; le respect du peuple ne te manquera pas ; moi, on ne m'honore que pour moi-même ; j'ai à racheter l'obscurité de toute ma race, il faut que je travaille pour tous mes aïeux qui n'ont rien fait ; — lui donnerons-nous moins raison qu'au premier ? Pour moi, je pense qu'aucun des deux n'a raison. Que chacun fasse ce qu'il pourra ; le hasard ou la supériorité décidera de la victoire.

« Je suis noble, » cela peut encore signifier : mes parents ont vécu au milieu d'une publicité qui les obligeait à se montrer fermes sur les principes de la loyauté et de l'honneur. Placés en un lieu plus élevé que les autres, ils ne pouvaient commettre aucune mauvaise action sans attirer sur eux les yeux du monde, sans être découverts et punis. — Comme ils ne l'ont pas été, il est à présumer qu'ils n'ont rien fait de déshonorant. Ces principes transmis de père en fils, à travers une longue série, et devenus en quelque sorte pour la famille un bien héréditaire, sont enfin parvenus jusqu'à moi. Il est plus sûr d'attendre de moi une conduite honorable et sans tache que des gens dont on ne sait pas dans quels principes ils ont été élevés. — C'est ainsi que nous arriverions à ce qu'on nomme le *point d'honneur*[1] de la noblesse.

Cette espèce de sentiment de l'honneur, que la noblesse regarde comme son patrimoine exclusif, est un reste de temps et de mœurs qui ne sont plus les nôtres ; elle a pu produire autrefois de grandes choses ; mais quelque utilité qu'elle ait pu avoir dans le passé, elle n'en a plus aucune aujourd'hui ; elle est dans notre monde une étrangère, qui ne sait pas se tenir à sa place et la garder. — Tous les peuples nouveaux qui ont porté dans leurs premiers essais de constitution politique leur vocation pour l'état de nature, ont placé toute la vertu dans le courage et la force. Il en fut ainsi chez les anciens Grecs, il en fut ainsi chez les peuplades germaines ; et il en sera encore ainsi lorsqu'un jour les sauvages du nord de l'Amérique formeront des États. Les sentiments opérés par cette vocation étaient d'ailleurs réellement suffisants dans ces simples organisations politiques. Mépris du mensonge, de la ruse et de la bassesse ; modération à l'égard de ceux qui sont sans défense, générosité envers les faibles, tels étaient ces sentiments. Élevé, devenu homme et vieilli au milieu des dangers dont il avait toujours triomphé, le cœur du guerrier barbare était inébranlable, et il dédaignait toutes les voies tortueuses, parce qu'il était sûr de parvenir à son but, malgré tous les périls, en suivant la ligne droite.

---

[1] *Ehrliebhaberei*. — Fichte lui-même traduit ce mot, entre parenthèses, par l'expression française : *point d'honneur*.   (J. B.)

— Dès qu'un peuple s'élève à la jouissance de la paix et des arts, ses besoins se multiplient, et avec eux les tentations. Plusieurs chemins se présentent pour dépasser les autres. Le seul courage ne suffit plus ; il faut encore de la prudence, de la souplesse, de la condescendance, une patience calme et persévérante. Le guerrier barbare aura sans doute d'abord de la peine à se faire à ce nouvel ordre de choses : la prudence lui paraîtra ruse ; la souplesse, platitude ; la condescendance, bassesse ; mais peu à peu il en viendra à de meilleures idées. Qui lui garantit même que son fils ou son petit-fils, moins bien préparé, ne sera pas entraîné au delà de l'étroite limite, et ne tombera pas dans les vices que son aïeul plus barbare redoutait et fuyait déjà dans les vertus voisines de ces vices ? Les fondements sur lesquels reposait ce sentiment de l'honneur sont aujourd'hui arrachés : — il n'y a plus qu'un château de plaisance, là où s'élevait un édifice solide et vénérable. — Celui qui dit : je n'ai pas fait cela, donne une pleine satisfaction à celui qui se croit offensé ; tel était le sublime principe de vos pères. — En parlant ainsi, même quand il l'avait fait, il lui donnait encore, d'après les idées du temps, une satisfaction bien terrible : il se rabaissait si profondément au-dessous de lui, que la crainte le poussait à mentir devant lui. Il était déshonoré devant son propre sentiment, qu'avait aiguisé la pratique de toute une vie ; si son mensonge venait à se découvrir, il était marqué devant le monde et la postérité d'une flétrissure plus profonde que toutes celles de vos stigmates. Et un tel principe pourrait encore trouver son application, aujourd'hui que l'on se pardonne si aisément les uns aux autres d'avoir embelli la vérité et adouci sa rigueur, où non-seulement on se le pardonne, mais où l'on va jusqu'à s'en vanter ! Telle est la vraie différence entre le sentiment de l'honneur dans l'ancienne noblesse et celui de la plus grande partie de la nôtre : la première ne voulait rien *faire* qui fût ignoble, la seconde ne veut pas laisser *dire* qu'elle fait quelque chose de pareil ; celle-là était fière, celle-ci a trop de vanité pour pouvoir l'être. — Depuis qu'il y a des cours et des courtisans, et des intrigues de cour, et une noblesse de cour, combien reste-t-il de familles qui pourraient dire qu'aucun de leurs aïeux n'a eu recours à de vils moyens, à la flatterie, à la bassesse, au mensonge, et n'a jamais dépouillé des gens sans défense pour donner à sa maison une partie de cet éclat qu'elles affichent si volontiers ? Nous savons bien que vous êtes toujours prêts à transpercer quiconque prononce un mot mal sonnant pour vous ; mais prenez-vous-en à votre siècle, si, de cette délicatesse de vos oreilles, nous ne concluons pas celle de votre sentiment moral aussi sûrement que nous l'aurions peut-être fait au temps de vos aïeux. — Il se peut sans doute, ô rejeton d'une noble souche, que les très honorables principes de l'antique et loyale chevalerie se soient transmis jusqu'à toi, mais il se peut aussi que tu aies hérité de toutes les pratiques de la courtisanerie [1] ; nous ne pouvons pas plus savoir l'une de ces choses que l'autre. Eh bien, nous ne supposerons pas la dernière ; mais n'exige pas au moins que nous admettions la première. Va et agis, et alors nous te jugerons d'après toi-même.

Pourtant il n'y a pas bien longtemps encore, il y avait dans quelques provinces des familles dont il était très vraisemblable de supposer la première chose, et peut-être y

---

[1] Ce mot n'est pas dans le *Dictionnaire de l'Académie française*. Pourquoi ?   (J. B.)

en a-t-il encore ; — je veux parler de cette noblesse de guerre que Frédéric II (qui n'eut point de cour, et dans les États duquel, avant lui, il n'y avait pas encore eu de cour à proprement parler, c'est-à-dire de corruption de cour), tira de ses provinces les plus éloignées et avec laquelle il livra ses plus célèbres batailles. Emportant avec lui tout l'héritage de son père, l'épée et un nom sans tache, le jeune homme se mettait en campagne, et bientôt il respirait l'orgueil national qui animait les armées. Il se formait dans le tumulte des combats ; accoutumé à partager avec ses compagnons d'armes ce que chaque jour fournissait, sa passion ne pouvait se porter sur la possession des richesses. Tous les jours en lutte avec le danger, il apprenait qu'il n'y en a point au travers duquel l'épée ne puisse se frayer un passage. Son courage lui procurait tout ; il se passait aisément des autres arts. Ainsi la fleur des anciens temps reparut dans notre siècle, comme par miracle.—Une telle noblesse est certainement utile là où le courage et le sentiment de l'honneur, qu'elle suffit à produire, ont plus de prix que tout, — c'est-à-dire à la guerre. Ici, et tant que les guerres seront encore nécessaires, quiconque appartient à cette noblesse peut réclamer hardiment la préséance ; mais qu'il ne sorte pas de ses limites pour entrer dans un domaine étranger.

Pour conclure enfin cet examen de la noblesse d'opinion, — je dirai que le préjugé en faveur des descendants d'illustres ancêtres est un bien de hasard. Que chacun use, le mieux qu'il pourra, des avantages que lui offre ce bien de hasard, de même qu'il tire le meilleur parti possible de tous les autres, l'esprit, par exemple, ou une figure agréable, ou la force du corps. C'est un libre don des peuples, comme les derniers sont de libres dons de la nature.

Cela ne lui donne aucun droit; il n'en a pas même à la durée de ce préjugé, qu'il ne saurait obtenir de force.

Comme cette noblesse n'est pas une propriété, et que, d'après sa nature même, elle ne saurait l'être, tout État à qui d'autres principes de prudence font souhaiter qu'elle disparaisse, a parfaitement le droit d'abolir, je ne dis pas cette espèce de noblesse elle-même, — ce qui est physiquement impossible : l'opinion ne se commande pas, — mais les distinctions extérieures auxquelles l'opinion s'est attachée jusque-là. Là où l'opinion publique est encore prononcée en faveur de la noblesse, cette abolition n'agira que lentement; si elle agit vite, c'est que l'opinion a déjà commencé à disparaître. Des décrets de ce genre agissent très efficacement, quand ils ne sont pas nécessaires, et fort peu, quand ils le sont beaucoup. Il y a, pour agir sur l'opinion, des moyens plus convenables que des décrets; et, dans le cas présent, on peut laisser ce soin presque uniquement à la noblesse. — Je ne comprends pas comment l'État peut défendre à un citoyen de porter à l'avenir un certain nom, ou comment il peut défendre à ses concitoyens de l'appeler désormais de ce nom, quand ils sont accoutumés à le nommer ainsi et qu'ils le font de leur plein gré; je ne vois pas comment cela peut s'accorder avec la liberté naturelle. Mais je vois bien, ce me semble, comment il peut ou bien *permettre* aux classes jusque-là inférieures de ne plus se servir de certaines désignations à l'égard des classes jusque-là supérieures, ou bien même permettre à tous ceux à qui cela fait plaisir de prendre désormais les mêmes désignations. Que le seigneur de X***, ou le chevalier, ou le baron, ou le comte de Y*** continue d'écrire son nom, comme il l'a fait jusque-là, ou même qu'il y ajoute encore une foule d'autres noms, cela me paraît fort peu important; mais qui pourrait faire un reproche à l'État de permettre et de recommander à tous les citoyens de nommer le seigneur de X*** ou le comte de Y*** tout simplement M. X*** ou M. Y***, et de leur promettre son appui contre le soi-disant gentilhomme, lorsqu'ils useront de la permission? Ou même qui pourrait lui défendre d'élever au rang de nobles tous les citoyens, depuis le plus élevé jusqu'au plus bas, et par exemple de permettre à un pauvre pâtre de se nommer baron ou comte, d'autant de baronies ou de comtés qu'il voudra? La distinction disparaîtra d'elle-même, quand elle ne sera plus une distinction, et chacun se nommera d'un nom aussi court qu'il pourra, quand la longueur de son titre ne lui servira plus de rien. — Une république aristocratique connue, dont les maisons, susceptibles de gouverner, en partie étaient nobles et en partie ne l'étaient pas, éleva tout d'un coup toutes ces maisons au rang de la noblesse. Ce n'était là qu'une autre manière de supprimer la noblesse : une distinction qui ne distinguait plus était comme abolie.

Une illustre origine excite dans le peuple un préjugé favorable à ceux qui en sont descendus; c'est ce que nous avons appelé la noblesse d'opinion. Cette noblesse ne peut pas être exigée *elle-même* juridiquement, puisqu'il est dans la nature de l'opinion de ne pas se laisser commander ; et il n'en *résulte* pas non plus de prétentions légitimes à des privilèges réels, puisqu'il ne peut y avoir dans l'effet que ce qui est dans la cause même. Un noble, qui élève des prétentions de ce genre, en doit donc être débouté.—Afin de voir cela plus clairement pour tous les cas particuliers, parcourons maintenant une à une les prérogatives que revendique notre noblesse ! A la vérité, elle a dû, dans ces derniers temps, en plusieurs États, pour des raisons qu'il n'est pas nécessaire de développer ici, partager avec la bourgeoisie quelques-uns des priviléges qu'elle avait jusqu'alors exclusivement possédés ; mais, même dans ces États, loin de voir dans ce cas la règle même, elle continue de le regarder comme une simple exception et comme une sorte d'empiétement insolent des bourgeois sur ses prérogatives. Nous ne calomnions donc nullement la noblesse, en rangeant même ces droits parmi ceux dont elle revendique la possession exclusive. Si ses prétentions ne sont pas toujours satisfaites, ce n'est vraiment pas à elle qu'en est la faute. Au premier rang de ces prétentions il faut compter celle de posséder des biens nobles[1]. Il est facile de montrer l'origine d'un pareil privilége. Les biens nobles sont originairement des fiefs ; comme la possession de ces fiefs obligeait à servir de compagnon d'armes au seigneur du fief et que la noblesse était attachée à cette qualité, naturellement quiconque possédait un fief — et n'était pas déjà noble — était élevé au rang de la noblesse par cette possession même ; c'est ce qui résulte des considérations exposées plus haut. Mais aujourd'hui que les biens nobles se transmettent par voie d'héritage et sont même vendus à des étrangers, et qu'il n'y a plus de service militaire qui y soit immédiatement attaché, il est absurde, si jamais quelque chose l'a été, que ce privilége subsiste encore, — surtout dans les États où les biens nobles sont la seule propriété territoriale. — La noblesse assure que la possession de ces biens est un privilége dont la conservation est nécessaire au maintien de sa condition et dont la perte entraînerait sa ruine et sa mort : il faut donc que

---

[1] *Rittergüter.*

ce privilége lui rapporte quelque avantage considérable, comme il est d'ailleurs aisé de le montrer clairement. — Nous laissons de côté, comme de juste, le cas où un fils ne veut pas aliéner le bien qu'il a hérité de ses pères ; — peut-être veut-il le conserver comme fils, comme propriétaire habituel, et non comme gentilhomme : chacun a le droit de conserver sa propriété comme il l'entend. — Mais un bien noble est mis en vente ; la jouissance de ce bien est sans doute mise en ligne de compte ; celui qui pourra le payer le possédera. Pourquoi le gentilhomme, qui peut le payer, aura-t-il seul le droit de l'acheter, et pourquoi le bourgeois, qui est aussi en état de le payer, n'aura-t-il pas également le même droit ? — « Le bien noble est la manière la plus sûre et la plus avantageuse de placer son argent, et cet avantage doit être exclusivement réservé à la noblesse, afin qu'elle puisse soutenir son éclat. » — Vraiment ? Ainsi le même thaler rapportera plus entre les mains d'un gentilhomme qu'entre celles d'un bourgeois ? Il aura plus de valeur dans les mains du premier que dans celles du second ? Mille thalers, possédés par un gentilhomme, sont l'équivalent d'un certain quartier de terre ; mais ces mêmes mille thalers n'en sont plus l'équivalent, quand c'est un bourgeois qui les possède ? — Je ne veux pas rechercher ici ce que devient le besoin d'acquérir là où il est interdit précisément aux classes du peuple qui offrent le plus d'acquéreurs de placer leur argent avec sûreté, — et c'est là évidemment le cas dans les États où tous les biens francs[1] sont des biens nobles que la noblesse seule peut posséder. Je ne rechercherai pas non plus ce que deviennent le partage des richesses

---

[1] *Freigüter.*

et la sûreté de la propriété dans les familles où le citoyen est obligé de hasarder son capital dans un commerce toujours incertain, ou de le prêter d'une manière tout aussi incertaine et à des intérêts exorbitants; mais je ne puis m'empêcher d'admirer la profonde politique de nos temps modernes, auxquels était réservé le secret d'ajouter au signe universel de la valeur des choses une valeur particulière tirée de la personne du possesseur, et de faire qu'une somme augmente ou diminue suivant qu'elle passe d'une main dans une autre. — Cette critique ne souffre d'exception que dans les pays qui ont des caisses provinciales où la noblesse trouve seule à emprunter, souvent à un très faible intérêt, sur les terres nobles qu'elle achète. L'achat des terres lui est ainsi rendu singulièrement facile, et elle ne peut manquer de devenir bientôt l'unique propriétaire du pays. Mais c'est la noblesse qui a institué ces caisses de crédit. L'argent est à elle; il doit lui être loisible, comme à tout propriétaire, de prêter sa propriété à qui elle veut et aux conditions qu'elle veut, et personne n'a rien à lui dire à ce sujet. L'esprit de caste et un grossier égoïsme dominent sans doute dans ces mesures; mais on ne peut pas dire qu'elles soient précisément injustes. Au moins dans ces États les bourgeois restent libres d'acheter des biens nobles, lorsqu'avec leur argent comptant ils peuvent contre-balancer le crédit de la noblesse. Il est toujours injuste d'interdire absolument cette espèce d'achat.

Mais la possession des biens nobles entraîne d'autres priviléges, dont la noblesse est très jalouse et qu'elle ne laisserait pas volontiers tomber entre les mains des bourgeois. — Recherchons donc sans détour quels sont ces priviléges mêmes, afin de voir de quel droit le possesseur

de ces biens, qu'il soit noble ou non, y peut prétendre.—
Nous trouvons d'abord des droits sur *les biens* du cultivateur:
les corvées déterminées ou indéterminées, les droits de
passage et de pâturage, et d'autres semblables. Nous n'en
rechercherons pas l'origine *réelle*; quand même nous découvririons qu'elle est illégitime, on n'en pourrait encore
rien conclure, puisqu'il serait sans doute impossible de
retrouver les vrais descendants des premiers oppresseurs
et ceux des premiers opprimés, et d'indiquer à ces derniers
l'homme auquel ils devraient s'en prendre. — Il est aisé
de montrer l'*origine juridique*¹ de ces droits. Les champs
ou ne sont qu'en partie ou ne sont pas du tout la propriété du cultivateur; et celui-ci paye les intérêts, soit du
capital du seigneur, capital qui repose sur son champ
comme *souche de fer* (1), soit du bien tout entier, non pas
en *argent comptant*, mais en *services* et en *avantages*
qu'il abandonne au seigneur sur le terrain qu'il possède
ou qu'il loue. Quand ces prérogatives n'auraient pas
existé ainsi à l'origine, par la vente des biens nobles ou de
ceux de paysan, tout revient bientôt au même. Il est naturel que le paysan paye d'autant moins pour sa portion
de bien de paysan, que les charges qui y sont attachées
donneraient davantage en capital, si on les comptait
comme intérêts en argent, et que le possesseur de biens
nobles paye d'autant plus pour sa portion de biens nobles,
que les services auxquels elle oblige le paysan rapportent
davantage, comptés comme capital; d'où il suit que ce

¹ *Rechtsursprung*.

(1) Comme tout le monde ne sait pas cela, il est bon de dire qu'on
appelle *souche de fer* (*eisener Stamm*) un capital qui repose sur une
terre et dont un certain intérêt doit être payé au propriétaire, mais sans
que le capital puisse jamais être remboursé.

propriétaire a payé pour ce paysan un capital qui repose sur son bien, et qu'il a le droit d'exiger le payement des intérêts. Il n'y a donc rien à dire *en soi* contre la légitimité de cette prétention, et ce fut certainement un grave attentat contre le droit de propriété que la conduite de ces paysans d'un certain État, qui, il y a quelques années, voulurent se soustraire à ces services par la violence et sans le moindre dédommagement. — Cet attentat ne venait d'ailleurs que de leur ignorance et de celle d'une partie de la noblesse à l'endroit de la légitimité de ses propres prétentions ; et on y aurait remédié d'une manière beaucoup plus convenable et plus philanthropique, au moyen d'une solide et claire instruction, que par de ridicules dragonades (1) et par la peine infamante des travaux forcés. — Mais il y a beaucoup à dire contre la *manière* dont se payent ces intérêts. Je ne veux pas parler des inconvénients généraux des *droits de pâturage ;* après toutes les représentations qui ont été prodiguées en pure perte depuis si longtemps, on n'est guère tenté d'en dépenser de nouvelles. Je ne parlerai pas non plus de la perte de temps et de forces, ni de l'avilissement moral qui résulte pour l'État tout entier du *système des corvées*. Ces mêmes mains qui travaillent aussi peu que possible, à la corvée, sur la terre du seigneur, parce qu'elles travaillent à regret, travailleraient autant que possible sur leur propre terre. Un tiers de ces travailleurs à la corvée, si on leur payait un salaire raisonnable, travailleraient plus que tous réunis et travaillant à contre-cœur. L'État aurait gagné ainsi

(1) « Les paysans, armés de faux et de fourches, auraient presque repoussé la courageuse attaque ; mais le lieutenant N.... *vengea l'honneur des armes de*....; » — ainsi parle un pompeux historien de cette glorieuse campagne.

deux tiers de travailleurs; les champs seraient mieux cultivés et de plus de rapport; le sentiment de la servitude, qui dégrade profondément le paysan, les plaintes que son seigneur et lui se jettent réciproquement à la tête, le mécontentement de son état, tout cela disparaîtrait, et bientôt il deviendrait un homme meilleur et son seigneur avec lui. — Je vais directement au principe, et je demande : d'où vient donc le droit de vos souches de fer? Je vois bien qu'elles sont faites pour le plus grand avantage de ceux qui possèdent quelque chose, et particulièrement de la noblesse qui les a inventées; mais il ne s'agit pas ici de votre *avantage*, il s'agit de votre *droit*. Votre capital ne doit pas vous être enlevé; cela va de soi-même. Nous n'avons pas même le droit de vous contraindre à en accepter le remboursement en argent comptant. Vous êtes en quelque sorte les copropriétaires de notre bien, et nous ne saurions vous forcer à nous en vendre votre part, si vous ne voulez pas la mettre en vente. Soit! Mais pourquoi ce bien unique est-il donc nécessairement indivisible, et pourquoi faut-il qu'il reste un bien unique? Si votre copropriété et la singulière façon dont vous la gérez ne nous conviennent plus, pourquoi n'aurions-nous pas le droit de vous rendre votre part? Si je possède deux quartiers de terre, et que je n'aie payé que la moitié de leur valeur, parce que la seconde moitié doit rester comme votre capital de fer, — la moitié de deux quartiers ne fait-elle pas un quartier? J'en ai donc payé un, et le second est à vous; je garde le mien, reprenez le vôtre. Qui pourrait blâmer cette conduite? — Il vous est très incommode de le reprendre? Soit! S'il me convient de le garder, faisons, pour le règlement des intérêts, un nouveau contrat qui ne soit plus seulement avantageux pour vous, mais qui le soit aussi pour moi. Si nous sommes d'accord, cela est possible. — Tels sont les principes de droit d'où l'on peut tirer divers moyens de supprimer, sans injustice et sans attenter au droit de propriété, le système oppressif des corvées, si seulement l'État en a la ferme intention, — si ses objections ne sont pas de simples faux-fuyants, — et s'il ne préfère pas secrètement l'intérêt de quelques privilégiés au droit et à l'intérêt de tous.

Pour appliquer ce même principe au cultivateur, qui n'a pas la propriété de son bien, mais qui en a loué au seigneur l'usufruit, il est bien évident qu'il a parfaitement le droit de rendre le bien, quand les corvées qui y sont attachées lui semblent injustes ou oppressives. Le propriétaire veut-il cependant que son bien reste entre les mains du cultivateur, qu'il traite avec lui jusqu'à ce qu'ils se soient mis d'accord.

Mais non, dit le droit traditionnel, — le cultivateur, qui n'a pas la propriété du sol, appartient lui-même au sol; il est lui-même une propriété du seigneur; il ne lui est pas loisible de quitter ce bien comme il le veut; le droit du propriétaire du bien s'étend jusque sur sa *personne*. — C'est la négation du droit de l'humanité en soi; c'est l'esclavage dans toute la force du terme. — Tout homme peut avoir des droits sur les choses, mais nul ne saurait avoir de droit irrévocable sur la personne d'un autre homme; chacun a la propriété inaliénable de sa propre personne, comme nous l'avons suffisamment montré dans cet écrit. Tant que le serf veut rester, il le peut; s'il veut s'en aller, le seigneur doit le laisser partir, et cela en vertu de son droit. Ce seigneur ne pourrait pas dire : J'ai payé, en achetant le bien, un droit de propriété sur la personne de mes serfs. — Nul n'a pu lui vendre un pareil droit, car nul ne l'avait. S'il a payé quelque chose pour cela, il a été trompé, et c'est à l'acheteur qu'il doit s'en prendre. — Qu'aucun État ne vienne donc se vanter de sa civilisation, tant qu'il laisse subsister un droit aussi indigne de l'homme, et que quelqu'un a et conserve le droit de dire à un autre: *tu m'appartiens* (1).

Parmi les prérogatives que la noblesse voudrait posséder exclusivement, et qu'elle voit à contre-cœur entre les mains de la bourgeoisie, il faut ranger toutes les hautes positions dans le gouvernement et dans l'armée. Il n'y a pas de fonction dans l'État qui soit une pure faveur, pourvu qu'elle soit une fonction réelle et non une vaine parade, — pourvu qu'elle ait été établie pour le besoin de l'État, et non dans l'intérêt de celui qui en est revêtu; c'est une lourde charge que l'État place sur les épaules de l'un de ses citoyens. Plus cette fonction est importante, plus est évident le droit qu'a l'État de veiller à la nomination de celui qui doit la remplir; plus est rare la réunion des talents qu'elle exige, plus doit être large le cercle où il devra choisir; ou, s'il n'exerce pas directement

---

(1) Deux États voisins avaient conclu un traité par lequel ils s'engageaient à se rendre réciproquement les soldats qui auraient déserté. Dans les provinces qui servaient de limites à ces deux États existait le servage, le droit de propriété sur la personne du paysan. Il arrivait parfois qu'un malheureux, pour échapper à l'inhumanité de son seigneur, franchissait la frontière ; il était libre, dès qu'il l'avait touchée. Cela était ainsi depuis longtemps. Les seigneurs des deux États s'empressèrent d'étendre le traité aux paysans. Un serf, entre autres, qui avait quitté le pays pour avoir dérobé une couple de grappes de raisin, fut livré par l'État voisin, et mourut des suites des coups de bâton qui lui furent arbitrairement administrés ; — et cela se passait, il y a quelques années, dans un État qui se donne pour le plus éclairé de l'Allemagne !

le droit de choisir, mais par l'intermédiaire d'un représentant, il a pleinement le droit d'exiger que ce choix ne soit borné que par le nombre des citoyens. — Mais, dira-t-on, ne pourrait-on établir un cercle plus étroit d'hommes choisis parmi lesquels on prendrait les plus importants fonctionnaires de l'État? — Je réponds : sans doute cela peut être, et cela aurait en outre des conséquences très avantageuses en rendant le choix plus facile et la nomination plus prompte, quand il s'agirait de pourvoir aux fonctions vacantes; — mais, dans ce cercle même, qu'est-ce donc qui devra déterminer le choix? Ce ne sera pas la naissance, si l'on consulte le véritable intérêt de l'État; car sur quel principe se fonderait-on pour établir qu'avec une égale culture d'esprit, — et tel est évidemment aujourd'hui, dans la plupart des États, le cas de la meilleure partie de la bourgeoisie comparée à la noblesse, — les hommes de talent et d'honneur ne peuvent sortir que de certaines maisons, et que les descendants de toutes les autres familles sont, auprès des premiers, de faibles esprits et des cœurs vulgaires? Parmi les défenseurs de la noblesse, personne jusqu'ici, du moins à *ma* connaissance, n'a poussé l'impertinence jusqu'à soutenir pareille chose. Le choix dans ce cercle restreint de citoyens choisis et destinés aux plus importantes fonctions de l'État, ne pourrait donc se fonder sur rien autre chose que sur l'habileté et la fidélité éprouvées par des services antérieurement rendus à l'État dans des fonctions moins importantes, et nous en reviendrions à notre première maxime touchant la nomination des fonctionnaires. Toute fonction plus élevée devrait avoir été méritée par une loyale et habile gestion des fonctions inférieures. Ce droit qui appartient à l'État de choisir les plus capables pour l'exercice de ses fonctions publiques, et de les tirer, suivant sa conviction, de la foule entière de ses citoyens, aucun État ne l'a abdiqué, et aucun n'a pu l'abdiquer sans aller contre son but et sans se détruire lui-même.—Mais que fait donc une caste d'hommes qui s'attribuent exclusivement la capacité d'être choisis pour ces fonctions ? — Admettons que cette caste choisisse en toute conscience le plus digne de ceux qu'elle renferme, il ne suit de là ni que cet homme soit en général le plus digne entre tous les citoyens de l'État, ni que, même dans sa caste, il paraisse le plus digne aux autres citoyens. Si cette caste constituait seule la somme de tous les citoyens réunis, sa conduite alors serait légitime ; mais elle se conduit comme si elle formait à elle seule toute la somme des citoyens, et par conséquent l'État. Que sont donc les autres citoyens? Évidemment un État distinct subjugué et arbitrairement gouverné par le premier. Un tel privilége ne fait pas seulement de la noblesse un État dans l'État, un État ayant un intérêt distinct de celui des autres citoyens ; il anéantit même absolument, dans la série des citoyens, les autres classes du peuple : il leur enlève leur droit de citoyens, et les transforme, dans leurs rapports avec ces fonctions publiques où nul d'entre eux ne peut être nommé, en esclaves arbitrairement gouvernés. — Qu'est-ce donc qui est injuste, si cela ne l'est pas?

Nous ne calomnions point la noblesse. Vouloir qu'on choisisse uniquement dans son sein, — vouloir fournir les citoyens *éligibles*, — c'est là sa prétention immédiate ; vouloir choisir elle-même, — vouloir fournir aussi les citoyens *électeurs*, — c'est une conséquence qui résulte directement de cette prétention, dès qu'elle est satisfaite. Qui donc nomme aux plus hauts emplois de l'État? Qui donc pourvoit aux postes vacants? Les princes qui connaissent leurs gens par eux-mêmes sont rares. Il leur serait impossible, messéant et même préjudiciable de pénétrer dans le détail des diverses branches de l'administration de l'État, de connaître exactement et d'observer les membres inférieurs des corps publics. Il faut qu'ils en abandonnent le choix aux membres supérieurs, lesquels sont capables de juger de l'aptitude de leurs subordonnés. Si ces membres supérieurs sont *tous* nobles, et s'ils sont animés de l'esprit de caste propre à leur rang, ils écarteront de toutes les positions, — ils *doivent* en écarter, d'après leurs principes, quiconque n'est que bourgeois, tant qu'il y a un noble qui les désire. La noblesse est, à cet égard, son propre juge; et, à mesure qu'augmente le nombre des nobles qui ont besoin des revenus des fonctions publiques, le cercle des nobles positions s'élargit au gré de la noblesse. C'est ainsi, par exemple, que dans quelques États la noblesse s'est depuis peu emparée des places de maîtres de poste et des plus hautes positions de l'Église protestante, lesquelles jusqu'alors avaient été laissées à la bourgeoisie. Quelle est donc ici la limite de la noblesse? Elle n'en a pas d'autre que celle de ses besoins. Et quelle est sa loi? Uniquement son bon plaisir. S'il y a encore des places données à de simples bourgeois, ils ne le doivent qu'à ce bon plaisir. Plus lucratives et plus honorables, elles n'arriveraient pas jusqu'à eux. — Je n'avance ici rien de nouveau, rien qui ne soit prouvé par l'expérience de chaque jour. Y a-t-il une place de conseiller vacante dans le département du gouvernement, de la justice ou des finances : neuf fois sur dix au moins c'est un noble qui l'obtient. Et comment se ferait-il donc que dans le nombre trois ou quatre fois plus considérable des bourgois qui ont travaillé la moitié de leur vie dans ces fonctions en qualité de secrétaires, il fût si rare d'en trouver un capable de les occuper, tandis qu'on en trouverait si aisément dans le nombre beaucoup plus petit des nobles secrétaires qui n'y ont travaillé que peu de temps? Est-ce que les places ne seraient pas données d'après la mesure de la capacité? — Aussi bien des nobles conséquents ne mettent-ils pas cette règle en avant ; ils soutiennent qu'elles *doivent* être données d'après la naissance, et c'est justement ce qui nous sépare : je soutiens que toute fonction dans l'État doit être donnée d'après la supériorité du mérite. — Ne me dites pas que le bourgeois, arrivé aux plus hauts emplois publics, se laissera dominer à son tour par l'esprit de caste, et qu'il cherchera à élever des bourgeois à l'exclusion des nobles plus dignes, par cela seul que ce sont des bourgeois. Je ne sais pas s'il ne le fera pas ; je n'en voudrais pas répondre. Mais d'où vient donc cette séparation entre les deux classes et cette partialité des deux côtés, sinon de vos prétentions antérieures, que je poursuis précisément ici? S'il n'y avait jamais eu ni nobles ni bourgeois, si les uns et les autres n'avaient jamais été que des citoyens, ni le noble ni le bourgeois ne pourrait préférer son égal, puisque *tous* seraient ses égaux.

Il y a là une injustice directe envers l'État. Je veux montrer, sans y insister, une autre injustice indirecte, qui résulte de cet état de choses. — Celui qui s'applique à une branche des affaires publiques, recevant un salaire souvent misérable et qui est le même pour le fonctionnaire actif et pour celui qui ne l'est pas, est trop peu stimulé à consacrer toutes ses forces à son emploi. Il faut mettre en avant un mobile plus puissant ; il faut que chacun voie briller devant lui, au-dessus de la place qu'il a obtenue, une position plus élevée, qui sera le prix des services qu'il aura rendus dans celle qu'il occupe maintenant. Mais, quand le bourgeois s'est élevé aussi haut que la constitution lui permet de monter, quelle position plus élevée voit-il devant lui? S'il n'est pas stimulé par de plus puissants mobiles, par la vertu désintéressée et l'amour de la patrie, mobiles auxquels un bourgeois n'est pas plus sensible qu'un noble, l'État perdra, outre le surplus des forces de la noblesse, laquelle est en tous cas assurée de son avancement par sa naissance même, cette somme de forces que notre bourgeois pourra bien se dispenser d'appliquer à ses fonctions actuelles.

Cela n'est nulle part aussi évident que dans le service militaire. — S'il y a quelque part une noblesse capable de montrer dans sa famille, comme un bien héréditaire, les sentiments rudes peut-être, mais puissants, de l'ancienne chevalerie, — qu'elle ait exclusivement droit, dans les États militaires, aux places d'officiers ! Que si la vie de cour, une connaissance superficielle des sciences et peut-être même le commerce ont enlevé à l'esprit de la noblesse son ancienne puissance et lui ont donné une souplesse qui la place sur le même rang que la bourgeoisie,—qu'elle conserve cette fonction sublime, mais qui exige peu de réflexion, de manœuvrer, à droite ou à gauche, de se faire présenter les armes, ou, quand il s'agit de choses plus sérieuses, de tuer ou de se faire tuer. Peut-être le bourgeois lui cédera-t-il volontiers et sans envie ce privilége en échange de fonctions plus importantes auxquelles il s'est préparé par une plus forte culture. Mais admettre le bourgeois à la profession des armes et lui interdire toute espérance de s'élever aux grades supérieurs, comme cela a lieu dans plusieurs États, c'est, dans la constitution toute particulière de cette profession, quelque chose de souverainement absurde. Était-il possible à l'esprit le plus inventif d'imaginer un plus profond abaissement de la bourgeoisie, que de lui persuader qu'on l'égalait à la noblesse dans ce que celle-ci croit avoir de plus saint, tandis qu'on ne la plaçait à côté d'elle que pour lui donner le perpétuel spectacle de sa propre bassesse? que d'obliger, dans une profession où la subordination s'étend à tout, le capitaine bourgeois à commander à un enseigne ou à un lieutenant noble et à répondre de sa conduite,— alors que tous deux savent très bien que, quelques années plus tard, le noble sera le supérieur ou le général du capitaine bourgeois? Dans un état qui exige des sacrifices que l'honneur seul peut payer, comment le bourgeois qui est arrivé au but le plus élevé se sentira-t-il encore encouragé à renouveler ces sacrifices?

Mais il faut aider la noblesse, répète-t-on; et c'est pourquoi nous la trouvons dans les places qu'elle occupe exclusivement et dont la possession suppose une preuve de noblesse. Deux mots encore, avant de finir, sur la question de savoir pourquoi et jusqu'à quel point il faut lui venir en aide !—Après avoir montré que, si l'on doit lui venir en aide, ce n'est pas en lui attribuant la possession exclusive des places qui exigent des talents supérieurs, cherchons maintenant ce qui reste encore pour l'aider. Nous rencontrons d'abord les *places de chanoine*, dont un nombre déterminé ne peut être occupé que par la noblesse. Je ne parle ici que des fondations protestantes. Quant aux fondations catholiques, dont les membres sont de véritables ecclésiastiques, j'en dirai ce qui est nécessaire dans le chapitre suivant. —On ne saurait dire pré-

cisément qu'il y ait besoin de talents particuliers po
occuper ce genre de places ; ce n'est donc pas par cette
raison que l'on peut contester à la noblesse le droit de les
posséder exclusivement, comme on peut le faire pour les
hautes fonctions de l'État. Mais peut-être y en a-t-il d'autres.

Quand on remonte à l'origine de la fondation de presque tous les grands chapitres, et même de tous, dans l'Allemagne protestante,—on trouve que leur unique but était l'entretien des hommes chargés de l'instruction et de la culture du peuple,—et en cela on avait évidemment en vue le bien de l'État. — Nous n'avons point ici à chercher de qui venaient les biens qui servirent à ces fondations. La plupart étaient le lot du conquérant qui avait fait violence au droit de propriété ; ou bien, dans un temps où il n'y avait pas encore d'État fixe et de droit d'hérédité déterminé, ils n'avaient pas eu de propriétaire. Il suffit qu'ils ne fassent point partie des biens de la noblesse, qui alors ne formait pas encore une classe particulière dans l'État, — à moins que toute spoliation ne lui appartienne de droit ; — et qu'il n'y ait pas à craindre de les voir réclamer par les anciens et légitimes propriétaires, ou par leurs descendants, qui ne pouvaient pas hériter avant l'établissement du droit d'hérédité : — ils ont été donnés pour le bien de l'État à l'État lui-même, et par conséquent ils sont devenus *sa* légitime propriété, c'est-à-dire celle des citoyens réunis. — De profondes ténèbres se répandirent sur les nations, et l'Église, qui est tout autre chose que l'État, et qui, parce qu'elle répandait partout les ténèbres, se croyait l'institutrice du peuple, s'empara de cette propriété. La Réformation, qui détruisit l'*Église*, — dans le vrai sens de ce mot, dont nous expliquerons plus tard la signification,— la rendit à l'État, son premier et légitime propriétaire. Sans doute l'État avait le droit de disposer de sa propriété. Soit qu'il pût désormais s'en passer pour atteindre son but originaire, ou qu'il eût des fins plus prochaines auxquelles il voulût l'appliquer, il était sans doute le maître d'en disposer à son gré. Mais comment donc une seule caste en est-elle venue à posséder exclusivement ce qui était la légitime propriété des citoyens réunis? Les citoyens exclus ont-ils été consultés sur les dispositions à prendre à cet égard? Ont-ils volontairement cédé leur part à cette caste? N'ont-ils eu de plus grand souci que d'enrichir cette caste? Nullement. Mais la noblesse s'est conduite comme si elle était seule tout l'État, comme si en dehors d'elle il n'y avait plus personne. — Que cette conduite soit injuste et inadmissible, et que les citoyens exclus aient le droit incontestable d'exiger que l'on remette le tout à la délibération commune, c'est un point sur lequel il ne peut plus y avoir le moindre doute après tout ce qui a été dit jusqu'ici dans cet écrit.

Et, — je vous prie, ces biens sont-ils donc tellement inutiles à l'État tout entier, — se trouve-t-il donc dans un si grand embarras sur l'usage à en faire, que, pour s'en délivrer, il soit obligé de les laisser à cette caste comme un vain ornement? L'État n'a-t-il donc pas de besoin plus pressant que de faire dire de lui qu'il a une riche noblesse? Est-il vrai même qu'il n'en ait plus besoin pour atteindre son but originaire? Tant qu'il y a des instituteurs qui, pour prix de l'enseignement direct qu'ils donnent au peuple, languissent dans la plus accablante misère; tant qu'il y a des savants qui sont misérablement récompensés, ou même ne le sont pas du tout, pour les services qu'ils ont rendus aux sciences et par ce moyen à l'instruction du peuple;

tant que des entreprises importantes pour le développement des connaissances humaines demeurent suspendues, faute d'appui; — comment la noblesse peut-elle être assez éhontée pour vouloir appliquer ces biens au maintien de son rang? Telle est la vraie destination des revenus des grands chapitres : d'abord le paiement convenable des instituteurs du peuple; puis, s'il reste quelque chose, les récompenses accordées aux savants et les secours donnés aux sciences. Il y a encore lieu, ce semble, de les employer de cette façon.

La seconde classe des prérogatives que la noblesse possède exclusivement, ce sont les *charges de cour*. Ou bien ces charges sont fondées uniquement pour donner satisfaction à l'opinion, et il est tout simple que l'on en investisse des créatures de l'opinion; ou bien elles répondent à un besoin réel, et non pas seulement imaginaire, du prince : elles lui donnent un entourage et des amis; ou enfin ceux-ci croient, précisément parce qu'ils sont ses amis, avoir indirectement beaucoup d'influence sur le gouvernement de l'État. — Dans le premier cas, il n'y a pas de citoyen, noble ou non, pour peu qu'il sente sa valeur, qui puisse envier le sort d'un homme qui se rabaisse au point de concourir à l'éclat d'une cour en qualité de simple ornement, et de jouer un rôle qu'une machine à paroles, bien réglée, remplirait peut-être encore mieux. Mais si les citoyens réunis s'élevaient assez haut pour pouvoir se passer de cette comédie et pour vaincre toute fausse honte en présence des autres États qui la leur donnent, ils ont sans doute le droit de demander pourquoi ils entretiendraient plus longtemps toute cette pompe, au prix de sacrifices considérables. Ils ont sans doute le droit, non-seulement d'abolir le privilége qu'a la noblesse d'occuper exclusivement ces places, mais encore de les supprimer elles-mêmes.

Quant au second but de leur établissement, le prince a très certainement, aussi bien que tout autre, le droit de choisir à son gré ses amis et son entourage dans la société humaine tout entière. Si son choix tombe sur des hommes qui se trouvent être nobles, ou même s'il a le goût assez bizarre pour vouloir que ceux qui font partie de sa société comptent une longue série d'aïeux, personne ne peut le lui reprocher, de même qu'il ne peut reprocher à personne de choisir des amis à son gré. Qu'il se fasse des amis comme on se fait des amis, ou bien qu'avec sa fortune privée ou avec l'argent que lui donne l'État pour ses besoins personnels, il s'achète des compagnons ou des flatteurs, en telle quantité ou de telle qualité qu'il le voudra ou le pourra, cela ne regarde ni l'État ni aucun citoyen. — Mais si le bourgeois n'a pas le droit de se plaindre, quand il plaît au prince de ne choisir sa société que parmi les nobles, le noble n'est pas davantage autorisé à l'empêcher d'admettre de simples bourgeois dans sa société, et à lui en faire un crime d'État. La volonté du prince est libre à cet égard, et il n'est pas plus permis à l'une des parties qu'à l'autre de la limiter. Il est étonnant que la noblesse ne se soit pas aussi réservé exclusivement la place de bouffon du prince, qui à une certaine époque était assez importante dans la plupart des cours; peut-être trouva-t-elle celles de maréchal de cour ou de chambellan plus faciles à remplir, et fallut-il, pour rencontrer les talents qu'exige la première, chercher dans un cercle plus large que celui de la noblesse. En tous cas, il n'est pas à son honneur de n'avoir pu remplir assez bien les heures de récréation du souverain fatigué des soins du gouvernement, pour le dispenser de recourir à un pareil moyen.

Enfin la noblesse revendique le droit de former exclusivement la société du prince, parce qu'il est important pour le pays qu'il soit entouré de gens bien pensants. Si cela était exact, il faudrait en conclure tout juste le contraire de ce que la noblesse veut en déduire. Alors, en effet, la qualité d'ami du prince figurerait parmi les services publics les plus importants, lesquels, d'après les principes établis plus haut, doivent revenir aux hommes les plus considérables et les meilleurs, non-seulement de la noblesse, mais de la masse entière des citoyens. Mais, je le confesse d'avance et l'on ne tardera pas d'ailleurs à le voir clairement, j'ai peu de goût pour un prince dont les bons principes et le bon vouloir ont tant d'importance, et qu'il faut préserver, comme un enfant, de toute mauvaise influence. C'est *la loi* qui doit gouverner par le prince, et il faut qu'il y soit lui-même assujetti. Il ne doit rien pouvoir faire de ce qu'elle ne veut pas, et il doit pouvoir faire tout ce qu'elle veut, soit que, comme Dieu l'exige, il la porte dans son cœur; soit qu'il morde le frein qui le retient et le dirige. Le prince, comme prince, est une machine animée par la loi et qui sans elle manque de vie. En tant qu'homme privé, *il* peut ou la société peut s'occuper de son caractère moral; l'État ne s'occupe que du caractère de la loi. Le prince n'a pas de société; l'homme privé seul en a une.

Il ne nous reste donc en général aucun moyen légitime de venir en aide à la noblesse. Mais pourquoi donc faut-il lui venir en aide? Il ne sert à rien de dire qu'elle a de *légitimes prétentions*, comme noblesse, c'est-à-dire comme partie actuelle du peuple déterminée par la naissance ; car son existence même dépend de la libre volonté de l'État. Quelle obligation a donc l'État de céder toujours à ses exigences? Si elle lui devient à charge, il la supprime elle-même, et se trouve ainsi débarrassé de toutes ses prétentions; car ce qui n'est pas ne saurait avoir de prétentions. La noblesse supprimée, aucun autre corps privilégié ne pourrait faire valoir à sa place de *légitimes prétentions* auprès de l'État; car, avant d'élever des prétentions, il faut être, et il ne pourrait être sans l'agrément de l'État. La question n'est donc pas en général une question de *droit;* c'est une question de *prudence*, et l'on peut la formuler ainsi : *Est-il utile à l'État qu'il y ait une ou plusieurs classes du peuple qui, en raison de leur considération et de leurs richesses, soient toujours propres et toujours prêtes aux grandes affaires et aux grandes entreprises; et, s'il en est ainsi, de quelle manière et par quels moyens déterminer, produire et maintenir ces classes le mieux possible?* La réponse à cette question n'appartient pas au présent livre.

CHAPITRE VI.

DE L'ÉGLISE, PAR RAPPORT AU DROIT DE RÉVOLUTION.

La diversité et le changement sont les caractères du monde corporel; l'uniformité et l'immutabilité, ceux du monde spirituel. Leibnitz affirmait et prouvait, par le témoignage des yeux, qu'il n'y avait pas deux feuilles d'arbre exactement pareilles : il aurait pu ajouter hardiment que la même feuille ne demeurait pas deux secondes de suite semblable à elle-même; et, d'un autre côté, ce même Leibnitz prétendait à juste titre que cette affirmation et toutes ses assertions métaphysiques devaient avoir la même valeur pour tous les esprits pensant juste. Parmi toutes les opinions possibles sur un même objet, il n'y en a qu'une seule, au jugement de tous, qui puisse être la vraie; et celui qui croit l'avoir trouvée affirme que, de tout temps, depuis le premier esprit jusqu'au dernier, quiconque le comprend et saisit les raisons de son assertion doit nécessairement s'accorder avec lui. On peut se tromper de diverses manières; mais la vérité est nécessairement une : elle a été la même de toute éternité, et de toute éternité elle demeurera la même. La justice ou la *vérité pratique*[1] est une aussi; et cette vérité, qui est de toutes la plus importante pour tout esprit libre, est si peu profondément cachée, que les hommes s'accordent bien plus aisément sur l'universalité et la nécessité de ses principes en général et sur les propositions particulières

---

[1] *Recht oder praktisch wahr.*

qu'ils en tirent, que sur les vérités théorétiques. La reconnaissance de cette vérité, à laquelle il leur est difficile de fermer les yeux, détermine en eux certaines espérances, certaines vues, certaines prétentions, dont on ne trouve pas la moindre trace dans le monde des phénomènes, et dont ils ne peuvent démontrer la valeur ni à eux-mêmes, ni aux autres, comme ils le feraient pour un théorème mathématique. Pourtant ils tiennent pour certain que tous les esprits raisonnables doivent s'accorder avec eux à ce sujet; et c'est là ce qui produit l'idée, — peut-être universelle, bien qu'elle ne soit pas toujours clairement conçue, — d'une Église invisible, c'est-à-dire d'une réunion de tous les êtres raisonnables au sein d'une même croyance. Mais cette Église invisible n'est elle-même qu'un objet de croyance, et le fondement de tous les autres articles de foi n'est à son tour qu'un article de foi.

Comme quiconque a cette foi est infiniment intéressé à ce qu'elle soit vraie, et qu'il n'en peut démontrer la vérité d'une manière parfaitement certaine ni par l'expérience, ni par le raisonnement, il saisit tout pour s'y affermir. Dépourvu de preuves intérieures, il en cherche d'extérieures. « Si ma croyance est vraie, tous les esprits raisonnables doivent avoir la même croyance, » tel est le principe d'où il part; et comme il ne peut raisonnablement espérer trouver, à l'appui de sa supposition, rien de plus que ce qu'il a déjà, il cherche à s'instruire au moins du côté de la conséquence. Il retourne ainsi son raisonnement : « Si tous les esprits raisonnables ont la même croyance que moi, cette croyance doit être vraie; » et partout où s'étend son cercle d'action, il cherche à s'assurer s'ils l'ont en effet. Comme il ne s'agit pas proprement pour

lui d'acquérir de nouvelles idées, mais des preuves ;
comme il est depuis longtemps fixé sur la vérité de sa
croyance en elle-même, et qu'il ne veut que s'y affermir ;
il ne saurait entendre que ce qu'il désire : « Oui, je crois
cela ; » et, quand il n'entend pas ces paroles, il travaille à
persuader les autres, dans le seul dessein d'obtenir enfin,
par le moyen de cette persuasion, la confirmation qu'il
souhaite pour sa croyance. — C'est en général un penchant inné dans l'homme de tendre sur toute espèce d'objets à l'accord des êtres pensants, et ce penchant se fonde
sur cette uniformité nécessaire du monde spirituel dont
l'idée est profondément gravée en nous ; mais dans
l'ordre théorétique on se décide beaucoup plus aisément, soit à rester divisés et à laisser la chose où elle
en est, soit même à substituer l'opinion d'autrui à celle
qu'on a suivie jusque-là ; tandis que, dans l'ordre pratique,
il n'est pas si aisé de renoncer à ses idées ou de revenir
sur ses pas : ici l'on consent rarement à être instruit
par les autres, et presque toujours on veut les instruire.
— C'est donc un penchant naturel à l'homme de transformer, autant qu'il dépend de lui, en Église visible cette
Église universelle invisible qui n'existe que dans sa pensée ; de chercher dans le monde sensible une représentation réelle de cette idée ; de ne pas se borner à croire
que les autres pensent comme lui, mais de s'en assurer
autant que cela est possible, et de rattacher au moins
sur un point son système de croyances à quelque chose
qu'il connaisse. Tel est le principe de l'union ecclésiastique.

L'Église visible est une véritable société qui se fonde
sur un contrat. Dans l'Église *invisible*, nul ne sait rien
par autrui ; chacun tire sa croyance de son âme, indépen-

damment de tout ce qui est hors de lui. L'accord, s'il existe, s'est établi de lui-même, sans que personne se soit proposé pour but de le produire. Cet esprit-là seul pourrait savoir s'il existe, dont la science embrasserait les modes de représentation de tous les esprits. — L'Église *visible* se propose pour but l'accord, et ce qui est la conséquence de cet accord, la confirmation de la croyance. Quiconque dit à un autre ce qu'il croit, veut lui entendre dire qu'il croit la même chose. Le premier principe du contrat ecclésiastique est celui-ci : *Dis-moi ce que tu crois; je te dirai ce que je crois.* Mais comme, ainsi que je l'ai déjà remarqué, le but que nous nous proposons dans l'union n'est pas du tout de recueillir diverses opinions, afin de nous instruire en les rapprochant et de former la nôtre en conséquence, mais de chercher dans l'accord de l'opinion des autres avec la nôtre la confirmation et l'affermissement de celle-ci; le principe précédent ne suffit pas pour fonder une Église. Il ne faut pas seulement arrêter *que* les autres diront ce qu'ils croient, mais *ce qu'ils* devront dire qu'ils croient. Le contrat ecclésiastique suppose donc l'établissement d'une profession de foi légale, et son principe peut se formuler ainsi : *Nous croirons tous unanimement la même chose, et nous nous confesserons les uns aux autres notre croyance.*

On trouvera peut-être une contradiction dans cette formule du contrat. Nous ne devons pas taire, mais *confesser* hautement notre foi. Notre silence donnerait à penser aux autres membres de l'Église, ou bien que nous ne croyons rien du tout, ou bien que nous croyons autre chose qu'*eux*, et il les troublerait dans leur foi. Nous devons dire *sincèrement* ce que nous croyons, et ne pas feindre une foi que nous n'avons pas. Si l'Église admettait que la confession de ses membres pût n'être qu'une hypocrisie ou qu'un mouvement des lèvres, et non l'expression d'une conviction intérieure, son but serait par là même anéanti : une profession de foi que nous tiendrions pour fausse et hypocrite ne saurait nous fortifier dans notre foi. Pourtant la profession de foi que nous devons faire avec cette entière conviction est une profession de foi *déterminée et prescrite*. Or, si nous ne sommes pas convaincus de la vérité de cette profession de foi et si nous ne pouvons pas l'être, que devons-nous faire ? Aucune Église ne tient compte de ce cas ; toute Église conséquente, c'est-à-dire toute Église réelle, doit absolument en nier la possibilité ; et toutes les Églises qui ont agi d'une manière conséquente l'ont réellement niée. — La première supposition, celle sans laquelle il n'y a pas en général de contrat ecclésiastique possible, c'est que la profession de foi qui sert de fondement à ce contrat contient sans aucun doute l'unique et pure vérité, que quiconque cherche la vérité doit nécessairement arriver là, que c'est là la seule véritable foi ; — la seconde, qui résulte immédiatement de la première, c'est qu'il est au pouvoir de tout homme de produire en lui cette conviction, pour peu qu'il le veuille ; que l'incrédulité vient d'un défaut d'attention dans l'examen des preuves, ou d'un endurcissement volontaire, et que la foi dépend de notre libre volonté. Aussi y a-t-il, dans tous les systèmes ecclésiastiques, un *devoir de foi*. Or le devoir n'est rien, s'il n'est pas en notre pouvoir ; c'est ce qu'aucune Église n'a nié jusqu'ici. Ouvrez le premier catéchisme catholique venu, vous y trouverez les deux propositions dont nous venons de parler. Quant à l'inconséquence où tombent les communions protestantes en voulant être des Églises et avoir des droits ecclésiastiques, nous aurons plus loin l'occasion de dire quelques mots sur ce point et sur d'autres encore.

Quelques lecteurs, s'appuyant sur certains faits, — dirai-je réels ou imaginaires? — repousseront peut-être cette assertion, que l'Église se fonde sur un contrat, en objectant qu'elle est réellement d'origine monarchique, et que, par conséquent, elle n'a pas pour principe un contrat conclu entre ses membres, mais la suprématie d'un chef. Mais, s'il était vrai qu'originairement les consciences, au lieu de se soumettre, eussent été asservies, il en résulterait bien une troupe d'esclaves isolés, obéissant tous au même maître, sans rien savoir entre eux de leur commune servitude; il n'en résulterait pas une société. La même croyance régnerait dans tous les cœurs, mais non pas une profession de foi uniforme et réciproque. Il faut au moins que deux personnes commencent à se confesser réciproquement leur soumission et qu'elles obtiennent le même aveu de celles qu'elles soupçonnent d'être soumises à la même foi; autrement des millions d'hommes ne formeraient jamais une Église. Il est sans doute physiquement possible qu'une Église terrestre ait pour principe l'asservissement; mais cela ne l'est pas moralement. Un conquérant auquel rien ne résiste peut se soumettre des esclaves, et les placer par son commandement dans un état d'union et d'action réciproques. Les corps des sujets et leur soumission aux ordres de leur souverain se manifesteront sans doute dans le monde sensible; mais qu'un État spirituel se forme de cette manière, c'est ce qui n'est pas moins impossible physiquement que moralement. Cet État n'assujettit que les consciences et non les corps, et la soumission des esprits ne se montre pas, quand elle ne se découvre pas volontairement. L'Église lutte contre une difficulté bien supérieure à celle que nous avons indiquée plus haut en disant que sa profession de foi était prescrite, à cette difficulté d'où elle est sortie si aisément. Elle ne peut atteindre son but qu'en supposant la *sincérité* de ses membres. Or, si elle ne peut s'assurer de cette sincérité, si elle ne peut ajouter aucune foi à la confession de ses membres, l'affermissement réciproque de la croyance n'a plus lieu, et les esprits n'en sont que plus mécontents et plus déconcertés. Il vaudrait mieux pour eux avoir cru tranquillement que tous les autres pourraient bien penser comme eux, que de se voir chaque jour précipités plus avant dans le doute par des confessions qui n'obtiennent pas leur confiance.

Il n'y a point de tribunal extérieur pour le mensonge; ce tribunal est intérieurement dans la conscience de chacun. Celui qui ment doit rougir de lui-même; il doit se mépriser. Lorsque, dans la vie civile, nous ne pouvons nous convaincre par l'expérience de la vérité ou de la fausseté d'un fait allégué, nous sommes obligés de laisser à la conscience de celui qui parle le choix de la vérité ou du mensonge; dans ce dernier cas, nous le livrons à la peine qu'il s'inflige à lui-même, ou qu'il ne s'inflige pas. Cette peine intérieure, qui reste toujours douteuse et qui, en tous cas, ne paraît pas au grand jour, ne saurait satisfaire une société qui se fonde sur la sincérité et qui s'élève ou tombe avec elle.

La foi unanime, pour ainsi dire, de tous les hommes aliène cette magistrature intérieure à un être existant hors de nous, au juge moral universel, à Dieu. Qu'il y ait un Dieu et qu'il punisse le mensonge, c'est bien la croyance unanime de toutes les Églises. Chacune peut donc attendre de Dieu la punition de l'hypocrisie de ses membres.

Mais cette punition divine est éloignée : elle n'atteint le pêcheur que dans l'autre vie, tandis que la fin de l'Église se rapporte au présent. Puis, quand les peines de cette autre vie seront distribuées, les membres de l'Église verront bien qui leur a dit la vérité ou qui a feint une croyance qu'il n'avait pas ; mais alors ils n'auront plus besoin de cette confirmation de leur foi qu'ils ont cherchée dans une union ecclésiastique. Si l'incrédule est pleinement et résolûment incrédule, il ne croit pas en général à Dieu, à la vie future, à la punition de sa fausseté ; il ne craint donc point le châtiment divin dont on le menace, et c'est pourquoi il n'hésitera pas à faire une fausse profession de foi, lorsqu'il aura d'ailleurs des raisons pour la faire. Que s'il n'est pas tout à fait incrédule, peut-être espère-t-il trouver un accommodement avec Dieu et échapper par quelque moyen à la révélation et à la punition de sa fausseté. De là, pour l'Église, la nécessité de hâter le châtiment, et, comme elle ne peut décider Dieu à punir plus tôt pour l'amour d'elle, de s'attribuer à elle-même ses fonctions de juge. La magistrature intérieure de la conscience se trouve ainsi de nouveau aliénée, et cette fois à un juge qui peut rendre des sentences sur-le-champ, à l'Église visible.

Cette nouvelle aliénation de la magistrature intérieure, cette justice qui prend la place de Dieu, est la loi fondamentale de toute Église conséquente ; aucune ne saurait absolument se maintenir sans cela. Ce qu'elle délie doit être délié dans le ciel ; ce qu'elle lie y doit être lié. Sans cette magistrature, elle désire en vain exercer sur les âmes des hommes une domination qu'elle ne peut soutenir par rien ; elle menace en vain de châtiments qu'elle avoue ne pouvoir infliger ; elle laisse les hommes, après comme avant, indépendants d'elle dans leur croyance, qu'elle voulait cependant leur prescrire; — elle va contre sa propre idée, et se met en contradiction avec elle-même.

Comme elle veut juger la pureté de cœur des hommes et leur distribuer des peines ou des récompenses en raison de cette pureté, mais qu'elle ne peut pénétrer dans l'intérieur des cœurs, il en résulte pour elle un nouveau problème, qui est celui-ci : Régler sa profession de foi de manière à voir par des effets extérieurs si l'on est convaincu ou non de la vérité de cette profession; — en d'autres termes, se donner à elle-même une telle constitution qu'elle puisse juger de l'obéissance et de la soumission de ses membres par des signes sûrs et non suspects. Afin d'être certaine de ne pas se tromper, elle fera en sorte que ces signes sautent autant que possible aux yeux. Elle y parviendra de deux manières : en soumettant leur intelligence à une dure oppression, et en imposant des ordres sévères à leur volonté. Plus les doctrines d'une Église sont extravagantes, absurdes, en contradiction avec la saine raison, plus elle peut se convaincre de la soumission des membres qui écoutent tout cela sérieusement, sans faire la moindre grimace, qui le lui répètent avidement, qui s'évertuent pour le graver dans leur esprit et qui se gardent bien d'en perdre une syllabe. Plus sont dures les privations et l'abnégation qu'elle exige, plus sont terribles les expiations qu'elle impose, plus aussi elle a sujet de croire à la fidélité de membres qui se soumettent à tout cela uniquement pour lui rester attachés, et qui renoncent à toutes les jouissances terrestres afin de participer aux biens célestes qu'elle promet. Plus on a sacrifié, plus on se sent attaché à l'objet pour l'amour duquel on a tant sacrifié. — En faisant ainsi consister les fruits de la foi dans des pratiques extérieures dont l'observation ou l'omission ne sauraient échapper à un bon œil, elle s'est procuré un moyen facile de lire dans le cœur même. Il pourrait être difficile de découvrir si quelqu'un croit ou non à la primatie de saint Pierre; mais il est plus facile de savoir s'il a observé ou non les jeûnes prescrits par l'un de ses successeurs ou de ses représentants. S'il ne les a pas observés, sa foi à l'endroit de la primatie de saint Pierre, de l'infaillibilité de tous ses successeurs et de l'indispensable nécessité d'obéir à tous leurs commandements pour faire son salut, n'est pas suffisamment assurée, et l'Église peut en toute sûreté le poursuivre comme un incrédule.

De cette disposition, déjà nécessaire par elle-même, l'Église recueille encore deux autres avantages essentiels. D'abord, au moyen de ces mêmes articles de foi qu'elle impose à chacun pour éprouver sa croyance, elle se procure, en les composant habilement, une riche provision de peines et de récompenses diverses pour une autre vie, chose dont elle a besoin pour attribuer à chacun, — parmi tant de membres si différents, — le lot qui lui revient, suivant le degré de sa foi ou de son incrédulité. Au lieu d'un ciel qui serait le même pour tous, elle a ainsi d'innombrables degrés de béatitude et un inépuisable trésor de mérites à distribuer entre ses fidèles et ses saints; à côté de l'enfer, elle a un purgatoire, qui comprend des peines dont la nature et la durée varient à l'infini, afin d'effrayer les incrédules et les impénitents, — chacun suivant qu'il en est besoin. — En second lieu, elle fortifie la foi de ses membres, en ne la laissant pas oisive, mais en lui donnant assez de travail. Voici un phénomène qui, au premier aspect, semble contradictoire, mais qui est confirmé par les plus nombreuses expériences, et dont on verra bientôt la raison : c'est que plus sont incroyables les choses dont on fait des articles de foi, plus on obtient aisément créance. Nous nous hâtons de nier une chose qui est encore assez croyable, parce qu'elle se présente à nous trop naturellement ; mais appuyez la chose niée sur une autre qui soit extraordinaire, celle-ci à son tour sur une autre plus extraordinaire encore et poussez toujours plus loin le merveilleux, l'homme sera en quelque sorte saisi de vertige, il perdra tout son sang-froid, il se lassera, et sa conversion sera faite. On a souvent vu des hommes, qui ne croyaient pas en Dieu, se laisser convertir par la croyance au diable, à l'enfer, au purgatoire ; et ce mot de Tertullien : « Cela est absurde, donc cela vient de Dieu, » est une preuve excellente pour certaines gens. — En voici la cause. Un esprit ordinaire embrasse une, deux, trois propositions, dans leurs principes et leurs conséquences naturels ; il est engagé par là à y réfléchir, et il croit pouvoir en apprécier la vérité ou la fausseté par des principes de la raison. Pour l'empêcher d'entreprendre cet examen, vous n'avez qu'à établir ces propositions sur d'autres principes artificiels qui eux-mêmes sont des articles de foi, ceux-ci à leur tour sur d'autres, et ainsi de suite à l'infini. Dès lors, il ne peut plus rien saisir ; il erre dans ce labyrinthe sans fil conducteur ; il s'effraye du prodigieux travail auquel il se voit condamné ; il se lasse d'une vaine recherche ; et, poussé par une sorte de lâche désespoir, il se livre aveuglément à son directeur, trop heureux d'en avoir un.

Que l'on me comprenne bien : je ne dis pas que tous les fondateurs ou propagateurs du système ecclésiastique aient clairement conçu le dessein d'assujettir la conscience des hommes par des moyens aussi méchants, quoique d'ailleurs parfaitement conformes à leur but. Non, des esprits timorés et déjà remplis d'effroi sont entrés d'eux-mêmes, poussés par l'instinct, dans le chemin où ils ont ensuite attiré les autres. Ils se sont trompés eux-mêmes, avant de tromper autrui. *Une seule* absurdité, à laquelle on ajoute foi par frayeur, sans pouvoir la rejeter, en amène une innombrable quantité d'autres ; et plus un esprit scrupuleux dans sa subtilité se montre pénétrant, plus il rapporte du pays des chimères une riche moisson de rêves. — Bien que nos apôtres d'aujourd'hui ne luttent pas ordinairement avec la même loyauté pour le maintien de leur foi, de cette pure foi hors de laquelle il n'y a point de salut, je veux leur donner un avis capable de les dédommager amplement du déplaisir que leur pourrait causer la lecture de ce chapitre. — Lorsqu'ils cherchent à défendre leur foi en abandonnant les propositions les plus extraordinaires et en s'efforçant de la rapprocher ainsi de la raison, ils prennent un moyen qui va directement contre leur but. En faisant cette concession, ils donnent à penser que dans ce qu'ils conservent il pourrait bien y avoir des choses qu'ils abandonneront aussi avec le temps. — Pourtant, c'est encore là le moindre dommage ; mais, en mutilant leur système et en le dépouillant d'une partie de son merveilleux, ils en facilitent l'examen. Il était déjà en péril alors que l'examen en était si difficile ; comment espère-t-on le maintenir en rendant cet examen plus aisé ? Suivez la route inverse : prouvez hardiment chacune des absurdités que vous voulez faire admettre par une autre plus grande encore ; il faudra quelque temps pour que l'esprit humain effrayé revienne à lui-même et se familiarise assez avec le nouveau fantôme, qui l'a d'abord aveuglé, pour pouvoir l'examiner de plus près. Ce fantôme court-il quelque danger, prodiguez de nouvelles absurdités, votre trésor est inépuisable; l'ancienne histoire recommence, et cela va ainsi jusqu'à la fin du jour. Seulement ne laissez pas à l'esprit humain le loisir de reprendre son sang-froid, ne laissez jamais sa foi inoccupée, et alors vous pourrez défier les portes de l'enfer de prévaloir contre votre autorité. — O amis des ténèbres et de la nuit, ne regardez pas ce conseil comme suspect, parce qu'il vous vient d'un ennemi ! La perfidie n'est pas permise, même envers vous, bien que vous en usiez à notre égard. Examinez-le attentivement, et vous le trouverez parfaitement juste.

D'après ces principes, l'Église juge ici-bas à la place de Dieu; elle distribue parmi ses membres les récompenses et les punitions d'un autre monde. On a usé aussi, dans une Église célèbre, de peines temporelles contre l'incrédulité et l'impénitence; mais c'est là une mesure malheureuse, née d'un faux jugement et d'une passion surexcitée. Les conséquences temporelles des censures ecclésiastiques ne peuvent être autre chose que des *expiations*[1], auxquelles le croyant se soumet de bonne volonté et suivant le bon plaisir de l'Église, afin d'échapper aux conséquences que ces censures auraient pour lui dans l'autre monde. Celui qui se flagelle, jeûne et fait des pèlerinages pour expier son manque de foi, veut satisfaire l'Église, afin de s'affranchir de ses malédictions pour l'autre vie; celui même qui se laisse brûler par le saint office ne peut le faire que pour rester membre de l'Église, sinon dans cette vie, du moins dans l'autre. Il abandonne à Satan sa chair coupable, afin qu'au dernier jour son

---

[1] *Abüssungen.*

esprit jouisse de la béatitude éternelle. Tel est aussi le sens originaire des corrections corporelles [1], comme on le voit clairement par les formalités avec lesquelles on les pratique. Ce fut par un besoin de vengeance poussé à l'excès qu'on se servit de ces corrections comme de *peines* [2], qu'on changea l'esprit de ces dispositions et qu'on travailla contre son propre but. Transformez ces expiations en peines, c'est-à-dire imposez-les, *contre sa volonté*, à celui qui ne veut pas rester dans l'Église à cette condition, qui ne veut pas lui obéir, qui méprise et tourne en dérision ses malédictions ou ses bénédictions, qui est décidément un incrédule ; elles produiront alors tout justement ce qu'elles devaient empêcher, l'*hypocrisie*. Si je n'ai rien autre chose à craindre que les peines de l'Église dans l'autre monde, je ne me soumettrai certainement pas à ses expiations, dès le moment que je ne croirai pas à ses menaces ; mon incrédulité se montrera donc à découvert, l'Église sera débarrassée d'une brebis galeuse, et elle pourra m'accabler de toutes les malédictions qu'il lui plaira d'inventer. Mais si, que je croie ou non, j'ai des peines à craindre ici-bas, je cacherai mon incrédulité aussi longtemps que je le pourrai, et je me soumettrai volontiers à un moindre mal, afin d'échapper à un plus grand. — Je laisse ici de côté l'évidente injustice dont l'Église se rend coupable en punissant des hommes qui lui ont retiré ou ne lui ont jamais accordé leur obéissance et sur qui elle n'a par conséquent aucun droit ; je ne parle pas non plus de l'horreur et de l'implacable haine qu'elle excite par une pareille conduite chez tous ceux qui en sont les victimes. — L'Église romaine, ce

---

[1] *Züchtigungen.*
[2] *Strafe.*

modèle de conséquence, s'est montrée sur ce seul point fort inconséquente. Toutes les persécutions que l'inquisition a fait subir aux juifs et aux schismatiques avoués, l'exécution de tout impénitent qui persistait dans son impénitence, le bannissement temporel des princes joint à leur excommunication spirituelle, la mesure qui déliait leurs sujets du serment de fidélité et l'ordre qui leur enjoignait de les abandonner, c'étaient là autant d'inconséquences de sa part, et qui finirent par lui coûter cher.

Une Église a des lois qui règlent sa foi, et par conséquent elle possède un *pouvoir législatif*. Mais ce pouvoir peut être très divisé. Les articles de foi, qui forment la *matière* [1] de ses lois, ne sauraient provenir du suffrage unanime de ses membres. Un membre ou plusieurs peuvent être exclusivement autorisés à cet effet; l'Église sous ce rapport peut être une monarchie ou même une oligarchie, — cela est déterminé par une loi fondamentale relative à ce point; mais sous le rapport de leur *forme*, comme *lois* de la foi, elles ne sont obligatoires pour un individu qu'autant qu'il les accepte volontairement. — A la vérité l'Église, comme nous l'avons déjà montré, prétend à une universalité originelle, qui est indépendante de toute liberté de la volonté et embrasse tous les hommes; et, conformément à ce principe, elle a sans doute le droit de maudire et de damner ceux qui n'admettent pas ses lois; mais elle ne saurait exiger que ses malédictions aient le moindre effet dans le monde des phénomènes où règne le droit naturel, lequel ne connaît aucune règle de foi et autorise chacun à ne point se laisser imposer despotiquement une loi étrangère. Celui qui tient la loi pour arbitraire ne croira pas aux ordonnances de l'Église; celui qui la tient

---

[1] *Das Materiale.*

pour originairement obligatoire s'y soumettra sans peine.

Ces lois doivent être toutes également obligatoires. On peut bien, pour la commodité de l'analyse, les diviser en lois essentielles et lois accidentelles; mais pour la foi elles doivent être toutes également essentielles. Celui qui rejette la moindre décision ecclésiastique, quel qu'en soit l'objet, dogme, chose de fait ou discipline, celui-là est regardé de la même façon que s'il ne croyait à aucune. La loi fondamentale, celle qui contient toutes les autres, est, ainsi que nous l'avons montré plus haut, la foi en l'Église comme en un pouvoir infaillible exclusivement chargé de dicter des lois et de juger au nom de Dieu. Nul article de foi ne doit être cru parce qu'il est digne de foi, mais parce que l'Église ordonne d'y croire. Elle ordonne de croire à *tous*; celui qui contredit le moindre d'entre eux contredit donc l'Église, et sa foi aux autres articles qu'il ne peut plus admettre par obéissance pour l'Église, mais par d'autres raisons, ne lui sert de rien ; ce n'est plus la foi ecclésiastique exigée. — J'invite charitablement certains de mes lecteurs qui seraient tentés de se récrier sur la dureté de cette sentence, et d'autres plus rigides encore qui suivront, à ne pas oublier sur quel terrain nous sommes, et à ne point commettre l'absurdité de me dire : « Tout cela peut bien avoir été autrefois une loi fondamentale; mais aujourd'hui les temps sont beaucoup plus doux.» —Je ne veux pas savoir ce qui a été autrefois, ce qui est aujourd'hui, ce qui a jamais pu être; je ne me suis point placé dans le champ de l'histoire, mais dans le domaine du droit naturel, c'est-à-dire d'une science philosophique. J'analyse l'idée d'une *Église visible*; je déduis de cette idée toutes les propositions qui en dérivent. *Si* jamais une société s'est avisée de former une Église visible, et *si* cette société a été conséquente, elle a dû nécessairement admettre ceci et cela ; voilà ce que je dis. Une telle société a-t-elle existé, et s'est-elle montrée conséquente ? C'est ce que je ne sais pas. Je n'ai tort que si mes déductions ne sont pas rigoureuses.

L'Église a une *fonction judiciaire*, et les lois ecclésiastiques qui, sur ce point aussi bien que sur tous les autres, sont des articles de foi, doivent déterminer à qui il appartient d'exercer cette fonction. — La *fonction de l'enseignement* n'est pas une des fonctions essentielles de l'Église ; elle est accidentelle. Le maître ne peut rien ajouter ni retrancher ; il doit se borner à exposer simplement les doctrines de l'Église, telles qu'elles sont établies. Il explique les lois et les inculque, et il est sans doute convenable que cette fonction soit exercée par celui qui exerce déjà celle de juge, puisque ces deux fonctions supposent également une entière connaissance des lois. Toutefois la fonction qui appartient exclusivement aux prêtres dans les sociétés ecclésiastiques, ne consiste évidemment pas dans l'enseignement : chacun peut enseigner ; elle consiste à juger, à confesser, à absoudre ou à condamner. Le sacrifice même de la messe est un acte judiciaire, et le fondement de tous les autres : il est, si l'on veut, l'investiture de l'Église, en qualité de représentant du divin juge, solennellement renouvelée sous les yeux de tous et pour l'instruction de chacun. Pour qu'*elle* puisse juger, et juger en dernière instance, il faut que Dieu n'ait plus rien à juger, et pour qu'il n'ait plus rien à juger, il faut que l'Église l'ait satisfait, qu'elle soit entièrement pure, sainte et sans péché, qu'elle soit l'épouse parée, qui n'a ni une tache, ni une ride, ni le moindre défaut, mais qui est absolument irréprochable. C'est ce qui arrive par les mérites des membres de l'Église, qui ont satisfait pour toute l'Église ; — par ces mérites que l'Église offre à Dieu dans la messe, et par où elle se rachète entièrement. Ce n'est que grâce à ce rachat que l'Église a le droit de juger elle-même ses membres. — Quiconque dit la messe doit pouvoir confesser ; quiconque confesse doit pouvoir dire la messe, et ces deux choses sont la conséquence du mandat en vertu duquel l'Église exerce la fonction de juge. Les sentences judiciaires de l'Église sont infaillibles, parce que, grâce au sacrifice de la messe, elle est l'*unique* juge pour le monde invisible ; si elles n'étaient pas infaillibles, il n'y aurait pas d'Église possible. Comment une société peut-elle s'assurer de l'obéissance, si elle ne peut pas punir la désobéissance ; et comment l'Église, dont les punitions tombent dans un monde invisible, pourrait-elle punir la désobéissance, si elle n'était pas assurée que ses sentences s'appliquent dans ce monde invisible et que les punitions qu'elle inflige y ont certainement leur effet. — L'Église luthérienne est inconséquente, et cherche à masquer son inconséquence ; l'Église réformée est franchement et librement inconséquente. Toutes deux ont des lois qui règlent leur foi, — elles ont leurs livres symboliques ; et quand même elles n'auraient pas d'autre livre symbolique que la Bible, toujours partent-elles de ce principe : la Bible est la parole de Dieu, et ce qu'elle contient est vrai *par cela seul* qu'elle le contient ; — c'est sur ce principe que se fonde nécessairement tout le système ecclésiastique, tel que nous venons de le dérouler. — Celui qui croit à ces Églises est sauvé ; celui qui n'y croit pas ne compromet pas pour cela son salut. Dès que je dois non pas me convaincre par des raisons, mais croire à l'autorité, je ne vois pas pourquoi je dois croire plutôt à l'autorité d'une Église qu'à celle de l'autre, puisque dans toutes deux je puis être sauvé ; et, si j'en connais une troisième qui se vante de posséder exclusivement le droit de sauver et qui réprouve, sans exception, tout ce qui ne croit pas en elle, c'est *nécessairement* à celle-là que je dois me soumettre. — Je veux être sauvé, voilà mon but final ; toutes les Églises assurent que cela n'est pas possible par ma propre raison et mes propres forces, mais seulement par ma foi en elles ; il faut donc, d'après cette assurance, que je croie en elles, si je veux être sauvé. Les trois Églises s'accordent à enseigner que l'on peut être sauvé dans l'Église romaine ; si, pour être sauvé, j'entre dans l'Église romaine, je crois donc à toutes trois ; je serai donc sauvé, d'après l'assurance de toutes trois. L'Église romaine enseigne que l'on ne peut pas être sauvé dans les deux autres ; si donc je fais partie de l'une de ces deux Églises et que je croie pourtant être sauvé, il y a une Église à laquelle je ne crois pas ; je ne serai donc pas sauvé, d'après l'assurance de cette Église. — Suivant la doctrine unanime de toutes les Églises, la foi ne se fonde pas sur des raisonnements, mais sur l'autorité. Dès que les diverses autorités ne peuvent être *pesées*, — ce qui ne serait possible qu'au moyen d'arguments dont l'usage est interdit, — il ne reste plus qu'à *compter les suffrages*. Si je fais partie de l'Église romaine, je serai sauvé par tous les suffrages ; si je fais partie d'une autre, je ne serai sauvé que par deux suffrages, et damné par un. D'après la doctrine de toutes les Églises, je dois choisir la plus grande autorité ; je dois donc, d'après la doctrine de toutes les Églises, entrer dans l'Église romaine, si je veux être sauvé. — J'ai de la peine à croire qu'une conséquence aussi simple ait pu échapper aux docteurs protestants, qui ont des principes ecclésiastiques. Je crois plutôt que tous damnent, au fond de leur cœur, quiconque ne pense pas comme eux, mais qu'ils n'osent pas le déclarer tout haut. Ils sont alors conséquents, et méritent d'être loués à cet égard.—L'Église réformée n'a pas de fonction judiciaire; l'Église luthérienne n'en a que l'apparence. Le prêtre luthérien me pardonne mes péchés, à la condition que Dieu me les pardonnera aussi; il distribue la vie et le salut, à la condition que Dieu les distribuera aussi. — Que fait-il donc là d'étonnant, je vous prie ? Que dit-il donc là que chacun ne puisse dire et que je ne puisse me dire à moi-même aussi bien que lui ? Je voulais savoir d'une manière certaine *si* Dieu m'a pardonné mes péchés; il me dit qu'*il veut bien me les pardonner*, *si* Dieu me les pardonne aussi. Qu'ai-je besoin de *son* pardon; c'est celui de *Dieu* que je voulais. Si j'étais assuré de ce dernier, je n'aurais pas besoin du sien; je commencerais par me pardonner à moi-même. Il faut qu'il pardonne *sans condition*, ou qu'il ne se mêle pas de pardonner. — Le prêtre luthérien ne ne se donne donc que l'apparence du pouvoir de distribuer des grâces : il ne l'a pas en réalité; il ne peut pas même infliger des peines en apparence. Il ne saurait rien faire de plus à l'égard des péchés que de les pardonner. Quant à en réserver la rémission, il ne le peut que devant l'assemblée entière des fidèles et tout à fait en l'air. Il ne peut que promettre le ciel; il ne saurait menacer personne de l'enfer. Il doit toujours avoir sur les lèvres un sourire de bénédiction : « *D'un air bénin le pécheur il caresse.* »

L'Église a un *pouvoir exécutif*, mais non dans cette vie; ses sentences ne recevront leur exécution que dans la vie future. Que l'exécution doive s'accorder exactement avec le jugement, qu'il ne doive arriver rien de plus ni de moins que ce que l'Église a établi et ordonné, cela résuite déjà de ce qui précède ; ce que l'Église aura lié sur la terre — dans cette vie — sera lié de la même manière dans le ciel — dans l'autre monde, — et ce que l'Église a délié ici doit aussi être délié là-haut (1). Que les exécuteurs de ces jugements ne puissent être que des membres de la seule Église capable de sauver les âmes, et que ceux-ci en soient les exécuteurs à titre de membres de cette Église, c'est ce qui résulte également de ce qui précède ; et cela est d'ailleurs notoire : — Jésus, le chef de l'Église, ses premiers disciples, les douze apôtres, siégeant sur douze siéges, tous les saints qui avec le superflu de leurs mérites ont fourni leur contingent au trésor des grâces que l'Église administre, feront, suivant la doctrine de l'Église, exécuter là-haut ses jugements. — Une Église conséquente ne peut avoir dans ce monde de pouvoir exécutif, parce que, comme nous l'avons montré plus haut, c'est aller contre son but final que d'attacher à ses censures des conséquences physiques. Si elle permet des expiations qui doivent être appliquées aux pénitents par certains serviteurs qu'elle institue elle-même, ceux-ci, dans ces exécutions, n'agissent pas au nom de l'Église, mais au nom de l'incrédule pénitent, qui a dû se résoudre volontairement à l'expiation et charger les serviteurs institués de la lui appliquer.

(1) L'usage des mots et leur enchaînement prouvent, *pour moi* du moins, que l'explication catholique de ces paroles et des précédentes (sauf l'application au pape, comme successeur de Pierre) est la seule exacte, et qu'on n'en peut donner d'autre sans faire violence à l'un et l'autre. Ce passage mériterait bien d'être revu de notre temps par un commentateur savant, mais impartial. — S'il fallait encore l'entendre ainsi, si l'on devait toujours y voir réellement cette primatie tant redoutée et l'infaillibilité de Pierre, — que n'en résulterait-il pas contre les *vrais protestants !*

Tel est le système nécessaire de l'Église visible, laquelle, comme il résulte de tout ce qui a été dit, doit être de sa nature unique et universelle. Si l'on parle de plusieurs Églises, il est sûr ou que toutes ensemble, ou que toutes, à l'exception d'une seule, agissent d'une manière inconséquente. Nous avons maintenant à rechercher le rapport de cette Église avec l'homme au point de vue de la loi naturelle et de la loi civile; — son rapport avec les hommes comme tels, et avec les hommes comme citoyens. Si ceux-ci vivent eux-mêmes séparés ou s'ils se sont unis pour former un État, — l'Église, considérée comme société à part, est, à l'égard des autres hommes, et ceux-ci sont à son égard soumis au tribunal du droit naturel; à l'égard de ses propres membres, elle est soumise à la loi du contrat, laquelle est elle-même une loi de droit naturel.

Tout homme est libre par nature, et personne n'a le droit de lui imposer de loi que lui-même. L'Église n'a donc pas le droit d'imposer à quelqu'un par la contrainte physique sa règle de foi, ou de le soumettre à son joug par la force. Je dis par la contrainte physique, car le droit naturel ne gouverne que le monde des phénomènes. Contre l'oppression morale, l'offensé ne saurait lutter qu'avec des armes de même nature, — si cette oppression pouvait être exercée autrement que dans le monde des phénomènes, — autrement qu'avec le consentement de l'autre partie. — Tu crains mes moyens de persuasion, mes instances, mes subtilités; tu redoutes la peinture des affreux tourments de l'autre monde, dont je te menace; est-ce que je puis te faire entrer tout cela dans l'esprit autrement qu'en exprimant ma pensée par des signes? Eh bien! ne m'écoute pas, ferme-moi les oreilles, chasse-moi de ton seuil, et défends-moi d'y jamais revenir. Que si je m'adresse à toi par des écrits, ne les lis pas. Tu es ici tout à fait dans ton droit. Mais dès qu'une fois tu t'es engagé volontairement avec moi sur le terrain moral, tu m'as abandonné ton droit d'opposition ; il faut t'en remettre maintenant à la fortune de la guerre. Si tu avais pu me persuader, je me serais soumis à toi ; puisque c'est moi qui t'ai persuadé, c'est toi qui m'es soumis. Telles étaient nos conventions ; tu ne saurais t'en prendre à moi. — Lorsque l'Église croit pouvoir en assumer la responsabilité devant sa propre conscience, elle est libre de damner et de charger des plus dures malédictions quiconque ne veut pas se soumettre à ses lois ; tant que ces sentences de damnation restent dans la sphère du monde invisible, à laquelle elles appartiennent, qui pourrait s'y opposer ? Elle maudit de cœur, comme un joueur malheureux, et c'est une satisfaction que l'on peut accorder à chacun. Mais, dès que ses malédictions ont pour effet dans le monde visible quelque atteinte portée aux droits d'un autre, alors celui-ci a le droit de traiter l'Église en ennemie et de la contraindre à réparer le dommage.

Tout homme redevient libre, dès qu'il veut être libre, et il a toujours le droit de s'affranchir des obligations qu'il s'était imposées à lui-même. Chacun peut donc refuser obéissance à l'Église dès qu'il le veut, et l'Église n'a pas plus le droit de le contraindre par des moyens physiques à rester dans son sein qu'elle n'avait celui de le forcer par des moyens de ce genre à y chercher un refuge. Le pacte est rompu : je rends intact à l'Église son céleste trésor, auquel je n'ai pas encore touché, et je lui laisse la liberté de faire tomber sur moi dans l'autre monde toutes les foudres de sa colère ; à son tour, elle me rend ma liberté de croyance. Toutes les peines physiques que l'Église inflige à un homme contre sa volonté ne sont donc pas seulement contraires aux principes mêmes de l'Église ; — ils le sont aussi aux droits de l'homme. S'il n'accepte pas volontairement l'expiation qu'on lui propose pour échapper à la damnation éternelle, c'est qu'il ne croit pas à l'Église, — car il est impossible d'admettre qu'il ait pris de propos délibéré pour but final la damnation éternelle ; — il n'est donc plus membre de l'Église, et elle ne peut plus mettre la main sur lui. Que si elle le fait, elle se conduit en ennemie à son égard. Tous les incrédules que la sainte inquisition a condamnés pour leur incrédulité persévérante ont été assassinés, et la sainte Église apostolique s'est baignée dans des torrents de sang humain injustement versés. Quiconque a été, pour son incrédulité, poursuivi, chassé, dépouillé de sa propriété et de ses droits civils par les communions protestantes, l'a été injustement. Les larmes des veuves et des orphelins, les soupirs de la vertu opprimée, les malédictions de l'humanité pèsent sur leurs livres symboliques.

Si un homme peut sortir de l'Église, plusieurs le peuvent. Si les membres de la première Église ont pu s'unir par un contrat et constituer une Église, ceux-ci peuvent aussi s'unir à leur tour et former une Église particulière. La première Église n'a pas le droit de l'empêcher par des moyens physiques. Il se forme ainsi plusieurs États spirituels à côté les uns des autres, qui ne doivent point se faire la guerre avec des armes matérielles, mais avec celles de la chevalerie, laquelle est toute spirituelle. Ils peuvent s'excommunier, se damner, se maudire réciproquement, autant qu'ils le veulent ; c'est leur droit de guerre. — « Mais, s'il y a plusieurs Églises, toutes, à l'exception d'une, seront inconséquentes. » Qu'elles le soient. « Mais si même la plus conséquente avait tort dans son principe fondamental ! » Il est permis à chacun de raisonner avec autant d'inconséquence qu'il le veut ; le droit naturel ne porte que sur les actes et non sur la pensée.

Tout membre possède, en vertu du pacte qu'il a fait avec l'Église, le droit de veiller sur la pureté de la profession de foi. Chacun s'est lié à elle pour une certaine profession de foi déterminée, et non pour une autre. — L'Église a le droit de veiller sur cette pureté au nom de tous, et de punir des peines légales quiconque y porte atteinte, ou de le chasser de la communauté, s'il ne se soumet pas à ses lois. C'est qu'il rompt alors le contrat de société. — Puisque l'Église a le droit d'exclure tout membre pour cause de fausse croyance, il n'y a pas lieu de demander si elle n'a pas aussi le droit de remplacer un maître pour un faux enseignement ou même de l'exclure tout à fait.

Quiconque obéit à l'Église a, en vertu de son contrat, le droit de réclamer ses indulgences et les bénédictions déterminées par les lois. L'Église doit tenir ses promesses, sous peine de s'anéantir elle-même.

L'Église et l'État, envisagés comme deux sociétés distinctes et séparées, sont soumis dans leurs rapports réciproques à la loi du droit naturel, de même que des individus vivant séparés les uns à côtés des autres. Il est vrai qu'ordinairement les mêmes hommes sont à la fois membres de l'État et de l'Église, mais cela n'y fait rien ; il suffit que nous puissions, comme nous le devons, séparer par la réflexion les deux personnes que forme chacun. L'Église et l'État sont-ils en lutte, le droit naturel est leur commun tribunal. Si chacun d'eux connaît ses limites et respecte celles de l'autre, il n'y a pas de lutte possible. L'Église a son domaine dans le monde invisible, et elle est exclue du monde visible. L'État commande, suivant la mesure du contrat civil, dans le monde visible, et il est exclu du monde invisible.

L'État ne peut empiéter sur le domaine de l'Église ; cela est physiquement impossible : — il n'a pas les instruments nécessaires pour cela. Il peut punir ou récompenser dans ce monde ; il a à cet effet entre les mains le pouvoir exécutif, et les corps et les biens de ses citoyens sont en sa puissance. Il ne saurait distribuer dans l'autre monde les malédictions ou les bénédictions ; cela n'est possible qu'à l'égard de ceux qui croient, et l'État, dans le contrat civil, n'a point exigé de croyance, personne ne lui a promis la sienne, et il n'a rien fait pour se la procurer. En vertu du contrat civil, il peut bien juger nos actes, mais non pas nos pensées. S'il semble que l'État entreprenne quelque chose de pareil, ce n'est plus l'État ; c'est l'Église qui endosse l'armure de l'État, et nous en reparlerons bientôt plus longuement. — Des sociétés, petites ou grandes, dans l'État, ou l'État lui-même, si l'on veut, peuvent fonder certaines institutions en vue d'instruire les hommes ou les citoyens sur la morale, ou même sur ce qui est simplement *digne de foi* [1] (par opposition à ce qui est objet de *science* [2]), ou en général en vue d'éclairer les esprits. Mais cela ne fait pas encore une Église. L'Église est fondée sur la *foi* [3], ces institutions ont pour principe la *recherche* [4]; l'Église *possède* la vérité, elles la *poursuivent*; l'Église exige la *crédulité* [5], elles cherchent à con-

[1] *Glaubwürdig.*
[2] *Was man weiss.*
[3] *Das Glauben.*
[4] *Das Forschen.*
[5] *Gläubiges Annehmen.*

vaincre quand elles le peuvent, et y renoncent quand elles ne le peuvent pas: elles ne s'adressent à la conscience de personne pour savoir s'il est ou non convaincu, mais elles laissent chacun libre à cet égard. L'Église sauve ou damne, ces institutions abandonnent à chacun le soin de décider ce qu'il veut ou peut être ; l'Église montre le chemin qui conduit infailliblement au ciel, elles s'appliquent à conduire chacun jusqu'au point où il peut le trouver lui-même. Il n'y a d'Église que là où il y a une profession de foi et un devoir de foi, et où le salut est infailliblement assuré à ceux qui l'admettent. Là où il y a une profession de foi et où elle consiste dans cette simple proposition : ce qui se trouve dans la Bible est vrai *par la raison* qu'il se trouve dans la Bible, il y a un devoir de foi et une Église, et il n'y a de salut que dans cette Église, et tout ce que nous avons déduit plus haut de l'idée de l'Église s'ensuit sans exception ; — si toutefois les membres de cette Église sont capables de tirer trois ou quatre conséquences.
— Comme les institutions dont nous parlons ne supposent pas que la vérité soit *trouvée*, mais qu'elle est à *chercher*, il s'ensuit, ce qui se comprend d'ailleurs par ce qui précède, que l'État ne saurait se vanter de la posséder, et que par conséquent il n'a aucune direction à imprimer aux leçons des maîtres de ces institutions. Ces maîtres ne doivent suivre d'autre direction que celle du *sens commun* (je parle du sens commun originaire, et non des opinions systématiques des peuples): celui-ci est leur unique juge, et il n'a pas besoin pour les juger de l'intervention du pouvoir exécutif. S'ils sont d'accord avec lui, on les écoutera ; s'ils le contredisent, on les laissera bientôt prêcher devant les banquettes.

Mais l'Église peut empiéter sur le domaine de l'État,

parce que ses membres sont doués de forces physiques. Elle empiète sur lui, lorsqu'elle porte atteinte aux droits de l'homme ou du citoyen ; et l'État est obligé, aux termes du contrat civil, de défendre ces droits et d'exiger de l'Église satisfaction et réparation, en usant de contrainte physique envers les instruments de son oppression physique. Mais si l'Église viole, dans les citoyens, les droits qu'ils possèdent, non comme hommes ou comme citoyens, mais comme membres de l'Église ; — si elle leur refuse les récompenses convenues, ou si elle les accable de punitions non méritées, l'État n'a point à s'en mêler : ces préjudices ont lieu dans un autre monde où l'État ne saurait protéger personne et où il n'a promis à personne sa protection. — Il la doit au contraire dans le monde visible. L'Église use-t-elle de contrainte pour forcer un membre de l'État à reconnaître sa souveraineté ; inflige-t-elle des peines physiques à quelqu'un qui ne se soumet pas volontairement à l'expiation, ou qui en général lui refuse l'obéissance, celui-ci est parfaitement fondé à réclamer l'assistance de l'État. L'Église fait-elle suivre de conséquences civiles la désobéissance à ses lois, elle empiète immédiatement sur les droits de l'État et lui déclare la guerre. Dans tous ces cas, l'État n'a pas seulement le droit de traiter l'Église en ennemie, mais il y est même obligé, aux termes du contrat civil.

On a imaginé entre l'Église et l'État un certain lien réciproque, en vertu duquel l'État prête amicalement sa puissance à l'Église dans ce monde, et l'Église prête la sienne à l'État dans l'autre. Les devoirs de foi deviennent ainsi des devoirs civils, et les devoirs civils des pratiques de foi. On crut avoir accompli un prodige de politique en trouvant cette heureuse alliance. Je crois au contraire que l'on associa ainsi des choses incompatibles, et qu'on les affaiblit toutes deux. — J'ai déjà remarqué plus haut qu'en infligeant aux incrédules des punitions terrestres, l'Église se contredit elle-même et va contre son propre but, qui est de s'assurer de la sincérité de ses membres. Je n'ai donc pas un mot à ajouter pour démontrer que l'Église est affaiblie par cette singulière alliance. L'État n'y perd pas moins. Sa domination n'est pas incertaine, comme celle que l'Église exerce sur les consciences : il commande des actes qui se manifestent dans le monde visible, et ses lois doivent être disposées de telle sorte qu'il puisse être assuré de l'obéissance ; aucune ne doit pouvoir être violée impunément. Il faut qu'il puisse compter sûrement sur le résultat de chacun des actes qu'il a ordonnés, de même que dans une machine bien agencée on peut compter sûrement sur l'engrenage d'une roue dans une autre. — On dira que l'État ne saurait veiller à tout ni tout observer, ce sont là des déclamations superficielles et vaines. L'État ne doit commander aucun acte à l'exécution duquel il ne puisse veiller ; aucun de ses ordres ne doit rester sans effet, ou tous y passeront l'un après l'autre. Un État qui marche avec les béquilles de la religion ne fait que prouver sa faiblesse ; celui qui nous conjure, au nom de Dieu et de notre salut, d'obéir à ses ordres, celui-là avoue qu'il n'a pas lui-même la force de nous contraindre à l'obéissance ; autrement il le ferait sans appeler Dieu à son aide. — A quoi peut servir en définitive une telle intervention de la religion? Et si nous ne croyons pas à Dieu, à une autre vie, aux récompenses ou aux peines de cette vie future? Ou l'État a d'autres moyens de nous contraindre à l'obéissance, ou il n'en a pas. S'il en a, il n'a pas besoin du mobile de la religion ; il perd sa peine en l'employant, et se fait, sans profit, l'instrument de l'Église. Voulons-nous *nous-mêmes* nous servir de ce mobile pour lutter contre nos penchants et pour nous faciliter l'accomplissement de nos devoirs, il dépend de nous de le faire ; mais cela ne regarde point *l'État*. — Admettons que celui-ci n'ait pas d'autres moyens à sa disposition : il ne peut s'assurer notre obéissance, même avec le secours de la religion, si nous sommes des incrédules déterminés ; — comme il prête lui-même son bras à l'Église, nous nous garderons bien de trahir notre incrédulité ; — il commande donc dans le vide. Si nous sommes croyants, nous obéirons ; si nous ne le sommes pas, nous le laisserons là ; mais il n'a voulu qu'essayer ; que lui importe un indocile de plus ou de moins ? Quel État ! — Il convient sans doute à certains États de nous promettre une récompense dans l'autre vie, lorsqu'ils nous prennent tout dans celle-ci, ou de nous menacer de l'enfer, quand nous ne voulons pas nous soumettre à leurs injustices et à leurs violences. Que croient-ils donc eux-mêmes, eux qui se montrent si franchement et si librement injustes ? Ou ils ne croient ni au ciel ni à l'enfer, ou ils espèrent s'arranger avec Dieu et tirer leur personne d'affaire. Mais si nous étions aussi habiles qu'eux !

Nulle part cette vérité ne se montre plus clairement que dans les États protestants. Une seule et même personne physique peut sans doute être prince ou évêque ; mais les fonctions du prince sont autres que celles de l'évêque, et l'un ne doit pas corrompre l'autre. On ne peut être à la fois l'un et l'autre dans un seul et même acte. — Or les princes protestants se sont laissé dire qu'ils étaient en même temps évêques ; et, zélés comme ils le sont, ils veulent aussi remplir leurs devoirs d'évêques. Ils ont à cœur la pureté de la foi, et elle est corrompue, du moins pour leur courte vue. Dans leur juste colère ils tâtonnent autour d'eux, saisissent ce qui leur tombe sous la main, et frappent à tort et à travers. C'était le sceptre. Mais le sceptre est-il fait pour cela? Il fallait prendre le bâton pastoral. En qualité d'évêques, ils peuvent maudire les incrédules, les damner, leur refuser le ciel et les emprisonner dans l'enfer; ils peuvent même établir des bûchers où tous ceux qui le voudront se feront brûler pour sauver leur âme; mais ils ne doivent pas employer contre eux la puissance de l'État, autrement ceux-ci réclameront le secours de l'État. — L'État? Hélas, dans quelles mains sommes-nous tombés! C'est l'État lui-même qui nous frappe au nom de Dieu (1). Mais les évêques protestants n'ont pas le droit de damner? — En vérité? Qu'est-ce donc qu'*un évêque*, je vous prie? Je croyais que c'était un juge

(1) « Mais si les princes avaient sérieusement le dessein de s'occuper à leur manière du futur salut de leurs sujets, ne faudrait-il pas du moins louer leur bonne intention? » — Peut-être, mais non pas certainement leur intelligence et leur sentiment de la justice. Chacun a le droit de chercher, d'essayer, de choisir lui-même les moyens de faire son salut, et il a parfaitement le droit de ne souffrir l'intervention d'aucune main étrangère sur ce terrain qui lui est propre. — Et *pourquoi* donc les princes veulent-ils que leurs sujets fassent si bien leur salut? Est-ce en général par pur amour pour eux, ou bien n'est-ce pas parfois par égoïsme? Comment se fait-il donc qu'ordinairement ce sont les Louis XIV et leurs pareils qui s'intéressent si vivement pour le salut des *autres*? — De tels princes savent se servir de tout à l'égard de leurs sujets. Ils ont déjà tant exploité leurs corps mortels, qu'il ne reste plus grand gain à faire sur eux. « Mais, leur dit leur directeur spirituel, vos sujets n'ont-ils pas aussi une âme immortelle? » — Et, sur cet avis opportun, ils forment vite un nouveau plan, celui de les exploiter encore dans la vie éternelle, et même de vendre leurs âmes au bon Dieu aussi cher que possible.

infaillible parlant au nom de l'Église. Et qu'est-ce donc que l'Église? Je pensais qu'elle était l'unique et suprême juge dans le monde invisible. S'il est vrai que les évêques protestants n'ont pas le droit de damner, ce ne sont pas des évêques, et leurs Églises ne sont pas des Églises. — En général, ou bien les communions protestantes sont souverainement inconséquentes, ou bien elles ne se donnent pas du tout pour des Églises. Ce sont des institutions d'enseignement, comme celles que nous avons décrites plus haut. Il n'y a point un troisième parti: ou il faut se jeter dans le giron de l'Église romaine, hors de laquelle il n'y a point de salut; ou il faut être tout à fait *libre penseur* (1). Que veulent donc ceux qui, dans notre siècle,

(1) Quelques mots sur le sens et en l'honneur de cette expression si honorable. — Le terme *libre* a-t-il bien désigné de tout temps la *forme* et non la *matière?* Pour appeler quelqu'un libre penseur, il ne s'agit pas de savoir *ce qu'il croit*, mais *pour quelles raisons il le croit*. S'il croit *à l'autorité*, quelque courte que soit sa profession de foi, c'est un croyant ; s'il *ne croit qu'à sa propre raison*, c'est un *libre penseur*. Si quelqu'un croit à l'âne de Mahomet, ou à l'immaculée conception de la vierge Marie, ou à la divinité du bœuf Apis, parce qu'il pense s'être convaincu par ses propres réflexions de la vérité de ces traditions, c'est un libre penseur; et, si un autre ne croit à rien de plus qu'à l'existence de Dieu, parce qu'il ne trouve rien de plus dans la Bible, qu'il tient, sur la foi de l'Église, pour la parole de Dieu, c'est un croyant. — Les réformateurs étaient les libres penseurs les plus prononcés, et pour beaucoup d'hommes excellents le protestantisme n'est pas autre chose que la liberté de penser, c'est-à-dire que les protestants doivent rejeter tout ce dont ils ne peuvent se convaincre par eux-mêmes. Comme je souhaite qu'ils soient conséquents, je voudrais bien qu'il en fût ainsi. — Mais alors il n'y aurait plus de luthéranisme, de religion réformée, de déisme, de naturalisme, etc. Le catholicisme et le protestantisme représentent des idées tout à fait opposées ; le premier, une idée positive, et le second, une idée négative.

nous enchaînent encore à des livres symboliques, quand il est si rare de trouver des hommes qui arrivent par leurs propres recherches aux résultats contenus dans ces livres? —que veulent-ils donc véritablement? Dès que nous nous laissons imposer une proposition, comme étant établie antérieurement à toute recherche, ou bien il nous faut renoncer à toute saine logique, ou bien nous devons admettre le catholicisme le plus grossier et le plus dur. Je sais bien que parmi les protestants zélés pour leurs livres symboliques, quelques-uns voient cela ; mais je sais bien aussi quels sont ceux qui voient cela et nous le montrent assez clairement dans leurs écrits ; je sais bien quel parti a d'abord attiré avec tant de zèle l'attention sur ces choses, et tout le public le sait. Ces protestants zélés ne seraient-ils point par hasard les instruments de ces hommes qui l'emportent de beaucoup sur nous par leur esprit conséquent et leur habileté? Je ne sais rien des jésuites et des machinations jésuitiques, mais quiconque a des yeux pour voir et une tête pour joindre ensemble deux propositions, peut savoir quel vaste système d'obscurantisme a été sourdement préparé, et quel est l'unique moyen de le mener à bonne fin.

L'État et l'Église sont donc distincts l'un de l'autre ; il y a entre eux une limite naturelle que ni l'un ni l'autre n'ont le droit de franchir. Lorsque l'Église s'arroge une certaine puissance dans le monde visible, elle est infidèle à son propre esprit et elle agit d'une manière évidemment injuste. De son côté, l'État n'est nullement obligé, et en général il n'a pas même le droit de s'informer de nos opinions sur le monde invisible. Mais reste encore *la* question de savoir si dans certains cas la *prudence* ne peut pas le conseiller, et jusqu'à quel point il est fondé à suivre ici ses conseils. Nous traiterons aussi cette question, afin de mettre notre pensée à l'abri de toute fausse interprétation.

Une Église peut imposer à ses membres des obligations contraires à celles qu'ils ont comme citoyens. Que doit faire un État, lorsque cela lui est révélé par des manifestations positives? — Si l'État n'est appelé à juger que sur des actes, et non sur des opinions, son obligation en ce cas ne commence que quand une opinion ecclésiastique est passée en acte chez quelque citoyen; il a alors à punir le fait. — Mais un État sage aime mieux prévenir un acte que de le punir après coup; il aime mieux l'empêcher que de s'en venger. Bien; mais comment peut-il savoir que telle ou telle opinion de ses citoyens passera réellement dans les actes? L'Église a imposé à un citoyen une certaine obligation et il l'a acceptée, — l'État ne sait si c'est de bonne foi ou hypocritement. L'État doit-il admettre que ce citoyen est loyal envers l'Église, et qu'il agira conformément à ses principes? Il semble. Mais ce même homme a accepté une obligation toute contraire envers l'État. En vertu du même principe, l'État devrait admettre qu'il a aussi accepté loyalement cette obligation, et qu'il agira aussi conformément à cette obligation; et alors l'obligation ecclésiastique et l'obligation civile se supprimeraient réciproquement dans son âme. L'Église ne peut arracher, par des moyens extérieurs, l'acte exigé; l'État le peut au contraire, et par conséquent il a lieu de compter sur sa supériorité. — Mais on connaît la puissance des opinions religieuses sur les âmes des hommes; plus sont grands les sacrifices qu'exige l'Église, et plus on lui obéit aisément; on lui obéit souvent par cela même qu'en la servant on affronte un danger ou la mort la plus terrible.

—Je pourrais répondre que l'État ou la société peut combattre ce fanatisme avec l'arme qui nous a été proprement donnée contre lui : la froide et saine raison ; que c'est pour elle un motif de plus de multiplier les mesures propres à éclairer et à cultiver les esprits, et que de cette manière elle se mettra de mieux en mieux à l'abri de la fureur religieuse. Mais si elle ne comprend pas cela? Qu'elle use alors de ses droits.

L'État ne peut contraindre personne à entrer avec lui dans le contrat civil; nul homme ne saurait davantage contraindre l'État à l'y admettre, quand même celui-ci n'aurait pas de raisons fondées pour le refuser, ou quand il ne voudrait lui en donner aucune. Les deux parties sont également libres, et le pacte est volontairement conclu. L'État craint-il que certaines opinions aient des conséquences fâcheuses, il peut refuser à tous ceux qui y sont notoirement attachés le titre de citoyens ; il peut, en concluant le contrat civil, exiger que chacun lui donne sa parole qu'il n'admet point ces opinions. — Chacun a le droit de sortir de l'État, dès qu'il le veut, l'État ne peut le retenir; l'État a donc également le droit d'exclure qui il veut et dès qu'il le veut, même sans en donner aucune raison, mais à condition de ne point porter atteinte aux droits que celui qu'il exclut conserve comme homme, à sa propriété et à la liberté qu'il a de se fixer dans le lieu qui lui convient, comme nous l'avons montré dans le troisième chapitre. Que l'État use de ce droit qui lui appartient contre ceux de ses citoyens qui, après être entrés dans le contrat civil, se sont notoirement attachés à des opinions qu'il croit dangereuses. —Je ne suis pas ici en contradiction avec ce que j'ai dit plus haut. J'accorde à l'État une surveillance *négative* sur les opinions; mais je dis que toute direction *positive* est un signe de faiblesse et de folie. L'État peut déterminer ce qu'on *ne* doit *pas* croire pour être apte aux droits de citoyen, mais il est contraire à sa fin et absurde de déterminer *ce qu'on doit* croire pour avoir cette capacité. Je vois bien pourquoi un État sage ne saurait souffrir de jésuites conséquents, mais je ne vois pas pourquoi il ne devrait pas souffrir les athées. Les premiers se font de l'injustice un devoir: ils mettent l'État en péril; les derniers, d'après l'opinion qu'on s'en fait généralement, ne reconnaissent pas de devoir: cela ne fait rien à l'État, qui a la force physique pour contraindre les citoyens à remplir leurs obligations envers lui, qu'ils le fassent ou non avec plaisir.

De là découlent les droits d'un État en révolution sur le système ecclésiastique. Il peut rayer certaines doctrines de l'Église, qui n'excluaient pas jusque-là du droit de citoyen, parce qu'elles sont contraires à ses nouveaux principes politiques; il peut exiger de tous ceux qui réclament le titre de citoyens, leur parole qu'ils ont renoncé à ces opinions, et l'engagement solennel de remplir les nouvelles obligations que ce titre leur impose, quelque contraires qu'elles soient à leurs anciennes doctrines; il peut exclure de la communauté et de la jouissance de tous les droits civils ceux qui ne veulent pas prendre cet engagement. Mais hors de là il n'a plus aucun droit sur eux; leur propriété et leur liberté personnelle doivent rester intactes. Que s'ils font publiquement ou secrètement la guerre à l'État, alors seulement celui-ci acquiert un droit sur leur liberté personnelle, et ce droit, il l'a sur eux, non pas comme sur des citoyens, mais comme sur des hommes, non pas en vertu du contrat civil, mais du droit naturel, non pas comme droit de les punir, mais de les combattre.

Il se trouve à leur égard dans le cas de légitime défense.

Mais la principale source des différends entre l'Église et l'État, ce sont les biens qu'elle possède dans le monde visible ; un examen approfondi de l'origine et des droits de ces biens peut seul résoudre toutes les difficultés qui restent encore.

L'Église, considérée comme telle, n'a de forces et de droits que dans le monde invisible ; elle n'en a point dans le monde visible. Là un champ immense, sans bornes, est ouvert aux conquêtes de sa foi ; ici elle ne peut, au moyen de cette foi, — son unique instrument, — acquérir aucune possession ; car dans ce monde, — j'en demande pardon à certains professeurs de droit naturel, — il faut, pour s'approprier un bien, quelque chose de plus que la volonté de le faire nôtre et la croyance qu'il l'est devenu. Un membre de l'Église peut posséder, mais non pas *comme* membre de l'Église, en vertu de sa foi ; il ne le peut que comme membre du monde sensible, au moyen de ses instruments physiques. L'Église ne peut pas posséder, comme Église ; ce qu'elle possède, elle ne le possède donc qu'en vertu d'un contrat, non pas sans doute d'un contrat de travail, — elle ne peut pas travailler, — mais d'un contrat d'échange. Elle échange des biens célestes qu'elle possède en abondance, contre des biens terrestres qu'elle est loin de dédaigner. — L'Église a des fonctionnaires qui ne vivent pas seulement de foi, mais qui ont besoin aussi, pour se conserver, de nourriture terrestre et de boisson terrestre. Il est dans la nature de toute société que ses membres entretiennent ceux qui consacrent leur temps et leurs forces au service de la société ; les membres de la société ecclésiastique sont donc sans aucun doute obligés de nourrir leurs fonctionnaires. Cela peut se faire au moyen de contributions *prescrites* par la loi, laquelle, sur ce point aussi bien que sur tous les autres possibles, s'impose à nous comme un principe de foi nécessaire au salut, de telle sorte qu'il soit impossible à celui qui ne s'y soumet pas d'échapper à la peine de la damnation éternelle. Celui qui acquitte sa contribution l'acquitte donc pour être sauvé; ce qu'il donne, il l'échange contre le ciel. — Ou bien les contributions sont *volontaires*. Or, lorsque l'on donne réellement à l'Église, en tant qu'elle est l'Église, et non pas seulement à une personne qui peut être accidentellement membre ou fonctionnaire de l'Église, c'est que l'on croit à l'Église, et que par conséquent on a l'espoir d'être sauvé par la grâce de l'Église. — Si enfin l'on cède des biens terrestres à l'Église tout exprès en vue d'expier certains péchés ecclésiastiques, ou d'acheter une plus haute béatitude céleste, l'échange est alors manifeste.

De cette origine des biens de l'Église découle une conséquence importante. — Un contrat n'est exécuté (comme nous l'avons montré plus haut, p. 141-142), que quand il tombe dans le monde des phénomènes et que les *deux* parties ont fait ce qu'elles avaient promis de faire. Un contrat d'échange de biens terrestres contre les biens célestes ne tombe jamais, du moins en cette vie, dans le monde des phénomènes. Le possesseur des biens terrestres exécute sans doute le contrat de son côté; mais le possesseur des biens célestes ne l'exécute pas du sien. Ce n'est que par la foi que le premier s'attribue une possession en échange de laquelle il ne cède pas seulement à l'Église l'espérance de ses biens temporels, mais la possession réelle de ces biens. Qui sait s'il a réellement foi en l'Église? A supposer qu'il ait cette foi, qui sait s'il la conservera toujours, ou s'il ne la perdra pas avant de mourir? Qui sait si l'Église a l'intention de lui tenir parole? Si, quand même elle aurait cette intention, elle n'en changera jamais? Qui sait si le contrat entre les deux parties est réel ou non? Personne, si ce n'est celui qui sait tout. Une des deux parties ou toutes deux ensemble peuvent à chaque instant reprendre leur volonté; la volonté des deux parties ne tombe donc pas dans le monde des phénomènes.

Le possesseur des biens terrestres a, il est vrai, exécuté le contrat, pour sa part, et il a reçu en échange le droit d'*espérer* que l'Église l'exécutera aussi de son côté : il pense que sa propriété est celle de l'Église; mais voici qu'il cesse de croire, soit à la bonne volonté de l'Église, soit au pouvoir de le sauver qu'elle s'attribue; il n'a plus aucun dédommagement à espérer; sa volonté est changée, et son bien suit sa volonté. Il était toujours demeuré sa propriété; à présent il le revendique réellement. — S'il y a un contrat où l'on ait le droit de se repentir, c'est assurément le contrat d'échange avec l'Église. Point de dommages et intérêts! Nous n'avons point détérioré les biens célestes de l'Église; l'Église peut les reprendre, en nous infligeant, si bon lui semble, ses châtiments, son excommunication, sa damnation. Elle est libre à cet égard. Si une fois nous ne croyons plus à l'Église, tout cela ne fera pas sur nous une grande impression. — Je n'envisage encore ici l'Église, en tant qu'elle est Église, que comme possesseur de nos biens. Nous verrons tout à l'heure ce qui résulte relativement aux dommages et intérêts, *de ce fait* qu'un fonctionnaire de l'Église possède ces biens, comme personne dans le monde sensible.

Mon père a cédé à l'Église tous ses biens pour le salut de son âme. Il meurt; et, en vertu du contrat civil, j'entre en possession de ses biens, à la condition sans doute de remplir toutes les obligations qu'il a attachées par de véritables contrats à la possession de ces biens. Il a conclu avec l'Église un contrat à leur sujet, mais ce contrat n'est jamais tombé dans le monde des phénomènes : il ne se fonde que sur la foi. Si je ne crois pas à l'Église, un tel contrat est nul pour moi ; pour moi, l'Église n'est rien, et quand je revendique les biens de mon père, je ne porte du moins atteinte aux droits de personne.—L'État ne doit donc pas m'en empêcher. L'État, *comme* État, est tout aussi incrédule que moi ; comme État, il ne connaît pas plus l'Église que moi ; elle n'est pas plus quelque chose pour lui que pour moi, ainsi que nous l'avons montré plus haut ; il ne peut défendre les prétentions de quelque chose qui n'existe pas à ses yeux. Mais moi, je suis quelque chose pour lui, et il est tenu de me protéger contre ce néant. Il m'a attribué la possession de mes biens paternels, à la condition que je ne m'approprierais les biens d'aucun autre citoyen mort. J'ai rempli cette condition ; il est donc tenu, aux termes du contrat, de me protéger dans la possession de ces biens. — C'étaient toujours les biens de mon père ; ils sont restés ses biens jusqu'à sa mort ; car ce contrat qui est nul et non avenu devant le tribunal du droit naturel et devant celui du droit civil, n'a pu les aliéner. Il lui était sans doute bien permis d'en faire librement l'abandon, et j'aurais pu par mon silence confirmer sa volonté ; dans ce cas l'État n'aurait pas été mis en réquisition. Mais à présent je ne confirme pas cette volonté, je mets l'État en réquisition. Je puis bien renoncer à mon droit, mais l'État ne le peut pas pour moi. — Mais mon père a cru ; ce contrat était obligatoire pour lui. — Il a paru croire ; je ne sais s'il a cru réellement, et je ne sais pas davantage si, à supposer qu'il existe encore, il croit encore à présent. Quoi qu'il en soit sur ce point, je n'ai point affaire à mon père comme à un membre du monde invisible, mais comme à un membre du monde visible. Il est mort, et je prends sa place dans l'État. S'il vivait encore et qu'il se repentit de sa donation, — il aurait bien le droit de reprendre ses biens. S'*il* avait ce droit, *je* l'ai aussi, car je suis lui-même dans l'État, je représente la même personne physique; pour l'État il n'est pas mort, il ne l'est que pour moi; aux yeux de l'État il a changé de volonté dans ma personne. Que si mon père n'y consent pas, qu'il revienne dans le monde visible; qu'il y reprenne possession de ses droits, et qu'il use de ses biens, qui redeviendront alors les siens, comme il l'entend. Jusque-là j'agis en son nom. — Mais, puisqu'il est mort dans la foi, il serait plus sûr d'agir conformément à *sa foi*; il m'est bien permis d'exposer *mon* âme, mais non celle d'un autre.—Oh! si je pense ainsi, c'est que je ne suis pas encore décidément incrédule envers l'Église; j'agirais alors d'une façon inconséquente et insensée, même en n'exposant que mon âme. Ou l'Église a dans une autre vie un pouvoir exécutif, ou elle n'en a aucun. Il faut que je sois bien décidé sur ce point. Tant que je ne le suis pas, j'agis plus sûrement en ne touchant pas au bien de l'Église; car l'Église maudit, jusqu'à son dernier jour, celui qui lui ravit ses biens, et elle en a parfaitement le droit. — Le droit de revendication que possède le premier héritier, le second l'a aussi, et le troisième et le quatrième, et ainsi toutes les générations successivement; car l'héritier n'hérite pas seulement des choses, mais de certains droits sur les choses.

Il y a encore d'autres conséquences qui résultent du principe précédent, et nous n'avons aucune raison d'en supprimer une seule. Quand même elles seraient fort restreintes par des considérations ultérieures, et quand elles n'auraient point d'application dans la vie, elles auraient encore l'avantage de faciliter l'intelligence de l'ensemble et d'exercer la réflexion. — Non-seulement le légitime héritier ou celui qui est appelé à sa place à recueillir l'héritage, — mais tout homme, sans exception, a le droit de s'approprier des biens qui ne sont que des biens d'Église. L'Église, comme telle, n'a ni force ni droits dans le monde visible; pour celui qui n'a point foi en elle, elle n'est rien; ce qui n'appartient à personne est la propriété du premier venu qui se l'approprie en vertu d'un droit valable dans le monde des phénomènes. — J'arrive en un lieu (je ne m'occupe pas ici de savoir si ce lieu porte ou non la trace du travail), et je me mets à le travailler, afin de me l'approprier. Tu viens et tu me dis : « Retire-toi d'ici; ce lieu appartient à l'Église. » — Je ne sais ce que c'est qu'une Église, je ne connais point d'Église; que ton Église me prouve son existence dans le monde des phénomènes; je ne sais rien d'un monde invisible, et la puissance de ton Église dans ce monde invisible n'a aucune influence sur moi, puisque je n'y crois pas. Tu aurais beaucoup mieux fait de me dire : « Ce lieu appartient à un homme de la lune; » car, si je ne connais pas l'homme, je connais la lune, tandis que je ne connais pas ton Église et que je ne connais pas davantage le monde invisible où elle doit exercer sa puissance. Mais laisse ton homme vivre dans la lune, ou, si tu le fais venir sur la terre, dis-lui de me prouver son droit antérieur de propriété sur ce lieu; je suis un homme de la terre, et en attendant je veux m'emparer de sa propriété à mes risques et périls.

Mais les membres de l'Église sont en même temps des

personnes dans le monde corporel; ils ont, comme tels, des forces et des droits dans ce monde. L'Église, comme société spirituelle, ne peut en général posséder de biens terrestres; il faut qu'elle les afferme à des personnes physiques, qu'elle considère comme ses tenanciers; devant son tribunal ces personnes ne sont pas propriétaires, mais simplement possesseurs. Mais que sont-elles devant le tribunal du droit naturel ou du droit civil, et quelles restrictions en résulte-t-il par rapport à ces droits sur les biens de l'Église que nous venons de déduire?

Un tenancier de l'Église possède un bien qui est ma propriété; il le possède soit par l'effet d'une cession antérieure que j'ai faite moi-même à l'Église, soit par suite de la succession de mes parents qui l'ont cédé eux-mêmes. — Je reprends mon bien où je le trouve; je ne m'occupe que du *bien*, non de la *personne*. Le possesseur actuel qui de bonne foi croit à l'Église, qui regarde le bien comme une propriété de l'Église et lui reconnaît le droit de le lui livrer, se trouve ainsi lésé : il a compté sur une possession durable; il ne peut vivre si je la lui enlève. Suis-je tenu de le dédommager? — Je n'ai point du tout affaire à lui; ce n'est pas à lui, mais à l'Église, que ce bien a été cédé, soit par mes parents, soit par moi; l'Église le lui a loué : c'est par *elle* qu'il est lésé, c'est à elle, et non à moi, qu'il doit demander une indemnité. Si mes parents ou moi lui avions loué personnellement ce bien, il aurait alors des droits sur moi, non comme membre de l'Église, mais comme membre du monde visible; à présent il doit s'en prendre à l'Église. — Mais ne serais-je point obligé par hasard à une indemnité envers l'Église? — Si je n'y suis obligé envers aucun de ses membres, en tant qu'ils sont membres du monde visible, — et si je ne l'y suis pas, parce qu'aucun d'eux n'a, comme tel, conclu de contrat avec moi, — je ne l'y suis certainement pas envers l'Église, considérée comme société spirituelle. Elle n'a, sous ce rapport, aucun droit dans le monde sensible, et elle n'y saurait imposer aucune obligation. Si je suis tenu de la dédommager, c'est en biens spirituels, car c'est là-dessus que porte notre marché; et à cet égard elle peut exercer pleinement sur moi son droit de représailles. Elle peut nous priver, mes parents et moi, des célestes faveurs qu'elle distribue ; elle peut les reporter sur celui qui s'est trouvé lésé dans le monde sensible par ma revendication, si celui-ci veut bien s'en contenter; cela reste à sa disposition. — Si le tenancier de l'Église a, comme possesseur, amélioré mon bien et a augmenté sa valeur *naturelle*, il ne l'a pas fait comme membre de l'Église, — dans la pensée de l'incrédule la foi n'améliore aucun bien terrestre, — mais comme membre du monde sensible, à l'aide de ses facultés corporelles, ou de leur signe, c'est-à-dire de son argent, et je suis tenu de le dédommager de ces améliorations ; car comme membre du monde sensible, il peut certainement avoir des droits sur moi. Ces améliorations sont-elles dues à l'argent de l'Église; d'après ma propre confession, je ne sais rien de l'Église. La valeur en réside dans le monde sensible; c'est le tenancier qui est propriétaire à mes yeux, c'est lui que je dois dédommager. S'il se croit personnellement obligé de remettre à l'Église ce qu'il a reçu de moi, cela le regarde : il peut faire à cet égard ce qui lui convient. — Mais si les améliorations de ma propriété consistaient en bénédictions spirituelles, choses qui n'existent que pour celui qui y croit; si celui qui l'a possédée jusqu'ici prétendait avoir fait descendre sur mes terres, par la force de sa foi, une fertilité particulière, ou en avoir chassé, par ce moyen, les mauvaises herbes, les mulots ou les sauterelles, je ne lui devrais aucun dédommagement; car, d'après mes principes, je ne crois pas que ses prières aient pu avoir cette efficacité, et il ne peut me le prouver. Si mes terres ont réellement une remarquable fertilité, si elles sont réellement à l'abri de tous ces fléaux des champs, — sais-je si cela ne tient pas à leur nature, ou, dans le cas où il faudrait voir là l'effet d'une bénédiction surnaturelle, si cette bénédiction ne m'a pas été personnellement destinée? Qu'il me retire la main qui faisait descendre les bénédictions sur mes terres, qu'il les frappe de stérilité ou appelle sur mes semailles les insectes malfaisants, s'il peut le faire par la seule force de sa foi, il en est le maître.

Si je n'ai point le droit de revendiquer expressément un bien que possède un tenancier de l'Église, c'est que celui-ci est propriétaire *à mes yeux*. Il a beau croire qu'il ne l'est pas et qu'il dépend d'une Église, cela ne me donne aucun droit, puisque je ne crois pas à l'Église et que l'Église n'est rien pour moi. Je ne reconnais dans le monde visible d'autre tribunal que celui du droit naturel; devant ce tribunal le propriétaire de la dernière forme est propriétaire de la chose, et je dois le tenir pour tel, quelque croyance qu'il ait lui-même à ce sujet. Je respecte en lui, non les droits de l'Église, mais ses propres droits, qu'il les connaisse ou non; *je* dois me montrer fidèle à *mes* principes. Ce droit de s'approprier le bien de l'Église comme n'étant la propriété de personne n'a donc lieu que quand ce bien n'a point de possesseur; et comme ce cas ne se présente que rarement ou jamais, les conséquences sont peu importantes pour nous. Mais elles le sont beaucoup pour le tenancier de l'Église. Il est propriétaire selon le droit naturel, lorsqu'il n'y a là personne qui puisse prouver l'antériorité de ses droits. Que s'il abjure sa foi en l'Église, il est alors un véritable propriétaire à tous les points de vue. Personne, excepté l'Église, ne pourrait lui reprocher de se conduire en propriétaire réel. Il repousse aujourd'hui toute croyance en l'Église; elle n'existe plus pour lui, et l'on ne peut porter atteinte aux droits de ce qui n'est pas. — C'est comme si un marchand croyait être associé avec un habitant de la lune. Tant que l'idée de cette association commerciale dure dans son imagination, il peut porter exactement sur ses livres, au compte de son associé, une part des bénéfices; mais, si parfois il frustre un peu son associé, qui, excepté celui-ci, aurait le droit de lui en demander compte? Ou, si cette idée vient à disparaître de son imagination, qui voudrait l'empêcher de s'approprier le siége et les bénéfices de son associé imaginaire et de modifier la raison de commerce qu'il avait affichée jusque-là? — On objectera peut-être que ces principes favoriseraient puissamment l'incrédulité à l'égard de l'Église, en la présentant comme quelque chose de si avantageux; mais je ne puis m'occuper de toutes les conséquences de mes principes; dès qu'elles sont exactement déduites de principes exacts, je n'ai point à chercher ce qui en doit résulter. Si l'Église a raison, l'incrédule n'aura pas joui impunément de son gain temporel; il sera éternellement damné pour ce fait. Il faut laisser aux gens leur liberté. Celui qui aime mieux être riche en ce monde et damné dans l'autre que pauvre ici-bas et bienheureux là-haut, a bien le droit de suivre ses goûts à ses risques et périls.

L'application de ces principes à l'État est facile. L'État est à l'égard de l'Église, considérée comme membre du monde sensible à cause de ses possesseurs sur le sol de ce monde, comme un particulier à l'égard d'un particulier ; ils sont soumis, dans leurs rapports réciproques, au tribunal du droit naturel. L'État n'est l'État qu'en vertu de l'unanimité. Si *tous* les membres de l'État — il va sans dire que les fonctionnaires de l'Église ou les ecclésiastiques en font partie comme les autres — refusent en même temps d'un commun accord obéissance à l'Église, celle-ci n'existe plus pour cet État; il a tous les droits qu'aurait dans l'ordre naturel tout individu qui ne croirait à aucune Église.

L'État, sous les conditions indiquées plus haut et en vertu des principes précédemment développés, reprend avant toutes choses tout ce qui lui appartenait antérieurement comme *propriété publique*, comme bien commun de tous les citoyens, — je ne dis pas tout ce qui se trouve dans l'espace qu'occupent ses citoyens; l'État n'est pas une pièce de terre, mais une société d'hommes ; il ne se compose pas de champs, mais de personnes. — Si l'État a lui-même, au nom et comme intermédiaire de l'Église, loué les biens ecclésiastiques aux possesseurs actuels, il n'est pas sans doute obligé d'observer un contrat passé avec quelque chose qui n'existe plus pour lui et dont par conséquent il ne peut plus être l'intermédiaire; mais il est obligé de dédommager le possesseur, qui se trouve lésé par la faute de l'État. Celui-ci doit être considéré comme un privilégié, et ce dédommagement auquel il est tenu se fonde sur les principes développés plus haut dans le quatrième chapitre. Si l'État n'a pris aucune part à la concession de cette possession, et si l'Église a immédiatement traité, celui qui se trouve lésé n'a nullement le droit de réclamer de l'État une indemnité, tout de même que devant le tribunal du droit naturel il n'en aurait aucune à exiger des individus. Cela peut paraître en bien des circonstances dur, oppressif, peu équitable ; mais cela n'est pas précisément injuste. La douceur et l'humanité conseillent parfois certaines choses que ne commande pas absolument le droit naturel, et il est bien permis, dans les écrits philosophiques, de séparer nettement ces deux domaines.

Tout citoyen en particulier reprend ce à quoi il prouve qu'il a droit de prétendre. Tous les particuliers peuvent abandonner à l'État leurs légitimes prétentions sur les biens de l'Église : les biens des particuliers deviennent alors *sa* propriété.

Si le légitime héritier de certains biens ecclésiastiques est inconnu et si c'est une loi publique déjà existante que l'État hérite de la propriété des familles éteintes, — loi qui ne va pas d'elle-même, mais qui doit avoir été expressément établie par la volonté générale, — l'État est alors le propriétaire de tous les biens ecclésiastiques qui ont été notoirement cédés à l'Église par d'anciens citoyens auxquels on ne trouve pas d'héritiers. Je dis *notoirement*, car, si vraisemblable que puisse être la chose, une simple vraisemblance ne suffit pas à fonder de légitimes prétentions. S'il n'y a pas en général de loi de ce genre, ou si l'on ne peut prouver que la loi trouve dans ce cas son application particulière, comme tous les biens ecclésiastiques, au sujet desquels ni l'État, ni un particulier ne peut prouver son droit, celui dont il s'agit ici n'est la propriété de personne, et il appartient au premier qui en prend possession, c'est-à-dire sans doute à celui qui en a été jusqu'ici le possesseur réel. On doit le regarder comme propriétaire, et personne ne saurait s'emparer de sa possession contre sa volonté. Si ce possesseur, qui est maintenant propriétaire, est citoyen, il a, parmi ses droits de citoyen, celui de transmettre héréditairement sa propriété, et il peut, par conséquent, léguer à ses enfants ses biens ecclésiastiques, à moins qu'il n'ait conclu à cet égard avec l'État quelque contrat particulier.

Mais, comme on ne peut guère attendre que tous les membres de l'État rejettent en même temps à l'unanimité la croyance à l'Église, et que par conséquent l'ancien État subsiste tout entier avec le reste de ses droits et de ses obligations; comme au contraire une telle dissolution de l'Église ne peut arriver que par une révolution, ou qu'elle ne manquerait pas du moins d'en produire une, ce qui précède est moins un principe applicable dans le monde réel qu'une règle de jugement. Mais cette règle même nous met en mesure de prononcer sur le second cas, beaucoup plus vraisemblable, où les voix des citoyens touchant l'Église seraient partagées. S'ils ne peuvent pas se mettre d'accord et qu'aucune partie ne veuille céder à l'autre, l'État est alors en révolution.

Quiconque sort de l'Église a le droit de revendiquer sa propriété, qu'elle possède. Il n'y a donc pas de doute qu'il ne soit permis aux membres qui se séparent de l'État votant pour l'Église, de reprendre, soit individuellement, soit en commun, en unissant leurs prétentions et leurs forces, tout ce sur quoi ils ont des droits personnels. Quiconque sort de l'État conserve, comme nous l'avons montré dans le troisième chapitre, sa propriété et par conséquent aussi la part qu'il a fournie pour le bien commun de l'État. Un citoyen isolé ne ferait pas si facilement usage du droit de la revendiquer, parce qu'il n'est pas assez fort pour se protéger lui-même; il ne peut demander cette restitution à l'État sans se séparer de lui et sans se priver par là de sa protection, qui lui est si nécessaire. Mais, puisque ces membres plus nombreux et plus forts se sont détachés de l'État et qu'ils se croient assez puissants pour se protéger, — qui pourrait les empêcher de faire valoir leur droit dans toute sa rigueur, et en particulier de réclamer de l'Église ce qui leur revient pour leur part de la fortune publique consacrée à l'Église ? L'ancien État, qui demeure fidèle à l'Église, conserve sa part, et peut la laisser à l'Église ; il ne saurait disposer de celle des membres qui se séparent de lui. — Il résulte clairement de ce qui a été dit plus haut que les membres qui ont amené cette séparation sont obligés d'indemniser pour leur part les tenanciers de l'Église, lésés par leur réclamation, quand c'est l'ancien État qui a investi ceux-ci de leurs biens ; ils y sont obligés *comme si eux-mêmes faisaient encore partie de l'État* : ils sont au moins responsables du dommage comme partie du tout, et par conséquent ils sont obligés de le réparer selon leur part à chacun.

Plus il y a de membres quittant l'ancien État qui croit à l'Église pour entrer dans un nouveau qui n'y croit pas, plus la part de ce dernier aux biens de l'Église est accrue par la réunion des prétentions communes et personnelles. Si tous enfin, y compris les fonctionnaires immédiats de l'Église ou au moins une partie de ceux-ci, se rangent du même côté, il ne leur reste rien qu'ils puissent laisser à l'Église, que leur petite part de la fortune publique et ce sur quoi ils ont personnellement de légitimes prétentions. — Ce sur quoi personne ne peut prouver son droit de propriété reste au possesseur, soit qu'il le tienne pour une propriété qui lui est acquise par droit d'appropriation, soit qu'il le garde comme un fief de l'Église. L'État n'a point le droit de le lui prendre ; s'il fait appel à sa force, il agit injustement et déclare la guerre à l'humanité.

Si celui qui possède ainsi un ancien bien ecclésiastique, qu'il se regarde comme un vrai propriétaire ou qu'il se croie dépendant de l'Église, n'est pas entré avec le nouvel État dans le contrat civil, il n'a aucun droit de transmission héréditaire ; et, après sa mort, l'État peut s'approprier son bien suivant le droit du premier occupant, et prendre d'avance avec ses citoyens un arrangement et des mesures pour ce cas. De cette façon tous les biens ecclésiastiques disparaîtraient peu à peu et reviendraient régulièrement à l'État.

AVERTISSEMENT FINAL.

L'auteur avait lancé à tout hasard dans le public le premier volume de cet ouvrage, et il lui parut que ce volume était allé s'engloutir dans le torrent des nouveaux écrits auxquels a donné lieu le même sujet. Au milieu de beaucoup de distractions et d'empêchements il recueillit les matériaux destinés aux chapitres du second, plutôt pour tenir parole à quelqu'un que dans l'espérance de voir le public honorer encore cet écrit de son attention. — Bien que nul autre journal n'eût, à ma connaissance, daigné en dire un seul mot, dans la *Revue du Schleswig* dont je ne connais aucun collaborateur et où je n'ai point de correspondant, un noble écrivain, que je ne connais pas, qui, je l'atteste, ne me connaît pas davantage et ne saurait deviner qui je suis, et qui, le pourrait-il, n'aurait pas le moindre intérêt à vanter un ouvrage de moi au-dessus de son véritable prix, a bien voulu recommander cet écrit presque oublié avec une chaleur qui fait le plus grand honneur à son cœur. En fait-elle autant à son jugement? c'est ce qu'il n'appartient pas à l'auteur de décider. Cela m'a encouragé à me rendre encore plus digne du suffrage de cet honorable écrivain, surtout relativement à ce qu'il dit de mon style, et à réserver pour un troisième volume les deux importants chapitres qui restent encore, afin de les travailler plus soigneusement. Pourtant l'auteur espère que rien ne l'empêchera de livrer ce volume à l'impression d'ici à trois ou quatre mois.

Il lui est venu aux oreilles bien des plaintes sur l'obscurité du premier volume. Le public est trop accoutumé à entendre les écrivains soutenir qu'ils ont toujours raison et répondre aux plaintes qu'on leur adresse au sujet de l'obscurité de leurs écrits, en se plaignant à leur tour de la frivolité et de l'inattention de leurs lecteurs, pour que l'auteur de cet ouvrage puisse trouver du plaisir à répéter encore une fois une chose si souvent répétée. Il consent à être le seul coupable, pour peu qu'il y ait aussi de sa faute. Il ne demandera pas au lecteur de comparer son ouvrage avec les autres écrits composés sur les mêmes sujets d'après les mêmes principes; il ne lui rappellera pas que les recherches philosophiques, où l'on s'attache du moins à la solidité, ne se peuvent lire aussi aisément qu'un roman à la mode, des récits de voyages ou même des ouvrages philosophiques composés d'après le système des opinions régnantes; il ne veut même pas, en lui épargnant la peine de lire un gros volume, lui donner celle d'en lire de minces en plusieurs fois; il n'ajoutera plus rien sinon qu'il s'appliquera toujours à écrire avec plus de clarté à condition que de son côté le lecteur s'appliquera toujours à lire avec plus d'attention.

NOTES [1].

Page 4, ligne 25. — *En ce qui nous concerne, il est plein d'admiration pour cette ingénieuse bonté qui,* etc. — Tout ce passage est ironique : Fichte y fait allusion au fameux édit de religion donné en 1788 par le ministre Wolner, édit dont le but était de défendre l'orthodoxie religieuse et les livres sacrés contre les attaques ou les interprétations du rationalisme, et qui attira sur les libres penseurs toutes sortes de persécutions. — Le monsieur Cranz, cité quelques lignes plus loin, est quelque Veuillot protestant de cette époque, aujourd'hui parfaitement inconnu.

Page 17. — La doctrine dont il est question dans la note est le luthéranisme. L'orthodoxie luthérienne n'a malheureusement pas cessé de faire cause commune avec le despotisme.

Page 32, note. — Les initiales A. L. Z. désignent la *Gazette générale de littérature* (*Allgemeine Litteratur-Zeitung*), qui paraissait alors à Iéna et qui avait une très grande autorité en Allemagne. — Le critique dont il est ici question n'est autre que l'écrivain tant attaqué par Fichte dans ses *Considérations sur la Révolution française*, M. Rehberg.

Page 55, ligne 25. — *Je me suis sérieusement attaqué à l'un des sophistes de l'Allemagne.* — Fichte nomme lui-même plus loin (p. 102) le sophiste dont il veut parler ici : c'est le secrétaire intime de chancellerie Rehberg ; et il nous indique (p 103) le titre de l'ouvrage qu'il attaque : *Recherches sur la Révolution française.* Cet écrivain avait publié, de 1790 à 1793, dans la *Gazette générale de littérature,* un très grand nombre d'articles critiques sur les ouvrages auxquels la Révolution française avait donné lieu. Né en 1757, il est mort en 1836, et il a, aujourd'hui encore, une certaine réputation parmi les Allemands, comme écrivain politique et comme homme d'État. (Voyez *Brockhaus Conversations Lexicon.* Leipzick, 1854, vol. XII, p. 643.)

Ibid. — Comme on le voit ici, les *Considérations destinées à rectifier les jugements du public sur la Révolution française* furent publiées

---

[1] Je dois la plupart de ces notes à l'obligeance de M. J.-H. Fichte.

sous le voile de l'anonyme. Mais Fichte fut bientôt désigné et universellement reconnu pour l'auteur de cet ouvrage, ainsi que de la *Revendication de la liberté de penser*, qui avait paru en même temps.

Page 66, note 1. — Knigge est un des écrivains allemands les plus estimés du siècle précédent.

Ibid., note 2. — *A plus forte raison, un tel homme ne devrait-il pas se faire, dans le plus important des journaux savants de l'Europe, le juge*, etc. — C'est encore à M. Rehberg que Fichte songe ici, et le journal dont il parle est la *Gazette universelle de littérature*, où écrivait ce publiciste rétrograde.

Page 85. — *L'expérience en elle-même est une boîte remplie de caractères jetés pêle-mêle ; c'est l'esprit humain qui seul donne un sens à ce chaos, qui en tire ici une Iliade, et là un drame historique à la Schlenkert.* — Ce Schlenkert est l'auteur d'une douzaine de romans, oubliés depuis longtemps, et entre autres, d'un roman dialogué en quatre volumes, intitulé : *Friedrich mit der gebissenen Wange* (Frédéric à la joue mordue), et publié à Leipsick de 1785 à 1788.

Page 87, ligne 26. — *L'esprit humain, réveillé par Rousseau, a accompli une œuvre que*, etc. — L'œuvre dont Fichte veut parler ici est la révolution opérée par la philosophie de Kant, et c'est sa propre œuvre qu'il annonce en quelque sorte dans les lignes suivantes. On voit par ces lignes curieuses qu'à cette époque (1793) il méditait déjà l'entreprise philosophique à laquelle il a attaché son nom.

Page 97. — *Ils ne la montrent au peuple dans les grandes fêtes que du côté dont Moïse vit sa divinité*. — Pour comprendre ce passage, il faut se rappeler ce verset de la Bible (*Exode*, chap. XXXIII, v. 23) : *Videbis posteriora mea ; faciem autem meam videre non poteris*.

Page 108. — *Nous pouvons dire de la sensibilité ce que, dans Marmontel, ce sauvage dit du danger dans son chant funèbre*. — Ce n'est pas du danger, mais de la douleur que parle le sauvage des *Incas*, et les paroles que Fichte rapporte ici, évidemment de mémoire, ne sont pas la traduction littérale, mais le développement de celles que Marmontel met dans la bouche de ce sauvage. C'est pourquoi j'ai cru devoir traduire exactement la paraphrase de Fichte, au lieu de me borner à reproduire le texte de Marmontel, que voici : « Je devins homme, et la Douleur me dit : « Luttons ensemble. Si tu es le » plus fort, je céderai ; mais si tu te laisses abattre, je te déchirerai, » je planerai sur toi et je battrai des ailes comme le vautour sur sa » proie. »

Page 129, ligne 17. — *Bientôt un troisième libérateur, celui qui acheva votre œuvre, celui qui brisa les dernières et les plus fortes chaînes de l'humanité, sans qu'elle le sût, et peut-être sans qu'il le sût lui-même*, etc. — Ce troisième libérateur que Fichte associe à Jésus et à Luther est Kant, qui, né en 1724, avait alors soixante-neuf ans, et qui mourut, comme on sait, en 1804.

Page 138, note. — Schmalz (Isidore), professeur à l'Université de Halle, fut, avec Gottfried Hufeland, professeur à Iéna, un des premiers jurisconsultes allemands qui appliquèrent les principes de la philosophie de Kant à la science du droit.

Page 146, ligne 17. — *M. Rehberg aurait donc pu trouver moins naïf ce qui est dit dans la Revue politique de Schlœzer (Schlözers Staatsanzeige)*, etc. — Cette Revue était alors une des publications les plus importantes de l'Allemagne. Schlœzer, professeur à Gœttingue, y dévoilait les actes arbitraires et les iniquités des gouvernements de cette époque, surtout des gouvernements allemands. Aussi en était-il redouté, et leurs satellites l'attaquaient-ils violemment.

Page 189, ligne 1. — *En sortant du territoire d'une ville impériale*, etc. — C'est sans doute à la ville impériale de Francfort-sur-le-Mein que Fichte fait ici allusion. Le territoire de cette ville touche à la Hesse électorale, dont le landgrave avait naguère vendu ses sujets aux Anglais comme troupes auxiliaires contre les États libres de l'Amérique du Nord, et dont les habitants combattaient alors contre les Français en qualité de troupes impériales.

Page 280, note. — Le fait dont il s'agit ici se rattache aux révoltes des paysans contre leurs seigneurs, qui avaient éclaté quelques années auparavant dans la Saxe électorale. — *Les armes de...* (*S... Waffen*) sont les armes de la Saxe (*die sächsischen Waffen*). Quant au « pompeux historien » dont parle Fichte, ce doit être quelque pamphlétaire ou quelque gazetier obscur.

Page 282, note. — *Deux États voisins*, etc. — Ces deux États sont la Prusse et la Pologne. Au moment même où il entreprit son ouvrage sur la Révolution, Fichte vivait dans le pays de Dantzick, et il connaissait sans doute par sa propre expérience le fait qu'il raconte ici.

Page 347, dernières lignes. — *L'auteur espère que rien ne l'empêchera de livrer ce volume à l'impression d'ici à trois ou quatre mois.* Je renvoie ici à ce que j'ai dit dans mon Introduction (p. LIV) sur les motifs qui ont pu déterminer Fichte à ne pas compléter son ouvrage. J'ajouterai seulement que, dès l'hiver de 1793 à 1794, il fut appelé à Iéna comme professeur de philosophie.

La lettre suivante, que je trouve dans la *Correspondance* de Fichte, publiée par son fils (*Fichte's Leben und litterarischer Briefwechsel*, tome II, p. 406), me paraît assez curieuse pour mériter d'être ajoutée ici. Écrite, en 1798, par un jeune Français qui avait suivi, de 1794 à 1796, les leçons de Fichte à Iéna, et qui était devenu le secrétaire diplomatique de Bonaparte, elle montre quelles illusions on pouvait se faire à cette époque sur le caractère du futur César, et quel noble plan concevait alors un esprit généreux pour unir plus étroitement l'Allemagne à la France. L'auteur de cette lettre, M. Camille Perret, avait aussi formé le projet de traduire en français les écrits de Fichte, et d'abord son ouvrage sur la Révolution française. J'ignore les motifs qui l'ont empêché d'exécuter ce projet. Voici sa lettre :

Rastadt, le 26 ventôse an VI (1798).

« Le citoyen Harbauer, qui vous remettra cette lettre, mon cher Fichte, s'est engagé à solliciter près de vous le pardon de mon inexcusable négligence. L'amitié qu'il m'a dit que vous conserviez encore pour moi me fait espérer que, considérant le tourbillon dans lequel je me trouve depuis dix-huit mois, vous serez indulgent envers un jeune homme qui, rassuré sur vos sentiments pour lui, s'efforcera de vous prouver qu'il en est toujours digne.

» Les gazettes vous ont appris à peu près tout ce qui m'est arrivé depuis mon départ pour l'Italie jusqu'à mon arrivée à Rastadt. Mais vous ignorez sans doute ce qui a précédé.... Cependant j'ai été sur le théâtre de nos plus éclatantes victoires, et j'y ai pu connaître un *grand citoyen*. Tel est Bonaparte. J'ai appris de vous à ne pas juger légèrement, et je l'ai vu sous tant de rapports, que je n'ai pu me refuser d'unir ma voix à celle de toute l'Europe. Depuis le rappel du général auquel le gouvernement m'avait d'abord attaché, je suis devenu le secrétaire diplomatique de Bonaparte, et c'est en cette qualité que je reste ici, en attendant son retour. Trois mois se sont déjà écoulés depuis son départ ; les affaires prennent ici depuis huit jours une allure plus efficace et plus sérieuse. Cependant j'espère toujours qu'il reviendra, et je ne cesserai d'y croire que lorsqu'il me rappellera à Paris.

» Parlons à présent de vous, de la philosophie, de l'humanité germaine. Je sais que vous avez eu la douleur de perdre votre brave beau-père, mais qu'un petit garçon bien vif et bien libre est venu vous offrir la plus douce des consolations. Je sais que votre énergique amour du bien vous a suscité des désagréments, mais que vous êtes de nouveau aimé et estimé de vos disciples, autant que vous avez le droit de l'être. — La philosophie a-t-elle gagné depuis trois ans de nouveaux amis, de nouveaux cultivateurs ? Est-il résulté de toutes les recherches l'admission de quelques principes fondamentaux et universels ? A-t-on fait des applications utiles et nouvelles ? Votre système a-t-il vaincu les oppositions ? J'espère que vous ne laisserez pas ces questions sans réponse ; vous m'estimez assez pour ne pas douter combien je m'intéresse à une science dont les progrès et l'universalité forment le vrai caractère de l'humanité. J'ai appris avec plaisir que les lumières se sont répandues davantage encore depuis mon départ d'Iéna ; que plusieurs esprits distingués, que j'avais connus vacillants et presque apostats, ont puisé dans le maintien des choses une stabilité qu'ils n'avaient pas. Pour favoriser et accélérer l'impulsion générale, j'ai conçu un projet qui pourrait recevoir des circonstances présentes une facile exécution. La réunion à la France de la rive gauche du Rhin, en créant un nouveau lien entre les deux nations, doit offrir aux amis de la liberté persécutés en Allemagne un asile et préparer l'affranchissement de la Germanie. Nous aussi avons besoin que la solidité allemande s'allie avec notre impétuosité, et que, changeant nos sentiments en principes, elle nous retienne sans nous faire rétrogrades. Le moyen le plus efficace et le plus sûr pour atteindre ce double but serait, je pense, d'instituer sur les bords du Rhin plusieurs écoles dont les professeurs seraient pris des Allemands, qui réuniraient le plus de connaissances et de talents à l'amour de la liberté. Ce projet est-il exécutable ? Veuillez, mon cher Fichte, me confier votre opinion à cet égard. Si votre réponse est affirmative, nous aviserons réciproquement, après une convention préliminaire, aux moyens de réussir.

» Votre reconnaissant ami,

» C. Perret. »

ERRATA.

Page 10, ligne 23, au lieu de : *il nous donne sur sa parole que*, lisez : *il nous donne sa parole que*.

Page 64, ligne 19, au lieu de : *quelque cent ans*, lisez : *quelques cents ans*.

Page 187, ligne 17, au lieu de : *si, dis-je, il n'opprime pas*, lisez : *si, dis-je, notre clergé n'opprime pas*.

Page 205, ligne 13 : *il ne peut y avoir de dédommagement équivalent possible*, effacez ce dernier mot.

TABLE DES MATIÈRES.

Avant-propos.. i
INTRODUCTION DU TRADUCTEUR : FICHTE ET LA RÉVOLUTION FRANÇAISE.. 1
REVENDICATION DE LA LIBERTÉ DE PENSER AUPRÈS DES PRINCES DE L'EUROPE QUI L'ONT OPPRIMÉE JUSQU'ICI.. 1
  Préface.. 3
  Discours.. 11
CONSIDÉRATIONS DESTINÉES A RECTIFIER LES JUGEMENTS DU PUBLIC SUR LA RÉVOLUTION FRANÇAISE............ 45
  Préface.. 47
  Introduction. — D'après quels principes faut-il juger les révolutions?.. 57
  LIVRE PREMIER. — De l'appréciation de la légitimité d'une révolution.. 99
    Chapitre Ier. — Un peuple a-t-il, en général, le droit de changer sa constitution politique?.................... 99
    Chap. II. — Plan de tout le reste de cette recherche........ 130
    Chap. III — Le droit de changer la constitution politique peut-il être aliéné par un contrat de tous avec tous?...... 134
    Chap. IV. — Des classes privilégiées en général, par rapport au droit de révolution................................ 190
    Chap. V. — De la noblesse par rapport au droit de révolution. 229
    Chap. VI. — De l'église par rapport au droit de révolution.... 296
  Avertissement final.. 347
  Notes du traducteur...................................... 349

FIN DE LA TABLE DES MATIÈRES.

EXTRAIT DU CATALOGUE DE F. CHAMEROT,
RUE DU JARDINET, 13.

HISTOIRE DE LA RÉVOLUTION FRANÇAISE, par M. Michelet. 7 vol. in-8. 42 fr.

HISTOIRE DE FRANCE AUX XVIe ET XVIIe SIÈCLES, par le même auteur.

Tome VII. Renaissance. 1 vol. in-8.	5 fr. 50
Tome VIII. Réforme. 1 vol. in-8.	5 fr. 50
Tome IX. Guerres de religion. 1 vol. in-8.	5 fr. 50
Tome X. Ligue et Henri IV. 1 vol. in-8.	5 fr. 50
Tome XI. Henri IV et Richelieu. 1 vol. in-8.	5 fr. 50
Tome XII. Richelieu et la Fronde. 1 vol. in-8.	5 fr. 50

ESSAI SUR LA RÉVOLUTION FRANÇAISE, par P. Lanfrey. 1 vol. in-8. 5 fr. 50

HISTOIRE DES PAYSANS, depuis la fin du moyen âge jusqu'à nos jours (1200-1850), précédée d'une Introduction, an 50 avant J.-C., 1200 ans après J.-C., par Eugène Bonnemère, auteur des *Paysans au dix-neuvième siècle*, et de l'*Histoire de l'Association agricole*, mémoires couronnés par l'Académie de Nantes en 1847 et 1849. 2 vol. in-8. 10 fr.

DE LA NATIONALITÉ POLONAISE DANS L'ÉQUILIBRE EUROPÉEN, par le général Louis Mieroslawski. 1 vol. in-8 de 500 pages. 7 fr.

VOLTAIRE (légende française), par Eugène Noël. 1 vol. grand in-18. 4 fr.

MÉMOIRES SUR L'ITALIE, par Joseph Montanelli, ex-président du Conseil des ministres, ex-triumvir du Gouvernement provisoire toscan; traduction de F. Arnaud (de l'Ariége), précédée d'une Notice biographique sur l'auteur, par Jean Reynaud. 2 vol. grand in-18. 7 fr.

ŒUVRES POLITIQUES ET LITTÉRAIRES D'ARMAND CARREL, mises en ordre, annotées et précédées d'une Notice biographique sur l'auteur, par MM. Littré, de l'Institut, et Paulin, libraire. 5 vol. in-8. 25 fr.

MAISTRE PIERRE PATELIN, texte revu sur les manuscrits et les plus anciennes éditions, avec une Introduction et des Notes, par F. Génin. Édition de luxe, tirée à 300 exempl. 1 vol. gr. in-8, cartonné en toile, doré en tête. 20 fr.

NOTA. — *Chaque exemplaire est numéroté.*

RÉCRÉATIONS PHILOLOGIQUES, ou Recueil de notes pour servir à l'histoire des mots de la langue française, par F. Génin. 2e édition. 2 vol. in-18. 7 fr. 50

LA MÉTAPHYSIQUE ET LA SCIENCE, ou Principes de métaphysique positive, par Étienne Vacherot, ancien directeur des études à l'École normale. 2 forts vol. grand in-8, 1150 pages. 17 fr.

GUIDE POUR LE CHOIX D'UN ÉTAT, ou Dictionnaire des professions, indiquant les conditions de temps et d'argent pour parvenir à chaque profession, les études à suivre, les programmes des écoles spéciales, les examens à subir, les aptitudes et les facultés nécessaires pour réussir, les moyens d'établissement, les chances d'avancement ou de fortune, les devoirs; rédigé sous la direction de M. Édouard Charton, rédacteur en chef du *Magasin pittoresque*. 2e édition. 1 vol. in-8 de 580 pages. 6 fr. 50

DICTIONNAIRE DE LA LANGUE FRANÇAISE, Glossaire expliqué de la langue écrite et parlée, par M. Poitevin, ancien professeur au collège Rollin, auteur du *Cours théorique et pratique de langue française*, adopté par le conseil de l'Université. 1 vol. grand in-8 de 1056 pages.— Br., 9 fr.; cart. en toile, 10 fr. 50; rel. en bas., 11 fr.

DICTIONNAIRE-MANUEL DE LA LANGUE FRANÇAISE, suivi d'un Sommaire des principales difficultés grammaticales, par M. Poitevin, ancien professeur au collège Rollin. 1 vol. in-32 jésus de 700 pages.— Br., 1 fr. 50; demi-rel. chagr., 2 fr. 75; cart. en toile dorée, 2 fr. 50; cart. classique, 2 fr.

ATLAS HISTORIQUE DE LA FRANCE, accompagné d'un volume de texte, renfermant des remarques explicatives et une chronologie politique, religieuse, littéraire et scientifique, par V. Duruy. Atlas, 1 vol. in-4 de 15 cartes coloriées; texte, 1 vol. in-8 de 575 pages. 12 fr.

www.ingramcontent.com/pod-product-compliance
Lightning Source LLC
Chambersburg PA
CBHW071104230426
43666CB00009B/1818